Hintergründe & Infos

# UNTERWEGS MIT SABINE BECHT

Die Marken waren für mich lange Zeit reines Transitland auf dem Weg nach Griechenland, Endstation Fährhafen Ancona. Dabei verspricht schon der Blick von der Autobahn Großartiges: z. B. auf die üppig grüne Hügellandschaft, die sich in

schier endlosen Wellen bis zur Küste zieht, oder auf die Prachtburg Gradara, eine von 16 Türmen bewachte Festung wie aus dem Bilderbuch. Und kaum an Deck der Fähre, schaut man fast ehrfürchtig auf die imposanten Felsen des Monte Conero, zu dessen Füßen sich herrliche Sandstrände ausbreiten.

Mittlerweile habe ich die eine oder andere Fähre nach Griechenland sausen und mich einfach von den Marken bezaubern lassen. Urbino und Ascoli Piceno zählen für mich heute zu den schönsten Städtchen Italiens, ein guter Rosso Piceno kann es locker mit den Weinen der Toskana aufnehmen und auch die Küche der Marken bringt es

vielerorts auf höchstes Niveau. Am besten an den Marken aber gefällt mir das unverfälscht Italienische. Zwar sind Touristen auch hier inzwischen keine Sensation mehr, aber die überaus netten Marchigiani leben ihr Leben, wie es ihnen seit Jahrhunderten gefällt. Kurz: Die Marken sind ein Stück Italien, das man sich unbedingt mal aus der Nähe anschauen sollte.

**Text und Recherche:** Sabine Becht  **Lektorat:** Peter Ritter, Sabine Senftleben (Überarbeitung) **Redaktion und Layout:** Sven Talaron **Karten:** Joachim Bode, Michaela Nitzsche, Carlos Borrell, Günther Grill, Judit Ladik **Fotos:** S. 298 **Grafik S. 8/9:** Johannes Blendinger **Covergestaltung:** Karl Serwotka **Covermotive:** oben: Blick vom Monte Conero (Sabine Becht) unten: Urbino (Sven Talaron) gegenüberliegende Seite: Strand bei Numana

**4. komplett überarbeitete und aktualisierte Auflage 2013**

# MARKEN

### SABINE BECHT

Mit dem grünen Blatt haben unsere Autoren Betriebe hervorgehoben, die sich bemühen, regionalen und nachhaltig erzeugten Produkten den Vorzug zu geben.

# Kartenverzeichnis

## Zeichenerklärung für die Karten und Pläne

- Autobahn
- asphaltierte Verbindungsstraße
- asphaltierte Straße
- Nebenstraße
- Piste
- Fußpfad/Wanderweg
- Grünanlage
- Berggipfel

- Aussicht
- Höhle
- Badestrand
- Leuchtturm
- Wasserfall
- Kirche
- Sehenswürdigkeit
- Flughafen/-platz
- Bushaltestelle

- Taxistandplatz
- Information
- Post
- Museum
- Parkhaus/-platz
- Ärztliche Versorgung
- Apotheke
- Waschsalon/Telefon
- Bank/Wechselstube

# Alles im Kasten

# Wohin in den Marken?

**(1) Repubblica di San Marino** → S. 70

Der Zwergstaat zwischen der Emilia Romagna und den Marken begeistert mit seinen drei Türmen – die Wahrzeichen der ältesten Republik der Welt auf dem Monte Titano. Vor dem Palazzo Pubblico kann man jede halbe Stunde der standesgemäßen Wachablösung zusehen, vor allem kommen die rund zwei Millionen Besucher pro Jahr aber zum günstigen Shoppen nach San Marino. Herrlich ist der Blick auf die Hügel und zum Meer.

**(2) Die Provinz Pesaro-Urbino** → S. 78

Gleich mehrere hochkarätige Ziele bietet die nördlichste Provinz der Marken. Urbino mit seinem Palazzo Ducale und der Nationalgalerie erfreut sich größter Beliebtheit, und auch das umliegende Montefeltro kommt auf eine beachtliche Zahl an Sehenswürdigkeiten, allen voran die Festung von San Leo oder aber der Palazzo von Urbania. An der Küste erhebt sich mit dem Monte San Bartolo ein landschaftliches Highlight der Region.

**(3) Die Provinz Ancona** → S. 150

Ancona ist der wirtschaftliche Dreh- und Angelpunkt der Marken und wichtiger Hafen an der Adria. Daneben liegt einer der schönsten Küstenabschnitte der Gegend, der Monte Conero mit seinen Sandbuchten vor steilen Felsen und beschaulichen Dörfern. Das Hinterland wartet mit verborgenen Schätzen auf: dem „Heiligen Haus" von Loreto oder den Grotte di Frasassi, dem größten zugänglichen Höhlensystem Italiens.

## **4** **Die Provinz Macerata** → S. 212

Die zweitgrößte Provinz der Marken hat einen nur kleinen, wenig spektakulären Küstenabschnitt, dafür aber ein Hinterland, das die genauere Erkundung lohnt: Städtchen wie Macerata, Recanati und Camerino gefallen mit ihrem Kleinstadtcharme, dazu bieten hübsche kleine Dörfer in herrlicher Hügellandschaft ein Ziel für Ruhesuchende. Und auch einige gute Weine kommen aus dieser Gegend.

## **5** **Rundfahrt durch die Monti Sibillini** → S. 244

Eine Tour durch die imposante Bergwelt des Nationalparks Monti Sibillini mit seinen bis zu 2500 m hohen Gipfeln zählt zweifelsohne zu den Höhepunkten einer Reise durch die Marken. Absolute Einsamkeit und Bergidylle findet man allerorten, wer zum Wandern gekommen ist, wird also bestens bedient. Für die längere Rast oder die Einkehr zwischendurch finden sich ruhige Bergdörfer, in denen Deftiges aus den Bergen auf den Tisch kommt.

## **6** **Die Provinzen Fermo und Ascoli Piceno** → S. 260

Die südlichsten Provinzen haben beides: schöne Küstenorte samt endlosem Sandstrand und beschauliche alte Städte. Unangefochten die Nr. 1 auf der Besichtigungsliste ist Ascoli Piceno mit seiner wirklich herrlichen Altstadt und den wunderschönen Plätzen. Kunstliebhaber kommen hier in den Museen und Kirchen auf ihre Kosten, Gourmets bei der hervorragenden Küche und den weithin geschätzten Rotweinen.

# Marken:  Die Vorschau

## L'Italia in una regione

Schon im Relief wird deutlich: Die Marken sind „ Italien in einer Region": von den endlosen, sachte ins Meer abfallenden Sandstränden der langen Adriaküste über das sanft Richtung Apennin aufrollende Hügelmeer bis zum alpinen Szenario im Nationalpark der *Monti Sibillini* ganz im Südwesten. Und was hat „Marken/Italien" neben landschaftlichen Vorzügen noch zu bieten? Natürlich alles, was Italien seit Winckelmann und Goethe zu einem beliebten Reiseziel macht: große Weine von vorzüglichen Lagen und alle erdenklichen kulinarischen Hochgenüsse aus Wald und Meer; gemütliche, patinareiche Städtchen und kulturelle Zentren, die seit der Renaissance nichts von ihrer Anziehungskraft verloren haben; eine ganz eigene Atmosphäre zwischen mediterraner Gelassenheit und italienischem Temperament, erhabene Palazzi und wehrhafte Festungen, antike Relikte, versteckte, kleine Kirchen voller Kunstwerke und und und.

## ... und doch beschaulich

Die mittelitalienische Region präsentiert sich äußerst facettenreich, sodass es kaum möglich ist, „Le Marche" (vom deutschen Wort *Mark* im Sinne von Grenzland), die schon dem Namen nach nur im Plural auftreten, auf ein herausragendes Merkmal zu reduzieren. Der große Tourismus – wie z. B. in der benachbarten Toskana – hat die Region aber nie erschlossen. Außer an der Adriaküste stößt man in den Marken nur selten auf größere touristische Zentren, umso häufiger aber auf den beschaulichen Ort in einem entlegenen Tal, das romanische Kirchlein am Wegesrand oder aber auf die liebenswerte und familiäre Dorftrattoria, in der sich der Padrone persönlich um das Wohl seiner Gäste sorgt.

## Steuereintreiber im Musterländle

*„Meglio un morto in casa che un marchegiano fuori della porta!"* – „Lieber einen Toten im Haus als einen Marchigiano vor der Tür." Nicht gerade nett, was Rest-Italien über die Bewohner der Marken so befindet. Das böse Sprichwort stammt aus einer Zeit, in der sich die Marchigiani als Steuereintreiber des Kirchenstaates nicht gerade beliebt gemacht hatten – und von ihren Nachbarn fortan mit Nichtbeachtung bestraft wurden. Die Geschichte tat es ihnen gleich und suchte sich andere Schauplätze für Bedeutsames. Nach einer langen Phase des isolierten und eher ärmlichen agrarischen Daseins nutzten die Marchigiani im 20. Jh. ihr Potenzial zum Aufbruch in eine Wirtschaft mit funktionierendem Kleinunternehmertum und leistungsfähigem Mittelstand – vorbildlich, wie Rest-Italien heute meint.

## Zwischen Fischsuppe und Höhlenkäse

Ob *brodetto*, die Fischsuppe aus Ancona, oder *formaggio di fossa*, der höhlengereifte Käse aus dem Montefeltro – die Region ist an kulinarischen Überraschungen nicht arm. Forellen aus eigener Zucht stehen in den Orten der Monti Sibillini auf der Speisekarte, in Ascoli Piceno stellt man Ihnen besonders dicke Oliven mit deftiger Füllung auf den Tisch. Und natürlich *tartufo* – ob Sommer- oder Wintertrüffel: Wer in der Region Gelegenheit zum Trüffelessen findet, sollte unbedingt zugreifen, am besten in einer dieser urgemütlichen kleinen Osterien oder Trattorien, die in den abgelegenen Gebieten noch immer zahlreich zu finden sind.

## Hexerei um den Pilatus-See

Ein Ochsenkarren soll die sterblichen Überreste von Pontius Pilatus zum höchsten Punkt der Sibillinischen Berge gebracht haben. Dort war der Legende

# Marken:  Die Vorschau

nach das gesamte Gespann in den See auf 1940 m Höhe gestürzt, versank – und der See hatte seinen Namen. Aber auch Jahrhunderte später rankten sich die Mythen um die Sibillinischen Berge: Es spukt, so sagte man, und nicht nur die beleidigte Zauberin Sybilla treibe hier in einer Höhle ihr Unwesen. Eine unheimliche Angelegenheit, fanden auch die Kirchenobersten im Mittelalter, die allen Hexenanbetern und sonstigen Abergläubigen den Besuch des teuflischen Sees bei Androhung der Todesstrafe untersagten.

## Von blauen, orangen und grünen Flaggen

Die Italiener lieben Ehrungen und Auszeichnungen. So verleihen sie auch Orten und Gegenden gerne bunte Flaggen: Die *Bandiera Blu* für saubere Wasserqualität erhalten viele Küstenorte der Marken seit Jahren. Die *Bandiera Arancione* wird vom Touring Club Italiano an Orte verliehen, die Historie und Tourismus gekonnt verbinden, in den Mar-

ken ging die Auszeichnung u. a. an Montelupone, San Ginesio und Ripatransone. Die *Bandiera Verde* ist ein Öko-Label, das auch in den Marken zahlreiche Orte ziert. Und dann gibt es noch die *Borghi più belli d'Italia*, die schönsten mittelalterlichen Orte Italiens, zu denen auch 19 Dörfer der Marken zählen. Kurzum: Die Marken sind reich beflaggt.

## Traumstrand der Region: Le Due Sorelle

Er ziert jeden Tourismusprospekt der Marken: der traumhafte „Strand der zwei Schwestern", benannt nach den beiden hoch aufragenden Felsen in einer Bucht an der fast senkrecht abfallenden Steilküste des Monte Conero bei Ancona. Den Traumstrand erreicht man nur per Boot – was die Zahl der Besucher selbst im Hochsommer noch in einem einigermaßen überschaubaren Rahmen hält. Und ein Besuch lohnt sich, ob für eine Fotosession mit den beiden Schwestern oder für ein erfrischendes Bad vor imposanter Kulisse ...

## Der Duca lässt bauen

„La Casa" nannte Federico da Monte-feltro seinen imposanten *Palazzo Ducale* in Urbino – angesichts des 200 Räume umfassenden Meisterwerks der Renaissancearchitektur eine mehr als bescheidene Bezeichnung. Die größten Architekten seiner Zeit engagierte Federico für den Bau dieser Residenz, in der sich bald alles versammelte, was im höfischen Leben des damaligen Italien Rang und Namen hatte. Heute sind es die Werke großer Künstler von Rang und Namen, die La Casa bewohnen: Meisterwerke von Piero della Francesca und Raffael hängen hier in der Galleria Nazionale delle Marche. Aber bei aller Pracht ist doch ein Höhepunkt des Palastes das kleine *studiolo*, das einzigartige, mit aufwändigen Intarsien verzierte Studierzimmer des gelehrten Herzogs.

## La Piazza

Bekanntlich verbringen die Italiener milde Sommerabende gerne draußen und in gewisser Weise wird das heimi-sche Wohnzimmer auf die hiesige Piazza verlegt. Das schönste Wohnzimmer der Marken befindet sich in Ascoli Piceno: die *Piazza del Popolo*, eine Piazza wie aus dem Bilderbuch mit blankem, abgewetztem Boden ganz aus Travertin, stilvollen Arkadengängen und einem wunderschönen Jugendstilcafé. Ein wahrer „Platz des Volkes", besonders abends, wenn die ganze Stadt im gemeinsamen Salon flaniert.

## Weltschmerz und Unendlichkeit

Jedes italienische Schulkind kennt *Giacomo Leopardi*, den traurigsten aller italienischen Dichter, und so steht er auch da auf der nach ihm benannten Piazza in Recanati: versunken in tiefes Grübeln, ein Denkmal des Weltschmerzes. Unzählige Schulklassen sind schon auf Leopardis Spuren durch das Städtchen gewandert, zu seinem Geburtshaus und zum *Colle dell'Infinito*, benannt nach dem bekanntesten Gedicht des schwermütigen Poeten: „Das Unendliche".

Urbinos Wahrzeichen: der Palazzo Ducale

# Hintergründe & Infos

Eine Landschaft wie ein Flickenteppich ...

## Natur- und Kulturlandschaften

Ein schmaler, 180 km langer und fast völlig flacher Küstenstreifen, hinter dem sich relativ abrupt die für die Region so typische Landschaft erhebt: Hügelkette an Hügelkette, in der Regel auf einer Höhe von etwa 300 bis ca. 600 m und immer wieder durch tiefe Flusstäler unterbrochen. Über zwei Drittel der Marken bestehen aus Hügeln, nur im Westen und Südwesten findet man ein echtes Gebirge (bis zu 2500 m hoch), im Osten dagegen völlig flaches Küstenland, das flächenmäßig zwar kaum ins Gewicht fällt, aber die dichteste Besiedlung der Region aufweist. Ebenfalls sehr dicht besiedelt sind die größeren Flusstäler der Marken.

Bei einer Fahrt durch die Region hat man zunächst den Eindruck, als würde das Land intensiv agrarisch genutzt, doch der Schein trügt: Die Böden sind vielerorts mager, ertragreiche Ernten selten, und die Landwirtschaft ist schon lange kein bedeutender Wirtschaftsfaktor mehr. Ausnahme ist der Weinbau, der – besonders in der Gegend um Jesi, den Monte Conero und um Ascoli Piceno – zu einem zunehmend wichtigen Erwerbszweig geworden und aus der Kulturlandschaft der Marken nicht mehr wegzudenken ist. Darüber hinaus werden im Küstengebiet hauptsächlich Obst und Gemüse angebaut, dazwischen finden sich hin und wieder Olivenbäume. Viehwirtschaft wird dagegen vereinzelt im hügeligen Hinterland betrieben.

Größere Waldgebiete gibt es in den Naturschutzgebieten der Region, allen voran in den nördlichen Marken *(Parco Naturale del Sasso Simone e Simoncello)* und ganz im Süden der Region in den beiden Nationalparks der *Monti Sibillini* und des *Gran Sasso* (→ „Wissenswertes von A bis Z", S. 63). Der Baumbestand dort ist vielfältig: Flaum- und Steineichen, Buchen, Kastanien, Ahorn, Eschen und dazwischen auch Schwarz- und Silbertannen; nur vereinzelt ist nahe der Küste auch noch die typische mediterrane Macchia mit leuchtend gelb blühendem Ginster und Erdbeerbäumen zu finden. Größere Pinienbestände sind selten, man findet diese Bäume lediglich an den Hängen des Monte Conero bei Ancona, und auch die Zypresse macht sich in den Marken rar. Wunderschön dagegen die im Frühjahr üppig blühenden Mandelbäume in der Gegend am Monte San Bartolo bei Pesaro.

... die markentypischen Hügel, im Hintergrund die Monti Sibillini

Die Blumenwelt der Region präsentiert sich vor allem in den Sibillinischen Bergen in voller Pracht: Wer im späten Frühjahr und Frühsommer hier unterwegs ist, wird vom Farbenspiel der blauen Kornblumen, den Orchideen, Lilien und Narzissen begeistert sein. An der Baumgrenze blühen Veilchen und Anemonen, und wer Glück hat, findet hier auch den seltenen Türkenbund oder das Edelweiß.

Ebenfalls vielfältig, wenn auch für den Besucher meist unsichtbar ist die Fauna der Naturschutzgebiete und Nationalparks: Wolf und Fuchs, Dachs, Stachelschwein, Luchs und Wildkatze leben hier geschützt und relativ unbehelligt. Flächendeckend verbreitet in den Marken sind Kaninchen, Hasen, Rehe und Wildschweine. Als Vertreter der Greifvögel sind Steinadler und Wanderfalke hervorzuheben; an der schroffen und unzugänglichen Küste des Monte Conero finden sich darüber hinaus über 90 verschiedene, darunter auch seltene Vogelarten, die hier in den geschützten Felsvorsprüngen nisten. Beliebt ist das Vorgebirge auch bei Zugvögeln, die hier auf ihrer langen Reise eine Pause einlegen.

Vor den diversen Vipern- und anderen Schlangenarten in der Region braucht man übrigens keine große Angst zu haben: Die Tiere sind so scheu, dass man sie fast nie zu Gesicht bekommt.

## Die Marken auf einen Blick

**Fläche – höchste Erhebung:** 9694 km² (das sind 3,3 % des gesamten italienischen Staatsgebiets) mit 180 km Küstenlinie. Höchster Berg ist der Monte Vettore (Monti Sibillini) mit 2476 m.

**Einwohner:** 1,57 Millionen Marchigiani (das sind weiniger als 3 % der italienischen Gesamtbevölkerung), die meisten von ihnen leben in Kleinstädten mit bis zu 20.000 Einwohnern. Die Bevölkerungsdichte liegt bei 162 Einwohnern pro km² (italienischer Durchschnitt: 201 Einw./km²).

**Verwaltung:** Die Region ist in fünf Provinzen unterteilt, von denen die nördlichste, Pesaro-Urbino, auch die größte ist. Es folgen nach Süden: Provinz Ancona, Provinz Macerata, Provinz Fermo und Provinz Ascoli Piceno. Auf die Provinzen verteilen sich 246 Gemeinden.

# Klima und Reisezeit

Im Prinzip herrscht in den Marken das typisch mediterrane Klima mit warmen und trockenen Sommern und relativ milden, aber niederschlagsreichen Wintermonaten. Spitzenreiter in puncto Regenwetter sind November, Dezember und April (durchschnittlich über zehn Regentage), doch auch im Sommer zählt man durchschnittlich sechs Regentage im Monat. Durch die Nähe zum Apennin kann sich schlechtes Wetter durchaus auch über einen längeren Zeitraum regelrecht festhängen – während im restlichen Italien die Sonne lacht, regnet es in den Marken in Strömen. Ebenso kann allerdings auch der umgekehrte Fall eintreten. Richtig kalt wird es im Winter in den Monti Sibillini, wo sich eines der Skizentren Mittelitaliens befindet. Im Mai sind die Berge hier noch schneebedeckt, und bereits ab Oktober kann man nachts ins Frösteln geraten. In den Niederungen der Flusstäler ist besonders im Herbst (Oktober/November) mit Frühnebel zu rechnen.

Relativ stabil ist das Badewetter von Mitte Juni bis etwa Anfang, Mitte September, die durchschnittlichen Tagestemperaturen liegen dann bei 26–28 °C, die Wassertemperaturen bei 20–26 °C. Nur Unerschrockene springen bereits im Mai oder noch im Oktober in die etwa 19 °C frische Adria. Die durchschnittliche Sonnenscheindauer liegt während der beiden Hauptsaisonmonate Juli und August bei zehn Stunden am Tag, im Juni bei neun Stunden, im Mai und September dagegen nur bei etwa sieben Stunden.

Beste Reisezeit für eine Rundtour durch das Landesinnere der Marken ist die Spanne von Ende Mai bis Mitte September, auch wenn man damit rechnen muss, dass weniger bedeutsame Sehenswürdigkeiten nur während der Hochsaisonmonate Juli und August ihre Pforten geöffnet haben. Besonders im Mai und Juni präsentieren sich die bergigeren Regionen ausgesprochen grün.

| Klimadaten Ancona | | | |
|---|---|---|---|
| | Temperatur-minimum | Temperatur-maximum | Wasser-temperatur | Regentage |
| Januar | 3 °C | 8 °C | 8 °C | 9 |
| Februar | 3 °C | 11 °C | 10 °C | 7 |
| März | 6 °C | 13 °C | 14 °C | 8 |
| April | 10 °C | 16 °C | 14 °C | 12 |
| Mai | 14 °C | 21 °C | 19 °C | 8 |
| Juni | 17 °C | 26 °C | 20 °C | 7 |
| Juli | 20 °C | 28 °C | 24 °C | 6 |
| August | 20 °C | 28 °C | 26 °C | 6 |
| September | 17 °C | 24 °C | 23 °C | 9 |
| Oktober | 13 °C | 19 °C | 19 °C | 10 |
| November | 8 °C | 14 °C | 14 °C | 16 |
| Dezember | 5 °C | 10 °C | 9 °C | 10 |

Wer einen Badeurlaub mit Ausflügen ins Hinterland plant, sollte nicht vor ca. Mitte Juni und nicht nach Anfang September anreisen: Noch im Mai herrscht in den Badeorten überwiegend Leere, viele Hotels sind noch gar nicht geöffnet, das Gleiche gilt für die Zeit ab Mitte, Ende September. Ganz wichtig: Für die Monate Juli und besonders August sollte man seine Unterkunft an der Küste (vor allem an der Riviera del Conero) rechtzeitig buchen!

### Italien macht Urlaub – Ferragosto

Mariä Himmelfahrt, der wichtigste Festtag der Italiener, findet mitten in den Ferien am 15. August statt. Niemand bleibt an diesem Tag in den heißen Städten, das öffentliche Leben liegt lahm, Behörden, Geschäfte und Restaurants sind geschlossen – ganz Italien tummelt sich am Meer oder entspannt in den Bergen. Der Sommerurlaub der Familie wird in der Regel um den 15. August herum geplant, ein besonders beliebtes Ziel in den Marken ist die Riviera del Conero. Stellen Sie sich darauf ein: Hotelbetten sind für diesen Zeitraum schon lange vorher ausgebucht, Restaurants und Cafés bis auf den letzten Platz besetzt, von Parkplatznöten und der drangvollen Enge an den Stränden gar nicht erst zu sprechen. Fazit: Wenn irgendwie möglich, sollte man an den Tagen um den 15. August die Küste meiden und sich vielleicht ein ruhigeres Plätzchen im Landesinneren suchen. Dafür spricht auch, dass die Zimmerpreise am Meer in der „Altissima Stagione" im August noch mal kräftig nach oben schießen.

Ferragosto ist übrigens keine katholische Erfindung, auch wenn man das wegen des zeitgleichen Kirchenfestes Mariä Himmelfahrt annehmen könnte. Der Name leitet sich aus *feriae Augusti* („Ferien des Augustus") ab: Bereits die alten Römer unter Kaiser Augustus feierten Mitte des Monats August ihre Volksfeste und fuhren ans Meer.

# Wirtschaft und Tourismus

Regionale Industriebetriebe, meist kleine oder mittelständische Unternehmen und oft Familienunternehmen, prägen das Wirtschaftsleben der Marken. Über ein Drittel der märkischen Produktion entfällt auf die Maschinenbauindustrie (v. a. Haushaltsgeräte und Telekommunikation), dicht gefolgt von der Schuhindustrie. Möbel und Bekleidung liegen weit hinter den beiden wichtigsten Industriezweigen – insgesamt sind über 40 % aller werktätigen Marchigiani in diesen vier Branchen beschäftigt. Dazu kommen noch Arbeitsplätze im Bereich des Musikinstrumentenbaus, der traditionellen Papierindustrie, des Handwerks und des Schiffbaus. Geringe Anteile entfallen außerdem auf die Landwirtschaft und den Fischfang.

Wichtigster und für die Region einträglichster Wirtschaftsfaktor ist aber die Tourismusbranche. Etwa zwei Millionen Besucher verzeichnet die Region Marken pro Jahr, drei Viertel davon sind Italiener. Bei den ausländischen Gästen stellen die Deutschen die mit Abstand größte Gruppe, gefolgt von Schweizern und Österreichern. Zu besichtigen gibt es in der Region über 340 Museen und Pinakotheken, etwa 200 romanische Kirchen, über 70 historische Theater und mehr als 30 archäologische Stätten.

Die Ruinen des Amphitheaters bei Urbisaglia

# 3000 Jahre Geschichte im Schnelldurchgang

## Vorgeschichte und Antike

Bereits in vorgeschichtlicher Zeit lassen sich in den Marken Besiedlungsspuren nachweisen, beispielsweise durch die 1963 auf dem Monte Conero entdeckten Faustkeile. Archäologische Funde aus zahlreichen Ausgrabungsstätten weisen auf eine dichte Besiedlung und einen regen kulturellen Austausch (einschließlich verschiedener Invasionsschübe) mit der dalmatischen Küste und Griechenland hin.

Die ersten Völker, die im heutigen Gebiet der Marken aus der Namenlosigkeit der Vorgeschichte heraustraten, waren die umbrischen Stämme im Gebirge und die Picener entlang der Küste. Kenntnisse von den *Piceni* sind vor allem dank römischer Geschichtsschreiber erhalten, deren Unvoreingenommenheit gegenüber dem Nachbarn und Bundesgenossen allerdings fraglich ist. Der Name der Picener, aus dem später die geographische Bezeichnung *Picenum* für das Gebiet südlich von Ancona abgeleitet wurde, geht möglicherweise auf ihr Stammestier *picus* (Specht) zurück, das noch heute das Wappentier der Region ist. Als gesichert kann gelten, dass die Picener das Gebiet der Marken zwischen dem 10. und 9. Jh. v. Chr. besiedelten und seit dem 5. Jh. v. Chr. begannen, den Landstrich zu urbanisieren. Reste ihrer Verteidigungsanlagen finden sich u. a. in Urbino, Pesaro und Ancona, zahlreiche Ausgrabungsfunde wurden auch in der Nähe von Matélica gemacht.

Ab dem 5. Jh. v. Chr. wurde die picenische Kultur durch die Gallier bedroht, die sich im gesamten nördlichen Italien festzusetzen versuchten. Die gallische Präsenz trieb einen kulturellen Keil durch die Marken und teilte das Gebiet in einen keltisch geprägten Norden und einen „italischen" Süden, eine Teilung, die bis heute in sprachlichen Nuancen spürbar ist. Wegen des wachsenden gallischen Einflusses wandten sich die Picener Anfang des 3. Jh. v. Chr. an Rom, damals noch eine Regionalmacht. Nachdem die Römer 295 v. Chr. in der *Schlacht von Sentinum*, dem heutigen Sassoferrato, die Gallier besiegt hatten, unterwarfen sie mit dem keltischen Territorium das der Picener gleich mit. Die bereits erwähnte kulturelle Grenze teilte fortan die römischen Kolonien *Ager Gallicus* und *Ager Picenus*.

232 v. Chr. wurden die neuen Gebiete zum innerrömischen Streitfall, als der Volkstribun Gaius Flaminius gegen den Willen des Senats das Gebiet an römische Bürger verteilte. Bei dem streitbaren Volkstribun handelte es sich um den gleichen Staatsmann, der um 220 v. Chr. die nach ihm benannte *Via Flaminia* bauen ließ, die einen ungehinderten Zugang (durch das Tibertal und über den Apennin) an die Adriaküste zum Hafen von Fanum Fortunae (dem heutigen Fano) und weiter in den Nordosten Italiens ermöglichte. Die infrastrukturelle Anbindung an Rom und den Rest Italiens brachte dem Gebiet

Augustus machte die Marken zur Provinz

der heutigen Marken einen enormen Entwicklungsschub, zumal sie mit der Ansiedlung römischer Bürger einherging, die u. a. landwirtschaftliches Know-how und vor allem Finanzkapital mit in die Region brachten. Nach und nach wurde der Einfluss der römischen Kultur stärker, bis die heutigen Marken schließlich im 1. Jh. n. Chr. unter Kaiser Augustus zur römischen Provinz wurden: der Süden als Provinz *Picenum,* der Norden als Teil *Umbrias.* Zahlreiche Stadtgründungen, prachtvolle Amphitheater oder etwa der Triumphbogen des Traiano in Ancona legen noch heute Zeugnis von dieser Epoche ab.

## Mittelalter

Nach der Teilung des Imperium Romanum in ein West- und ein Ostreich (Byzanz) im Jahr 395 wurde das heutige Staatsgebiet Italiens im 5. Jh. von wechselnden germanischen Völkerwanderungsfürsten beherrscht, die als *Föderaten* des formal noch bis 476 bestehenden weströmischen Kaisertums eigene Staaten auf römischem Reichsterritorium errichteten. Nach 476 erhoben die oströmischen (byzantinischen) Kaiser Ansprüche auf die ehemalige Westhälfte des Reiches, konnten diese aber erst in der Mitte des 6. Jh. durchsetzen, als sie das seit 493 bestehende Ostgotenreich auf italienischem Boden militärisch niedergerungen hatten. Die unweit des heutigen Gebiets der Marken gelegene Stadt Ravenna wurde zum Sitz des byzantinischen Statthalters, des sog. *Exarchen*. Unter dessen formaler Oberhoheit konstituierten sich auf märkischem Territorium bald zwei von der Zentralgewalt relativ unbehelligt operierende Fünfstädtebünde, die (bedeutendere) *Pentapolis marittima*, bestehend aus Rimini, Pesaro, Fano, Senigallia und Ancona, und die *Pentapolis annonaria,* der die Städte Urbino, Cagli, Jesi, Fossombrone und Gubbio (heute Umbrien) angehörten.

Kirchenkunst in der Marken: in Loreto, in der Abbazzia di Ss. Vitale e Ruffino, in Urbino und in der Abbazzia Rambona (v.o.n.u.)

Die byzantinische Herrschaft über Italien war allerdings nichts weiter als ein kurzes Zwischenspiel, denn ab 568 marschierten die Langobarden von Nordosten her ein und brachten bis zum Ende des Jahrhunderts weite Teile des Landes unter ihre Gewalt. Lediglich Rom und Umgebung sowie das *Exarchat Ravenna* und die sich südlich anschließende *Pentapolis marittima* um Ancona blieben byzantinisch.

Obwohl die kulturellen und religiösen Grenzen zwischen den langobardischen und römisch geprägten Bevölkerungsteilen Italiens in den folgenden 150 Jahren zusehends verwischten, setzten die Langobardenkönige ihre Expansionspolitik fort, um auch die letzten verbleibenden „weißen Flecken" in ihrem Herrschaftsgebiet zu beseitigen – am Ende wurde ihnen genau dies zum Verhängnis. Zwar nahmen sie gegen Mitte des 8. Jh. Ravenna ein, doch als sie kurze Zeit später zum Sturm auf Rom ansetzten, wandte sich Papst Stephan II. mit der Bitte um Hilfe an den fränkischen König Pippin, der dem Papsttum in besonderer Weise verpflichtet war, weil er sein Amt einem Schiedsspruch von Papst Zacharias aus dem Jahr 753 verdankte. Was folgte, waren zwei Feldzüge gegen die Langobarden (754 und 756), im Rahmen derer die Frankenheere die von den Langobarden bedrohte Stadt Rom sicherten und darüber hinaus in Pavia und Ravenna einmarschierten, womit die langobardische Herrschaft entscheidend geschwächt wurde (den endgültigen Sieg über die Langobarden errang dann einige Jahre später Pippins Sohn Karl der Große, der selbst die langobardische Königswürde übernahm und fortan den Titel *rex Francorum et Langobardorum* führte). Entscheidend war aber nicht, *dass* Pippin die Langobarden zurückgedrängt hatte, sondern die Umstände, unter denen dies geschah. Denn der Feldzug war mit einem Versprechen an den Papst gekoppelt, das später als „Pippinische

Schenkung „in die Geschichte eingehen sollte und letztlich eine jahrhundertelange Auseinandersetzung zwischen Kaiser- und Papsttum in Gang brachte. Pippins „Geschenk" bestand darin, dass er die eroberten Gebiete nicht etwa dauerhaft unter fränkische Kontrolle stellte oder dem byzantinischen Kaiser zurückerstattete, sondern sie dem Papsttum übergab.

Faktisch war die „Pippinische Schenkung" die Geburtsstunde des sog. Kirchenstaates, der (in allerdings extrem verkleinerter Version) mit einer kurzen Unterbrechung während der Konstituierung des italienischen Nationalstaats im 19. Jh. bis heute als Vatikanstaat fortbesteht. Als Kerngebiet dieses Staates betrachtete Rom das ehemalige *Exarchat Ravenna* mit dem *Pentapolis marittima* und weiteren Teilen der heutigen Marken. Formal sollte die Zugehörigkeit dieser Territorien zum Kirchenstaat tatsächlich einige Jahrhunderte überdauern, faktisch wurde sie aber bis zum 16. Jh. immer wieder in Frage gestellt und zeitweise gewissermaßen suspendiert. Denn die staatspolitische Wirklichkeit Mittelitaliens und damit auch die des Kirchenstaates präsentiert sich in der Zeit vorher eher als ein kompliziertes Geflecht von Bündnissen, Abhängigkeits- und Schutzverhältnissen, in dem vor allem drei Kräfte versuchten, ihren Einfluss zu sichern, auszubauen oder zurückzugewinnen: die Kirche, die deutsch-römischen Kaiser und die langsam erstarkenden Städte. Letztere wurden von den Päpsten und den Kaisern häufig für ihre Zwecke in Dienst genommen, und so schlug man sich auf die Seite der Guelfen (der Papsttreuen) oder der Ghibellinen (der Kaisertreuen), war aber zu jeder Zeit auch bereit, unvermittelt die Fronten zu wechseln. Entlohnt wurden die Städte u. a. mit dem Zugeständnis von Autonomierechten, d. h. ihre Indienstnahme durch Papst oder Kaiser führte am Ende paradoxerweise dazu, dass sie immer eigenständiger und selbstbewusster wurden.

Regiert wurden diese weitgehend autonomen Städte wie etwa Ancona, Fabriano oder Ascoli Piceno nach erstaunlich modern anmutenden demokratischen Prinzipien. Insbesondere war man darauf bedacht, durch ein System der Gewaltenteilung sicherzustellen, dass keiner der in der jeweiligen Stadt ansässigen Familienclans die Alleinherrschaft übernahm. Für eine geraume Zeit gelang dies recht gut, doch bis zur Mitte des 14. Jh. waren die demokratischen Strukturen vielerorts derart verwässert worden, dass es nur noch eine Frage der Zeit war, bis sich machtbewusste Clanchefs an die Spitze des Stadtstaates stellen und eine neue Form dynastischer Herrschaft begründen konnten. Es begann die Epoche der *signoria*, der autoritären Herrschaft einer einzigen Familie über eine Stadt, die immer bestrebt war, ihren Machbereich möglichst weit über die Stadtgrenzen hinaus zu erweitern.

## Renaissance

Im Italien der frühen Neuzeit bekämpften variable Bündnisse starker Stadtstaaten Feinde von außen oder befehdeten sich untereinander und sorgten gleichzeitig dafür, dass kleinere und mittlere Gebiete in der Nachbarschaft unbedeutend blieben. Aber auch innerhalb der Städte standen oft Familien in reger, zuweilen blutiger Konkurrenz zueinander, und selbstverständlich wurde auch familienintern nicht selten intrigiert. Gleichzeitig gedieh ein Klima kultureller Kommunikation, das Erfahrungshorizonte erweiterte und das Menschenbild der Epoche grundsätzlich veränderte.

Die Marken waren in dieser Zeit ein punktgenaues Spiegelbild dieser (fast) gesamtitalienischen Verhältnisse. Zwar stand die Region weiterhin de jure unter der Herrschaft des Papstes, aber die politische Macht Roms war nicht effektiv genug, um die regionalen Kräfte ernsthaft beeindrucken zu können. Unter den verschiedenen mehr oder minder einflussreichen Familien, die sich in wechselnden Allianzen die märkischen Gebiete gegenseitig streitig machten, hatten sich zwei als besonders schlagkräftig und erfolgreich erwiesen: die *Malatesta,* deren Territorium sich um Rimini, Pesaro und Fano und zeitweise auch über Ancona erstreckte, und die *Montefeltro,* die u. a. über Urbino, Cagli und Fossombrone herrschten.

Bis heute in den Marken präsent:

Die schillerndste Persönlichkeit dieser Zeit war zweifellos *Federico da Montefeltro*, der in geradezu perfekter Weise dem Idealbild eines Renaissanceherrschers entsprach: Nach außen demonstrierte er – wenn nötig – militärische Stärke, die er als erfolgreicher *Condottiere*, als General von Söldnerheeren, die in den Kämpfe zwischen Papst- und Kaisertum engagiert waren, glaubhaft vertreten konnte; nach innen handelte er gemäß dem Ideal des „*buon*

Federico da Montefeltro nebst Gattin

*governo",* der „guten und gerechten Staatsordnung", hielt die Steuern gering, mischte sich wie selbstverständlich unter sein Volk und führte ein für damalige Zeit außerordentlich mildes Regiment. Darüber hinaus trat er als entschiedener Förderer von Kunst und Wissenschaft in Erscheinung, sodass Urbino unter seiner Herrschaft zu einem bedeutenden kulturellen Zentrum der Frührenaissance aufstieg, dessen Stadtbild noch heute begeistert. All dies geschah natürlich mit einem ausgeprägten Hang zur Selbstinszenierung, und man tut Federico sicher nicht Unrecht, wenn man feststellt, dass er schon zu Lebzeiten an seinem eigenen Mythos bastelte.

Über die Malatesta, die sich wiederholt militärische Auseinandersetzungen mit den Montefeltro lieferten, fällt das historische Urteil wesentlich ungünstiger aus: Attribute wie „machthungrig", „intrigant" und „skrupellos" kennzeichnen einen Herrschertypus, der dem Federico da Montefeltros in vieler Hinsicht genau entgegenläuft. Als einer der berüchtigtsten Vertreter der Familie gilt Sigismondo Malatesta, der unmittelbare Gegenspieler *Federicos*. Ihm wird nachgesagt, die Ermordung seiner ersten beiden Ehefrauen in Auftrag gegeben zu haben, und auch sein Umgang mit politischen Kontrahenten soll alles andere als zimperlich gewesen sein. Insgesamt gesehen war das brutale Vorgehen der Malatesta sicher weit „stilbildender" für die Epoche der *signorie* als die durchaus mildere, von humanistischen Prinzipien geleitete Form der Herrschaftsausübung, wie sie Federico da Montefeltro favorisierte (Näheres zu Federico da Montefeltro → S. 96).

Die angesichts der eigenen Machtlosigkeit verständliche Klage der Kurie über die *infidelitas Marchianorum,* die den Marken das selbstbewusst vertretene Image der unregierbaren Region einbrachte, wurde erst ab Anfang bis Mitte des 16. Jh. schwächer. Zu diesem Zeitpunkt nämlich begann die Macht der großen Herrscherfamilien in den Marken zu schwinden. Die immer wieder aufflammenden Kämpfe gegeneinander hatten die finanziellen Mittel erschöpft, sodass die Machtbasis der Familien ausgehöhlt war. Der Kirchenstaat, der seinen als legitim erachteten Einfluss jahrhundertelang allenfalls partiell hatte geltend machen können, war nun in der Lage, die Macht auch faktisch zu übernehmen. Die *Marca d'Ancona* z. B. fiel 1532 in den Machtbereich der Kirche; lediglich Urbino hielt dem wachsenden Druck des Kirchenstaates noch länger stand und kapitulierte erst knapp hundert Jahre später (1631).

## Neuzeit

In der Folgezeit konnte das Papsttum seine Herrschaft im Kirchenstaat bis in die kleinsten regionalen Einheiten hinein konsolidieren. Für viele Gebiete des Kirchenstaates entwickelte sich die klerikale Bürokratie zur schweren Last. Während das gegenreformatorische Rom sich zum kulturellen und wirtschaftlichen Zentrum des italienischen Barock entwickelte, blieb den Marken nur der wenig schmeichelhafte Ruf, kompromisslose Steuereintreiber der Kirche hervorzubringen.

Die Erschütterung ganz Europas durch die Französische Revolution und der Machthunger Napoleons setzten der Herrschaft Roms über die Marken aber am Ausgang des 18. Jh. zunächst ein Ende. Der Kirchenstaat wurde zur *Römischen Republik* erklärt und stand zunächst unter der Kontrolle Joseph Bonapartes, König von Neapel und Bruder Napoleons. War das napoleonische Zwischenspiel auch nur von kurzer Dauer (mit dem Wiener Kongress 1815 erhielt der Kirchenstaat seine Territorien und damit die Marken zurück), hatte es doch radikale Auswirkungen auf die Organisation der Verwaltungseinheiten der Marken. Diese institutionelle Umstrukturierung wurde von der Kirche nach 1815 weitgehend beibehalten und ist teilweise bis heute wirksam.

Herausgeputzt: In Montelupone wird farbenfroh gefeiert

In den Marken hochverehrt:
Papst Johannes XXIII. (in Loreto)

Aber noch ein anderer Faktor war von der napoleonischen Zeit beflügelt worden und schlug dem wiedererrichteten Kirchenstaat in der ersten Hälfte des 19. Jh. mit Wucht entgegen: der Wille zum Widerstand. Die Freiheitsbewegung, gepaart mit nationalem Pathos, prägte das Italien des 19. Jh. War es in anderen Teilen Italiens vor allem die Erfahrung der Fremdherrschaft, provozierten im Kirchenstaat und damit auch in den Marken Willkür, Korruption und Ausbeutung die Auflehnung gegen Rom. Zu den Leitfiguren des *Risorgimento*, der italienischen Freiheitsbewegung, wurde der Freiheitskämpfer Giuseppe Garibaldi, dessen „Zug der Tausend" die Einigung Italiens 1860 initiierte. Rom hingegen erwies sich als wenig aufgeschlossen gegenüber den Ideen des *Risorgimento* („Wiedererstehung"), so dass sich die Marken – wie auch Umbrien – gewaltsam aus der Fürsorge des Heiligen Stuhls befreien mussten. Die Reste des *Patrimonium Petri*, Latium und Rom selbst, fielen zehn Jahre später (1870) dem italienischen Nationalstaat zu. Den letzten Rest Kirchenstaat bildet heute der Vatikan.

## Das 20./21. Jahrhundert

In der ersten Hälfte des 20. Jh. galten die Marken vor allem als rückständiges Agrargebiet ohne nennenswerte industrielle Errungenschaften – einzige Ausnahme war die Hauptstadt Ancona, die sich dank ihres Hafens als wichtiges Handelszentrum etablieren konnte. Die sozialen Spannungen verschafften den sozialistischen und kommunistischen Bewegungen Mittelitaliens regen Zulauf – noch heute zählen die Marken zu den Hochburgen der linksgerichteten italienischen Parteien. Die militärische Niederlage im Ersten Weltkrieg radikalisierte das Klima in Italien. 1922 – nach dem „Marsch auf Rom" – errichtete Benito Mussolini seine faschistische Diktatur. An der wirtschaftlichen Situation der Marken hingegen änderte sich nichts Grundlegendes, die Region blieb weiterhin hinter dem Entwicklungsstandard des Nordens zurück.

Ein Wandel vollzog sich nach dem Zweiten Weltkrieg. Auch die Marken profitierten vom wirtschaftlichen Aufschwung der Nachkriegszeit, eine bescheidene Industrie fasste Fuß und verdrängte vielerorts die traditionell geprägten agrarischen Strukturen. Wirtschaftlich befindet sich die Region heute auf einer bequemen Mittelposition zwischen dem reichen Norden und dem armen Süden, eine bedeutende Rolle spielt hier der Tourismus. Regionalpräsident ist seit 2005 Gian Mario Spacca, der dem 2007 neu formierten Mitte-Links-Bündnis *Partito Democratico* (PD) angehört. Die nächsten Regionalwahlen sind für 2015 angesetzt.

Anreise mit Meerblick: auf der Adriatica

# Anreise

**Von Mittel- und Süddeutschland aus sind die Marken an einem Tag mit dem Auto zu erreichen, und wer mit dem eigenen Fahrzeug anreist, wird den Mobilitätsvorteil vor Ort bald zu schätzen wissen.**

Recht bequem gestaltet sich auch die Anreise mit der Bahn: Aus Süddeutschland braucht man etwa zehn Stunden (inkl. Umsteigen), wer aus Norddeutschland auf der Schiene anreist, startet nachmittags und ist am nächsten Tag vormittags am Ziel. Flugreisende können entweder auf dem einzigen Airport der Region in Ancona landen oder auf die Flughäfen von Rimini oder Pescara in den Nachbarregionen Emilia-Romagna bzw. Abruzzen ausweichen.

## Mit dem eigenen Fahrzeug

Die übliche Anreiseroute von Süd- und Ostdeutschland führt über Innsbruck (**A 12**) und die **Brennerautobahn A 22** (bzw. die gebührenfreie Brenner-Staatsstraße) mit Weiterfahrt nach Verona und Modena. Hier wechselt man von der A 22 auf die **A 1** (Autostrada del Sole) nach Bologna, dort von der A 1 auf die **A 14** (Adriatica) Richtung Ancona.

Wer aus dem Westen Deutschlands kommt und **über die Schweiz** anreist, gelangt auf der **A 81** von Stuttgart über Singen nach Schaffhausen, dann ab Winterthur auf der **A 4** nach Zürich, ab hier zunächst weiter auf der A 4, dann auf der **A 2** durch den über 16 km langen **St.-Gotthard-Tunnel** (Ausschilderung: Gotthard/Lugano) nach Bellinzona, Lugano und Como, ab hier auf der A 9 Richtung Mailand und schließlich auf der **A 1** nach Bologna (Weiterfahrt s. o.).

*Alternativroute*: Auf der **A 7** und **A 96** nach Bregenz am Bodensee, dann in der Schweiz auf der **A 13** nach Chur auf herrlicher Strecke durch das Hinterrheintal und den 6,6 km langen **San-Bernardino-Tunnel** nach Bellinzona und Como.

Als erlebnisreiche **Alternativen** bieten sich – allerdings bei relativ hohem Zeitaufwand – die Überquerung des Gotthard- oder des San-Bernardino-Passes an. Rechnen Sie hier allerdings mindestens eine bis einein- halb Stunden extra ein, dafür kann man sich eventuelle Staus vor den Tunnels (besonders am Gotthard) und somit Nerven sparen.

Aus dem **Osten Österreichs** führt die Strecke ab Wien auf der **A 2** (Süd-Autobahn) nach Villach und zur italienischen Grenze bei Arnoldstein, ab Tarvisio auf der **A 23** (Autostrada Alpe-Adria), ein Stück nach Udine dann auf der **A 4** (Autostrada della Serenissima) nach Padova (Padua), hier auf der **A 13** nach Bologna und von Bologna auf der **A 14** zurück zur Küste nach Rimini und nach Ancona. Die Direktlinie auf der Landstraße entlang der Küste von Padua bis Rimini ist zwar kürzer und stellenweise reizvoller (unbedingt lohnend z. B. ein Zwischenstopp in Ravenna), kostet aber deutlich mehr Zeit als der Umweg über Bologna.

## Anreiserouten und -kosten im Überblick    (Stand: Ende 2012)

**Hamburg–Ancona**: 1567 km, **Berlin–Ancona**: 1371 km, **München–Ancona**: 785 km, alle via Brennerautobahn (Extra-Gebühr für Pkw/Motorrad 8 €, über 3,5 t je nach Achsenzahl und Emissionsklasse ca. 22–40 €). Autobahngebühren Italien: 37,30 €, Vignette Österreich s. u.

**Frankfurt–Ancona** (via St.-Gotthard-Tunnel/Schweiz): 1101 km, Autobahngebühren Italien: 31,10 €, Vignette Schweiz s. u.

**Wien–Ancona** (via Villach/Tarvisio): 903 km, Autobahngebühren Italien: 37,60 €, Vignette Österreich s. u.

**Zürich–Ancona** (via St.-Gotthard-Tunnel): 736 km, Autobahngebühren Italien: 31,10 €, Vignette Schweiz s. u.

**Vignette Schweiz**: Es gibt nur Jahresvignetten, Pkw/Motorrad und Anhänger je 40 CHF (der Euro-Preis variiert je nach Wechselkurs, zuletzt ca. 33 €). Gültigkeit: 1. Dezember bis einschließlich 31. Januar des übernächsten Jahres (= 14 Monate). Verkauf an allen grenznahen Tankstellen und an den Grenzübergängen in die Schweiz sowie bei den heimischen Automobilclubs.

**Vignette Österreich**: Für Pkw und Wohnmobile gelten folgende Preise: Jahresvignette 80,60 €, 2-Monats-Vignette 24,20 €, 10-Tages-Vignette 8,30 €. Motorräder: Jahresvignette 32,10 €, 2-Monats-Vignette 12,10 €, 10-Tages-Vignette 4,80 €. Für Anhänger (also auch Wohnwagen) muss keine eigene Vignette angebracht werden. Verkauf an allen grenznahen Tankstellen. Fahrzeuge ab 3,5 t müssen für Österreichs Autobahnen statt der Vignette für 5 € eine so genannte „Go-Box" erwerben, die die Gebühren elektronisch erhebt. Die Verrechnung erfolgt entweder von einem in der Box gespeicherten Guthaben (Pre-Pay) oder der Betrag wird im Nachhinein von einer Debit-, Kredit- oder

## Verkehrsbestimmungen für Österreich und die Schweiz

In **Österreich** beträgt die Höchstgeschwindigkeit auf Autobahnen 130 km/h, von 22–5 Uhr nachts auf der Inntalautobahn (A 10), der Brennerautobahn (A 12) und der Rheintalautobahn (A 4) 110 km/h Höchstgeschwindigkeit; eine griffbereite *Warnweste* (pro Fahrzeuginsasse!) muss mitgeführt werden.

In der **Schweiz** liegt die Höchstgeschwindigkeit außerorts bei 80 km/h, auf Schnellstraßen bei 100 km/h, auf Autobahnen bei 120 km/h (Pkw mit Anhänger generell max. 80 km/h, Wohnmobil über 3,5 t generell max. 100 km/h)

**Tipp**: Noch immer tankt man in Österreich etwas günstiger als in Deutschland, der Schweiz und in Italien.

Tankkarte abgebucht (Post-Pay). Erhältlich ist sie an denselben Verkaufsstellen wie die Vignetten. Weitere Informationen unter www.go-maut.at oder ☎ 0800-40012400.

**Auffahrt zum Brenner**: für alle Kraftfahrzeuge bis 3,5 t einfache Fahrt 8 € (über 3,5 t je nach Achsenzahl und Emissionsklasse ca. 22–40 €). Zahlung vor Ort an der Mautstelle.

**Mautstellen** (ital. *casello*) sind in Italien an fast jeder Autobahnauffahrt eingerichtet (Ausnahmen sind die Autobahnringe um Großstädte wie Rom, Mailand, Turin). Das Ticket entnimmt man bei der Auffahrt am Automaten. Beim Verlassen der Autobahn – manchmal auch zwischendurch – wird man zur Kasse gebeten: entweder in **bar**, mit der **Viacard** oder mit den gängigen **Kreditkarten**.

> **Achtung**: Wer mit dem Wohnwagen unterwegs ist, zahlt in Italien deutlich höhere Autobahngebühren: mit einachsigem Wohnwagen verdoppelt sich die Summe, mit zweiachsigem Wohnwagen werden nochmals 60 % draufgeschlagen!

Die **Viacard** gibt es im Wert von 25 € und 50 € (Verkaufspreis 25,50 € bzw. 51 €) bei den heimischen Automobilclubs, an Grenzübergängen, an Mautstationen mit blauem Punkt („Puntoblu") und an großen Raststätten. An den Mautstationen bringt die Karte Zeitvorteile, da man sich in eine Extraspur für automatische Abbuchung einordnet. Achten Sie auf ausreichende Deckung, eine Restzahlung mit Bargeld ist nicht möglich! Falls Sie bar zahlen wollen, sich aber fälschlicherweise am Viacard-Schalter eingeordnet haben, stoßen Sie keinesfalls zurück – es drohen hohe Bußgelder –, sondern drücken Sie die Hilfstaste. Sie erhalten dann einen Quittungsstreifen, mit dem Sie die Gebühr bei einer anderen Mautstelle bezahlen bzw. nachträglich überweisen können.

Die (fast immer freie) Fahrspur mit dem Schild **TELEPASS** ist italienischen Verkehrsteilnehmern vorbehalten. Es handelt sich dabei um ein vollelektronisches System der Gebührenerfassung.

Weitere **Informationen** bei den verschiedenen Automobilclubs oder im Internet unter www.autostrade.it.

Für viele heißt es: über den Brenner

## Informationen zum Verkehr in Italien

**Fahrzeugpapiere/Versicherung**: Nationaler Führerschein *(patente di guida)* und Fahrzeugschein *(libretto di circolazione)* sind selbstverständlich immer mitzuführen, darüber hinaus empfiehlt sich die Grüne Versicherungskarte *(carta verde)*, die zwar keine Pflicht mehr ist, bei Schadensfällen aber noch immer gute Dienste leistet. Ebenfalls empfehlenswert ist der Abschluss eines Auslandsschutzbriefes. Bei Panne, Unfall oder Diebstahl steht man Ihnen mit umfangreichen Leistungen zur Seite, die Jahresgebühr liegt zwischen 30 und 50 € (genauere Informationen erteilen die Automobilclubs). Bei neuen Fahrzeugen kann außerdem eine vorübergehende Vollkaskoversicherung in Erwägung gezogen werden, da die Deckungssummen italienischer

Haftpflichtversicherer sehr niedrig sind. Bei Diebstahl springen Voll- und Teilkasko ebenfalls ein.

**Straßenkarten**: Für die Anreise in die Marken genügt – sofern man die gängigen Hauptrouten über die Alpen benutzt – jeder aktuelle Straßenatlas. Empfehlenswertes Kartenmaterial zu den Marken finden Sie im Kapitel „Wissenswertes von A bis Z" auf S. 59.

**Stadtverkehr und Parken**: → S. 37.

**Tankstellen**: Es gibt *benzina senza piombo* (Bleifrei), *super senza piombo* (Super) sowie *gasolio* (Diesel). Die Preise liegen höher als in Deutschland und der Schweiz und deutlich höher als in Österreich. Tankstellen sind an den Autobahnen 24 Std. durchgehend geöffnet, in Ortschaften meist 7–12.30 und 15–19.30 Uhr. Manche Tankstellen haben einen Ruhetag, meist der Sonntag. An vielen Zapfautomaten können Sie aber im „Self-Service"-Verfahren mit unzerknitterten (!) Euroscheinen tanken. Kreditkarten werden häufig, aber nicht immer akzeptiert, fast überall kann man aber per "Bancomat" tanken: damit ist die EC-/maestro-Karte gemeint.

**Pannenhilfe/Notrufe**: Notrufsäulen stehen in Abständen von 2 km an den Autobahnen. Der Straßenhilfsdienst des italienischen Automobilclubs ACI (www.aci.it) ist in ganz Italien rund um die Uhr unter ✆ 803116 erreichbar (aus Mobilfunknetzen unter ✆ 800116800). Die Pannenhilfe ist kostenpflichtig, auch für Mitglieder von Automobilclubs.

Polizeinotruf: ✆ 112,

Straßenpolizei: ✆ 113,

Unfallrettung: ✆ 118,

deutschsprachiger Notrufdienst des ADAC in Italien: ✆ 03-921041 (rund um die Uhr erreichbar), darüber hinaus gibt es einen Auslandsnotruf in München: ✆ 0049-89-222222.

**Höchstgeschwindigkeit**: Auf Autobahnen 130 km/h, auf dreispurigen Autobahnen bei entsprechender Beschilderung auf der linken Spur 150 km/h, auf Schnellstraßen 110 km/h, auf Landstraßen 90 km/h, Wohnmobile außerorts 80 km/h (auf der Autobahn 100 km/h), Gespanne außerorts 70 km/h (auf der Autobahn 80 km/h), in geschlossenen Ortschaften 50 km/h für alle. Bei Geschwindigkeitsüberschreitungen sind sehr hohe Bußgelder fällig, die auch im Heimatland des Verkehrssünders eingetrieben werden (Beispiel: 140 € für 20 km/h zu schnell).

**Promillegrenze**: 0,5 Promille. Die Strafen bei Alkohol am Steuer sind ebenfalls sehr hoch, neben Bußgeldern ab 500 € bis zu 6000 € (!) droht auch der sofortige Führerscheinentzug!

**Sonstige Verkehrsvorschriften**: Auch tagsüber muss das **Abblendlicht** eingeschaltet werden, ebenso ist pro Fahrzeuginsasse eine fluoreszierende **Warnweste** griffbereit im Fahrerraum mitzuführen und im Falle einer Panne anzulegen (erhältlich an Tankstellen, in Baumärkten etc.). **Telefonieren** während der Fahrt ist nur mit Freisprechanlage gestattet.

## Mit dem Autoreisezug

Diese wohl stressfreieste und umweltschonende Anreisevariante mit dem eigenen Fahrzeug wird nur noch eingeschränkt angeboten, zudem ist sie richtig teuer – lohnt zeitlich/finanziell eigentlich nur, wenn man ganz aus dem Norden Deutschlands kommt. Verbindungen bestehen von etwa Mitte Mai/Anfang Juni bis Mitte/Ende Oktober je einmal wöchentlich von Berlin, Hamburg, Düsseldorf und Hildesheim nach Verona, von hier sind es aber noch mal rund 350 km nach Ancona (Autobahngebühren 21,50 €).

**Preisbeispiel Berlin – Verona (einfach, in der Hochsaison)** Auto 219–259 €, Motorrad 159–189 €, Liegewagen 90–110 € pro Pers. oder 320–380 € für ein ganzes Vier-Abteil, Schlafwagenabteil für max. 3 Pers. 380–450 € (mit Dusche/WC 460–530 €), bei Einzelplatzbuchungen erhalten Kinder bis 14 J. 50 % Rabatt. Ein kleines Frühstück ist inkl.; die Fahrtdauer liegt bei ca. 16 Std. In der Nebensaison ca. 20–30 % günstiger, außerdem gibt es auch diverse Sonderangebote.

**Information/Buchung** Die Bahn gibt den jährlichen Katalog "Autozug" heraus, auch als Download unter www.db autozug.de. Weitere Infos unter ✆ 01805/ 996633 (Stand: Herbst 2012).

**Abschleppen** auf Autobahnen ist verboten (mit Ausnahme der offiziellen Pannenhilfsdienste). Wenden, Rückwärtsfahren und Spurwechsel im **Mautstellenbereich** sind verboten, auch hier drohen drastische Bußgelder. Ist der **Kreisverkehr** mit Verkehrsschild als solcher ausgewiesen, hat der im Kreis Fahrende Vorfahrt vor dem Einfahrenden. Ohne Schild gilt rechts vor links. **Ladungen**, die hinten über das Fahrzeug hinausragen, müssen mit einem rot-weiß gestreiften Aluminiumschild versehen sein (reflektierend, 50 x 50 cm).

**Italienische Verkehrsschilder**: *rallentare* = langsam fahren, z. B. wegen *lavori in corso* (Bauarbeiten) oder wegen *pericolo* (Gefahr, oft vor Steigungen und Kreuzungen); *accendere i fari* = Licht einschalten; *attenzione uscita veicoli* = Vorsicht Ausfahrt; *deviazione* = Umleitung; *divieto di accesso* = Zufahrt verboten; *temporamente limitato al percorso* = Durchfahrt vorübergehend verboten; *strada interrotta* = Straße gesperrt; *inizio zona tutelata* = Beginn der Parkverbotszone; *parcheggio* = Parkplatz; *senso unico* = Einbahnstraße; *strada senza uscita* = Sackgasse; *tutte le direzioni* = alle Richtungen; *traffico canalizzato* = Kreisverkehr oder eine andere Art der Verkehrsführung; *zona disco* = Parken mit Parkscheibe; *zona a traffico limitato (Z.T.L.)* = Bereich mit eingeschränktem Verkehr; *zona pedonale* = Fußgängerzone; *zona rimorchio* = Abschleppzone.

Geschafft: Schöner Blick im hintersten Winkel der Marken, den Monti Sibillini

# Mit der Bahn

Direktverbindungen in die Marken gibt es aus Deutschland nicht, mindestens einmal muss man umsteigen, meist in Verona oder Bologna. Von dort geht es dann unter anderem über Pesaro und Fano weiter nach Ancona.

Wer morgens um 9.31 Uhr in München in den Zug steigt, braucht mit Umsteigen in Bologna knapp zehn Stunden bis Ancona und ist damit noch zu einer recht günstigen Zeit vor Ort. Neben weiteren Tagverbindungen mit deutlich ungünstigeren Ankunftszeiten gibt es auch eine Nachtverbindung, bei der man ebenfalls umsteigen muss: Die Nachtzüge der *City Night Line (CNL 485)* starten abends um 21 Uhr in München und sind zu nachtschlafender Zeit um 4.20 Uhr in Bologna (umsteigen), von wo aus es um 4.40 Uhr mit nochmaligem Umsteigen in Rimini nach Ancona weitergeht (Fahrtdauer 3 Std.), der erste Direktzug nach Ancona fährt erst um 6.35 Uhr (Fahrtdauer 2:45 Std.). *Tipp*: Wer im Nachtzug lieber ausschlafen möchte, sollte gleich bis Rom fahren und dort Richtung Ancona weiterfahren, der Preis bleibt fast der gleiche (Näheres → unten). Wer früh bucht, kann in den Genuss des *Spar-Night-Tarifs* kommen, bei Fahrten tagsüber hilft der *Europa-Spezial-Tarif* sparen (Näheres → unten). Generell gilt: frühzeitig reservieren, die Angebote sind kontingentiert.

**Bahnpreise Deutschland** Mit Abstand am günstigsten fährt man mit dem **Europa-Spezial-Tarif**, ab 39 € pro einfache Strecke in der 2. Klasse, in der 1. Klasse ab 69 €, hinzu kommen 4 € bzw. 5 € Reservierungszuschlag (der Tarif ist z. B. auf den Strecken München–Bozen und Stuttgart–Verona gültig). Die Europa-Spezial-Tarife gelten auch für die Nachtzüge (also für den CNL von München nach Bologna/Rom), hinzu kommen pro Pers. 4 € für den normalen Sitzplatz, 10 € für den Schlafsessel, je nach Belegung 20–30 € für den Liegewagen bzw. 60 € für den Schlafwagen (Einzelbelegung Schlafwagen: 100 €). Für die Nachtzüge auf der Strecke München–Bologna/Rom gibt es außerdem noch eigene **Spartarife**: Im Abteil 43 €, im Liegewagen 59–69 € (4er-/6er-Belegung), im Schlafwagen 99–129 € (2er-Belegung) und 139–169 € (Einzelbelegung). Natürlich ist das Angebot kontingentiert, d. h. man sollte

Am Bahnhof in Loreto

sich so früh wie möglich um einen Platz kümmern. Nicht ganz so günstig sind die **Normalpreise** für die City-Night-Line-Verbindungen nach Italien: im Abteil 143,70 €, im Liegewagen 159,70–169,70 €, im Schlafwagen 199,70–274,80 € (2er-Belegung), die Einzelbelegung im Schlafwagen kommt auf 239,70–314,80 €. Tagsüber liegt der **Normalpreis** von München nach Bologna bei 82,30 € (einfach 2. Klasse). Ansonsten gibt es natürlich noch die üblichen Sparmöglichkeiten mit *Bahncard 25* und *Bahncard 50*. Informationen und Buchungen unter ☎ 01805/996633, www.bahn.de, bei den Reisezentren der Deutschen Bahn und Reisebüros mit DB-Lizenz.

**Bahnpreise Österreich** Mit dem Sondertarif **SparSchiene** ab 19 € von Klagenfurt/Villach und für 29 € von Salzburg/Wien nach Venedig (ab dort dann in 1:30–2 Std. nach Bologna, dort Umsteigen nach Ancona), allerdings bietet die SparSchiene nur ein beschränktes, kontingentiertes Angebot, das ab drei Monate vor Reiseantritt erhältlich ist (bis spätestens drei Tage vorher), mit Zugbindung. Mit der **ÖBB EuroNight** (EN 235 und EN 1237) sogar zweimal jeden Abend Züge von Wien über Klagenfurt/Villach nach Bologna (Ankunft ca. 4.30 Uhr) zu folgenden Preisen: Sitzplatz ab 29 €, Liegewagen ab 49–59 € (6er-/4er-Belegung), Schlafwagen ab 69–89 € (3er-/2er-Belegung) und ab 129 € bei Einzelbelegung. Der Normalpreis von Wien nach Florenz kostet bei der Tagverbindung ab ca. 77 €, mit dem Nachtzug 89 € (Sitzplatz) bzw. 109–119 € (Liegewagen) und 129–149 € (Schlafwagen). Preise jeweils für die 2. Klasse, bei manchen Tarifen ist ausschließlich Online-Buchung möglich. Weitere Infos unter ☎ 05-1717 und unter www.oebb.at.

**Bahnpreise Schweiz** Von Zürich nach Bologna (ca. 5–6 Std. Fahrtdauer, mit Umsteigen in Mailand) kommt der **Normalpreis** auf 131 CHF, zum **Sonderpreis** ab 24 CHF kommt man aber in 3–4 Std. von Bern, Zürich, Genf und Basel nach Mailand (Zugbindung, nur online erhältlich, kein Umtausch möglich, das Ticket muss 14 Tage vor Fahrtantritt gekauft werden), ab Mailand weiter nach Bologna (je nach Zug 1–3 Std. Fahrtdauer, 15,65–40 €) und von dort weiter an die Adriaküste nach Ancona (teilweise Umsteigen in Rimini). Infos zur SBB unter ☎ 0900-300300 (1,19 CHF/Min. aus dem Schweizer Festnetz) und www.sbb.ch.

**Weiterfahrt ab Bologna nach Ancona** Mindestens stündlich Verbindungen; mit der schnellen "Frecciabianca" in nur 1:45 Std. zum Normalpreis von 31 € (2. Klasse), im deutlich weniger gepflegten Regionalzug in 3:15 Std. für 14,10 €, dazwischen liegt der IC für 22,50 € (bei 2:20 Std. Fahrtdauer).

**Weiterfahrt ab Rom nach Ancona** Alle 2 Std. nonstop einmal durch den Apennin an die Adriaküste, je nach Zug 3:20–4 Std. Fahrtdauer, im IC 30,50 €, im langsameren Regionalzug 15,80 €.

> Informationen auch im Internet unter www.trenitalia.com.

**Sondertarife in Italien** Carta verde: Mit dieser ein Jahr gültigen Karte bekommen Reisende unter 26 J. 10–25 % Ermäßigung auf alle Bahnfahrkarten. Gegen Vorlage eines Ausweisdokuments an allen größeren italienischen Bahnhöfen zum Preis von 40 € erhältlich.

**Carta d'argento**: Das Pendant zur „Grünen Karte" für Reisende über 60 J. kostet 30 € (für Rentner über 75 J. kostenlos).

**InterRail Ein-Land-Pass**: Ehemals als *Euro Domino* bekannter Netzfahrschein für Italien, innerhalb eines Monats kann man in 3, 4, 6 oder 8 Tagen in einem Land kreuz und quer Bahn fahren; die Länder sind in Preisgruppen unterteilt, für Italien kostet der Pass für Jugendliche 123–205 €, für Erwachsene ab 26 J. 181–311 €. Lohnt, wenn man in Italien mehrmals große Strecken zurücklegen will und eventuell auch als Kombiticket für die Anreise: bis Norditalien mit dem deutschen, österreichischen oder Schweizer Schnäppchenpreis, ab dort dann mit dem InterRail Ein-Land-Pass. Infos: www.interrailnet.com.

> Alle Infos Stand: Dezember 2012.

# Mit Zug/Flug und Fahrrad

Wer sein **Fahrrad im Zug** nach Italien transportieren möchte, kann es in vielen Zügen (auch IC/EC) mit über die Alpen nehmen, allerdings nach wie vor nicht im deutschen ICE. Im Nachtzug nach Bologna bzw. Rom ist die Fahrradmitnahme möglich, bedarf aber der vorherigen Reservierung und des Erwerbs einer *Internationalen Fahrradkarte* (10 €, in Nachtzügen 15 €), damit verbunden ist auch die Reservierung eines festen Radstellplatzes. In Italien ist eine solche Reservierung nicht möglich, man sollte die Rückfahrt also bereits in Deutschland (bzw. Österreich/Schweiz) buchen. Zu Stoßzeiten sind die Zustände in den Fahrradabteilen der internationalen Züge nicht selten chaotisch, oftmals wird bis an die Decke gestapelt. Wir empfehlen daher, das Rad entweder als *Gepäckstück* aufzugeben (ist aber nur bis Südtirol möglich) und einige Tage später am Zielbahnhof abzuholen oder aber den Transport in einer speziellen *Fahrradtasche* (110 x 80 x 40 cm), die auch in Italien in vielen Zügen mitgenommen werden darf. Das so verpackte Fahrrad kann dann im Abteil bzw. Vorraum mitgenommen werden. Für die italienischen Regionalzüge (sofern mit entsprechendem Fahrrad-Piktogramm gekennzeichnet) kostet das Fahrradticket pauschal 3,50 € (keine Verpackung erforderlich).

Wer **mit dem Flugzeug** anreist, erhält bei der jeweiligen Fluglinie detaillierte Infos zu Konditionen und Mehrkosten der Fahrradmitnahme. Auch hier ist eine rechtzeitige Anmeldung ratsam.

Infos erhält man außerdem beim **Allgemeinen Deutschen Fahrrad-Club** e. V. (ADFC): Postfach 107747, 28077 Bremen, ☎ 0421/346290, ✉ 0421/3462950, www.adfc.de.

# Mit dem Flugzeug

Wer ein Schnäppchen ergattert, kommt mit dem Flugzeug unter Umständen genauso günstig ans Ziel wie mit Auto oder Bahn, manchmal sogar noch günstiger. Eine schnelle und komfortable Alternative, vor allem, wenn man auch noch einen preiswerten Mietwagen bucht.

Einziger Flughafen in den Marken ist Ancona; angeflogen wird er regelmäßig von Alitalia und Lufthansa bzw. deren Partnerlinie Air Dolomiti. Darüber hinaus bieten sich Flüge nach Bologna (Emilia-Romagna) oder nach Pescara (Abruzzen) an.

**Linienflüge** Am günstigsten mit Lufthansa (LH) oder deren Partnergesellschaft Air Dolomiti: in den Sommermonaten 3x tägl. (im Winter 2x) nonstop ab München nach Ancona (1:15 Std., bei frühzeitiger Buchung ab ca. 130 € hin/rück). Linienflüge von Berlin, Hamburg und Frankfurt sind immer mit Umsteigen in München verbunden. Meist länger dauert die Reise mit Alitalia; die Verbindungen (mehrmals tägl.) ab München nach Ancona sind immer mit Umsteigen in Rom verbunden. Informationen (und Sonderangebote!) im Internet unter www.lufthansa.com und www.alitalia.com.

Anreise über die Alpen

**Charterflüge/Billigflieger** Relativ dürftiges Angebot, Charterflüge in die Marken gibt es ab Deutschland lediglich mit Ryanair, und zwar 2x wöchentlich (Mo und Fr) von Düsseldorf-Weeze nach **Ancona** (www.ryanair.com). Als Alternativziel bietet sich **Bologna** an: wird von Germanwings mehrmals wöchentlich angeflogen, ab Köln/Bonn, Rostock, Berlin, Dresden und Zürich (www.germanwings.com). Ryanair fliegt außerdem mehrmals wöchentlich den etwa 160 km südöstlich von Ancona gelegenen Flughafen von **Pescara** in den Abruzzen an (ab Frankfurt/Hahn, Düsseldorf-Weeze, Linz und Wien). Die Preise variieren nach Reisedatum, Zeitpunkt der Buchung usw.

**Flughafeninfo Ancona** Der internationale Airport „Raffaello Sanzio" liegt wenige Kilometer landeinwärts bei Falconara, von 6.50 bis 20.40 Uhr etwa stündlich **Busse** ab Flughafen zum Bahnhof in Ancona (6–20 Uhr in entgegengesetzter Richtung). Das **Taxi** vom Flughafen zum Bahnhof von Ancona kostet 30 €, zum Hafen/Innenstadt 35 €, zum Bahnhof in Falconara 13,50 € (Festpreise). Ab dort beste Bus- und Zugverbindungen nach Ancona und entlang der Küste Richtung Norden. Infos unter ☎ 071-28271 oder www.ancona-airport.com.

**Autoverleiher** am Flughafen: *Avis*, ☎ 071-52272; *Europcar*, ☎ 071-9162240; *Hertz*, ☎ 071-2073798; *Magellano*, ☎ 071-9157086; *Maggiore*, ☎ 071-9188805; *Sixt*, ☎ 071-9156017; *Autoeuropa*, ☎ 071-9157010.

**Flughafeninfo Bologna** „Aeroporto Internazionale Guglielmo Marconi" unweit der A 14 nordwestlich vom Zentrum Bologna. Busse ca. alle 15 Min. zum Bahnhof von Bologna (einfache Fahrt 6 €). Infos zum Flughafen unter ☎ 051-6479615, www.bologna-airport.it.

**Autoverleiher** am Flughafen: *Avis*, ☎ 199-100133; *Europcar*, ☎ 051-6472111; *Hertz*, ☎ 051-

6472015; *Sixt*, ☏ 051-6472052; *Budget*, ☏ 199-307373; *Maggiore*, ☏ 051-6472007; *Autoeuropa*, ☏ 051-6472006; *Autovia*, ☏ 051-6472452; *Gold-car*, ☏ 051-6472188; *Locauto*, ☏ 051-6472128.

**Flughafeninfo Pescara** Der „Aero-porto Internazionale d'Abruzzo" liegt nur wenige Kilometer landeinwärts von Pes-cara, Stadtbus Nr. 38 (fährt alle 15 Min., 1 €)

oder Taxi (15 €) ins Zentrum. Flughafen-In-fos unter ☏ 895-8989512 oder unter www.abruzzoairport.com.

**Autoverleiher** am Flughafen: *Avis*, ☏ 085-54116; *Europcar*, ☏ 085-4211022; *Hertz*, ☏ 085-4315769; *Maggiore*, ☏ 085-389167; *Sixt*, ☏ 085-4313690; *Autoeuropa*, ☏ 0872-711664; *Budget*, ☏ 085-4312048.

**Mietwagen online**: Mit einer Vorab-Buchung fährt man oft günstiger als mit einer Anmietung vor Ort. Und auch der juristische Aspekt ist zu bedenken, denn der Gerichtsstand ist immer in dem Land, in dem das Auto gemietet wurde. Einer der derzeit preiswertesten Anbieter ist www.autoeurope.de, an-dere Adressen sind z. B. www.sungo.de, www.sunnycars.de und www.billiger-mietwagen.de (listet Angebote verschiedener Verleihfirmen im Vergleich auf). Bei einigen **Fluglinien** kann man zusammen mit der Flugbuchung auch einen vergünstigten **Mietwagen** ordern, Abholung am Ankunftsflughafen.

## Mit dem Bus

Die *Deutsche Touring GmbH* bietet mit ihren Europabussen von verschiedenen deut-schen Städten etwa 3x wöchentlich Fahrten nach Ancona an (z. B. ab Frankfurt/M. und München), Fahrtdauer ab Frankfurt knapp 17 Std. Außerdem im Italien-Pro-gramm ist das direkt an der Grenze zu den Marken gelegene Rimini in der Emilia-Ro-magna (ebenfalls 3x wöchentlich).

**Information** Deutsche Touring GmbH, Am Römerhof 17, 60486 Frankfurt, ☏ 069/7903501, www.eurolines.de, service @touring.de.

**Preisbeispiel** Von Frankfurt/M. nach An-cona einfach 92–95 €, hin und zurück 166–171 €.

Kinder unter 4 J. erhalten 80 % Ermäßi-gung, unter 12 J. 50 %, Jugendliche unter 26

J., Studenten (bis 26 J.) und Senioren über 60 J. 10 %. Zwei Gepäckstücke im Koffer-maß und das Handgepäck sind frei. Mehr Gepäck (gegen Gebühr) ist nur erlaubt, wenn noch Stauraum frei ist. Eine Fahrrad-mitnahme ist nicht möglich.

**Vertretung in Italien** Eurolines Italia, Via S. G. Mercadante 2/B, 50144 Firenze, ☏ 055-357059, ☏ 055-350565.

## Mitfahrzentralen

Die preisgünstigste Anreisevariante bieten die Mitfahrzentralen, die es in allen größeren Städten gibt, meist unter der bundeseinheitlichen Telefonnummer *Orts-vorwahl plus 19440* oder im Internet (u. a. www.mfz.de) unter den einschlägigen Suchbegriffen. Wer nach Italien will, sollte sich frühzeitig um eine Mitfahrgelegenheit bemühen und evtl. auch einen weiter entfernten Abfahrtsort in Kauf nehmen. Ebenso sollten Sie einkalkulieren, dass Sie nicht direkt an den Zielort gelangen, sondern vielleicht schon in Bologna aussteigen müssen. Im Allgemeinen kann man Sonder-wünsche anmelden, z. B. Mitfahrt nur bei Frauen/Paaren oder Nichtrauchern.

Der Preis für die Fahrt errechnet sich zum einen aus dem von der MFZ festgelegten Benzinkostenanteil, der an den Fahrer zu zahlen ist. Darüber hinaus ist eine von der Entfernung abhängige **Vermittlungsgebühr** an die MFZ zu zahlen. Mitfahrer können

über die MFZ eine günstige **Pannen- und Unfallversicherung** abschließen. Gegen Vorlage der Quittungen wird damit die Bahnfahrt ab Unfall- bzw. Pannenort zum Reiseziel erstattet.

Die Via Flaminia läuft durch die Gola di Furlo, hier Kilometer 247

# Unterwegs in den Marken

## Mit dem Auto oder Motorrad

Die Region verfügt über ein gut ausgebautes Straßennetz, vor allem, was die Küstengegend betrifft. Hier verläuft auch die einzige Autobahn der Marken, die A 14 (Adriatica) von Bologna nach Bari. Wer sich die Autobahngebühren sparen will, gelangt über die – allerdings oft verstopfte und mitten durch die Orte führende – SS 16 an der Küste entlang von Pesaro im Norden nach San Benedetto del Tronto ganz im Süden der Marken.

Gut ausgebaute, oft auch vierspurige Schnellstraßen verlaufen von der Küste durch die großen Täler in westliche Richtung zu den Städten im Landesinneren: die *SS 3* (Via Flaminia) von Fano nach Fossombrone und weiter über Gubbio in Umbrien nach Rom; die *SS 76* von Falconara (bei Ancona) nach Fabriano; die autobahnähnliche *SS 77* von Civitanova Marche nach Tolentino und weiter bis fast nach Camerino; die *SS 210* von Porto San Giorgio nach Fermo; die ebenfalls autobahnähnlich ausgebaute Schnellstraße *SS 4* (Via Salaria) von Porto d'Ascoli (an der Grenze zu den Abruzzen) nach Ascoli Piceno und weiter nach Rom. Ansonsten ist es im Landesinneren vor allem hügelig mit kurviger Straßenführung, sieht man einmal von den meist sehr verkehrsreichen Provinzstraßen ab, die durch die zahlreichen kleineren Flusstäler ans Meer führen: Hier kommt man recht zügig voran. Anders, wenn man sich in Nord-Süd-Richtung bewegt: Es sind fast immer mehrere hundert Höhenmeter zu überwinden, und was auf der Landkarte nach einem Katzensprung aussieht, entpuppt sich oft als ewige Kurverei bei Tempo 30. Daher sollte man für Ausflüge in das Hügelland der Marken viel Zeit einplanen. Beschilderungen und Kilometerangaben stimmen zwar in der Regel, allerdings geht man stellenweise recht sparsam damit um, kleinere Orte fehlen oft ganz. Eine verlässliche Straßenkarte ist daher dringend zu empfehlen (Näheres unter „Kartenmaterial" auf S. 59).

Die **Straßenverhältnisse** sind vor allem auf den großen Nationalstraßen sehr gut. Auf kleineren, kaum befahrenen Nebenstrecken muss man dagegen damit rechnen, dass sämtliche Markierungen und Begrenzungspfeiler bzw. Leitplanken fehlen, Schlaglöcher sind keine Seltenheit. Daher möchten wir Ihnen von Nachtfahrten auf unbekannten, kurvenreichen Bergstrecken unbedingt abraten! Gut ausgebaut sind die Rundstrecke durch den Nationalpark der Monti Sibillini im Südwesten der Marken sowie sämtliche Straßen am touristisch bestens erschlossenen Monte Conero. *Achtung*: Vor allem an den Wochenenden im Sommer sind Staus auf vielen Zufahrtsstraßen zur Küste und auf der Küstenstraße SS 16 die Regel!

**Stadtverkehr**: In den meisten historischen Stadtzentren mit ihren engen und verwinkelten Gassen ist für die vielen Autos kein Platz mehr. Die Lösung heißt **Z.T.L.** (**Z**ona **T**raffico **L**imitato): Außer für die Anwohner sowie für Krankenwagen etc. und Transporte mit Sondergenehmigung (von denen es, wer hätte das gedacht, sehr viele gibt) sind die Innenstädte für den Verkehr gesperrt. In der Regel führt eine Ringstraße *(circonvallazione)* um das Altstadtzentrum herum, hier finden sich meist auch ausreichend Parkplätze, die aber oft gebührenpflichtig sind. Wenn Sie ein Hotel im historischen Stadtzentrum gebucht haben, dürfen Sie zum Ein- und Ausladen in die gesperrte Zone hineinfahren. Neuerdings ist das allerdings nur noch mit vorheriger Anmeldung Ihres Wagens (bzw. des Nummernschildes, ital. *targa*) bei der zuständigen Behörde möglich, die durch das gebuchte Hotel vorgenommen werden muss: ein bürokratischer Aufwand, der seine abschreckende Wirkung sicher nicht verfehlt. Altstadthotels mit eigener Parkgarage müssen die Gastautos ebenfalls anmelden.

**Parken**: Generell ein Problem, nicht nur in den Städten. Reguläre Parkplätze findet man in größeren Orten am besten außerhalb des Centro storico, bei gebührenpflichtigen Plätzen liegt der Tarif meist bei ca. 1–2 € pro Stunde, über Mittag von ca. 13–16 Uhr teilweise kostenlos. Neben den auch bei uns üblichen Parkscheinautomaten greift man in Italien auch zur Rubbelkarte (gibt es in Tabacchi-Läden zu kaufen), auf der die gewünschte Parkzeit freigerubbelt werden muss. Achtung auch bei den Straßenmarkierungen (und vermeintlich freien Parkplätzen): Innerhalb blauer Markierungen sind die Parkplätze immer gebührenpflichtig, die gelbe Markierung bedeutet, dass der Parkplatz für Anwohner oder Fahrzeuge einer Behörde o. Ä. reserviert ist, an schwarz- gelben Markierungen dürfen nur öffentliche Verkehrsmittel parken bzw. anhalten. Nur innerhalb der weißen Streifen dürfen Sie umsonst und meist auch zeitlich unbegrenzt parken (teilweise aber mit Parkscheibe, was dann *zona disco* heißt). Man sollte sich unbedingt daran halten, die Strafen für Falschparken fallen in Italien drastisch aus – ein einfacher Verstoß wird mit mind. 35 € geahndet, es können aber auch bis zu 80 € sein!

**Achtung**: Achten Sie beim Parken auf die *pulizia stradale*! Einmal pro Woche wird nämlich die Straße gereinigt (ein Verkehrsschild weist auf den jeweiligen Tag und die Uhrzeit hin), wer da im Weg steht, wird gnadenlos abgeschleppt! Das gleiche gilt für den Wochenmarkt (*mercato settimanale*), auch hier herrscht in bestimmten

Straßen einmal wöchentlich absolutes Parkverbot. Für den Fall, dass Ihr Wagen abgeschleppt wurde, setzen Sie sich am besten mit der Stadtpolizei (*vigili urbani*) in Verbindung, dort können Sie den Wagen – gegen eine hohe Gebühr – freikaufen.

Grundsätzlich schwierig wird die Parkplatzsuche an Sommerwochenenden an den Stränden, besonders wenn man nicht schon um 8 Uhr morgens vor Ort ist. Zufahrtsstraßen und Parkplätze (meist gebührenpflichtig und mit Parkwächter) sind hoffnungslos überfüllt, die besten Chancen hat man in einer der entfernteren Seitenstraßen.

### Unterwegs mit dem Wohnmobil

Die Marken bieten beste Voraussetzungen dafür – gut ausgebaute Nebenstraßen und wenig befahrene Panoramastraßen, alle in der Regel breit genug und bestens in Schuss. In vielen größeren Orten und Städten gibt es ausgewiesene **Wohnmobilstellplätze**, in den touristisch frequentierten Gebieten an der Küste muss man oft auf den (teuren) Campingplatz ausweichen. Informationen im Internet unter www.camperweb.it, hier sind die Orte mit Stellplätzen („Sosta Camper") nach Regionen und diese wiederum nach Provinzen alphabetisch aufgelistet. Teilweise sind auch die genaue Anfahrt sowie Preise für den Stellplatz, Strom etc. beschrieben.

# Mit dem Bus

Fast jeder kleine Ort der Marken wird von einem Bus angefahren, fragt sich nur, wann, wie oft und – nicht unwichtig – auf welcher Strecke. Neben den öffentlichen Busgesellschaften gibt es auch noch einige private, deren Abfahrtszeiten man allerdings oft nur mit Durchfragen oder, falls zur Hand, im Internet erfährt. Generell kann man davon ausgehen, dass von einer größeren Stadt aus alle Orte im Umkreis zu erreichen sind, die Orte untereinander aber oft nur über große Umwege oder eben über die besagte größere Stadt. Zu beachten ist außerdem, dass sich die Abfahrtszeiten meist nach den Schul- bzw. Arbeitszeiten richten und der Busverkehr folglich an Wochenenden stark eingeschränkt ist.

**Bustickets** kauft man in größeren Ortschaften am Busbahnhof (hier hängt meist auch ein verlässlicher Fahrplan aus), in kleineren Dörfern in der Bar, beim Kiosk oder im Tabakladen, teilweise werden die Tickets auch nur im Bus verkauft. Fahrpläne hängen auf dem Land nur selten aus, dafür wissen die Bewohner meist ganz genau, wann der nächste Bus in die Stadt fährt. Die **Haltestelle** (*fermata*) befindet sich in den meisten Fällen an der zentralen Piazza (in der Regel außerhalb bzw. am Rand des historischen Zentrums). Busfahren auf Überlandstrecken ist in Italien ein relativ günstiges Vergnügen. Detaillierte Angaben zu Busverbindungen finden Sie bei den jeweiligen Orten im Reiseteil dieses Buches.

**Fahrplan lesen**: *feriale* = werktags, *festivo* = sonn- und feiertags, *estivo* = Sommerfahrplan, *invernale* = Winterfahrplan, *scolastico* = während der Schulzeit

# Mit der Bahn

Das Bahnnetz in den Marken ist nicht besonders dicht. Neben der häufig befahrenen Bahnlinie entlang der Küste (mit Bahnhöfen in fast allen größeren Orten am Meer) und der Stichstrecke von San Benedetto del Tronto/Porto d'Ascoli nach Ascoli Piceno (etwa stündliche Verbindungen) gibt es außerdem noch recht gute Verbindungen zwischen Fabriano und der Küste, z. B. auf der Strecke Fabriano –

Grotte di Frasassi (Genga Stazione) – Jesi – Falconara/Ancona oder auf der Route Fabriano – Matélica – San Severino Marche – Tolentino – Macerata – Civitanova Marche. Die Strecke von Fabriano über Sassoferrato nach Pergola kann man dagegen vernachlässigen, hier verkehren nur zweimal täglich Züge. Dafür liegt Fabriano aber an der häufig befahrenen Linie zwischen Ancona und Rom, auf der Zwischenstopps in Foligno und Spoleto (in Umbrien) eingelegt werden. Die Bahnlinie von Fano über Fossombrone nach Fermignano (Urbino) ist in manchen Karten noch eingezeichnet, aber schon seit Ewigkeiten stillgelegt.

Zuschlagspflichtige *Frecciabianca-* (FB) und *Intercity-Züge* (IC) verkehren nur auf der Küstenstrecke (Pesaro bis San Benedetto del Tronto) und auf der Strecke von Ancona nach Rom (mit Halt in Jesi und Fabriano). Auf den gleichen Strecken fahren darüber hinaus der *Regionale Veloc* (RV), der *Regionale* (R) und der *Locale* (L), alle eher bummelnd, wobei der *Regionale Veloc* durchaus den einen oder anderen Halt auslässt. Den Regionale und den Regionale Veloc gibt es auch auf der Ancona-Rom-Strecke.

Während sich die **Bahnhöfe** der Küstenorte oft im Zentrum befinden, liegen die der Hügelstädtchen im Landesinneren fast immer unten im Tal, nicht selten über 1 km vom Zentrum entfernt. In der Regel verkehren Stadtbusse, ansonsten stehen Taxis vor dem Bahnhof bereit.

Wer ein **Zugticket** kaufen will und vor einem verschlossenen Bahnhofsschalter steht, versucht es am besten erstmal am Fahrkartenautomaten, dann in der nächsten Bar oder im Tabacchi-Laden. *Achtung*: Die Tickets müssen vor Antritt der Fahrt am Stempelautomaten entwertet werden (*convalidare!*). Ein Nachlösen im Zug ist nicht möglich, man gilt als Schwarzfahrer und muss pauschal ca. 40 € bezahlen! Angaben zu Zugverbindungen – sofern vorhanden – finden Sie bei den jeweiligen Orten im Reiseteil dieses Buches.

## Mit dem Fahrrad/ Mountainbike (MTB)

Die Region ist der Inbegriff einer Hügellandschaft, und jedem Fahrradfahrer ist sicherlich klar, was das bedeutet: bergauf, bergab, bergauf und wieder bergab. Wer Energien sparen will und auf eine der flachen Straßen in den größeren Tälern ausweicht, wird wegen des starken Verkehrs wenig Freude an der Radtour haben. Für konditionsstarke Radler ist die Rundfahrt durch die Sibillinischen Berge dagegen ein echtes Erlebnis; nett radeln lässt es sich auch

Nur für Anwohner und Schulbusse (mit Schneeketten)

auf den wenig frequentierten Nebenstrecken, z. B. im Montefeltro oder auf der Panoramastraße des Monte San Bartolo (zwischen Gabicce und Pesaro). Lohnend ist auch die Panoramastraße am Monte Conero; hier herrscht allerdings v. a. am Wochenende oft viel Verkehr.

Neben einem breiten Spektrum an Wanderkarten haben die Touristeninformationen auch einige Tourenvorschläge für Mountainbiker im Angebot. Eine grobe Übersichtskarte mit für Mountainbiker geeigneten Touren gibt die Verwaltung des *Parco Nazionale dei Monti Sibillini* (→ S. 246) heraus, die vor einigen Jahren eine große Rundstrecke durch die Sibillinischen Berge abgesteckt und dazu ein entsprechendes Buch publiziert hat. Eine Broschüre mit Vorschlägen für Trekking- und Mountainbike-Touren im obere Esinotal erhält man bei der I.A.T. in Fabriano (→ S. 196), eine Karte für Mountainbike-Touren am Monte Conero im Centro Visite Parco Monte Conero in Sirolo (→ S. 169). Tourenvorschläge für das Montefeltro und die Marcabella (Hinterland zwischen Senigállia und Fano) gibt es auch in diversen Touristenbüros. In Urbania bietet *Happy Bike* (→ S. 113) ausgearbeitete Touren an und hat ebenfalls Karten mitproduziert. Auch in den im folgenden Abschnitt „Wandern" aufgeführten Kompass-Karten sind speziell gekennzeichnete Mountainbike-Strecken zu finden. In diesem Buch werden **zwei Mountainbike-Touren ausführlich beschrieben**, beide etwa 30 km lang: durch das Land des Rosso Conero → S. 178 sowie eine Rundtour am Piano Grande → S. 250, beide sind auch von durchschnittlich trainierten Bikern zu bewältigen.

# Wandern

Einige Gegenden der Marken bieten geradezu ideale Voraussetzungen für Wanderer. Wenig anstrengende Touren und Spaziergänge kann man z. B. im Montefeltro und am Monte Conero unternehmen, etwas anspruchsvoller wird es in der Gegend um den Monte Cucco (und nördlich davon am Monte Catria und Monte Nerone) bei Fabriano. Wer sich die bis zu 2500 m hohen Monti Sibillini zum Wandern vornimmt, sollte schon ausreichend bergsteigerische Erfahrung mitbringen.

Generell sind die Markierungen der Wege und Pfade recht zuverlässig, ebenso das zur Region herausgegebene Kartenmaterial. Dennoch sollte man nie alleine gehen (vor allem bei anspruchsvollen Touren im höheren Gebirge), entsprechende Wanderschuhe tragen und ausreichend Trinkwasser mitnehmen.

**Kartenmaterial**  Zur Region Marken liegen folgende Kompass-Karten (alle im Maßstab 1:50.000) vor: **Blatt 664 Gubbio – Fabriano** (umfasst u. a. den Parco Regionale del Monte Cucco und den nördlich davon gelegenen Monte Catria); **Blatt 665 Assisi – Camerino**; **Blatt 666 Monti Sibillini Cascia – Norcia**.

Genauer als Kompass-Blatt 666 (nämlich im Maßstab 1:25.000) ist die vom italienischen Alpinclub C.A.I. herausgegebene Wanderkarte *(carta dei sentieri)* zum **Parco Nazionale dei Monti Sibillini**, die es in den Buch- und Zeitungsläden vor Ort zu kaufen und auch über den deutschen Buchhandel zu bestellen gibt.

Ebenfalls sehr genau und verlässlich ist die **Carta Escursionistica Parco del Conero** (1:20.000) vom Konsortium des gleichnamigen Parks, erhältlich bei der Parkverwaltung in Sirolo (→ S. 169).

In den Gemeinden um Monte Nerone und Monte Catria werden die Wanderkarten **Monte Nerone** und **Monte Catria** (je 1:25.000) verkauft.

Zudem gibt es eine Wanderkarte zum **Monte Carpegna** (Alto Montefeltro – Parco del Sasso Simone e Simoncello, Maßstab 1:25.000). Erhältlich ist sie u. a. bei der Verwaltung des Parco del Sasso Simone e Simoncello in Ponte Cappuccini (→ S. 91).

Strand-Camp

# Übernachten

Zahlreiche Hotels und Pensionen fast aller Kategorien machen die Entscheidung schwer, auch Ferienwohnungen und Campingplätze findet man ausreichend. Das Preisniveau liegt erfreulicherweise fast überall noch immer unter dem der benachbarten Toskana.

Besonderer Beliebtheit erfreut sich natürlich die Riviera del Conero südlich von Ancona. Diese ist nicht ganz billig, und wer sich hier in der Hauptsaison einquartieren will, sollte unbedingt rechtzeitig reservieren. Dasselbe gilt für einige andere Orte an der Küste, teilweise auch für die riesigen Campinganlagen am Meer. Entspannt ist die Lage dagegen im Landesinneren, hier braucht man sich keine besonderen Sorgen um eine Unterkunft zu machen. Trotzdem ist es ratsam, zumindest ein, zwei Tage vorher anzurufen und zu reservieren. In Städten wie beispielsweise Ancona oder Macerata sind aufgrund von Veranstaltungen manchmal sämtliche Hotels komplett belegt, sodass sich auch hier eine vorherige Anfrage und Buchung empfiehlt.

Die Stadthotels sind in der Regel ganzjährig geöffnet, dagegen ist die Saison in den Küstenorten ausgesprochen kurz: Wer z. B. im April oder ab Ende September einen reinen Badeort wie Gabicce Mare ansteuert, wird zahlreiche geschlossene Hotels vorfinden. Das Gleiche gilt für Unterkünfte, die ganz weit ab vom Schuss liegen: Auch hier sollten Sie mit einer sehr kurzen Saison von Mai bis Mitte September rechnen.

Bei den jeweiligen Orten im Reiseteil dieses Buches wird ausführlich auf Unterkünfte hingewiesen, alle mit Adresse, Telefonnummer, Website, Öffnungszeiten und Preisen, Letztere beziehen sich immer auf die Hochsaison, genauer gesagt den Zeitraum von Anfang Juli bis Ende August, innerhalb dessen die Preise meist nochmals zwischen "alta stagione" und "altissima stagione" variieren. Die Preisangaben für Doppelzimmer (DZ) gelten stets für zwei Personen. Frühstück ist nur dann im Preis enthalten, wenn ausdrücklich darauf hingewiesen wird. Da sich die Preise von Jahr zu Jahr ändern können, sind sie stets als Anhaltspunkte zu verstehen.

**Reservierungen** für Unterkünfte nimmt man am besten per Fax oder per E-Mail vor, immer häufiger kann man auch per Buchungsmaschine auf der Website der jeweiligen Unterkunft buchen. Hierbei wird meist die Kreditkartennummer und das Ablaufdatum der Kreditkarte verlangt; manchmal auch eine Anzahlung von einer Nacht,

die am einfachsten ebenfalls über die Kreditkarte abgebucht wird. Darüber hinaus können Zahlungen unkompliziert auch per Auslandsüberweisung vorgenommen werden. Außerhalb der Hochsaison reicht meist auch eine telefonische Reservierung.

*Achtung*: Laut Gesetz müssen Sie die **Hotelrechnung** *(ricevuta fiscale)* aufbewahren. Bei Missachtung droht – zumindest theoretisch – eine Geldstrafe.

# Hotels und Pensionen

In den zahlreichen Kleinstädten im Landesinneren der Marken finden sich teilweise überaus geschmackvolle Unterkünfte, gewöhnungsbedürftig sind dagegen die Hotelkästen an diversen Küstenabschnitten der Adria. Eine Ausnahme bildet auch hier wieder die Riviera del Conero: Dort können Sie in den schönsten und nobelsten, aber natürlich auch mit Abstand teuersten Hotels der ganzen Region absteigen: herrliche Lage, fantastischer Blick, viel Luxus. Relativ spartanisch sind in aller Regel die Unterkünfte (v. a. Pensionen) in kleineren Orten abgelegener Gegenden, dafür sind hier die Preise einigermaßen niedrig.

Die Verteilung von Sternen durch die italienische Tourismusbehörde (und die damit verbundene Festlegung der Zimmerpreise) bleibt für Außenstehende oft nur schwer nachvollziehbar. Eine Rolle spielt dabei die Ausstattung des Hotels und

Nobelherberge am Monte Conero

der Zimmer, weniger dagegen deren Zustand bzw. Alter, die Lage des Hauses oder der Service. Die Zimmerpreise müssen per Gesetz an der Rezeption und im Zimmer aushängen.

***** **Luxusklasse**: Gibt es in den Marken nur in Pesaro, sehr gehoben in Ausstattung und Preisen, mit Restaurant, Bar, Spa, Pool, eigenem Strand usw.

**** **First-Class**: Vor allem an der Riviera del Conero anzutreffen. Für gehobene Ansprüche, entsprechend hohe Preise. Zur Ausstattung gehören eigentlich immer auch ein Restaurant, eine Bar, ein bewachter Parkplatz und komfortabelste Zimmer. Meist ist auch ein Pool vorhanden.

*** bzw. ***S (= **Superiore), obere Mittelklasse**: Zu den offiziellen Anforderungen an ein 3-Sterne-Hotel gehören ein eigenes Bad und TV. Gerade in dieser Kategorie gibt es aber riesige Unterschiede, denn was pro forma den behördlichen Standards entspricht, kann schon seit zehn Jahren auf Renovierung warten und dabei noch ungünstig an der Hauptdurchgangsstraße liegen.

** **Untere Mittelklasse**: Auch hier deutliche Unterschiede, v. a. was den Zustand betrifft. Ein eigenes Bad pro Zimmer ist nicht zwingend vorgeschrieben, dafür der Fernseher (aber nicht dessen Baujahr). Manchmal gleicht eine herzliche und persönliche Atmosphäre diverse Mängel aus, manchmal fehlt aber auch das.

* **Einfache Unterkünfte**: Fast immer eine sehr bescheidene Herberge, entweder eine Billigabsteige in größeren Städten oder ein Haus in ganz abgelegener Gegend. Teilweise sind die Zimmer mit schlichter Dusche ausgestattet, das war's dann aber auch schon.

*Achtung*: In einigen Orten/Städten wird eine **Touristensteuer** von 1–2 € pro Gast und Nacht erhoben.

In vielen Küstenhotels werden die Zimmer zumindest in den Monaten Juli und August nur mit **Halbpension** *(mezza pensione)* vermietet, wobei man sich normalerweise aussuchen kann, ob man mittags oder abends im Hotel essen will. Jedoch ist das Abendessen üblich, zumal immer mehr Hotels dazu übergehen, mittags nur ein leichtes Buffet anzubieten. Ebenso ist zu beachten, dass man in der Hochsaison an der Küste mit einer **Mindestaufenthaltsdauer** von drei bis vier Tagen rechnen muss, es kann aber auch eine Woche sein.

**Einzelzimmer** gibt es nicht überall, gegebenenfalls muss man ein Doppelzimmer einzeln belegen, was etwa 75–80 % des Doppelzimmerpreises ausmacht. In den Städten dürfte es allerdings kein Problem sein, ein Einzelzimmer zu bekommen. Wird ein **drittes Bett** aufgestellt, erhöht dies den Doppelzimmerpreis in der Regel um etwa 35 %. Das zugestellte **Kinderbett** *(culla)* kostet etwas weniger, ist aber meist nur in Hotels höherer Kategorien zu bekommen. Eine vorherige Anfrage ist zu empfehlen.

**Frühstück** *(colazione)* ist in den meisten Strandhotels und auch den Businesshotels in den Städten im Übernachtungspreis inbegriffen, im unteren Segment jedoch nur auf Anfrage. Manchmal ist die Bar ums Eck (die es in fast jedem noch so kleinen Ort gibt) dem kargen Hotelfrühstück aber vorzuziehen; das nämlich besteht teilweise nur aus trockenem Weißbrot (oder auch abgepacktem Zwieback), abgepackter Butter und Marmelade sowie mittelmäßigem Kaffee. Ab dem Zwei- bis Drei-Sterne-Bereich aufwärts hat sich fast überall das Frühstücksbuffet durchgesetzt: in aller Regel mit Hang zum Süßen, die Auswahl an Kuchen und Keksen übersteigt die an Käse und Wurst bei Weitem. Butter, Marmelade und Honig kommen im Portionspäckchen, dazu gibt es fast überall auch Joghurt, Müsli und etwas Obst sowie einen Saftspender.

## Privatzimmer/Bed & Breakfast

**Affitacamere**, so die italienische Bezeichnung für Zimmervermietung, sind in den Marken nicht besonders stark vertreten, die meisten Privatzimmer findet man an der Küste und deren Umgebung. Zu erkennen sind Angebote an Hinweisschildern mit der Aufschrift „Camere", man kann sich die Suche aber auch erleichtern und in den Touristeninformationen zumindest größerer Orte nachfragen. Gibt es in der Gegend Privatvermieter, bekommen Sie ein entsprechendes Verzeichnis, und mit etwas Glück rufen die hilfsbereiten Mitarbeiter der I.A.T. sogar für Sie beim Vermieter an und klären alles Wichtige.

**Bed & Breakfast** erfreut sich in ganz Italien großer Beliebtheit, sodass die regionalen Tourismusbehörden mittlerweile eigens eine Broschüre zu dieser Form der Unterkunft herausgeben: „B & B Regione Marche" listet alle Anbieter der Region auf. Die Broschüre liegt in gut sortierten Touristeninformationen vor Ort aus (in Italienisch/Englisch). Der italienweit wohl größte Anbieter ist *Bed & Breakfast Italia* mit Hauptsitz in Rom. Auf der Webseite des Unternehmens kann man sich die Angebote in den Marken anschauen.

Information/Buchung: www.bbitalia.it, ✆ 06-6878618 (Büro in Rom, Mo–Fr 9–18.30 Uhr, deutschsprachige Mitarbeiter), 📠 06-6878619.

Die JH in Ascoli Piceno

## Jugendherbergen

Die *ostelli per la gioventù* bieten spartanische und die neben dem Campen günstigsten Übernachtungsmöglichkeiten; in den Marken sind sie fünfmal zu finden: in Ancona (→ S. 164), Loreto (→ S. 191), Jesi (→ S. 210), Macerata (→ S. 227) und Ascoli Piceno (→ S. 283). Vorheriges Reservieren ist ratsam, der *Internationale JH-Ausweis* wird in der Regel verlangt und kann zu einem geringen Preis (12,50 € für Junioren bis 26 Jahre, je 21 € für Senioren und Familien, ein Jahr gültig) auch vor Ort in den italienischen Ostelli erworben werden.

## Agriturismo

**Ferien auf dem Bauernhof** sind in den Marken zwar nicht so verbreitet wie in anderen Regionen Italiens, das Angebot ist aber durchaus flächendeckend. Aufgelistet sind die Anbieter in der Broschüre „Agriturismo nelle Marche" (auch in deutscher Sprache), die in größeren Touristeninformationen ausliegt. Viele der – oft recht abseits gelegenen – Anwesen verfügen über ein Restaurant, manchmal gibt es auch einen Pool und

Reitmöglichkeiten. Im Internet finden Sie ein umfangreiches Angebot zur ersten Orientierung, aber auch mit Buchungsmöglichkeiten u. a. bei: www.agriturismo.com, www.agriturismo.it, www.agriturist.it sowie www.agriturist.com.

## Appartements/ Ferienhäuser

Hier kann ein Blick ins Internet oder in die Reiseteile überregionaler deutscher Zeitungen besonders hilfreich sein. Das Angebot an Appartements bzw. Ferienwohnungen übersteigt das der Ferienhäuser, am besten wird man an der Küste fündig. Die Preise liegen je nach Größe und Ausstattung bei mindestens 450 € pro Woche, in der Hochsaison kann es aber auch mehr als das Doppelte werden.

Idyll in Sarnano

## Camping

Die Bandbreite reicht vom idyllischen Wald- und Wiesencamping auf 1000 m Höhe bis zum voll durchorganisierten Riesenareal mit Disco an der Adria. Als Faustregel gilt: je weiter im Landesinneren und weg von den touristischen Zentren, desto weniger Komfort, aber umso mehr Ruhe und Natur. Die Campingplätze an den Adriastränden haben dagegen nicht selten den Charakter eines „Villaggio Turistico" (= Feriendorf): große Anlagen, meist in Strandnähe oder direkt an selbigem, mit Bungalowvermietung (Achtung: in der Hochsaison nur wochenweise!), Pool, diversen Restaurants und Rundum-Animation wie Tanz, Gesang, Gymnastik, Theateraufführungen und Extraprogramm für die Kinder. Besonderer Beliebtheit erfreuen sich diese Einrichtungen bei italienischen Badegästen.

Die Klassifizierung der Campingplätze reicht von einem bis zu vier Sternen, wobei es sich bei der obersten Kategorie fast ausschließlich um große Ferienanlagen handelt. Geöffnet sind die meisten Plätze am Meer etwa von Mai bis Mitte September, im Landesinneren fängt die Camping-Saison oft erst im Juni an. Die Preise variieren je nach Gegend und Ausstattung: Während man bei einem einfachen Camping im Hinterland mit ca. 6–8 € pro Person und 8–14 € pro Stellplatz rechnen muss, kann es bei einem 4-Sterne-Platz an der Riviera del Conero das Doppelte sein.

Die Touristenbüros vor Ort halten Material zu Campingplätzen bereit. **Wildzelten** ist in ganz Italien verboten, es drohen drastische Geldstrafen!

Wohnmobilstellplätze → S. 38.

Meeresfrüchte stehen an der Küste fast überall auf der Speisekarte

# Essen und Trinken

Kulinarische Vielfalt aus ländlich-traditioneller Küche, basierend auf besten und frischen Zutaten, abgerundet durch die hervorragenden Weine der Marken – kurzum: allein des Essens wegen lohnt sich eine Reise hierher. Wer im Herbst kommt, sollte sich die frischen Trüffel nicht entgehen lassen.

Während die nördlichen Marken stark unter dem Einfluss der benachbarten Emilia-Romagna und der Toskana stehen, fühlt man sich in der Provinz Ascoli Piceno den kulinarischen Gepflogenheiten der Abruzzen näher, ganz im Westen der Region machen sich dagegen umbrische Einflüsse bemerkbar. Fisch gibt es nur an der Küste, Ausnahme sind Süßwasserfische wie z. B. Forellen *(trota)*, die im Landesinneren mancherorts auf der Speisekarte stehen. Ansonsten isst man hier gerne Fleisch. Bekannt sind auch Schinken (z. B. aus Carpegna), Würste bzw. Salami (u. a. aus Visso, Fabriano und der Gegend um Macerata), Wild, Pilze sowie die vielen verschiedenen Käsesorten, die von Ort zu Ort variieren.

Die Zeiten, in denen sowohl zum Mittag- als auch zum Abendessen ausgiebig geschlemmt wurde, neigen sich dem Ende zu, man geht mittags mehr und mehr zum "piccolo menu pranzo" über, das v. a. in den Hotelrestaurants aus einem Buffet mit diversen Salaten, Antipasti, Pastagerichten und leichten Desserts besteht, an dem sich der Gast zu einem Festpreis (meist um 15 €) bedienen kann. Das spart Geld und Kalorien und liegt im Trend, wobei in den traditionellen Restaurants – vor allem abseits der Küste – natürlich nach wie vor auch mittags die volle Menüfolge möglich ist. Die Essenszeiten werden dabei relativ genau eingehalten, Mittagessen gibt es ab ca. 12.30/13 bis ca. 14.30 Uhr.

Auf das gemeinsame Abendessen *(cena)*, das übrigens nicht vor 20 Uhr beginnt, legt man jedoch nach wie vor allergrößten Wert. Ideal ist dabei folgende Speisenfolge: Zum Studieren der Karte *(menu* oder *lista)* genießt man einen *aperitivo* und die *bruschette*, geröstete Brotscheiben mit Öl, Tomaten o. Ä. Es folgen *antipasti* (Vorspeisen) und *primo* (erster Gang), dieser meist aus einer *zuppa* (Suppe) oder *pasta* (Teigwaren) bestehend. Der *secondo* (zweite Gang) kommt in der Regel als Fleisch- oder Fischgericht auf den Tisch, dazu reicht man *contorni* (Beilagen) und/oder *insalata* (Salat). Abgeschlossen wird das Mahl mit *frutta* (Obst) und/oder *dolce* (Dessert bzw. Süßspeise), danach helfen *caffè* und Schnaps bei der Verdauung (z. B. *Grappa* oder der Anisschnaps *Varnelli* aus der Provinz Macerata).

## Vier Pfoten und der richtige Riecher

Jeder Trüffeljäger der Marken schwört auf seinen „Cane di Tartufo", den Trüffelhund mit dem feinen Riecher. Für die Hunde wird in Sant'Agata Feltria, einem der Trüffelzentren der Gegend an der Grenze zwischen Marken und Emilia-Romagna, jeden Herbst sogar eigens ein Wettbewerb ausgerichtet. Besonders wichtig dabei: die unglaublich feine und empfindliche Nase des Hundes, die es zum Ausheben des wertvollen Pilzes braucht. Manche Experten schwören ausschließlich auf Hundedamen, die sich – anders als die Rüden – nicht so leicht von der Arbeit ablenken lassen.

Zu den Trüffelhochburgen der Marken zählen Acqualagna (→ S. 121) und Sant'Angelo in Vado (→ S. 114). Die Trüffelhochsaison dauert etwa von Oktober bis März. Den teuersten, weißen Trüffel „tartufo bianco" *(Tuber magnatum Pico)* mit einem Kilopreis von bis zu 5000 € gibt es in den Monaten Oktober, November und Dezember, ab Dezember/Januar bis März erntet man dann den etwas günstigeren „nero pregiato" *(Tuber melanosporum Vittadini).* Die Sommertrüffel sind zwar weit weniger geschmacksintensiv, dafür aber auch ungleich preiswerter.

Die älteste Trüffelzuchtversuchsanstalt Italiens (feierte 2012 ihr 30-jähriges Bestehen) befindet sich bei Sant'Angelo in Vado im Norden der Marken (→ S. 114): Im **Centro Sperimentale di Tartuficoltura** werden junge Bäume mit den Sporen des Trüffelpilzes „besiedelt" und dann in das passende Erdreich eingepflanzt, erst nach etwa zehn Jahren kann geerntet werden.

**Trüffelmärkte**: Sant'Angelo in Vado: die letzten drei Sonntage im Oktober; Acqualagna: im November, Sant'Agata Feltria: an den Oktobersonntagen.

Wem das alles zu viel ist, der kann gezielt kombinieren. Der Wirt erwartet zwar, dass eine komplette Mahlzeit verzehrt wird, toleriert aber individuelle Kombinationen. So kann der Gast z. B. auf die Vorspeise, die Beilage und die Nachspeise verzichten. Eine der Vorspeisenvarianten (also Antipasto oder Primo) sowie ein Hauptgericht mit Beilage (und/oder Salat) und zum Nachtisch zumindest den Caffè sollten es aber schon sein. Als Alternative bleibt die Pizzeria, in der man getrost nur Pizza und ein Getränk bestellen kann. Gleiches gilt für die *Rosticceria, Tavola Calda* oder *Pizza al Taglio*, wo man tagsüber (und teilweise auch abends) den nicht ganz so großen Hunger bekämpfen kann.

Köstlichkeiten aus den Marken

**Die Lokale**: Vom teuren Ristorante bis zur einfachen Snackbar gibt es alles; hinter den Bezeichnungen verbirgt sich aber nicht immer das, was man eigentlich erwartet, die Grenzen verwischen sich zusehends.

**Ristorante**: Das gediegene und teure Speiselokal, in das man seine Freunde oder Geschäftspartner ausführt. Das Ristorante gibt es auch in Kombination mit der Pizzeria (Pizza gibt es meist nur abends), in aller Regel ist diese Version des Ristorante die wesentlich preisgünstigere.

**Trattoria**: Eigentlich der einfache, bodenständige Familienbetrieb mit regionaler Küche. Mittlerweile wird der Name aber auch oft von Restaurantbetreibern benutzt, um etwas mehr Ursprünglichkeit vorzuspiegeln. Über die Preise sagt der Name Trattoria folglich nichts, die können von sehr niedrig bis sehr hoch ausfallen, man lese vor einem Besuch unbedingt die Speisekarte!

**Osteria**: Traditionell ein bescheidenes Speiselokal, in dem gute und günstige Hausmannskost serviert wird. „Echte" Osterie haben oft nur mittags geöffnet und sind immer ein Familienbetrieb. Doch ist diese Form von Lokal im Aussterben begriffen, und gerade hinter dem Begriff „Osteria" verbirgt sich nicht selten ein Luxusrestaurant, in dem einem beim Lesen der Speisekarte schwindelig wird. Auch hier hilft ein genauer Blick auf den Aushang, am besten *vor* Betreten des Lokals.

**Pizzeria**: Für alle, die kein Risiko eingehen und etwas Vertrautes essen möchten. Die Auswahl ist in der Regel groß – ob Pizza Margherita oder Quattro Stagioni, sie kommt fast immer aus dem mit Holz beheizten Steinofen. Meist trifft man auf die Kombination Pizzeria/Ristorante, dann gibt es außer Pizza auch Nudel- und Hauptgerichte. Nicht selten werden solche Lokale von Familien und Jugendlichen frequentiert, sind also u. U. entsprechend lebhaft bis laut.

**Enoteca/Vinaio**: Weinlokal mit großem Angebot an regionalen und überregionalen Weinen, in der edlen Variante der Enoteca wird zur Degustation eine Auswahl an Snacks und kleineren (auch warmen) Gerichten angeboten.

**Rosticceria/Tavola Calda**: Günstige Garküche, in der die Speisen (Pasta,

Hähnchen etc.) den ganzen Tag warm in der Vitrine warten, oft auch zum Mitnehmen. Nur wenige Tische und Stühle, meist schlichte Einrichtung.

**Pizza al Taglio:** Pizza vom Blech, erfreut sich vor allem bei jüngeren Leuten großer Beliebtheit. Sehr günstiger, schneller Snack.

## Einige Spezialitäten der Region

### Antipasti und Vorspeisen (primi)

**Olive all'ascolana:** mit einer Mischung aus Schweinehack und Gewürzen gefüllte und frittierte, besonders große Oliven aus der Gegend um Ascoli Piceno.

**Cavolfiore fritto:** frittierter Blumenkohl.

**Ciauscolo:** geräucherte Schweinesalami.

**Cappelletti:** kleine, mit Fleisch gefüllte Teigtaschen in Brühe *(in brodo)*, auf Deutsch „Hütchen".

**Vincisgrassi:** besonders gehaltvolle regionale Variante der Lasagne, zubereitet mit Fleischsauce (Innereien von Lamm und Kalb), Huhn, Speck und Béchamelsauce.

**Passatelli all'Urbinate:** eine Masse aus Fleisch, Spinat, Eiern, Parmesan, Ochsenmark, Semmelmehl und diversen Gewürzen wird durch den Fleischwolf gedreht und in Brühe gekocht. Eine Spezialität aus Urbino, die meist für festliche Anlässe vorgesehen ist. Gibt es als Variante auch mit Fisch.

### Hauptgerichte mit Fleisch (secondi di carne)

**Coniglio in porchetta:** gefülltes Kaninchen mit Fenchel, Knoblauch und Speck, kommt geschmort auf den Tisch. Gibt es auch als Ente *(anatra in porchetta)*.

**Faraona in potacchia:** in Wein geschmortes Perlhuhn mit Tomaten, Zwiebeln, Knoblauch und Rosmarin.

**Trippa alla marchigiana:** Kutteln vom Kalbfleisch, mit Speck, Knoblauch, Zwiebeln, Sellerie und Karotten angebraten, mit Majoran und Petersilie gewürzt, dann in Brühe mit Tomaten gekocht.

**Zucchine ripiene:** mit Rinderhack gefüllte Zucchini.

### Hauptgerichte mit Fisch (secondi di pesce)

**Brodetto:** Die marchigianische Fischsuppe, ursprünglich aus Ancona stammend und aus 13 verschiedenen Arten Fisch, Schalen- und Krustentieren bestehend, es existieren jedoch einige Varianten, die bekanntesten aus Fano, Porto Recanati und San Benedetto del Tronto. Die Fischsuppe ersetzt locker ein Hauptgericht, wenn sie im Angebot ist, sollten Sie unbedingt zuschlagen.

**Stoccafisso all'anconetana:** Stockfisch in Tomaten, Möhren, Milch, Weißwein, Knoblauch, Olivenöl und Rosmarin, ebenfalls eine Spezialität aus Ancona.

**Merluzzo alla marchigiana:** frittierter Kabeljau.

**Seppie e piselli:** gebratener Tintenfisch mit einer Soße aus Weißwein, Tomaten und Erbsen.

### Käse (formaggio)

Den Schafskäse **pecorino** gibt es allerorten, eine echte Spezialität ist der **formaggio di fossa**, ein sehr intensiver Käse, der in der Höhle reift.

### Süßes (dolci)

Die Ingredienzien der typisch marchigianischen Süßspeisen ähneln einander, fast immer dabei: Feigen, Nüsse, Honig zum Süßen und/oder süßer Likör/Most; sei es in der **Salamino di fichi** (Feigensalami) aus kleingehackten Feigen, gehackten Mandeln und Walnüssen, die mit Weinmost zu einer "Salami" geformt und zum Trocknen aufgehängt wird; oder aber **Frustingo**, ein Gebäck aus Feigen, Walnüssen, Mandeln, Honig, Mehl, Rosinen, kandierten Zitrusfrüchten usw., in Olivenöl gebacken; außerdem der etwas einfachere **Bostrengo** mit ähnlichen Zutaten.

**Achtung**: Die Rechnung *(ricevuta fiscale* oder *scontrino)*, die Ihnen in jedem Restaurant ausgehändigt werden muss, sollten Sie nicht gleich wegwerfen. Es ist nämlich möglich, dass Sie kurz nach Verlassen des Lokals von einem freundlichen Steuerfahn-der aufgefordert werden, die Rechnung vorzuzeigen. Das passiert zwar zugegebe-nermaßen sehr selten, aber ist nicht aus-zuschließen. Haben Sie dann nichts in der Hand, gilt das Ganze als Steuerhinterzie-hung, und Sie werden zur Kasse gebeten.

Die **Preisangaben** in diesem Buch beziehen sich auf ein durchschnittliches Me-nü (drei Gänge, Wasser und einfacher Hauswein) und sind als Anhaltspunkte gedacht. *Pane e coperto* (Brot und Gedeck) werden extra berechnet, *servizio* (Bedienung, 15 %) ist bereits im Preis enthalten. Das bei uns übliche Aufrunden gibt es in Italien nicht, man lässt beim Gehen ein paar Münzen auf dem Tisch liegen. Ebenso unüblich ist es, getrennt (also jeder für sich) zu zahlen.

# Die Weine der Marken

Lange Zeit galt der weiße Verdicchio als der regionstypische Wein schlecht-hin, mittlerweile hat man sich aber auch auf hochwertige Rotweine speziali-siert. In den Marken gibt es zwölf DOC-Anbaugebiete.

Das bekannteste Weinbaugebiet der Marken sind nach wie vor die Castelli di Jesi um die gleichnamige Stadt, aus denen der berühmte *Verdicchio* stammt – er gilt unangefochten als bester und vielfältigster Weißwein der Region. Viel Wein wird auch in der Gegend um Ancona produziert, weitere Anbaugebiete finden sich um Pesaro, Matélica und Serrapetrona sowie zwischen Fermo und Ascoli Piceno, wo das größte Anbaugebiet für den *Rosso Piceno* liegt.

Beim Weinbau legt man großen Wert auf heimische Reben wie z. B. die Montepul-ciano-Rebe, die dem *Rosso Conero* und dem *Rosso Piceno* ihren Geschmack verleiht, oder aber die weiße Verdicchio-Classico-Rebe – Rebsorten, die sich auf den Lehm-böden des Apennin und seiner Ausläufer bestens entfalten. Ebenfalls in den Mar-ken zu Hause, aber wenig bekannt sind der oft erstklassige weiße *Bianchello del Metauro* (oder *Biancame*), der *Maceratino* sowie im Süden der *Passerina* und *Peco-rino*, bei den Roten sind es der *Lacrima* und der *Vernaccia nera*. Die beliebtesten „Im-portreben" kommen mit dem roten *Sangiovese* und dem weißen *Trebbiano bianco* aus der benachbarten Toskana, doch ist man seit einiger Zeit dazu übergegangen, auch mit internationalen Rebsorten wie *Chardonnay, Cabernet Sauvignon* und *Merlot* zu verschneiden. Die Anbaugebiete im Einzelnen (in etwa von Nord nach Süd):

**DOC Colli Pesaresi:** Der *Bianco* und der *Roncaglia Bianco* aus jeweils mind. 85 % *Trebbiano toscano*; meist jung trinkt man die trockenen Rotweine *Rosso* und *Focara Rosso*. Beide bestehen zu mind. 85 % aus Sangiovese, der Focara wird auch mit Pinot nero verschnitten. Anbaugebiet sind die Gemeinden westlich und südwestlich von Pesaro.

**DOC Bianchello del Metauro:** Anbaugebiet überwiegend im unteren Tal des Metauro, hier wächst der *Bianchello* (auch: *Biancame*), ein frischer und trockener Weißwein, der mit max. 5 % Malvasia aus der Toskana verschnitten werden darf.

**DOC Lacrima di Morro d'Alba:** Das kleinste Anbaugebiet der Region mit nur 36 ha umfasst die Gebiete um den Ort Morro d'Alba in der Provinz Ancona. Rebsorte ist die selten angebaute rote *Lacrima* (= Träne) – teilweise verschnitten mit Montepulciano oder Verdicchio (max. 15 %) –, die einen weichen Rotwein entstehen lässt.

**DOC Verdicchio dei Castelli di Jesi:** Zweitgrößtes Anbaugebiet der Region, erstreckt sich über die Hügel von etwa Corinaldo bis Cingoli in der Provinz Ancona. Einer der bekanntest italienischen Weißweine (85–100 % Verdicchio). Gerade dieser ehemalige „Massenwein" erlebte in den letzten Jahren einen Aufschwung und hat an Ansehen und Auszeichnungen gewonnen.

**DOC Esino:** Erst seit einigen Jahren ein DOC-Gebiet, die relativ kleine Anbaufläche (knapp 1000 ha) reicht vom unteren Esinotal über die Provinz Ancona bis in die Provinz Macerata. Angebaut werden hier für den *Bianco* ebenfalls Verdicchio (50–100 %) und für den *Rosso* Sangiovese und Montepulciano (je 60–100 %).

**DOC Rosso Conero:** Einziges Gebiet mit Kalkboden am Monte Conero bei Ancona. Ideale Bedingungen findet hier die Montepulciano-Rebe (mind. 85 %), die für den trockenen *Rosso Conero* mit etwas Sangiovese verschnitten werden darf. Mit einem Gebiet von ca. 550 ha eines der kleineren in den Marken. Der *Rosso Conero Riserva* (100 % Montepulciano) zählt zu den besten Weinen, die die Region zu bieten hat.

**DOC Colli Maceratesi:** Anbaugebiet im Norden der Provinz Macerata, hier wächst überwiegend die heimische weiße Macera-

tino-Rebe, die bis zu 20 % mit Verdicchio, Trebbiano toscano, Chardonnay oder Malvasia toscana bzw. einer Kombination dieser vier verschnitten wird. Der *Rosso* aus den Colli Maceratesi besteht zu mind. 50 % aus Sangiovese, die andere Hälfte wird u. a. aus Cabernet Sauvignon, Montepulciano, Lacrima, Merlot und/oder Vernaccia nera verschnitten.

**DOC Verdicchio di Matélica:** Das Gebiet um den gleichnamigen Ort sowie weiteren Gemeinden der Provinzen Ancona und Macerata (im östlichen Teil) umfasst nur gut 300 ha, auf denen Verdicchio (85–100 %) angebaut wird. Produziert wird auch der Dessertwein *Passito* mit ca. 15 % Alkoholgehalt.

**DOC Vernaccia di Serrapetrona:** Das zweitkleinste Weinbaugebiet der Marken mit rund 50 ha um die gleichnamige Gemeinde in der Provinz Macerata. Den Wein der Vernaccia-nera-Rebe (85–100 %) gibt es sowohl als trockenen wie auch als süßen Rotwein sowie als Schaumwein.

**DOC Rosso Piceno:** Das größte Weinbaugebiet der Marken (ca. 4400 ha) reicht bis hinunter zur benachbarten Region Abruzzen, wo die *Superiore*-Weine (12 % Alkohol und bis zu fünf Jahre Alterung) des Anbaugebietes entstehen. Für den *Rosso Piceno* werden 35–70 % Montepulciano, 30–50 % Sangiovese und bis max. 15 % andere Reben verschnitten, z. B. der heimische *Gaglioppa* oder internationale Rebsorten. Neben dem Superiore gibt es auch noch den *Novello* mit nur 11 % Alkohol.

**DOC Falerio dei Colli Ascolani:** Kleineres Anbaugebiet in der Provinz Ascoli Piceno, ein trockener Weißwein, der bestens zu Fisch passt. Ein Verschnitt aus Trebbiano toscano (20–50 %), den beiden heimischen Reben Passerina (10–30 %) und Pecorino, dazu können bis 20 % weitere Rebsorten kommen.

**DOC Offida:** Das noch neue Anbaugebiet erstreckt sich um den gleichnamigen Ort bei San Benedetto del Tronto und um das nördlich benachbarte Ripatransone. Erzeugt wird hier der weiße Passerina (auch als Vin Santo), weißer Pecorino und ein Rosso, der zu mind. 50 % aus Montepulciano und mind. 30 % aus Cabernet Sauvignon bestehen muss.

# Reisepraktisches von A bis Z

### Adressen

In italienischen Adressen tauchen gelegentlich die Abkürzungen *Fraz.* und *Loc.* auf. Frazione ist der Ortsteil, Località ein Weiler; beide liegen oft ein gutes Stück vom Zentrum des jeweiligen Ortes entfernt. Die Provinz steht bei den Postadressen in Klammern hinter dem Ort, in den Marken sind dies: PU für Pesaro e Urbino, AN für Ancona, MC für Macerata, AP für die Provinz Ascoli Piceno und FM für die Provinz Fermo.

Die *piazza* ist der Platz, der *piazzale* dessen große Version, die *piazetta* die kleine. *Vicolo* heißt Gasse, *vicolino* ist das Gässchen. *Strada* bzw. *via* bedeutet jeweils Straße, wobei mit Ersterer eher die Landstraße bzw. die thematische Route gemeint ist (etwa *Strada del Vino*), mit Letzterer die Straße im Ort. Der *viale* ist das italienische Pendant zum Boulevard; *lungomare* ist die Uferstraße; *circonvallazione* ist in der Regel die Ringstraße um das Stadtzentrum, manchmal auch eine weitläufigere Umgehungsstraße.

---

#### Vom Corso Garibaldi zur Via Mazzini: italienische Straßennamen

Es ist immer das Gleiche, wo man auch ist in Italien: Man flaniert auf dem Corso Garibaldi zur Piazza Vittorio Emanuele II., hier zweigt die Via Cavour ab, zur Piazza del Risorgimento geht es dort hinunter, und da drüben beginnt die Via Mazzini. Italienische Straßennamen stammen oft aus der Zeit von L'Unita, der Vereinigung Italiens zur konstitutionellen Monarchie unter König Vittorio Emanuele II. Entscheidenden Beitrag zum Risorgimento, dem „Wiederaufleben" Italiens in der Zeit von 1815 bis 1870, leisteten die Freiheitskämpfer Giuseppe Garibaldi und Giuseppe Mazzini, Camillo Benso di Cavour machte sich unter Vittorio Emanuele II. als erster Ministerpräsident des vereinigten Italien verdient.

## Ärztliche Versorgung

Der offizielle Weg zu ärztlicher Hilfe führt für gesetzlich Versicherte spätestens mit Einführung der Gesundheitskarte 2013 über die European Health Insurance Card (EHIC), die in der neuen Gesundheitskarte enthalten ist. Mit der EHIC kann man im europäischen Ausland direkt zum Arzt gehen, ohne dabei die Kosten vorstrecken zu müssen. Theoretisch zumindest, denn viele Ärzte behandeln nicht im Rahmen des staatlichen Gesundheitssystems, sodass man die Behandlung oftmals bar bezahlen muss. Gegen Vorlage einer detaillierten Quittung *(ricevuta)* des behandelnden Arztes einschließlich Übersetzung werden die Kosten allerdings zu Hause erstattet. Nähere Auskünfte erteilen die Krankenversicherungen. Wer ganz sicher gehen will, kann eine – in der Regel sehr günstige – *private Auslandskrankenversicherung* abschließen. Sie deckt neben den Arzt- und Arzneimittelkosten auch den Rücktransport nach Hause ab.

Im akuten Fall ist für Bürokratie ohnehin keine Zeit und man ist gezwungen, die Kosten vorzustrecken. Erste-Hilfe-Behandlungen in staatlichen Krankenhäusern sind kostenlos. In größeren Touristenorten (v. a. an der Küste) gibt es in den Sommermonaten (15. Juni bis 15. Sept.) oft auch eine Erste-Hilfe-Station der *Guardia Medica Turistica*, bei der man Bagatellfälle gegen einen geringen Betrag behandeln lassen kann. Diese Erste-Hilfe-Stationen wechseln jährlich, man wende sich im jeweiligen Ort an die Touristinformation (oder die Hotelrezeption etc.), dort wird Ihnen die aktuelle Adresse genannt.

Etwas schwieriger ist die Lage in abgelegenen Gegenden: Manch kleines Dorf hat keinen eigenen Arzt, sodass man im akuten Krankheitsfall immer in den nächstgrößeren Ort fahren muss.

Für **Notfälle**: ☎ 118 *(pronto soccorso)* oder ☎ 112 (beides auch über Handy).

## Apotheken

Die Apotheke *(farmacia)* kann in harmlosen Fällen den Arzt ersetzen. Viele Medikamente sind rezeptfrei erhältlich. In größeren Orten ist nachts und an Wochenenden die *farmacia di turno* geöffnet; darüber hinaus gibt es an jeder Apotheke einen Aushang, wer gerade Notdienst hat. Übliche Öffnungszeiten für Apotheken sind Mo–Fr 8.30/9–13 Uhr und 15.30/16–19 Uhr, Sa 9–13 Uhr.

## Baden

Die insgesamt 180 km langen Adriastrände der Marken bieten durchaus einige Highlights für Strandfreunde: z. B. die herrlichen Badebuchten am Monte Conero südlich von Ancona oder aber die Strände um den Monte San Bartolo zwischen Gabicce Mare und Pesaro im Norden an der Grenze zur Emilia-Romagna. Dazwischen überwiegen breite Sandstrände, meist nicht gerade romantisch, dafür aber sauber, gepflegt und professionell ausgestattet: Liegestuhl- und Sonnenschirmverleih quasi überall, alle paar Meter eine Bar, darüber hinaus Beachvolleyball-Plätze, Spielhöllen, Kioske, Strandrestaurants etc. Bei all dem Entertainment bleiben kaum noch frei zugängliche Strandabschnitte. Wer sich ohne Service und umsonst in die Sonne legen will, muss meist an den nicht immer sauberen Strand am Ortsrand ausweichen. An vielen Orten schützen große Felsblöcke im Wasser den Strand und seine Besucher vor größeren Wellen, die bereits bei mittlerem Seegang entstehen können und sich eindrucksvoll an den vorgelagerten Barrieren brechen. Für Kinder sind die überwiegend sandigen, breiten Strände ideal.

**Parken** Großes Problem, wer nicht schon um 8 Uhr morgens da ist (v. a. am Wochenende), hat meist das Nachsehen. Selbst die bewachten und gebührenpflichtigen Strandparkplätze sind oft hoffnungslos überfüllt. Falschparker werden übrigens gnadenlos abgeschleppt!

**Strandbäder** Stabilimento balneare, oft auch *bagno* oder **bagni** genannt, der zuständige Bademeister ist der *bagnino*. Zum Strandbad gehören Umkleidekabinen und Aufsichtspersonal, dazu ein mehr oder minder gutes Strandristorante, zumindest aber eine Snackbar. Manchmal werden auch Wassersportgeräte verliehen. Die Preise für zwei Liegen und einen Sonnenschirm liegen bei ca. 20 € am Tag, wer erst am Nachmittag kommt, kann oft einen Rabatt aushandeln oder stundenweise zahlen. Da einige Liegen saisonweise gebucht und demnach freigehalten werden, lässt man sich am besten immer vom Aufsichtspersonal einen Platz zuweisen. Sich im *stabilimento balneare* ohne Liege und Schirm einen freien Zwischenraum zu suchen oder direkt am Wasser niederzulassen ist nicht gestattet.

**Strandhändler** Süßes Gebäck, bewässerte Kokosnuss oder eisgekühlte Cola: Wer einen Tag am Strand verbringt, wird auf Wunsch von den vielen Strandhändlern rundum versorgt. Handeln ist insbesondere beim Kauf von Strandtüchern, Sonnenbrillen, Kleidungsstücken o. Ä. üblich.

**Strand- und Wasserqualität** 16 Strände der Marken wurden 2012 mit der **Bandiera Blu** („Blaues Band") für besondere Sauberkeit und Umweltfreundlichkeit ausgezeichnet: Gabicce Mare, Pesaro, Fano, Mondolfo – Marotta, Senigallia, Ancona – Portonovo, Sirolo, Numana, Porto Recanati, Potenza Picena – Porto Potenza Picena, Civitanova Marche, Porto Sant'Elpidio, Porto San Giorgio, Cupra Marittima, Grottammare und San Benedetto del Tronto.

Einer der schönsten Strände der Adriaküste: Le Due Sorelle

# Diplomatische Vertretungen

Im akuten Notfall (z. B. beim Verlust sämtlicher Papiere und Reisefinanzen) helfen die Botschaften und Konsulate weiter, meist wird man jedoch aufgefordert, sich das nötige Geld für die Heimreise von zu Hause schicken zu lassen. Wenn allerdings gar nichts mehr geht, wird mit einem Bahnticket und etwas Verpflegungsgeld für unterwegs ausgeholfen. Selbstverständlich sind alle Auslagen unverzüglich zurückzuzahlen. In der Region Marken gibt es keine diplomatischen Vertretungen Deutschlands, Österreichs und der Schweiz, man wende sich an folgende Institutionen:

Deutsche Botschaft: Via San Martino della Battaglia 4 (nördlich des Bahnhofs Termini), 00185 Roma, ✆ 06-492131, 🖅 06-49213320, www.rom.diplo.de.

Deutsches Honorarkonsulat: Viale Trieste 3/E, 47900 Rimini, ✆/🖅 0541-27784, rimini@hk-diplo.de.

Österreichische Botschaft, Viale Liegi 32, interno 1, 00198 Roma, ✆ 06-8418212, 🖅 06-85352991, www.bmeia.gv.at, rom-ka@bmeia.gv.at.

Schweizer Botschaft: Via Barnaba Oriani 61, 00197 Roma, ✆ 06-809571, 🖅 06-8080871, www.eda.admin.ch/roma, rom.vertretung@eda.admin.ch.

## Einkaufen

Haushaltsgegenstände, Kleidung und Schuhe sowie Lebensmittel werden auf den wandernden Wochenmärkten, den **mercati settimanali**, verkauft; Kaufhäuser wie *UPIM*, *Oviesse* oder *Standa* gibt es nur in größeren Städten. Dagegen findet man Supermärkte wie *COOP* oder *CONAD* am Rand der meisten größeren Orte. Hier bekommen Selbstversorger bzw. Camper alles, was man zum Urlaubsalltag braucht. Das Preisniveau entspricht in etwa dem in Deutschland.

Wer edle Markenkleidung und Schuhe kaufen will, sollte während der **saldi** (Schlussverkäufe) unterwegs sein: Im Juli/August und Januar/Februar senken die gehobenen Bekleidungsgeschäfte und die Boutiquen in den größeren Städten und Ferienorten die Preise der aktuellen Kollektion erheblich (manchmal bis zu 50 %). Eine andere Möglichkeit, ein Schnäppchen zu machen, sind die diversen Fabrikverkäufe großer Modemarken (s. u.).

Als **Souvenir** kommen eine gute Flasche Wein oder Olivenöl, deftiger Schinken, Salami oder Höhlenkäse sowie alle anderen – einigermaßen haltbaren – kulinarischen Köstlichkeiten der Region in Frage (frischer Trüffel neigt dagegen zum schnellen Schimmeln). Bei einem steuerfreien Ausflug nach San Marino kann man noch immer günstige Lederwaren (v. a. Taschen und Jacken), Elektrogeräte und Spirituosen ergattern.

**Öffnungszeiten**  Die meisten Geschäfte haben von 9 bis 13 und von 16 bis 20 Uhr geöffnet, touristische Geschäfte in den Küstenorten oft bis 22 Uhr oder noch länger (dann aber teilweise zur „Abendessenszeit" von ca. 20–22 Uhr geschlossen). Lebensmittelgeschäfte in ländlichen Gebieten haben manchmal auch an einem Nachmittag in der Woche geschlossen. Unumstößlich ist die Siesta in der Mittagszeit, die meist auch für die Filialen größerer Geschäfte und Ketten gilt. Viele Geschäfte öffnen außerdem montags erst um 15 Uhr.

**Fabrikverkäufe**  Tod's/Hogan, der wohl bekannteste Luxusexport der Region – in

Devotionalien aus Loreto

Schuhen von Tod's machte schon Cary Grant eine gute Figur. Die Preisersparnis soll bei bis zu 50 % liegen, der Fabrikverkauf befindet sich in Casette d'Ete bei Sant Elpidio a Mare, Corso Garibaldi 134, ✆ 0734-871671. Mo 15–19 Uhr, Di–Sa 10–19 Uhr.

**Arena**, Factory Outlet des Sportartikelherstellers im Gewerbegebiet von Tolentino (Richtung Castello della Rancia, beschildert), Contrada Cisterna, ✆ 0733-956264. Nur Mo–Mi 15.30–20 Uhr sowie Sa 10–13 und 15.30–20 Uhr.

**Genny Moda**, bis zu 30 % reduzierte, elegante Damenmode in der Fabrik in Ancona, Via Luigi Albertini 12, Zona Baraccola, ✆ 071-8717264. Mo–Sa 10–19 Uhr.

## Erdbeben

Mittelitalien ist Erdbebengebiet, die verheerenden Erdstöße vom 6. April 2009 in den Abruzzen, der Nachbarregion der Marken, haben das wieder schmerzlich ins Bewusstsein gerückt. Die Marken selbst waren das letzte Mal am 26. September 1997 betroffen. Das Epizentrum des Bebens lag zwar in Umbrien (die Zerstörung der Oberkirche von Assisi mit Giottos weltberühmten Fresken ging durch die internationale Presse), doch weite Teile der Marken waren ebenfalls in Mitleidenschaft gezogen, u. a. Fabriano an der Grenze zu Umbrien. Zwar forderte dieses Beben keine Todesopfer, doch die Gebäudeschäden waren auch hier immens.

## Feiertage

Neben den gesetzlichen Feiertagen gibt es in den einzelnen Städten und Orten diverse lokale Feste, Feierlichkeiten und Veranstaltungen, die bei den jeweiligen Ortsbeschreibungen im Reiseteil aufgeführt sind.

**Gesetzliche Feiertage**: **Neujahr** (Capodanno); 6. Januar: **Dreikönigstag** (Epifania); **Ostern** (Pasqua), Feiertage sind Ostersonntag (Domenica di Pasqua) und Ostermontag (Lunedì di Pasqua), der Karfreitag (Venerdì santo) ist kein Feiertag; 25. April: **Anniversario della Liberazione** (Tag der Befreiung von der deutschen Wehrmacht); 1. Mai: **Festa del Lavoro** (Tag der Arbeit); **Pfingsten** (Pentecoste), nur der Sonntag; 2.

Stadtfest in Camerino

Juni: **Fondazione della Repubblica** (Tag der Republikgründung); 15. August: **Ferragosto** (→ Kasten S. 19); 1. November: **Aller-** heiligen (Ognissanti); 8. Dezember: **Mariä Empfängnis** (Immacolata Concezione), 25./26. Dezember: **Weihnachten** (Natale).

# Geld

Wer aus Sicherheitsgründen keine größeren Summen mit auf die Reise nehmen oder sich nicht ausschließlich auf die Geldautomaten verlassen will, sollte zu *Traveller-Cheques* greifen, die u. a. von American Express, Thomas Cook und Visa angeboten werden (die Kaufquittung ist aus Versicherungsgründen getrennt aufzubewahren, bei Auszahlung in der Bank wird ein Ausweisdokument verlangt). Wer nicht aus der Eurozone kommt, wechselt nach wie vor am besten bei der Bank. Wechselstuben gibt es nur noch vereinzelt und in Hotels und an Campingplätzen werden für den Geldwechsel oft hohe Gebühren erhoben.

**Wechselkurs Schweiz**: 1 € = 1,23 CHF  −  1 CHF = 0,81 € (Stand: März. 2013)

**Öffnungszeiten der Banken**: Mo–Fr 8.30–13.30 und 14.30–16.30 Uhr bzw. 15– 16 Uhr.

**Geldautomat (Bancomat)**: Mit EC-/Maestro- oder Kreditkarte bekommt man Bargeld bis ca. 400 € rund um die Uhr (Gebühren pro Abhebung zurzeit 4,50 €, bei Kreditkarten 4 % des Betrags, mindestens aber 5 €). *Achtung*: Der Bancomat sollte nicht der letzte Notnagel sein – manchmal ist er defekt oder leer und gerade in ländlichen Gebieten (z. B. in den Monti Sibillini) sind Geldautomaten nicht gerade an jeder Ecke zu finden.

**Kreditkarten** werden in vielen Hotels, gehobeneren Restaurants und Geschäften sowie an größeren Tankstellen akzeptiert.

**Sperrung bei Verlust/Diebstahl**: Bei Verlust der Kreditkarte kann man sich an folgende einheitliche Notrufnummer (in Deutschland) wenden: ✆ 0049/116116 oder 0049/30/40504050; man wird dann an die jeweilige Bank weitergeleitet. Für in Österreich ausgestellte EC-/Maestro-Karten gilt ✆ 0800/2048800. Schweizer UBS-Karten sperrt man unter ✆ 0041/44/8283135, Credit-Suisse-Karten unter ✆ 0041/800800488.

# Hunde

Wohlerzogene, gepflegte und freundliche Hunde sind in den Marken gern gesehene Gäste und dürfen in aller Regel mit ins Gartenrestaurant, auch auf dem Campingplatz gibt es kaum Probleme. In Hotels und Appartements werden Hunde nur teilweise akzeptiert, in der Nebensaison – bei wenig Auslastung – naturgemäß eher als in der Hochsaison, wenn jedes Zimmer/Appartement bis auf das letzte Bett belegt ist. Oftmals hängt es auch ganz davon ab, was der Hotelbesitzer selbst für ein Verhältnis zu Hunden hat, teilweise gibt es sogar einen „Hotelhund", dann kann man in aller Regel auch den eigenen (friedlichen) Hund mitbringen.

An Stränden mit Strandservice sind Hunde verboten, man muss an einen „freien" Strand ausweichen. Ebenso verboten sind Hunde in der Regel in gehobeneren Restaurants (außer auf der Terrasse, aber auch hier sollte man vorher nachfragen). Leine und Maulkorb muss man immer dabei haben.

Bei der Einreise nach Italien braucht der Hund ein Tollwut-Impfzeugnis, das mind. 30 Tage und max. zwölf Monate vor Einreise ausgestellt sein muss, ebenso einen EU-Heimtierausweis und eine *Identitätskennung* mit Mikrochip unter der Haut.

**Achtung**: Generell besteht in der Mitte und im Süden Italiens eine erhöhte Ansteckungsgefahr u. a. mit der gefährlichen *Leishmaniose*, einer von Sandflöhen übertragenen Parasitenerkrankung, die in fast allen Mittelmeerländern vorkommt und für den Hund zum Tode führen kann.

## Information

Für einen ersten Überblick vor der Reise kann man sich am besten an das staatliche italienische Fremdenverkehrsamt ENIT *(Ente Nazionale Italiano per il Turismo)* in Deutschland, Österreich und der Schweiz wenden. Selbstverständlich ist die Tourismusorganisation auch im Internet vertreten unter **www.enit-italia.de**. Hier kann man auch Prospekte/Broschüren downloaden. Konkrete Anfragen können auch per E-Mail an unten stehende Adressen gerichtet werden.

ENIT in Deutschland, Barckhausstr. 10, 60325 Frankfurt/M., ℡ 069/237434, 🖷 069/232894, frankfurt@enit.it, Mo–Fr 9.15–17 Uhr.

ENIT in Österreich, Mariahilfer Str. 1 b, 1060 Wien, ℡ 01/5051639, 🖷 01/5050248, vienna@enit.it, Mo–Do 9–17 Uhr, Fr 9–15.30 Uhr.

ENIT in der Schweiz, Uraniastr. 32, 8001 Zürich, ℡ 043/4664040, 🖷 043/4664041, zurich@enit.it.

In den Marken haben die meisten größeren Orte, zumal wenn sie von touristischem Interesse sind, ein **Ufficio informazioni** (Informationsbüro), in den Städten geht man zum **I.A.T.** *(Ufficio di Informazioni e Accoglienza Turistica).* Manche Orte haben zusätzlich ein **Pro Loco**, manche nur ein Pro Loco. Der Unterschied besteht darin, dass Erstere kommunal geführt werden, ein Pro Loco dagegen auf Privatinitiativen zurückgeht.

Im Touristenbüro vor Ort erhalten Sie meist einen hilfreichen und kostenlosen Stadtplan sowie ein Unterkunftsverzeichnis und Informationsmaterial über Sehenswertes und Aktivitäten aller Art. Oft wird Englisch gesprochen, Deutsch ist eher die Ausnahme. Empfehlungen zu Hotels dürfen die offiziellen Touristenbüros nicht geben, nach unseren Erfahrungen ist man aber bei der Zimmersuche behilflich und ruft bei der gewünschten Unterkunft an.

Öffnungszeiten: In weniger bedeutenden Orten nur im Sommer (teilweise nur Mitte Juni bis Ende August), ansonsten etwa von Anfang Mai bis Ende Oktober, in größeren Orten ganzjährig. Meist Mo–Fr 9–13 und 15/16–19 Uhr, Sa/So höchstens vormittags, oft aber geschlossen.

## Internet

Es gibt eine Fülle von Informationen über das Reisegebiet Marken, viele Seiten der größeren Städte und Orte insbesondere an der Adria bieten auch eine deutsch- oder englischsprachige Version. Darüber hinaus haben fast alle Organisationen, Einrichtungen und auch Unterkünfte mittlerweile eigene Websites, die in diesem Buch an der entsprechenden Stelle genannt werden. Hier einige allgemeine Seiten:

www.aci.it: italienischer Automobilclub, nur in italienischer Sprache.

www.comuni-italiani.it: Alle italienischen Kommunen sind hier verlinkt, auch die meisten lokalen Touristenbüros. Auf Italienisch, die lokal verlinkten Büros haben dann zum Teil auch deutsche Seiten.

www.diemarken.com: der *Marche Voyager*, Web-Reiseführer in deutscher Sprache, viele Orte, viele praktische Infos, viele Bilder, sehr ansprechend.

www.enit.it: ausführliche Infos zu den einzelnen Regionen, Provinzen und Kommunen Italiens, auch Unterkunftslisten.

www.magicmarche.com: Interessiert am Kauf einer Immobilie in den Marken? Dann sind Sie hier richtig. Auf Italienisch und Englisch.

www.marcheinfesta.it: Umfassendes zu Festen und Veranstaltungen, auf Italienisch.

www.marchedarte.it: Infos zu Kunst und Kultur, auf Italienisch und Englisch.

**www.museionline.it:** Museen, Ausstellungen und Ausgrabungen in ganz Italien. Nur auf Italienisch.

**www.mymarca.it:** Die „Shopping"-Website der Marken, auch in Englisch. Überblick über alle möglichen *prodotti tipici* und Bestellmöglichkeiten.

**www.parks.it:** Infos zu allen italienischen Naturschutzgebieten und Nationalparks, sortiert nach Regionen. Auch auf Deutsch.

**www.regione.marche.it:** ebenfalls sehr umfangreiche Infos mit ausführlichem Kapitel zur Kulturgeschichte.

**www.trenitalia.com:** Infos zur italienischen Bahn. Fahrpläne und Preise können unkompliziert abgerufen werden. Auch auf Englisch.

**www.wetteronline.de:** Hier finden Sie eine Wettervorhersage auch für viele Orte der Marken.

## Kartenmaterial

Zu Mittelitalien und den benachbarten Regionen gibt es ausreichend Kartenmaterial, ausschließlich zu den Marken ist bislang keine eigene Karte im deutschen Buchhandel erhältlich. Für eine Rundreise durch die Marken ist die von der Region in Zusammenarbeit mit dem *Touring Club Italiano* herausgegebene kostenlose Karte im Maßstab 1:250.000 durchaus empfehlenswert. Anzufordern bei der ENIT (→ „Information", S. 58), aber auch vor Ort bei den Touristenbüros erhältlich. Gute Dienste leisten außerdem:

**Touring Editore**, Umbria e Marche, 1:200.000, 7,90 €. Reiß- und wasserfest.

**Kümmerly & Frey**, Marken – Umbrien, 1:200.000, 8,95 €.

**Belletti Editore**, Marche – Carta Stradale Regionale, 1:300.000. Nur im italienischen Buchhandel, 6 €, www.bellettieditore.com.

**Michelin Regionalkarte**, Toskana, Umbrien, San Marino, Marken, Latium, Abruzzen, 1:400.000, 7,80 €.

## Kinder

Die Italiener sind für ihre Kinderfreundlichkeit berühmt, und daran hat sich auch trotz sinkender Geburtenraten (mit statistischen 1,4 Kindern pro Frau liegt Italien nur leicht vor Deutschland mit etwa 1,3 Kindern) nichts geändert. Wer mit *bambino* bzw. *bambini* nach Italien reist, wird jedenfalls mit besonderer Aufmerksamkeit bedacht – im Hotel genauso wie im Restaurant oder am Strand. Letzterer ist in den Marken übrigens ideal für Familien mit Kindern: breit und sandig, es geht seicht ins Wasser, und dank der vorgebauten Wellenbrecher gleicht das Meer vielerorts einer Badewanne.

Nachwuchs-Bagnino

Geht man mit den Kleinen zum Essen, darf es ruhig auch ein gehobenes Lokal mit mehreren Gängen sein. In der Regel ist es überhaupt kein Problem, für die Kinder nur die Primi oder Pasta zu bestellen. In vielen Restaurants gelten für Kinder Sonderkonditionen.

Auch finanziell kommt man urlaubenden Familien mit Kindern entgegen: Das zugestellte Babybett *(culla)* kostet ca. 15–20 € pro Tag, wird es selbst mitgebracht, schläft das Baby oder Kleinkind (bis drei Jahre, mancherorts auch bis sechs Jahre) oft sogar umsonst im Zimmer der Eltern. Darüber hinaus gibt es diverse Familienangebote – fragen Sie bei der Buchung danach.

Es gibt in den Marken eine ganze Reihe von Sehenswürdigkeiten, die besonders auch für Kinder geeignet sind. Hierzu gehören San Marino (→ S. 70) mit seinen imposanten Burgen, die Festung Gradara (→ S. 128), San Leo (→ S. 83), die berühmten Grotte di Frasassi (→ S. 203), die Höhlen von Camerano (→ S. 184) sowie die von Osimo (→ S. 186).

Vor dem Kirchgang zu beachten

## Kirchen

Viele italienische Kirchen sind mit Kunstschätzen geradezu überladen – die Marken machen hier keine Ausnahme. Eine Besonderheit stellen die über 200 romanischen Kirchen und Abteien dar, die teilweise in wunderschöner Landschaft und großer Abgeschiedenheit die Jahrhunderte überdauert haben. Zwei sehr schöne Broschüren *(Le vie del romanico nelle Marche* und *Le vie degli eremi)* sind auf Nachfrage, allerdings nur auf Italienisch, in größeren Touristenbüros erhältlich. Die Besichtigung sämtlicher Kirchen ist kostenlos und in der Regel den ganzen Tag über möglich (mit Ausnahme der Siesta von ca. 12.30 bis 16 Uhr), zu Gottesdiensten allerdings unpassend. Lediglich abgelegene Kirchen sind oft nur nach Voranmeldung zu besichtigen. Beachten Sie bitte, dass beim Besuch einer Kirche (vor allem in ländlichen Gegenden) auf angemessene Kleidung allergrößter Wert gelegt wird: Frauen sollten Schultern und Bauch bedeckt haben und einen mindestens knielangen Rock tragen, Männer lange Hosen und ein Hemd oder zumindest ein T-Shirt.

## Literatur

Federico da Monteleltro ist die bekannteste historische Figur der Marken. Deshalb ist es kein Wunder, dass sich diverse Bücher mit ihm und seiner Epoche beschäftigen. Aber auch darüber hinaus gibt es noch einiges, das sich zum Einlesen oder auch Nachlesen eignet.

**Favole, Paolo**: *Italia Romanica – Le Marche*. Umfassendes Kompendium über die romanischen Kirchen in den Marken, nur auf Italienisch und nur antiquarisch erhältlich, aber sein Geld wert. Jaca Book, Mailand.

**Frank, Ursula und Claus-Günter**: *Marken – Adriaküste*. Rother Wanderführer. 50 knapp und präzise beschriebene Touren. Bergverlag Rother, München.

**Gréus, Ralf**: *Mit dem Wohnmobil durch Umbrien und die Marken*. Zwölf ausführliche Tourbeschreibungen durch die beiden benachbarten Regionen, schön bebildert und mit allen wichtigen Tipps für Wohnmobilreisende. WOMO-Verlag, Mittelsdorf/Rhön, Band 12.

**Jakob, Carmen Sofia**: *Sonne über Urbino*. Ein historischer Roman über die Familie Montefeltro. Haag und Herchen Verlag, Frankfurt.

**Lauts, Jan/Herzner, Irmlind Luise**: *Federico da Monteleltro, Herzog von Urbino*. Aufwändig recherchierte Biografie des Duca. Deutscher Kunstverlag, München/Berlin. War zuletzt vergriffen.

**Ortheil, Hanns-Josef**: *Die große Liebe*. Ein moderner Liebesroman, der in den Marken spielt. Eher etwas für entspannte Leseabende. Luchterhand Literaturverlag, München.

**Roeck, Bernd**: *Mörder, Maler und Mäzene*. Diese schön bebilderte Studie widmet sich einem einzigen berühmten Gemälde der Renaissance, nämlich der „Flagellazione" von Piero della Francesca aus der Zeit um 1460, dessen versteckte Botschaft hier neu gedeutet wird. Verlag C. H. Beck, München.

**Roeck, Bernd/Tönnesmann, Andreas**: *Die Nase Italiens*. Wer sonst, wenn nicht Federico da Montefeltro sollte wohl die Nase Italiens sein? Das Autorenduo zeichnet ein detailliertes Porträt des berühmten Renaissancefürsten aus Urbino und seiner Zeit. Verlag Klaus Wagenbach, Berlin.

**Schinharl, Cornelia**: *Toskana, Umbrien und die Marken, Küche und Kultur*. Ein Kochbuch aus der bewährten GU-Reihe, mit anregenden Fotos, Hintergrundinfos und leckeren Rezepten, natürlich auch *olive all'*

Nach dem Waschtag

*ascolano* und *vincisgrassi*. Gräfe und Unzer Verlag, München.

**Willemsen, Roger**: *Die Marken*. Kunstreiseführer aus dem DuMont Verlag, leider längst vergriffen, antiquarisch erhältlich, aber teuer.

## Mülltrennung

Viele Gemeinden, aber auch Campingplätze haben an mehreren Plätzen Sammelcontainer für Papier *(carta)*, Glas *(vetro)* und Plastik *(plástica)* aufgestellt, die auch regelmäßig geleert werden.

## Museen

Unzählige, oft vorbildlich aufgebaute und mit viel Engagement geleitete Museen warten auf interessierte Besucher, die Bandbreite reicht vom Ziehharmonika-Museum (Castelfidardo, S. 187) bis zum Museum der Weinetiketten (Cupramontana, S. 206). Während man sich bei den größeren und bedeutenderen Museen meist auf ganzjährige Öffnungszeiten einstellen kann (das Gleiche gilt für Museen in größeren Städten), sollte man bei kleinen Einrichtungen damit rechnen, dass nur in den

Hochsaisonmonaten Juli und August (und auch hier manchmal nur an den Wochenenden) geöffnet ist. Die meisten Museen sind jedoch zumindest von April bis Oktober zugänglich; die Eintrittspreise halten sich im Rahmen. Bei den wenigen archäologischen Ausgrabungsstätten ist der Eintritt in der Regel frei.

**Öffnungszeiten**    Größere und bedeutende Museen öffnen ihre Pforten tendenziell ganztägig von 9 bis 19 Uhr, sind aber nach wie vor montags geschlossen. Letzteres gilt auch für die unzähligen kleineren und die wenigen privaten Museen, für die sich ansonsten keine allgemeingültigen Aussagen in puncto Öffnungszeiten machen lassen. Die örtlichen Tourismusbüros wissen aber meist über die aktuellen Öffnungszeiten Bescheid.

**Preise**    Die Kosten für die Besichtigung von Museen und anderen Kulturschätzen halten sich durchaus in Grenzen. Alles, was über 5 € (ohne Ermäßigung) hinausgeht, ist für die Region schon teuer. Ermäßigungen von 50 % erhalten in den staatlichen Museen Studenten (mit internationalem Studentenausweis), Kinder und Jugendliche unter 18 und Senioren über 65 J. haben dort – nicht jedoch in den privaten Einrichtungen – freien Eintritt.

## Nachtleben

Das Nachtleben ist sehr ausgeprägt in Rimini (Emilia-Romagna), man kommt aus weitem Umkreis, um dort eine heiße Diskonacht zu verbringen. Es soll aber auch schon Leute gegeben haben, die für einen Abend in der berühmten Nobeldiskothek „Baia Imperiale" an der Küste oberhalb von Gabicce Mare eigens aus Apulien (!) angereist sind.

Das Nachtleben in den Marken spielt sich hauptsächlich in den Badeorten an der Küste ab. Die Eintrittspreise für einen Diskobesuch sind oftmals sehr hoch, man sollte mit ca. 20 € rechnen, teilweise ist dann aber ein Getränk im Preis enthalten.

Klassische **Konzerte** kann man in den Marken viele besuchen, wobei die **Opernfestivals** von Pesaro (→ S. 137) und Macerata (→ S. 224) hier sicherlich die absoluten Highlights sind. Die meisten Theater der Region haben im Juli und August Saisonferien.

Noch ist die Nacht jung in Sassoferrato

## Nationalparks/Naturschutzgebiete

In die Region der Marken reichen die Gebiete zweier **Nationalparks**: der 70.000 ha große *Parco Nazionale dei Monti Sibillini*, der sich zum größten Teil auf dem Gebiet der Marken erstreckt, und der *Parco Nazionale del Gran Sasso e Monti della Laga*, der die Marken nur ganz im Süden (auf den Gemeindegebieten von Arquata del Tronto und Acquasanta Terme) und zu weniger als einem Zehntel seiner Gesamtfläche einschließt. Darüber hinaus gibt es vier **Regionalparks**: den *Parco Naturale del Monte San Bartolo* ganz im Norden der Region, ein Vorgebirge zwischen Gabicce und Pesaro; den *Parco Naturale del Sasso Simone e Simoncello* im Nordwesten an der Grenze zur Toskana; den *Parco Naturale del Conero*, ein dramatisch abfallendes Vorgebirge südlich von Ancona, und den *Parco Naturale della Gola della Rossa e di Frasassi* ein Stück nordöstlich von Fabriano.

Die fünf **Naturreservate** der Region liegen im Norden bei Fossombrone *(Riserva Naturale Gola del Furlo)*, an einem Abschnitt des Flusses Esino bei Jesi *(Riserva Naturale di Ripa Bianca)*, südlich von Macerata *(Riserva Naturale Abbadia di Fiastra)*, südlich von San Benedetto del Tronto *(Riserva Naturale della Sentina)* und ganz im Südwesten *(Riserva Naturale Montagna di Torricchio)* bei Camerino. Mit Ausnahme des Naturreservats *Montagna di Torricchio* können alle Naturparks jederzeit besucht werden, umfangreiche Informationen erhält man in den jeweiligen Orten.

## Notruf

Polizeinotruf bzw. Unfallrettung in ganz Italien unter ✆ **112** oder ✆ **118**, die Straßenpolizei ist unter ✆ **113** erreichbar (alle auch über Handy). Für Pannenhilfe ist der italienische Automobilclub **ACI** *(Automobil Club d'Italia)* zuständig, landesweite Rufnummer ✆ **803116** (Festnetz) bzw. ✆ **800116800** (Mobilnetz); die Pannenhilfe ist kostenpflichtig, auch für Mitglieder von Automobilclubs. Außerdem unterhält der *ADAC* einen deutschsprachigen **Notrufdienst** in Italien (✆ 03-921041) sowie einen Auslandsnotruf in München (✆ 0049-89-222222).

## Polizei

Um den Verkehr sorgt sich die *Polizia Stradale*, Stadtpolizei sind die *Vigili Urbani*, und Verbrechen werden von den *Carabinieri* bekämpft. Bei Problemen aller Art wende man sich zunächst an die örtliche Polizeistelle, die Sie gegebenenfalls weiterschickt.

## Post

Die italienische Post genießt nicht gerade den allerbesten Ruf – zumindest wenn es um die Beförderung von Postkarten an die Lieben zu Hause geht. Noch immer ist man nicht selten vor Ankunft der Urlaubsgrüße selbst schon wieder daheim. Der Vermerk „per Eilpost" *(posta prioritaria)* bringt bei Karten und Briefen nichts, da sie generell im Flugzeug befördert werden. Briefmarken *(Francobolli)* kauft man nicht nur bei der Post, sondern auch in autorisierten Tabacchi-Läden und in Souvenirshops. Das *Porto* für eine Postkarte bzw. einen Standardbrief ins europäische Ausland beträgt derzeit 0,75 €.

Noch ein Hinweis: Die Möglichkeit einer telegrafischen Geldanweisung besteht schon seit Jahren nicht mehr, im Notfall wende man sich an den *Western Union Service* (hohe Gebühren!). Weitere Infos und Adressen von Partnerbanken in Italien unter www. westernunion.com.

**Öffnungszeiten** Mo–Fr 8.30–14 Uhr, Sa 8.30–13 Uhr, die Hauptpostämter größerer Städte Mo–Fr durchgehend 8.30–18 Uhr, Sa nur vormittags, So generell geschlossen.

## Rauchen

Rauchen in öffentlichen Räumen ist in Italien strikt verboten. Zu öffentlichen Räumen zählen Restaurants, Bars, Züge, Krankenhäuser, Post, Museen, Wartehallen aller Art (also auch Flughafen und Bahnhöfe), der Arbeitsplatz an sich und Büros mit Publikumsverkehr. Die Zigarette zur falschen Zeit am falschen Ort kann zwischen 27,50 und 275 € Strafe kosten, wer neben einer Schwangeren oder neben Kindern raucht, muss sogar mit dem doppelten Bußgeld rechnen. Wird ein Wirt mit rauchenden Gästen erwischt, zahlt er selbst ebenfalls ein Bußgeld, das zwischen 220 und 2200 € liegt.

## Rechnungen

Was Sie auch kaufen, Sie bekommen immer eine Rechnung *(ricevuta fiscale)* oder einen Bon *(scontrino)*. Den Beleg muss man per Gesetz bis 50 m nach Verlassen des Geschäftes aufheben. Kontrollen sind zwar äußerst unwahrscheinlich, aber nicht grundsätzlich auszuschließen.

## Reisedokumente

Für die Einreise nach Italien muss man einen Personalausweis *(carta d'identità)* oder Reisepass *(passaporto)* dabeihaben. Kinder bis zwölf Jahre benötigen einen eigenen *Kinderreisepass* (über zwölf Jahre Personalausweis/Reisepass). **Achtung**: Die Möglichkeit, dass Kinder im Pass der Eltern eingetragen sind, gibt es seit Mitte 2012 nicht mehr! Kinder und Jugendliche, die ohne Erwachsene reisen, benötigen außer ihrem Ausweis eine schriftliche *Vollmacht* der Erziehungsberechtigten. Autofahrer brauchen Führerschein *(patente di guida)* und Fahrzeugschein *(libretto di circolazione)*, empfehlenswert ist auch die *grüne Versicherungskarte (carta verde)*.

**Bei Diebstahl oder Verlust**: in jedem Fall sofort zur Polizei gehen. Falls dies der einzige Ausweis war, den man dabei hatte, bekommt man ein Formular, das zur Heimreise berechtigte. Kopien des verloren gegangenen Papiers sind nützlich und helfen der Polizei bei der Identitätsüberprüfung (Nummer des Passes, ausstellende Behörde etc.).

## Sport

Diverse Möglichkeiten: Im Winter schwingt Mittelitalien auf Skiern die Hänge der Monti Sibillini hinunter, im Sommer nutzt man nur wenige Kilometer entfernt die besondere Thermik am Piano Grande zum Drachenfliegen. Das Sportangebot im Überblick:

**Wassersport**: Kaum ein größerer Strand ohne Verleih von Tretbooten oder Kajaks, teilweise auch Wasserski.

**Tennis**: Wer ein größeres Hotel (ab drei/vier Sternen aufwärts) gebucht hat, wird dort wahrscheinlich auch einen Tennisplatz vorfinden. Die Plätze werden – bei mangelnder Auslastung – manchmal auch an Nicht-Gäste vermietet.

**Drachenfliegen**: Drachen sieht man bei entsprechenden Bedingungen in großer Zahl über den Piano Grande (Grenze zu Umbrien) gleiten. Infos → S. 250.

**Reiten**: Einige Agriturismo-Betriebe bieten auch Ausritte und Reitstunden an (→ "Agriturismo", S. 44).

**Wandern und Mountainbiking**: → „Unterwegs in den Marken" ab S. 39/40.

**Skifahren**: Eines der mittelitalienischen Ski-Zentren befindet sich am Monte Bove in den Monti Sibillini. Zahlreiche Pisten auf über 2000 m Höhe und an den Winterwochenenden reger Andrang.

**Surfen**: An einigen größeren und viel besuchten Stränden Surfbrettverleih, teilweise auch Kurse.

## Sprache/Sprachkurse

Die meisten Italiener an der Küste sprechen Englisch, manche auch Deutsch. In einem entlegenen Dorf in den Sibillinischen Berge sind dagegen zumindest elementare Kenntnisse der italienischen Sprache außerordentlich hilfreich. Etwas Unterstützung finden Sie in unserem kleinen Sprachführer am Ende dieses Buches (→ S. 288 ff).

Wer seinen Urlaub mit einem Sprachkurs verbinden möchte, findet in den Marken einige gute Möglichkeiten, z. B. in den Sommerkursen der Universität von Urbino

(→ S. 97), die sich allerdings hauptsächlich an Sprachstudenten wenden. Sprachschulen, die selbstverständlich auch für bezahlbare Unterkunft sorgen, gibt es außerdem in Urbania (→ S. 113) und Camerano (→ S. 183).

## Strom

Fast überall 220 Volt, allerdings passen die deutschen Schukostecker nicht immer. Adapter *(Spina di adattamento* bzw. *Spina Schuko)* kann man überall kaufen bzw. im Hotel/am Campingplatz ausleihen, am besten aber schon zu Hause besorgen.

## Telefonieren

Fast jeder in Italien hat ein Handy *(telefonino* oder *cellulare)*, mit dem auch pausenlos telefoniert wird. Italienische Mobilnummern sind dreistellig und beginnen mit 3 (z. B. 347, 333 etc.). Funklöcher gehören in aller Regel der Vergangenheit an, nur in abgelegensten Gegenden kann es mal passieren, dass man mit dem Handy kein Netz hat. Ansonsten gibt es noch immer flächendeckend öffentliche Telefonzellen, die mittlerweile fast ausnahmslos mit *Telefonkarten* funktionieren. Die *carta telefonica* kann man für 5 € in Tabacchi- und Zeitschriftenläden und in Bars kaufen. Vor Gebrauch muss die obere, perforierte Ecke abgebrochen werden. Die *Tarife* für Gespräche (Festnetz) von Italien nach Deutschland, Österreich und die Schweiz sind höher als umgekehrt. Am günstigsten telefoniert man werktags nach 22 Uhr und sonntags.

Es gelten folgende neue EU-Richtlinien für Roaming-Gebühren (Stand November 2012): Netz- und betreiberunabhängig kosten abgehende Anrufe maximal 0,34 €/ Minute, eingehende Anrufe 0,09 €/Minute, abgehende SMS 0,10 € (ankommende SMS gebührenfrei). Weitere Infos bei den jeweiligen Netzanbietern.

**Internationale Vorwahlen von Italien nach Deutschland:** ☎ 0049, nach Österreich: ☎ 0043, in die Schweiz: ☎ 0041. Nach Italien aus dem Ausland: ☎ 0039.
**Obligatorische Vorwahl in ganz Italien:** Die gesamte italienische Vorwahl einschließlich der Null (z. B. ☎ 071 für Ancona) muss aus dem Ausland mitgewählt werden, und auch in Italien ist die Vorwahl selbst bei Ortsgesprächen obligatorisch!

## W-Lan/WI-FI

Wireless LAN heißt in Italien WI-FI und ist in zahlreichen Hotels, auf Campingplätzen und teilweise auch in Bars/Cafés etc. zu finden. Meist macht ein Schild am Eingang auf die WI-FI-Zone aufmerksam. Der kabellose Zugang zum Internet ist in Italien relativ häufig auch kostenlos zu haben.

## Zeitungen/Zeitschriften

Die meistgelesenen italienischen Tageszeitungen sind der Mailänder *Corriere della Sera* (eher konservativ), die römische *La Repubblica* (gemäßigt links) und *La Stampa* (politische Mitte) aus Turin; größte Sportzeitung ist die täglich erscheinende, rosafarbene *Gazzetta dello Sport*, größte italienweite Wirtschaftszeitung ist *Il Sole 24 Ore*. In den Marken liest man außerdem den regionalen *Corriere Adriatico* und die Regionalausgabe des *Messaggero*.

Typische Boulevardblätter gibt es fast nicht (diesen Part übernehmen wöchentlich erscheinende Regenbogenblätter wie *Gente*, *Di Più*, *Chi* und *Oggi*), und auch die Vertriebsstruktur unterscheidet sich erheblich von den Gepflogenheiten nördlich der Alpen: Die meisten Zeitungen gehen per Straßenverkauf an ihre Leser, der Anteil der Abonnements ist eher gering.

Überregionale deutsche Zeitungen wie die *Süddeutsche* und die *FAZ* gibt es während der Sommermonate in den meisten Küstenorten und größeren Städten, in der Regel sogar am Erscheinungstag. Im Landesinneren bekommt man sie nur in größeren Orten, außerdem muss man hier mit Verzögerungen rechnen. In den Wintermonaten ist das Angebot eingeschränkt.

## Zoll

Im Zuge des Binnenmarkts gelten großzügige Richtlinien für die Einfuhr italienischer Waren nach Deutschland oder Österreich. Im privaten Reiseverkehr innerhalb der EU dürfen Waren zum eigenen Verbrauch unbegrenzt mitgeführt werden. Um diese vage Formulierung zu präzisieren und eine Abgrenzung zwischen privater und gewerblicher Verwendung vorzunehmen, gelten folgende Richtmengen pro Person:

800 Zigaretten, 400 Zigarillos, 200 Zigarren, 1 kg Tabak, 10 l Spirituosen, 20 l Zwischenerzeugnisse bis 22 % Alkoholgehalt (z. B. Campari), 90 l Wein, davon max. 60 l Schaumwein und 110 l Bier.

Bei den vorgesehenen stichprobenartigen Kontrollen muss den Zollbeamten im Falle einer Mengenüberschreitung glaubhaft gemacht werden, dass die Waren tatsächlich nur für den privaten Konsum gedacht sind!

Da die *Schweiz* nicht zur Europäischen Union gehört, ist beim Transit eine freiwillige Deklaration der mitgeführten Waren fällig, wenn die in der Schweiz geltenden Freimengen (200 Zigaretten, 50 Zigarren, 2 l Wein und 1 l Spirituosen) überschritten werden. Für Waren, die das Limit überschreiten, muss eine Kaution in Landeswährung hinterlegt werden, die man bei der Ausreise zurückerhält.

Latte! Oder vielleicht doch drin?

Fahnenschwinger in Montelupone

# Le Marche – die Marken

Gut bewacht: San Marino

# Repubblica di San Marino ca. 32.000 Einwohner

Der imposante Fels des Monte Titano beherrscht die hügelige Landschaft geradezu. Auf seinem Rücken bilden drei Türme – die Wahrzeichen von San Marino – eine markante Silhouette, drum herum erstrecken sich die bescheidenen 61 km² dieses einzigartigen Staates.

Von *La Rocca*, einem der drei Türme, überblickt man nahezu das gesamte Staatsgebiet der ältesten Republik der Welt: die „Hauptstadt" San Marino und umliegende Dörfer, Pinienwälder und grüne Wiesen. Bei nur halbwegs guter Sicht reicht der Blick bis an die Küste Riminis.

San Marino zieht jährlich über zwei Millionen Besucher an. Man kommt zum Sightseeing und billigen Shoppen (keine Mehrwertsteuer), entsprechend dicht gedrängt geht es in den schmalen und steilen Gassen der Stadt am Hang zu. Der Tagestourismus boomt im Zwergstaat und stellt mittlerweile die wichtigste Einnahmequelle seiner Einwohner, der etwa 32.000 *Sammarinesi,* dar. Leder- und Elektronikläden, Parfümerien, Sonnenbrillen-, Juwelier- und Waffengeschäfte prägen das Bild der Stadt heute ebenso wie unzählige Snackbars.

Ein Zwischenstopp in San Marino bietet sich bei einer Reise vor allem in die nördlichen Marken geradezu an. Aber Achtung: Es herrscht fast das ganze Jahr über Rummel, die Stadt ist nichts für Ruhebedürftige. Während im Frühling viele Schulklassen auf ihrem Jahresabschluss-Ausflug anzutreffen sind, kommen im Herbst verstärkt ältere Gäste hierher, im Hochsommer sind es dann die Badeurlauber aus Rimini und Riccione. Nur im Winter kann man die Stadt einigermaßen ruhig erleben. Unbedingt sehenswert sind der elegante Palazzo Pubblico (Palazzo Governo) im Zentrum und die drei Türme; darüber hinaus kann man sich mehrere Museen anschauen.

Repubblica di San Marino

## Geschichte

Das Gebiet um den Monte Titano war vermutlich bereits in vorchristlicher, wenn nicht sogar in vorgeschichtlicher Zeit besiedelt. Die Gründung des Gemeinwesens, aus dem später die Republik San Marino entstand, wird auf das Wirken eines Eremiten namens Marino zurückgeführt, der sich Anfang des 4. Jh. hier in der Einsamkeit niederließ (→ S. 75). Schon bald gesellte sich eine Schar christlicher Glaubensbrüder hinzu, aus der sich in den folgenden Jahrhunderten weitgehend unbemerkt von der Welt eine kleine Ansiedlung entwickelte.

Die erste urkundliche Erwähnung datiert aus dem Jahr 754. Dort ist die Rede von einem *Castellum Sancti Marini,* und in einer Urkunde aus dem Jahr 885 wird dann nicht nur die Existenz eines Klosters San Marino dokumentiert, sondern diesem auch der rechtmäßige Besitz von Ländereien um den Monte Titano zuerkannt. Es entwickelte sich schnell eine kommunale politische Ordnung, die auf demokratischen Grundsätzen beruhte. Bereits seit 1244 werden die Namen der beiden für jeweils sechs Monate gewählten *Capitani Reggenti* (anfangs noch *Consules* genannt) schriftlich festgehalten, die Verfassung der winzigen Republik stammt im Kern aus dem Jahr 1250.

Aus dem Ringen zwischen den Malatesta und den Montefeltro ging San Marino gestärkt hervor und konnte durch geschicktes Taktieren das Staatsgebiet erweitern. Zweimal wurde die Republik von päpstlichen Truppen besetzt (1503 und 1739), ansonsten konnte San Marino seine Unabhängigkeit bis heute bewahren. Die Republik ist UN- und Europaratmitglied, außerdem unterhält man diplomatische Vertretungen in 35 Ländern der Welt. Seit 2008 gehören die Altstadt von San Marino und der Monte Titano zum Weltkulturerbe der UNESCO. Haupteinnahmequelle San Marinos ist seitdem mehr denn je der Tourismus.

## Politik und Staatswesen

Das politische System San Marinos wurde im Lauf der Jahrhunderte nur in Nuancen geändert. Die wichtigsten Instanzen sind die *Capitani Reggenti,* der *Große Rat (Consiglio Grande e Generale),* der *Staatsrat (Consiglio di Stato,* bestehend aus zehn *Secretari)* und der *Rat der Zwölf (Consiglio de XII).* Der *Große Rat* ist das Parlament des Landes, seine 60 Mitglieder werden direkt von der Bevölkerung gewählt. Exekutive ist der Staatsrat, der aus zehn *Secretari* besteht. Die beiden Staats- und Regierungschefs, die *Capitani Reggenti,* werden vom Staatsrat für sechs Monate gewählt. Der *Rat der Zwölf* geht auf das 15. Jh. zurück und ist die oberste Instanz der Zivil-, Straf- und Verwaltungsgerichtsbarkeit. Schließlich sei noch der *Argeno* erwähnt: Ursprünglich war er eine Versammlung der Familienoberhäupter und die Keimzelle

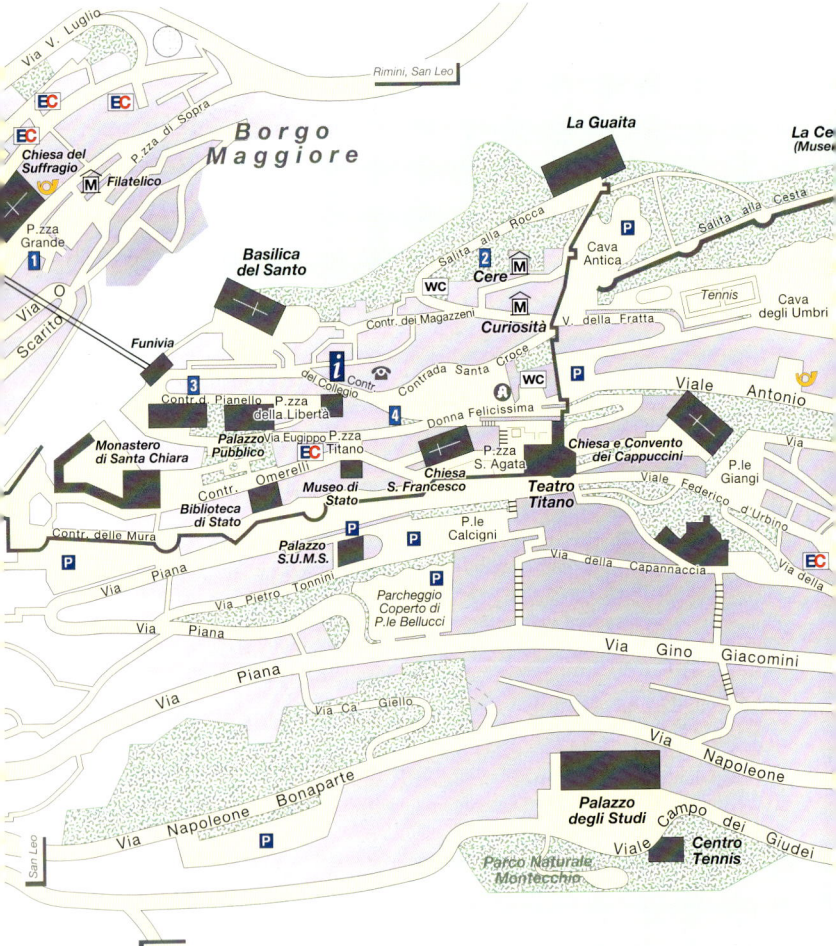

des sammarinesischen Staates, heute wird damit die Gesamtheit der Wahlberechtigten bezeichnet, die zweimal im Jahr (jeweils zur Einsetzung der neuen *Capitani Reggenti*) die Möglichkeit hat, Eingaben an das Parlament zu richten, die, so sie dort abgesegnet werden, von der Regierung durchzuführen sind.

## Basis-Infos

**Information** Info-Büro nahe dem Palazzo Governo (Piazza della Libertà) in der Contrada del Collegio 40. Tägl. 9–18 Uhr geöffnet, hier kann man sich auch einen San-Marino-Stempel in den Pass geben lassen

### E ssen & Trinken
1 Hostaria Da Lino
4 Restaurant La Terrazza

### Ü bernachten
1 Hostaria Da Lino
2 Albergo La Rocca
3 Hotel Bellavista
4 Hotel Titano

*Testa del Gigante Panorama*

Salita al Montale

**Torre Montale**

*Parco Naturale*

Onofri

J. Istriani

Via G. Matteotti

Viale Pietro Franciosi

**WC** P.le della Stazione

Via del Voltone

alla Bella

Via della Cella Bella

Bonaparte

**San Marino**

100 m

(kostet 5 €!). ☏ 0549-882914, ✇ 0549-882915, www.visitsanmarino.com, informazioni. turismo@pa.sm.

> Wer aus dem Ausland anrufen oder faxen will, muss die Landesvorwahl ☏ 00378 mitwählen!

**Verbindungen** Ca. 8–10x tägl. Busse von und nach Rimini, Haltestelle am Piazzale Calcigni (unterhalb der Porta San Francesco bei Parkplatz 1), einfache Fahrt 4 €.

**Taxi** ☏ 0549-991441.

**Erste Hilfe** Ospedale nahe dem Campingplatz (in Cailungo), ☏ 0549-994111; Servizio Medico in der Stadt, ☏ 0549-997348.

**Parken** Rund um die Altstadt gibt es nicht weniger als acht Parkplätze (pro Stunde 1,50 €, 3–5 Std. 4,50 €, 8 € für den ganzen Tag). Man kann auch im nordwestlich unterhalb gelegenen Ort Borgo Maggiore für 1 € pro Stunde bzw. 6 €/Tag parken (dort auch Stellplatz für Wohnmobile mit Wasseranschluss) und sich mit der Seilbahn (→ unten) nach oben ins Zentrum bringen lassen.

**Polizei** Am Parkplatz 3, ☏ 0549-887777 oder ☏ 0549-888888.

**Post** Am Viale Antonio Onofri.

**Seilbahn** Die Seilbahn ab Borgo Maggiore und retour fährt alle 15 Minuten, Fahrtdauer nur etwa 2 Minuten; im Winter 7.50–18.30 Uhr, im Frühling/Herbst bis 19 bzw. 20 Uhr, im Hochsommer bis 1 Uhr nachts. Einfache Fahrt 2,80 €, hin und zurück 4,50 €.

## Übernachten/Essen & Trinken

**Übernachten** Da die wenigsten Gäste über Nacht bleiben, ist das Angebot beschränkt:

**** Hotel Titano **4**, für gehobene Ansprüche. Traditionshotel im Herzen der Altstadt, sehr schönes Terrassenrestaurant, noble

Zimmer mit Bad, TV, Minibar, manche auch mit Balkon. Unmittelbar nebenan, an der Piazzetta del Titano, das gleichnamige Caffè, gut geeignet, um inmitten des Trubels einmal innezuhalten, mit kostenlosem Internet Point und Gelato/Crêpes im Straßenverkauf. EZ 100 €, DZ ab ca. 150–219 €, Dreibett-Zimmer ca. 180–235 €, Vierbett-Zimmer 277 €, Frühstück jeweils inbegriffen, Halbpension 20 € extra pro Pers., Parkplatz 4 €/Tag, Garage 16 €. Contrada del Collegio 31 (etwas unterhalb der Piazza della Libertà), 47890 San Marino Città, ℰ 0549-991007, ✆ 0549-991375, www.hoteltitano.com.

** Albergo La Rocca **2**, auf dem Weg zur Rocca (Torre Guaita), schöner Blick, nahe gelegener Parkplatz, die Zimmer (Bad und TV) sind okay. Auch Ristorante ("Beccafico"): Menü um 20 €. EZ 65 €, DZ 85 €, Dreibett-Zimmer 110 €, Vierbett-Zimmer 135 €, jeweils inkl. Frühstück. Salita alla Rocca 34, 47890 San Marino, ℰ 0549-991166, ✆ 0549-992430, www.ristoranteilbeccafico.com.

** Hotel Bellavista **3**, relativ schlichtes Haus an der Bergstation der Seilbahn. Mit Ristorante. EZ 65 €, DZ 85 € (mit Bad, TV, Telefon und kostenlosem WI-FI), Frühstück inkl. Contrada del Pianello 42/44, 47890 San Marino, ℰ/✆ 0549-991212, www.hotelbellavistasanmarino.com.

*** Hostaria Da Lino **1**, im unterhalb gelegenen Ort Borgo Maggiore, Seilbahn ins Zentrum. Ebenfalls mit Restaurant und Pizzeria (Pizza nur abends). Das DZ mit Bad, TV und Aircondition kostet ab 85 €, das EZ ab 44 €, Frühstück inkl. (Halbpension ab 112 €/DZ). Piazza Grande 47, Borgo Maggiore, 47893 San Marino, ℰ 0549-903975, ✆ 0549-906630, www.hostariadalino.com.

**Camping Centro Turistico San Marino**, ca. 5 km von Borgo Maggiore. Professionell geführtes, großes Gelände mit Pool (und Blick aufs Krankenhaus), Restaurant, Tennisplatz und Beachvolleyball-Feld, es werden auch Bungalows vermietet. Ganzjährig geöffnet. Anfahrt: Von Borgo Maggiore zunächst auf der Straße Richtung Rimini/San Leo, dann links ab nach Cailungo und der Beschilderung zum Camping folgen. Erw. 10 €, Kinder (3–9 J.) 7,50 €, Stellplatz 16–20 €, Hund 5 €. Strada San Michele 50, 47893 Cailungo - Repubblica di San Marino, ℰ 0549-903964, ✆ 0549-907120, www.centrovacanzesanmarino.com.

**Essen & Trinken**   Im Zentrum herrscht Fast Food vor, es ist schwierig, ein nettes und einigermaßen günstiges Restaurant zu finden. Gehobenes Niveau bietet das Restaurant **La Terrazza** des Hotels **Titano** (→ oben), dazu ein herrlicher Blick von der Dachterrasse und gar nicht mal so teuer: Degustationsmenü 24 €, Kindermenü 12,50 €. Die **Hostaria Da Lino** in Borgo Maggiore (→ oben) bietet eher Bodenständiges zu ebensolchen Preisen.

Weiter Blick vom „Balcone"

Repubblica di San Marino
Karte → S. 72/73

## San Marinus– Eremit und Staatsgründer

Die Legende von der Gründung San Marinos beginnt an der dalmatinischen Küste. In der zweiten Hälfte des 3. Jh. kamen die Steinmetze Marino und Leo von der kroatischen Insel Arbe (Rab) zum Wiederaufbau der zerstörten Stadt Ariminum (Rimini) ins heutige Italien. Beide waren treue Anhänger des christlichen Glaubens und somit vermutlich der Verfolgung unter Kaiser Diokletian ausgesetzt. In Rimini jedenfalls gelangten Marino und Leo dank ihrer Frömmigkeit zu großem Ansehen. Ihre gemeinsame Arbeit setzten die beiden Steinmetze drei beschwerliche Jahre auf dem Monte Titano fort, bevor sich ihre Wege trennten.

Während Leo sich als Einsiedler auf den Berg Feretrio (San Leo) zurückzog, kehrte Marino nach Rimini zurück, um zu missionieren, entschied sich aber nach einigen Schwierigkeiten in der Stadt, es seinem Freund Leo gleichzutun und Zuflucht in der Einsiedelei zu suchen. In direkter Nachbarschaft zu Leo ließ er sich in der einsamen Gegend am Monte Titano nieder und war bald von einer immer größer werdenden Schar von Anhängern umgeben. Man errichtete eine erste Kirche, stieß aber auf den Widerstand des Besitzers des Landes namens Verissimo, seines Zeichens Lebemann, der so viel Frömmigkeit auf seinem Boden nicht ertragen konnte. Die Auseinandersetzung eskalierte, und als Verissimo einen Pfeil auf Marino abfeuern wollte, wurde er selbst augenblicklich stumm und gelähmt. Verissimos Mutter flehte Marino um Hilfe an, und der Heilige bewirkte, dass dieser auf wundersame Weise gesundete. Zum Dank erhielt Marino das Gebiet um den Monte Titano – die Gemeinschaft San Marino war begründet. Als Datum gibt die Legende den 3. September des Jahres 301 an: der offizielle Tag der Staatsgründung von San Marino.

## Sehenswertes

Beim Bummel durch die Altstadt kommt man sich vor wie in einem Märchenpark: zinnengekrönte Mauern und Türme, die Wachablösung am Palazzo del Governo (bzw. Palazzo Pubblico) wie fürs Publikum inszeniert und Souvenirstände ohne Ende. Wer – wie die meisten – San Marino im Rahmen eines Tagesausflugs besucht, wird die Vielzahl an Sehenswürdigkeiten inklusive der staatlichen und privaten Museen kaum bewältigen können. Auf keinen Fall auslassen sollte man aber:

**Palazzo Pubblico (Palazzo del Governo)**: Das Herz der Republik. Der elegante Regierungspalast im neugotischen Stil ziert die Piazza della Libertà (auf ihr die „Freiheitsstatue" von San Marino aus dem Jahre 1876) mit herrlichem Ausblick. Im Inneren des 1894 von Giosuè Carducci feierlich eröffneten Palazzos kann man neben der repräsentativen Halle mit Wappen und Gedenktafeln im ersten Stock auch den *Saal des Großen Rates* besichtigen – ein außerordentlich stilvoller Raum, in dem das Regieren eine Freude ist. Ein riesiges Wandgemälde an der Stirnseite erinnert an die Parlamentarier, wem sie ihren Staat zu verdanken haben: dem Heiligen Marinus, der hier zum Volk herunterschwebt.

Von 8.30 bis 18.30 Uhr findet immer zur halben Stunde vor dem Palazzo die Wachablösung der 1754 gegründeten Garde statt (in den Wintermonaten nur 9.30, 12.30, 14.30 und 17.30 Uhr bzw. Sa/So um 18.30 Uhr).

Tägl. 8–20 Uhr, im Winter 9–17 Uhr. Eintritt 3 €, Kinder unter 6 J. frei. Weitere Infos unter ☏ 0549-882674 oder www.museidistato.sm.

**Die Türme**: Das Wahrzeichen der Republik sind die drei Türme *Guaita, Cesta* und *Montale* (von West nach Ost). Die *Rocca (La Guaita)* stammt aus dem 13. Jh. und liegt am höchsten Punkt des Monte Titano. Von den begehbaren Mauern oder vom Glockenturm *(Achtung:* hier führt eine Treppe hinauf, die etwas Sportlichkeit verlangt) bietet sich ein herrlicher Blick auf die Umgebung. Die *Rocca Guaita* war einst die wichtigste Befestigung San Marinos und wurde im Laufe der Jahrhunderte mehrfach erweitert und umgebaut.

Von hier geht es über den *Passo delle Streghe*, den „Hexenpass", zur *Torre La Cesta*, dem mittleren Turm, in dem sich heute ein kleines Waffenmuseum befindet. Auch hier kann man auf den Befestigungsmauern umhergehen und die Aussicht auf die beiden benachbarten Türme und auf die Stadt genießen, in nordöstlicher Richtung reicht der Blick bis Rimini.

Über einen gepflasterten Pfad, die *Salita al Montale*, geht es in ca. 10 Minuten zum dritten Turm, zur *Torre Montale*, die zwar nicht mehr zugänglich ist, aber allein des schönen Spaziergangs wegen einen Abstecher lohnt.
Im Sommer tägl. 8–20 Uhr, ansonsten 9–17 Uhr. Für die beiden Türme La Guaita und La Cesta gibt es ein Sammelticket für 4,50 € (einzeln je 3 €).

**Museo di Stato**: Auf vier Stockwerken bietet das Staatsmuseum an der Piazza Titano ein breites Spektrum an Exponaten von der Vorgeschichte bis ins 19. Jh. Im Erd- und Untergeschoss befinden sich die Abteilungen für prähistorische, etruskische, griechische und römische Funde, interessant ist auch die Abteilung mit alten sanmarinesischen Münzen (Untergeschoss). In den beiden oberen Stockwerken sind Ikonen und hauptsächlich Gemälde aus verschiedenen Epochen vom 15. bis ins 19. Jh. zu sehen, außerdem einige Keramiken.
Im Sommer tägl. 8–20 Uhr, im Winter 9–17 Uhr (Sa/So 9–18 Uhr). Eintritt 3 €, Kinder unter 6 J. frei.

Der Palazzo Pubblico ...

... und die Wachablösung

**Basilica del Santo**: Oberhalb der Piazza della Libertà liegt der Dom mit seiner klassizistischen Fassade, zuvor befand sich hier vermutlich ein romanischer Vorgängerbau. Im Inneren mit korinthischen Säulen, Kassettendecke und Stuck werden in einer goldenen Urne die Gebeine von Marinus aufbewahrt. In der Kapelle *San Pietro* nebenan kann man noch den Fels besichtigen, in dessen ausgeschlagenen Nischen Marinus und Leo geschlafen haben sollen.
Beide Kirchen sind ganztägig geöffnet.

Darüber hinaus gibt es in San Marino u. a. ein **Foltermuseum**, ein **Wachsfigurenkabinett**, ein **Reptilarium** und ein **Kuriositätenmuseum**. Nähere Informationen erteilt das Touristenbüro.

### Das Urgestein im Club der Kleinen

Zweifellos: San Marino gehört mit seinen 61 km² zu den Zwergstaaten dieser Erde. Kleiner als San Marino sind in Europa nur noch der Vatikanstaat (0,44 km²) und Monaco (1,95 km²), außerhalb Europas sind es die Inselstaaten Tuvalu (26 km²) und Nauru (21 km²) in Ozeanien.

Wenn auch nicht die kleinste, so ist San Marino im Club der Ministaaten zumindest die älteste Republik, und das absolut konkurrenzlos. Denn während San Marino 2001 seine 1700-Jahr-Feier begehen konnte und eine über 700-jährige republikanische Tradition besitzt, blickt die Insel Nauru auf noch nicht einmal ein halbes Jahrhundert Unabhängigkeit zurück: ehemals Teil einer deutschen Kolonie, wurde Nauru dann von Australien verwaltet und ist erst seit 1968 Republik mit einem gewählten Präsidenten als Staatsoberhaupt und einem Parlament von immerhin 18 Abgeordneten.

Blick auf Urbino

# Die Provinz Pesaro und Urbino

„La provincia bella" – „die schöne Provinz", verspricht der Prospekt des Fremdenverkehrsamts von Pesaro und Urbino, der größten Provinz der Region. Wichtigste Sehenswürdigkeit der Gegend ist Urbino, die Kulturhauptstadt mit ihrem beeindruckenden Palazzo Ducale.

Allein der nördlichste Teil der Marken, das Montefeltro, bietet Programm gleich für mehrere Tage. Unbedingt besuchen sollte man die dramatisch am Fels klammernde Festung von **San Leo**. Zahlreiche weitere Festungen und Museen warten auf ihre Besichtigung, und auch Wander- und Mountainbike-Freunde werden an der Gegend ihre Freude haben.

Südlich des Montefeltro haben die Flüsse Metauro und Cesano breite Täler in die Hügellandschaft gegraben. Besonders idyllisch ist der Oberlauf des Metauro mit seinen kleinen Orten wie z. B. Sant'Ángelo in Vado, Mercatello sul Metauro oder Lámoli. Weiter östlich beeindruckt die **Gola del Furlo**, wo sich der Fluss Candigliano tief in den Fels hineingegraben hat. Strandfreunde kommen im Badeort **Gabicce Mare** auf ihre Kosten, und Opernfans sollten sich im August das weit über die Grenzen der Marken hinaus bekannte *Rossini Opera Festival* in **Pesaro** nicht entgehen lassen. Ein kulturhistorisches Highlight der Provinz ist die an der Grenze zur Emilia-Romagna gelegene und schon von weitem eindrucksvoll sichtbare **Festung Gradara** (direkt unterhalb der Autobahn A 14).

# Das Montefeltro

Der nordwestliche Zipfel der Marken ist ein rauer und abgeschiedener Landstrich, geprägt von nicht enden wollenden Hügelketten mit vielen Wiesen, Äckern, etwas Wald und immer wieder auch schroff aus der Landschaft aufsteigenden Felsformationen. Eine dünn besiedelte Gegend, die mit zahlreichen interessanten Orten zu Entdeckungstouren einlädt.

Auffälligste Erhebungen des Montefeltro sind die Felsen von San Marino und von San Leo; ganz im Westen und schon halb auf toskanischem Gebiet ragen die beiden wuchtigen Felsen der Berge *Sasso Simone e Simoncello* (Regionalpark) weit aus dem Wald heraus. Höchster Berg des Montefeltro ist mit 1415 m der *Monte Carpegna*, an dessen nordöstlichen Hängen im Winter Ski gefahren wird. Ausgangspunkt ist der Wintersportort Villagrande auf über 900 m Höhe. Im Sommer stößt man hier auf absolute Abgeschiedenheit. Die Landschaft wird von den breiten Tälern der Flüsse Marécchia, Conca und Fóglia durchzogen, dazu kommen zahlreiche Nebenflüsse, die für Autofahrer vor allem viele Kurven zwischen Berg und Tal bedeuten. Bodenerosionen haben vielerorts eine bizarre Mondlandschaft hinterlassen.

Die Gegend nordwestlich von Urbino ist die Heimat des Fürstengeschlechts der Montefeltro, das sich erst in Carpegna, dem Hauptort, und dann in San Leo niedergelassen und dieser Landschaft ihren Namen gegeben hat. Erstmals besiedelt wurde das Gebiet vermutlich von den Umbrern. Ab dem 3. Jh. v. Chr. entstanden zahlreiche römische Siedlungen, im 4. Jh. wurde die Gegend von Eremiten wie dem heiligen Leo christianisiert. Im Mittelalter verschanzte man sich

hier so gut wie möglich vor den einfallenden „Barbaren". Seine Glanzzeit erlebte das Montefeltro im 15. Jh., was durch zahlreiche bedeutende Bauwerke – meist im Auftrag von Federico da Montefeltro entstanden – eindrucksvoll unter Beweis gestellt wird.

## Montefeltro vs. Malatesta

Das heutige Montefeltro-Gebiet war schon seit dem 12. Jh. ein ständiger Zankapfel der beiden Familien Montefeltro und Malatesta – schließlich stammte Erstere ursprünglich aus Carpegna, während die Malatesta nur wenige Kilometer entfernt im heutigen Pennabilli herrschten. Die Frage nach der Vormachtstellung in der Gegend stellte sich zwangsläufig, auch wenn die Malatesta bereits im 13. Jh. nach Rimini übersiedelten. Zudem schlug man sich politisch damals auf unterschiedliche Seiten: Die Malatesta schlossen sich den papsttreuen Guelfen, die Montefeltro den kaisertreuen Ghibellinen an.

Die Rivalität der beiden Fürstenhäuser nahm eine neue Wendung, als *Sigismondo Pandolfo Malatesta* (1417–1468), bekannt als nur mäßig begabter Politiker, eine ganze Reihe von Fehlentscheidungen traf und sich sogar den Papst zum Feind machte. Sein Kontrahent, der berühmte *Federico da Montefeltro* (1422–1482), nutzte die Gunst der Stunde und konnte sämtliche zuvor an die Malatesta verloren gegangenen Gebiete zurückgewinnen. Besiegelt wurde Sigismondos Niederlage 1463 in der Schlacht von Cesano, nach der er alle Territorien außer Rimini abtreten musste.

In der Geschichte genießt die Familie Malatesta keinen guten Ruf. Mord und Totschlag – durchaus auch an der eigenen Ehefrau – waren nichts Außergewöhnliches, auch wenn man Gutes tat und sich als Mäzene für Kunst und Kultur betätigte. Bedeutende Bauwerke aus malatestianischer Zeit sind u. a. die mächtige *Festung Gradara* bei Gabicce (→ S. 128) sowie der *Tempio Malatestiano* und das *Castel Sigismondo* in Rimini.

Als Teil des Kirchenstaates versank das Montefeltro bis zur Gründung des Königreichs 1860 in Bedeutungslosigkeit – eine Randlage, die bis heute besteht.

Das Gebiet teilt sich in die beiden Gemeinden Alta Valmarecchia (gehört schon zur angrenzenden der Emilia-Romagna und und dort zur Provinz Rimini) und Montefeltro mit den Hauptorten Novafeltria bzw. Carpegna. Sehenswerte Dörfer gibt es viele, die meisten von ihnen liegen auf einem der unzähligen Hügel der Gegend und sind in aller Regel mit einer trutzigen Festung ausgestattet. Neben den im Folgenden ausführlich beschriebenen Orten lohnen auch einige kleinere und abseitige Dörfer zumindest einen kurzen Besuch – z. B. **Perticara** mit seinem Bergbaumuseum oder **Talamello** mit seinem berühmten Höhlenkäse, dem *formaggio di fossa*. Im Foglia-Tal sind z. B. **Lunano**, **Piandimeleto** und **Belforte all'Isauro** einen Besuch wert. Übernachtungsmöglichkeiten sind hier allerdings rar, und mit öffentlichen Verkehrsmitteln braucht man sich gar nicht erst auf den Weg zu machen.

Touristische Highlights des Montefeltro sind das romantische **San Leo** und die wunderschöne Renaissancestadt **Urbino**. Verkehrsknotenpunkt der Gegend ist **Novafeltria**, ein großer, aber wenig attraktiver Ort im Valmarecchia. Von hier bestehen gute Busverbindungen nach Rimini, außerdem in die Montefeltro-Orte Sant' Agata Feltria, Pennabilli und Carpegna.

**Anfahrt**: Wer seinen Marken-Urlaub im Montefeltro beginnen möchte, verlässt am besten schon bei Rimini die Autobahn.

**Ausfahrt Rimini-Nord**: Von hier über Santarcangelo di Romagna nach Verrucchio und auf die SS 258, die am meisten befahrene (und am schnellsten befahrbare) Straße des Montefeltro durch das Valmarecchia.

**Ausfahrt Rimini-Süd**: Von hier auf einer vierspurigen Schnellstraße direkt nach San Marino und in südliche Richtung weiter nach San Leo.

## Stararchitekt der Renaissance: Francesco di Giorgio Martini

Man begegnet ihm überall im Montefeltro, und bald kennt man auch seine Handschrift: Wuchtige Festungen mit eindrucksvollen Rundtürmen und elegante Palazzi waren die Spezialität des Stararchitekten Francesco di Giorgio Martini (1439–1501), der die nördlichen Marken architektonisch geprägt hat wie kein anderer. Ursprünglich aus Siena stammend, kam Martini 1476 an den Hof von Urbino, zuvor war er bereits in Mailand und Neapel als Baumeister tätig gewesen. Starken Einfluss auf seinen Stil soll Leonardo da Vinci genommen haben.

Zu Martinis wichtigsten Bauwerken zählt neben dem einmaligen *Palazzo Ducale* in Urbino auch der *Palazzo Ducale* von Urbania. In der Militärarchitektur gilt die *Festung von Sassocorvaro* als sein Meisterwerk, sehr eindrucksvoll ist auch die *Festung von San Leo*. Im weiter südlich, nahe Ancona gelegenen Jesi (→ S. 207) entstand unter seiner Leitung der *Palazzo della Signoria*.

*Die Provinz Pesaro und Urbino*
*Karte → S. 80/81*

# San Leo

ca. 3100 Einwohner

**Der sicherlich schönste Ort des Montefeltro liegt auf einem schon von weitem sichtbaren Felsen. Von der Festung – schwindelerregend an der Kante des 639 m hohen und senkrecht abfallenden Steinklotzes gebaut – hat man einen herrlichen Blick auf die Gegend und hinüber nach San Marino.**

Nach San Leo gelangt man über eine schmale, nur einspurige Straße am Fels entlang durch das einzige Stadttor – und landet unvermittelt auf einer beschaulichen Piazza. Zur Festung, in der einst der berühmte Cagliostro eingekerkert war (→ S. 86), führt eine steile Straße hinauf, im Ort selbst gibt es mit dem Dom und der Pfarrkirche zwei bedeutende romanische Sakralbauten. Übernachtungsmöglichkeiten und einige empfehlenswerte Restaurants machen San Leo zum optimalen Standort im Montefeltro im Grenzgebiet zur Emilia-Romagna (zu der San Leo auch gehört). Die aufregende Lage der Burg – und ihre Nähe zu den Badeorten um Rimini – haben auch zahlreiche Tagestouristen schon bemerkt. Im Sommer ist es hier entsprechend voll, am Abend hat man das sympathische kleine Städtchen allerdings fast wieder für sich alleine und flaniert in aller Ruhe über die romantische Piazza Dante. Dass man dem großen italienischen Dichter den Hauptplatz von San Leo gewidmet hat, kommt nicht von ungefähr: Dante verewigte den mächtigen Felsen in seiner „Göttlichen Komödie".

Seit einigen Jahren ist San Leo stolzer Träger der *bandiera arancione*, des „orangen Bandes", mit dem der italienische Touring Club besonders schöne und umweltbewusste Gemeinden auszeichnet.

## Geschichte

Seinen Namen hat das Montefeltro (wie auch das gleichnamige Fürstengeschlecht) vom alten Namen der Stadt San Leo: *Mons Feretri*, so genannt, weil sich hier einst ein Tempel des *Jupiter Feretrus* befand – geweiht dem Kriegsgott, der den Römern im Jahr 220 v. Chr. einen wichtigen Sieg über die Gallier beschert haben soll. Besiedelt war der steile Kalkfelsen vermutlich aber schon vorher, obwohl hier gesicherte Erkenntnisse fehlen.

Zweiter Namensgeber war der heilige Leo aus Dalmatien, der sich hier im 4. Jh. (wie auch der heilige Marinus des Nachbarberges San Marino) als christlicher Missionar betätigte. Schon im 5. Jh. war der imposante Kalkfelsen ein strategisch wichtiger Stützpunkt, der bis zur Eroberung durch den byzantinischen Kriegsherrn Belisar im 6. Jh. nicht eingenommen werden konnte. Im Jahr 963 musste sich hier der italienische König Berengar II. im Kampf um sein letztes Rückzugsgebiet dem deutschen Kaiser Otto I. geschlagen geben. Im Hochmittelalter war San Leo ein Teil des Kirchenstaates, bis sich die Familie Carpegna hier im 12. Jh. niederließ. Aus ihnen gingen die Montefeltro hervor, nach deren Niedergang fiel das gesamte Gebiet im Jahr 1508 an die Familie della Rovere. Bald darauf gelangte San Leo wieder in die Hand des Kirchenstaates, zu dessen Besitztümern es bis zur Gründung des italienischen Nationalstaats im Jahr 1860 zählte. Seit dem Mittelalter bis ins 20. Jh. hinein diente die Festung auch als Gefängnis. Der prominenteste Besucher, der den schroffen Kalkfelsen von San Leo je bestiegen hat, war der heilige Franz von Assisi: Er predigte hier im Jahr 1213, eine Gedenktafel erinnert an seinen Aufenthalt.

### Basis-Infos

**Information** I.A.T. – Ufficio Turistico im Erdgeschoss des Palazzo Mediceo an der Piazza Dante, Juni–September tägl. 9.30–19 Uhr, Oktober–Mai tägl. 9–12 und 14.30–17.30 Uhr. Gut ausgerüstet, sehr viel Informationsmaterial. Piazza Dante Alighieri 14, 47865 San Leo (RN), ☏ 0541-916306 oder 800-553800, ✆ 0541-926973, info@sanleo2000.it, www.san-leo.it.

**Verbindungen** Nicht ideal, wer auf öffentliche Transportmittel angewiesen ist, hat wenig Spielraum. 2x tägl. (morgens und mittags) fährt ein **Bus** nach Novafeltria, allerdings nicht während der Schulferien. Außerdem 4x tägl. mit der Privatlinie Benedettini (☏ 0541-924035) nach Pietracuta (an der SS 258), hier umsteigen nach Rimini. Abfahrt an der Piazza Dante, Tickets im Bus. Die Abfahrtszeiten kann man auch in den Bars im Centro storico erfragen.

**Einkaufen** Mercatino della Fortezza, Antiquitätenmarkt, jeden Monat mit fünf Sonntagen an fünften Sonntag ab 9 Uhr bis Sonnenuntergang. Infos bei der I.A.T.

**Parken/Wohnmobile** Unterhalb des Centro storico (hier durchfahren) befindet sich ein großer Parkplatz. Noch ein Stück weiter unterhalb, neben dem nüchternen Neubaugebiet von San Leo, gibt es ganzjährig einen Stellplatz für Wohnmobile (mit Wasserversorgung).

### Übernachten/Essen & Trinken

**Übernachten/Essen & Trinken**
** **Albergo Castello**, angenehme Unterkunft an der Piazza Dante. 14 renovierte Zimmer, viele davon hinaus zum Platz, alle mit modernem Bad und TV, Frühstück an der Bar. Netter Besitzer, zum Hotel gehört auch ein Ristorante mit Terrasse. Mittags und abends geöffnet, im Winter Do geschlossen. EZ 70 €, DZ 80 €, Dreibett-Zimmer 90 €, Vierbett-Zimmer 95 €, jeweils mit Frühstück. Piazza Dante Alighieri 11/12, 47865 San Leo (RN), ☏ 0541-916214, ✆ 0541-926926, albergo-castello@libero.it, www.hotelristorantecastellosanleo.com.

Osteria Belvedere, auf dem Weg zum Aussichtspunkt auf der linken Seite, nicht zu verfehlen. Einladendes Lokal in restauriertem Gemäuer, abends auch Pizzeria, mit Terrasse, sehr schöner Blick. Primi um 7–8 €, Secondi ca. 10 €, auch wechselnde Tagesgerichte. Mittags und abends geöffnet, in den Wintermonaten Di geschlossen. Auch Zimmer zu vermieten: DZ 70 €, Dreibett-Zimmer 85 €, Vierbett-Zimmer 100 €, jeweils inkl. Frühstück (alle Zimmer mit Bad, Aircondition, WI-FI). Via Toselli 19, 47865 San Leo (RN), ✆/📠 0541-916361, info@belvederesanleo.it, www.belvederesanleo.it.

Taverna delle Guardie, im Erdgeschoss befindet sich die rustikalere Taverna, zur Osteria mit aufwändigeren Gerichten geht es ins Untergeschoss. Mittleres bis leicht gehobenes Preisniveau, durchaus angemessen für die gute Küche, es werden auch Menüs zu ca. 30 € angeboten. Ganzjährig mittags und abends geöffnet, im Winter Mi geschlossen. Mit Terrasse. Gleich bei der Piazza Dante im Zentrum, Via Michele Rosa 3, ✆ 0541-916158 oder 339-4899813.

### Übernachten/Essen außerhalb

Agriturismo „Tenuta La Lama", nur sieben geschmackvoll eingerichtete, gepflegte Zimmer, man genießt den Blick hinauf zur Festung von San Leo. Mit Restaurant, in der Nebensaison ist es allerdings Übernachtungsgästen vorbehalten. Pool im Garten. Anfahrt: Etwa 1 km außerhalb von San Leo geht es auf der Straße Richtung Villagrande/Urbino rechts ab, beschildert. DZ mit Bad und Frühstück 120 €, mit Halbpension ca. 160 €. Loc. La Lama, Via Iole 25, 47865 San Leo (RN), ✆ 0541-1736275 oder 340-7765518 (mobil), 📠 0541-916700, info@agriturismolalama.it, www.agriturismolalama.it.

## Sehenswertes

**La Rocca (Fortezza)/Museo Civico della Fortezza**: Die berühmte Festung von San Leo bietet einen ganz wunderbaren Blick auf das gesamte Montefeltro bis hinüber nach San Marino, ins breite Valmarecchia und letztlich auch auf den beschaulichen Ort San Leo selbst. Entworfen wurde die *Fortezza* 1479 vom berühmten Renaissance-Architekten Francesco di Giorgio Martini im Auftrag von Federico da Montefeltro; eine trutzige Wehranlage mit hoher Wallmauer zur Landseite und zwei riesigen Wachtürmen, die aber immer noch genug Eleganz ausstrahlte, um fortan als Vorbild militärischer Architektur zu dienen.

Die wohl eindrucksvollste Festung des Montefeltro: San Leo

Im Inneren der Festung befindet sich heute das *Museo Civico della Fortezza*. Der *Torrione Maggiore*, einer der beiden Türme, beherbergt die Abteilung mit Rüstungen und Waffen aus dem 14.–19. Jh. In den weiteren Ausstellungsräumen und der Pinakothek im ersten Stock kann man sich u. a. eine (allerdings leere) Folterkammer, diverse historische Dokumente, Gemälde und Möbel sowie die Küche der Festung anschauen. Hier befindet sich auch die *Cella del Tesoro*, in der Cagliostro (→ unten) zeitweise inhaftiert war. Der zweite Stock ist dann ganz Giuseppe Balsamo alias Conte di Cagliostro gewidmet, zu sehen sind u. a. medizinische Geräte aus dem 17. und 18. Jh. sowie das *Laboratorio dell'Alchimista*.

Festung und Museo Civico della Fortezza sind Mo–Sa 9.30–18.15 Uhr und So 9–18.45 Uhr geöffnet. Eintritt 8 €, erm. (Studenten und Rentner über 65 J.) 5 €, unter 14 J.

3 €, unter 6 J. frei. Etwa 1 km oberhalb vom Zentrum gelegen, es gibt auch einen Fußweg. Großer Parkplatz beim Eingang.

## Der Alchimist in Kerkerhaft – Graf Cagliostro

Der Mann, der kurz zuvor noch die europäischen Höfe fasziniert hatte, fand im Kerker von San Leo ein gänzlich unwürdiges Ende. Am 20. April 1791 brachte ihn die Inquisition nach San Leo, vier Jahre und vier Monate später, am 21. August 1795, starb hier Graf Cagliostro, der wohl genialste Betrüger seiner Zeit. Eingekerkert war er zunächst in der *Cella del Tesoro* (Schatzzelle) im ersten Stock der Festung, bevor er in die fast völlig dunkle *Cella del Pozzetto* (Brunnenzelle) im Erdgeschoss verlegt wurde, in der der Graf bis zu seinem Tod blieb.

Dabei hatte der Sohn einfacher Leute aus Palermo zunächst einen kometenhaften Aufstieg in die High Society des späten 18. Jh. geschafft: Cagliostro wurde von den Frauen geliebt, Könige und Fürsten zollten dem Multitalent Respekt – schließlich war er Kräuterheiler, Magier, Wahrsager, Alchimist, Taschenspieler und Scharlatan in einem. Darüber hinaus war er Begründer einer eigenen Freimaurerloge (nach „ägyptischem Ritus") mit einer stetig wachsenden Zahl an Anhängern, was ihm später zum Verhängnis wurde. Zu seinen illustren Freunden zählte Casanova, und sein Zeitgenosse Goethe war derart beeindruckt von Cagliostro, dass er sich von ihm zu seinem Schauspiel „Der Großkophta" inspirieren ließ. Der Kirche wurde es irgendwann jedoch zu viel mit Cagliostros Treiben, dem Magier und Ketzer musste das vielfältige Handwerk gelegt werden. Offizieller Anklagepunkt: „Anstiftung zu freimaurerischen Künsten".

Das kirchliche Verfahren wurde in der Tradition der Inquisition geführt, Cagliostro für schuldig befunden und statt mit der ursprünglich vorgesehenen Todesstrafe zu einer lebenslangen Kerkerhaft „begnadigt". Die ersten eineinhalb Jahre verbrachte er in der Engelsburg in Rom, bevor er nach San Leo verlegt wurde. Schaurige Geschichten ranken sich um seine letzten Jahre: Cagliostro, der Seher, soll seine Wächter, die Bevölkerung San Leos und schließlich auch Kirche und Papst aus seinem düsteren Verlies heraus vielfach verflucht haben.

**Pieve Preromanica**: Die schlichte, dreischiffige Pfarrkirche an der Piazza Dante stammt wahrscheinlich aus dem 9. Jh. und wurde im 10. Jh. ausgebaut. Ursprünglich befand sich hier eine vom heiligen Leo gebaute unterirdische Kapelle aus dem

Idyllisch zeigt sich die Piazza Dante in San Leo

4. Jh., in der er auch gewohnt haben soll. Im Inneren der Kirche mit ihrer uralten Holzdecke und Säulen mit korinthischen Kapitellen ist keinerlei Schmuck zu finden. Das Ciborium, der viersäulige Aufbau über dem Altar, wurde Ende des 9. Jh. von Herzog Orso gestiftet.
Tägl. 10–18 Uhr.

**Duomo**: Dieser ebenfalls völlig schmucklose Bau (etwas zurückversetzt von der Piazza Dante und neben der Pieve) entstand ab 1173 und wurde im lombardisch-romanischen Stil errichtet. Eine ausgestaltete Fassade fehlt völlig, Eingang des Domes ist eine unauffällige Tür im Seitenschiff des dreischiffigen Bauwerkes. Der Legende nach haben sich hier die Gebeine des heiligen Leo befunden, die Kaiser Heinrich II. im Jahr 1014 über die Alpen nach Norden schaffen wollte. Schon bei Ferrara in der Emilia-Romagna fand die Reise der sterblichen Überreste Leos jedoch ein vorzeitiges Ende, da die Pferde des Transporttrupps keinen Meter weiter zu bewegen waren, so die Legende. Die Gebeine ruhen seither in San Leo di Voghenza, einzig der Sargdeckel von Leos Grab ist noch in der Krypta des Domes zu sehen.
Tägl. 10–18 Uhr.

Neben dem Dom befindet sich der romanische Glockenturm, die *Torre Civica* aus dem 12. Jh. Folgt man hier dem Weg nur etwa 100 m weiter, kommt man zu einem Aussichtspunkt mit Kriegerdenkmal.

**Weitere Museen**: Im ersten Stock des Palazzo Mediceo (Sitz der Touristeninformation) hat die Gemeinde ein *Museo d'Arte Sacra* (Kirchenkunst) eingerichtet (tägl. 9.30–18.30 Uhr, Eintritt 3 €). Die Torre Civica, der hohe Turm neben dem Duomo, wird nur zu bestimmten Anlässen und Feierlichkeiten geöffnet (Infos bei der I.A.T.).

**Sammelticket**: Das *Biglietto Unico* für 10 € umfasst die Fortezza mit Museum und das Museo d'Arte Sacra.

# Südlich und westlich von San Leo

**Petrella Guidi**: Der winzige Weiler, dessen Ursprünge bis ins 12. Jh. zurückreichen, thront auf 578 m Höhe oberhalb des Valmarecchia an dem schmalen Sträßchen nach Sant'Agata Feltria. Die Reste einer alten Burg, Befestigungsmauern, eine Handvoll alter Häuser in absoluter Ruhe und ein wunderbarer Blick bis nach San Leo und San Marino – kein Wunder, dass in den letzten Jahren viele Gebäude restauriert wurden und wieder bewohnt sind. Auf der Wiese unterhalb des Turms finden sich, halb versteckt unter wildem Rosmarin, Gedenktafeln für den Regisseur *Federico Fellini* und seine Frau *Giulietta Masina*, eingelassen vom 2012 verstorbenen Schriftsteller und Drehbuchautor *Tonino Guerra*, der von 1989 bis zu seinem Tod im nahe gelegenen Pennabili (→ S. 89) lebte und einige wichtige Drehbücher für seinen Freund Fellini, aber auch für Michelangelo Antonioni und Theo Angelopoulos, verfasste.

**Sant'Agata Feltria**: 25 km von San Leo entfernt und ganz im Westen des Montefeltro gelegen, administrativ seit einigen Jahren zur Emilia-Romagna gehörend. Mächtig steht die *Rocca Fregoso* am höchsten Punkt des Centro Storico (607 m) auf einem steil aufragenden Felsen, dem *Sasso del Lupo* (Wolfsfelsen). Sie wurde bereits im 11. Jh. errichtet und ab 1474 von Francesco di Giorgio Martini in weiten Teilen umgebaut.

Ansonsten ist der an den Hängen des nördlichen Nachbartals des breiten Valmarecchia gelegene 2300-Einwohner-Ort in der ganzen Gegend in erster Linie für seine Trüffel bekannt. Wer im Herbst hier unterwegs ist, sollte sich Sant'Agatas Trüffelmesse an den Oktober-Sonntagen nicht entgehen lassen – mit Festzelt und riesigem kulinarischem Aufgebot an allem, was die Küche des Montefeltro hergibt. Zur *Fiera Nazionale del Tartufo* erwacht der sonst eher ruhige und verschlafene Ort zu regem Leben, schließlich gibt es etwa 500 Trüffelsucher in der Gegend um Sant'Agata, die sich im Herbst zusammen mit ihren Spürhunden auf Trüffeljagd begeben und ihre Funde auf der Messe anbieten. Gefunden wird hier übrigens ausschließlich der wertvolle *Tartufo Bianco Pregiato*, der teuerste aller Trüffel. Und auch zur Weihnachtszeit lohnt ein Ausflug nach Sant'Agata Feltria, denn an den Adventssonntagen findet hier ein besonders sehenswerter und sehr beliebter Weihnachtsmarkt statt: „Il Paese di Natale".

Sant'Agata Feltria war schon in vorrömischer Zeit besiedelt, 206 v. Chr. wurde der Ort dann römische Kolonie. Später kamen die Malatesta, dann deren Erzfeinde, die Montefeltro, die das Lehen schließlich an die Familie Fregoso weitergaben. Viele der gut erhaltenen Bauwerke im Centro Storico stammen aus deren Herrschaftszeit, die bis ins 18. Jh. hineinreichte.

**Anfahrt** Alternativ zur Strecke über Petrella Guidi bietet die Route über Novafeltria, Talamello und an Perticara vorbei einen weiten Blick auf das Montefeltro. Die kaum befahrene Straße verläuft auf der Anhöhe.

**Information** Ufficio Turistico – Pro Loco, an der Piazza Garibaldi neben dem imposanten Teatro „Angelo Mariani" aus dem 18. Jh. (Eintritt 1 €, Infos im Pro Loco). Di–Sa 9–12 Uhr, So 10–12 Uhr, Mi/Sa/So zusätzlich 15–17 Uhr, Mo sowie Januar und Februar geschlossen. Piazza Garibaldi 31,

47866 Sant'Agata Feltria (RN), ℡ 0541-848022, info@prolocosantagatafeltria.com, www.santagatainfiera.com.

**Verbindungen** Ca. 3x tägl. mit dem Bus nach Novafeltria, dort umsteigen nach Rimini (mind. 8x tägl.). Abfahrt an der Piazza del Mercato (Eingang zur Altstadt), Tickets beim Tabaccaio und im Bus.

**Einkaufen** I Tesori del Montefeltro, Trüffel, Käse und Feinkost in der Via Vittorio II im Centro Storico.

**Übernachten** \*\*\* Falcon Hotel, relativ großes Hotel, ca. 500 m außerhalb auf der rechten Seite (Straße nach Pennabilli), kaum zu übersehender gelber Neubau im Halbrund. Mit Sauna und Fitnessraum, 40 Zimmer mit Bad, TV und Kühlschrank. Empfehlenswertes Restaurant (Januar–März geschlossen). EZ 50 €, DZ 80 €, jeweils mit Frühstück, mit Halbpension EZ 65 €, DZ 110 €. Drei- und Vierbett-Zimmer gegen geringen Aufpreis. Viale S. Girolamo 30, 47866 Sant'Agata Feltria (RN), ✆ 0541-929090, info@falconhotel.it, www.falconhotel.it.

**Essen & Trinken** Ristorante Falcone, gehört zum gleichnamigen Hotel (→ oben), mit Terrasse, mittags und abends geöffnet, angemessene Preise.

**Bar Pizzeria Caffè Graziano**, Pizza um 6 €. Nur abends geöffnet, zur Messe (Oktober) auch mittags, im Sommer tägl., ansonsten Mi Ruhetag. Piazza Garibaldi 3, ✆ 0541-929003.

**Essen & Trinken außerhalb** Antenna Il Morino, 4 km außerhalb von Sant'Agata an der Straße Richtung Pennabilli, Loc. Monte Benedetto 32. Mehrfach empfohlen, Di geschlossen, ✆ 0541-929626.

# Pennabilli

ca. 3000 Einwohner

Penna und Billi hießen die beiden gegenüberliegenden Burgen, die dem Ort in der dazwischen liegenden Senke seinen Namen gaben. Pennabilli, östlich oberhalb des Valmarecchia gelegen, ist heute einer der bekannteren Orte des Montefeltro.

Die beliebte Sommerfrische auf 630 m Höhe hat sich auch durch ihre alljährlich im Juli stattfindende Antiquitätenmesse einen Namen gemacht, die von einer Vielzahl kultureller Veranstaltungen wie dem Straßenkünstlerfestival *Artisti in Piazza* (Juni) und diversen Ausstellungen begleitet wird. Hier lebte von 1989 bis kurz vor seinem Tod im März 2012 der Künstler und Drehbuchautor *Tonino Guerra* (→ S. 88), der im Ort und der Umgebung durch seinen *Orto dei frutti dimenticati* (Garten der vergessenen Früchte) im Zentrum, aber auch durch diverse Installationen, Skulpturen und Gedenkplatten im Ort eine ganze Reihe *Luoghi dell'Anima* (Orte der Seele) geschaffen hat. Weitere Infos unter: www.toninoguerra.org.

Ein Spaziergang führt von der zentralen Piazza Vittorio Emanuele II. durch die Via Carboni und die gleichnamige Porta aus dem 15. Jh. – damals der einzige Zugang

Pennabilli: Zwei Burgen gaben dem Ort seinen Namen

zum *Castello di Penna* – steil bergauf in den ältesten Teil von Pennabilli. Vom Aussichtspunkt des *Roccione*, wie das Castello heute heißt, hat man einen schönen Blick auf den Ort und den gegenüberliegenden Hügel namens *Rupe* mit dem Kloster der *Suore Agostiniane* (Augustinerschwestern) aus dem 16. Jh. Das Kloster wurde auf den Ruinen des alten *Castello di Billi* gebaut. Erhalten ist auch noch die *Porta del Castello* aus dem 14. Jh. Die Festung war bereits im 11. Jh. Besitz der Malatesta und wurde um 1470 von dem Montefeltro übernommen. Jüngst wurde Pennabilli als besonders sehenswertes Dorf mit lobenswertem Umweltschutz mit der „Bandiera Arancione" des italienischen Touring Club ausgezeichnet.

In der Viale di Tigli 5/a befindet sich das *Museo Naturalistico di Pennabili*, das einen Einblick in Flora und Fauna des nahe gelegenen *Parco Naturale del Sasso Simone e Simoncello* vermittelt und auch Exkursionen anbietet (geöffnet Fr/Sa 9–12 Uhr, Samstagnachmittag auch 15–18 Uhr, So 10–12 Uhr. Eintritt frei, ✆/📠 0541-928047, cv.museonat@libero.it, www.parcosimone.it).

**Information** I.A.T. Pennabilli, an der Piazza Garibaldi, rechts neben der roten Kirche. Offiziell Di–So 10–12.30 und 15–18.30 Uhr geöffnet, Mo geschlossen, in der Realität aber häufiger geschlossen, Prospekte zu Pennabilli und Umgebung liegen aus. ✆ 0541-928659, iat@comune.pennabilli.rn.it, www.pennabilliturismo.it.

**Verbindungen** Busse fahren an der Durchgangsstraße ab, 4x tägl. nach Novafeltria und von dort nach Rimini. Nur sonntags verkehrt auch ein Bus nach Carpegna. Abfahrtszeiten und Tickets im Tabacchi an der Piazza Vittorio Emanuele II.

**Übernachten** Camping Marecchia, 3 km von Pennabilli entfernt im Valmarecchia (Ortsteil Ponte Messa). An der SS 258 gelegen, kaum zu übersehen. Relativ kleiner, sehr gepflegter Platz mit schönem Pool

und Restaurant. Geöffnet 15.5.–15.9., freundliche Leitung. Pro Pers. 10 €, Kinder 3–10 J. 6,50 €, Stellplatz 13–17 €, WI-FI ist gratis. Via Molino Schieti 22, 47864 Ponte Messa di Pennabilli (RN), ✆/📠 0541-928936, info@campingmarecchia.it, www.camping marecchia.it.

**Essen & Trinken** Enoteca/Osteria Al Bel Fico, gute Küche der Marken mit ausgewählten heimischen Produkten, Familienbetrieb, sehr freundlicher Service. Nur Mi–So 17–2 Uhr, am Sonntag auch mittags. Piazza Vittorio Emanuele II, ✆ 0541-928810.

Im Zentrum gibt es außerdem noch die Bar/Pizzeria Il Giardino.

Yogurteria und Caramelleria, neue Eisdiele mit leckeren Sorten und nettem, jungen Personal. Piazza Vittorio Emanuele II.

## Umgebung von Pennabilli

Im Ortsteil **Ponte Messa**. nahe dem Camping Marecchia an der SS 258 findet sich die zumindest von außen sehenswerte romanische Kirche *San Pietro in Messa* aus dem 12. Jh., deren Inneres durch eine zu modern geratene Restaurierung etwas an Charme eingebüßt hat. Geöffnet in der Regel nur während des Gottesdienstes.

# Carpegna
*ca. 1700 Einwohner*

**Auf 748 m Höhe erstreckt sich der Ort am Südhang des gleichnamigen Berges (1415 m), ein idealer Ausgangspunkt für Wanderfreunde.**

Der Hauptort des Montefeltro wird vom riesigen, aber zusehends verfallenden *Palazzo dei Principi* dominiert (kann in den Sommermonaten auch besichtigt werden, Infos beim Pro-Loco-Büro, → unten). Historisches findet man in Carpegna ansonsten nicht allzu viel; äußerst sehenswert ist allerdings die ganztägig geöffnete romanische *Pieve di San Giovanni Battista* aus dem späten 12. Jh. (südöstlich außerhalb des Ortes direkt an der Straße gelegen).

Landschaft im Montefeltro

Die Provinz Pesaro und Urbino    Karte → S. 80/81

Die Grafen Carpegna, aus denen später die Montefeltro hervorgingen, sollen sich hier schon im 12. Jh. niedergelassen haben. 1675 ließ Kardinal Gaspare di Carpegna besagten Palazzo bauen, die Grafen blieben hier bis Mitte des 18. Jh. an der Macht. Seine Unabhängigkeit gegenüber dem Kirchenstaat konnte sich Carpegna sogar bis 1819 bewahren.

Um Carpegna herum bieten sich gute Wandermöglichkeiten: Markierte Wege führen um den Monte Carpegna herum, auf den Gipfel und bis nach Villagrande; darüber hinaus kann man im Regionalpark *Sasso Simone e Simoncello* wandern. Kartenmaterial und Informationen zur Gegend erhalten Sie im Besucherzentrum des Parks im Nachbarort *Ponte Cappuccini* (→ unten).

**Information**  Pro Loco gegenüber dem Palazzo dei Principi an der Piazza Conti, etwa von Ende Juni bis Mitte Sept. tägl. 9–12.30 und 15.30–18.30 Uhr, im Winter geschlossen, ✆ 0722-77326, info@prolococarpegna.it, www.prolococarpegna.it.

**Besucherzentrum Parco del Sasso Simone e Simoncello**, an der Durchgangsstraße in Ponte Cappuccini, geöffnet Do 14–18 Uhr, Fr/Sa 9–12 Uhr, So 10–12 Uhr, Via Montefeltresca 157, Loc. Ponte Cappuccini, 61023 Pietrarubbia (PU), ✆/📠 0722-75350, centrovisite@libero.it, www.parcosimone.it.

**Verbindungen**  Bus 5x tägl. (So 2x) über Macerata Feltria und Sassocorvaro nach Pesaro, 1x nach Rimini. Haltestelle an der Piazza Conti. Infos zu Abfahrtszeiten unter ✆ 0541-820194.

**Einkaufen**  Carpegna ist berühmt für seine Schinken: *San Leo* (mild) und *La Ghianda* (etwas würziger). Die Zauberformel heißt: „Keule, Salz, Zeit und sonst nichts!" Die Schinkenfabrik befindet sich ein Stück un-

terhalb des Ortes. Zu kaufen gibt es Schinken auch in zahlreichen Geschäften in Carpegna. Markttag ist Mittwoch.

**Übernachten**  *** Hotel Ulisse, Hotel im Zentrum, nur wenige Schritte von der Piazza Conti entfernt. Mit Restaurant und Terrasse. Zimmer mit Bad und TV. Außerhalb der Hochsaison nur nach vorheriger Anmeldung geöffnet. EZ 85 €, DZ 110 €, je inkl. Frühstück, Halbpension 95 € pro Pers. Via Amaducci 16, 61021 Carpegna (PU), ✆/📠 0722-77119, info@hotelulisse.it, www.hotelulisse.it.

Camping Paradiso, stufenförmige Anlage am Ortsrand, alles etwas eng, viel Schatten. Der obere Bereich des Platzes ist für Zelte vorgesehen. Mit Bar und kleinem Market, Restaurants wenige hundert Meter entfernt im Ort. Kleiner Pool, kostenloses WI-FI. Ganzjährig geöffnet. An der Umgehungsstraße von Carpegna (unterer Ortsrand). 6 € pro Pers., Kinder 2–6 J. 5 €, Stellplatz 7,50–8,50 €, Hund 2 €. Via Paradiso 36, 61021 Carpegna (PU), ✆ 0722-727017 oder 339-

3725553, info@campeggioparadiso.com, www.campeggioparadisocarpegna.com.

**Camping Cippo**, für spartanische Ansprüche, auf 1021 m Höhe und mitten im Wald gelegen, daher auch im Sommer kühl und sehr schattig. Zum Camping gehören einfache sanitäre Einrichtungen und eine Bar mit Kiosk. Von April bis September geöffnet. Pro Pers. 4 €, Kinder und Jugendliche 10–17 J. 2 € (unter 10 J. frei), Stellplatz Zelt 10 €, Stellplatz Wohnwagen/Wohnmobil 18 €, Auto 2 €. *Anfahrt:* Im Zentrum von Carpegna der Beschilderung „Loc. Cippo" folgen, knapp 4 km auf der Via del Cippo (schmale Asphaltstraße) in vielen Serpenti-

nen und durch den Wald bergauf. Loc. Cippo, 61021 Carpegna (PU), ☎ 334-2738594 oder 335-8233554 (beides mobil), cippo@campingcarpegna.it, www.campingcarpegna.it.

**Essen & Trinken**   Ristorante Vecchio Montefeltro, gleich bei der Piazza Conti. Gute regionale Küche, einfach-rustikales Ambiente, netter Service, sehr günstig: Das Tagesmenü gibt es mittags schon für 13 €, abends um 20 €. Mittags und abends geöffnet, abends auch Pizza. Im Winter Montagabend und Di geschlossen, Via Roma 52, ☎ 0722-77136.

## Umgebung von Carpegna

**Convento San Francesco Montefiorentino**: Das ursprünglich aus dem 13. Jh. stammende Franziskanerkloster liegt sehr schön unterhalb von Carpegna. Zu besichtigen sind nur der Innenhof und die *Cappella Oliva* (rechts vom Eingang). Glanzstück dort ist die „Madonna col Bambino in trono" (1489) von Giovanni Santi (1440–1494). Das Bild, auf dem Santi auch seinen Sohn Raffael im Alter von etwa zehn Jahren verewigt hat (dritte Person von links), gilt als ein Meisterwerk des Künstlers. Nur sonntags ganztägig geöffnet, ansonsten nur nach Voranmeldung unter ☎ 0722-727003.

Von Carpegna auf der Straße Richtung Pesaro, dann gleich rechts ab Richtung Frontino (beschildert). Nach knapp 5 km geht es links ab, ebenfalls beschildert. Insgesamt 6 km von Carpegna.

**Frontino**: Ein sehr idyllischer und gepflegter Weiler weit unterhalb von Carpegna inmitten einer Hügellandschaft in Grün- und Gelbtönen. Frontino liegt auf einer Anhöhe, der efeubewachsene Uhrturm ragt über die wenigen Häuser hinaus. Ein Ort für Ruhesuchende mit empfehlenswertem Albergo (hier auch die einzige Bar und das einzige Ristorante des Ortes), Post und Alimentari (Tante-Emma-Laden). Einmal täglich fährt ein Bus nach Pesaro.

**Übernachten**   Albergo Rocca dei Malatesta, in einem behutsam renovierten Kloster aus dem 16. Jh. mit Kreuzgang und angeschlossener kleiner Kirche. Von jahrhundertealten Bäumen umgeben, liegt das Albergo inmitten herrlicher Hügellandschaft mit Blick auf den Monte Carpegna und in der Dämmerung nicht selten auf ein paar Wildschweine am Waldrand. Ristorante angeschlossen (mittleres Preisniveau). Der Hausherr kümmert sich aufmerksam um seine Gäste und stellt auf Anfrage

Kartenmaterial zu Wanderungen und MTB-Touren zur Verfügung. Die 18 Zimmer sind mit Kühlschrank und TV ausgestattet, für das Gebotene nicht teuer: EZ 35–40 €, DZ 60 €, Dreibett-Zimmer 75 €, Vierbett-Zimmer 100 €, Frühstück inkl., Halbpension zusätzlich 20 € pro Pers. und Tag. Via Giovanni XXIII 1, 61021 Frontino (PU), ☎ 0722-71102, ✆ 0722-710910, info@laroccadeimalatesta.com, www.laroccadeimalatesta.com.

## Macerata Feltria   ca. 2100 Einwohner

13 km östlich von Carpegna liegt der Kurort im kleinen Stil. Im unteren Teil von Macerata Feltria, dem *Borgo*, befindet sich das moderne Zentrum mit großem Krankenhaus und Kureinrichtungen; ein echter Kontrast dazu ist der mittelalterli-

che Ortsteil *Castello* oberhalb davon: Um den *Palazzo del Podestà* aus dem 12. Jh. und den alles dominierenden Uhrturm scheint die Zeit stehen geblieben zu sein. Ein Besuch des idyllischen Castello lohnt nicht zuletzt wegen des in Palazzo und Turm (Torre Civica) untergebrachten *Museo Archeologico e Paleontologico* (→ unten).

Die heilende Wirkung der Schwefelquellen von Macerata Feltria war übrigens schon den Römern bekannt, die hier den Ort *Pitinum Pisaurense* gründeten; Funde aus dieser Zeit sind im Museum zu besichtigen.

Lohnenswert ist die Weiterfahrt auf der Straße in nördliche Richtung nach **Monte Cerignone**: Von hier bietet sich ein toller Blick über sämtliche Hügel weit nach Süden.

**Information** Ufficio Turistico, Di–So 10–12 und 16.30–18.30 Uhr geöffnet. Corso A. Battelli 33, 61023 Macerata Feltria, ✆/📠 0722-728208, maceratafeltria@libero.it.

**Öffnungszeiten Museum** Nur Ostern bis 30.9. geöffnet: von Ostern bis 15.6. nur Sa/So 15.30–18.30 Uhr, von 15.6.–30.9. Di–Fr 16.30–19.30 Uhr, Sa/So 10–12.30 und 16–19.30 Uhr, Mo geschlossen, Eintritt 1,50 €, ✆ 0722-73231.

**Verbindungen** 5x tägl. fährt ein **Bus** via Sassocorvaro nach Pesaro, in der Gegenrichtung nach Carpegna. Abfahrt im Zentrum beim Thermalbad, Tickets im Bus.

**Übernachten** *** Hotel Pitinum, an der Straße Richtung Carpegna auf der rechten Seite, ca. 500 m ins Zentrum, moderner gelber Bau etwas oberhalb der Straße, am Ortsrand. Mit Restaurant (Mo geschlossen). EZ 52 €, DZ 66 €, Dreibett-Zimmer 87 €, Vierbett-Zimmer 104 €, jeweils mit Bad und TV und inkl. Frühstück, WI-FI ist kostenlos. Via G. Matteotti 16, 61023 Macerata Feltria (PU), ✆ 0722-74496, 📠 0722-729056, info@pitinum.com, www.pitinum.com.

## Sassocorvaro

ca. 3500 Einwohner

Der Ort liegt 6 km südöstlich von Macerata Feltria oberhalb des Stausees von Mercatale auf einem Hügel. Sassocorvaro selbst ist nicht zwingend einen Besuch wert, wäre da nicht die mächtige *Rocca Ubaldinesca* aus dem Jahr 1475, die als ein Meisterwerk des Renaissance-Architekten Francesco di Giorgio Martini gilt. Auftraggeber war Federico da Montefeltro, Besitzer der Burg aber dessen Stiefbruder Ottaviano degli Ubaldini, daher auch der Name.

Die Rocca – ein kurioses Bauwerk mit dem „Grundriss" einer Schildkröte, die seinerzeit als Symbol für Stärke galt – ist nur im Rahmen einer ca. 30–45 Minuten dauernden Führung (bzw. begleitetem Rundgang) zu besichtigen. Der Rundgang in der trutzigen Festung führt durch das *Teatrino le Corte,* ein wirklich rührend kleines „Theaterchen" aus dem frühen 18. Jh. mit nur 60 Sitzplätzen und herrlicher Stuckausschmückung. In der *Pinacoteca* (dem Schwanz der Schildkröte) aus dem 17. Jh. findet sich neben zahlreichen sakralen Gemälden aus dem 14.–17. Jh. auch eine kleine Kapelle mit dem einzigen noch erhaltenen Fresko der Rocca. Durch den Schacht in der Raummitte soll der Fürst übrigens Befehle an seine Soldaten hinuntergebrüllt haben. Der „Kopf" der Schildkröte wurde im 15. Jh. als kleiner Garten konzipiert. Abschließend kann man noch das Untergeschoss mit Lager und Pferdestall besichtigen. Gegenüber vom Eingang der Rocca befindet sich die nette *Caffeteria del Centro.*

**Verbindungen** 4x tägl. mit dem **Bus** nach Pesaro, 5x nach Carpegna. Haltestelle am Parkplatz neben der Festung.

**Öffnungszeiten/Eintritt** Die Rocca Ubaldinesca ist vom 1.4. bis 30.9. tägl. 9.30–12.30 Uhr (letzte Führung 12 Uhr) und 15–19 Uhr (letzte Führung 18.30 Uhr) geöffnet. In den Wintermonaten 9.30–14.30 und 14.30–18 Uhr, Eintritt 4 €, erm. 2,50 € (Kinder 6–12 J.). ✆ 0722-76177 oder 0722-76873. Biglietteria mit Bookshop.

Die Provinz Pesaro und Urbino Karte → S. 80/81

Urbinos eleganter Palazzo Ducale

# Urbino

ca. 15.500 Einwohner

Die Stadt zwischen den beiden Hügeln zählt kulturhistorisch zu den Highlights nicht nur der Marken, sondern ganz Mittelitaliens. Ein harmonisches, geschlossenes Stadtbild in Ocker, zahlreiche steile, teils verwinkelte Gassen und lebhaftes studentisches Treiben innerhalb der Stadtmauern begeistern die vielen Besucher.

Urbino steht bei Bildungsreisenden ganz oben auf der Besichtigungsliste, schließlich hat man hier zum Glanz der italienischen Renaissance nicht unerheblich beigetragen: *Raffael* erblickte in Urbino das Licht der Welt, *Bramante*, berühmt als Bauherr der Peterskirche in Rom, wurde nur wenige Kilometer entfernt im Nachbarort Fermignano geboren, und Fürst *Federico da Montefeltro* träumte hier in seinem Palazzo Ducale von der Idealstadt der Renaissance, der *città ideale*. Jahrhunderte später brachte Urbino mit *Clemens XI.* auch noch einen Papst hervor, aber das spielt bei der Fülle kunst- und kulturhistorischer Errungenschaften aus der Blütezeit der Stadt im Quattrocento (15. Jh.) nur noch eine untergeordnete Rolle.

Die meisten Besucher betreten die Altstadt Urbinos vom Piazzale Mercatale aus durch die Porta Valbona (17. Jh.). Von hier sind es nur wenige Schritte steil bergauf zur zentralen Piazza della Repubblica, auf der sich ein großer Teil des städtischen Lebens abspielt: z. B. im Caffè Centrale, unter dessen Arkaden man stundenlang sitzen und das Geschehen beobachte n kann. Geprägt wird der Alltag hier natürlich durch die etwa 20.000 Studenten (bei nur 15.500 Einwohnern!). Mit anderen Worten: Urbino ist eine junge Stadt. Während der Semesterferien im Sommer wird die Uni von Sprachschülern aus aller Welt besucht.

Ein Spaziergang durch das kompakte Centro Storico mit noch komplett erhaltenen Stadtmauern führt wegen der Lage der Stadt in einer Senke meistens recht steil bergauf. Nicht entgehen lassen sollten Sie sich den Besuch des *Parco della Resistenza* am höchsten Punkt Urbinos, von wo sich ein schöner Panoramablick über die Stadt eröffnet.

## Geschichte

Wann genau das Stadtgebiet besiedelt wurde, ist nicht zweifelsfrei geklärt, und auch über die Herkunft des Namens Urbino ist man sich nicht sicher. Vermutlich wurde er abgeleitet von *urbs bina*, was so viel bedeutet wie „beide Städte" – damit ist die Lage Urbinos auf zwei Hügeln gemeint. Belegt ist, dass *Urvinum Metaurense* (benannt nach dem nahen Fluss Metauro) im 3. Jh. v. Chr. zum Munizipium erhoben wurde. Vom Untergang des Römischen Reiches blieb auch Urbino nicht verschont, es folgten Einfälle von Germanen, und im 6. Jh. besiegte Belisar hier die Goten. Damals gehörte Urbino zur *Pentapolis annonaria*, dem Fünfstädtebund, der auch Cagli, Jesi, Fossombrone und Gubbio in Umbrien umfasste.

Urbino – der Dom

Bei den Auseinandersetzungen zwischen Papst- und Kaisertum stand Urbino auf der Seite der kaisertreuen Ghibellinen. 1155 unterstützte Antonio da Montefeltro Friedrich I. Barbarossa entscheidend bei der Niederschlagung eines Aufstandes und erhielt zum Dank die Stadt Urbino als Lehen – der Grundstein für dreieinhalb Jahrhunderte nahezu uneingeschränkter Macht der Montefeltro war gelegt.

Nur Mitte des 14. Jh. geriet die Stadt für rund zwanzig Jahre in den direkten Machtbereich der Kirche, das Sagen in Urbino hatte damals der einflussreiche spanische Kardinal Egidius d'Albornoz. 1375 fiel Urbino dann aber wieder an die Montefeltro, die ihren Herrschaftsbereich in der Folgezeit auch auf die benachbarten Städte Cagli und Gubbio und schließlich auf das gesamte Gebiet des Montefeltro ausdehnen konnten. Im folgenden Jahrhundert stabilisierten die Montefeltro ihre Macht, und Oddantonio da Montefeltro wurde im 15. Jh. vom Papst sogar zum Herzog ernannt. Ansonsten brachte Oddantonio allerdings wenig zu Stande, verschwendete die Haushaltsgelder des Herzogtums und zog damit den Unmut der Familie und des Hofes auf sich. Es formierte sich Widerstand, der im Juli 1444 letztlich zur Ermordung Oddantonios und zweier seiner Minister führte. Von nun an übernahm eine Persönlichkeit die Geschicke des Hofes von Urbino, von deren Ruhm die Stadt noch heute zehrt: Federico da Montefeltro.

## Federico da Montefeltro – der Mann mit Profil

Beim ritterlichen Wettbewerb um Ruhm und Ehre passierte es: Federico verlor durch einen gegnerischen Treffer mit der Lanze nicht nur das rechte Auge, sondern auch den oberen Teil seiner Nase. Die Hofmaler seiner Zeit waren fortan in ihrer künstlerischen Freiheit stark eingeschränkt: Der große Fürst von Urbino musste immer im Profil gemalt werden und immer von links – zu besichtigen z. B. im Palazzo Ducale (→ S. 104), aber auch in den Uffizien von Florenz, wo das wohl berühmteste Bild Federicos von Piero della Francesca (ca. 1420–1492) zu bewundern ist.

Markant im Profil und hochgebildet

Federico wurde am 7. Juni 1422 (in Gubbio/Umbrien) unehelich geboren, Machtansprüche konnte er erst anmelden, als sein Halbbruder Oddantonio ermordet worden war (unklar bleibt, ob Federico an diesem Mordkomplott beteiligt war) und er selbst 1444 das Amt des Fürsten übernahm. Bis dahin hatte Federico allerdings schon ein immenses Vermögen als *Condottiere* gemacht, als bezahlter Söldnergeneral, der seine Truppen in den Dienst des Meistbietenden stellte. Mit Amtsantritt kam der Wandel zum Förderer von Kunst und Kultur – wobei ihm nicht zuletzt seine humanistische Bildung zugute kam, die ihm durch den seinerzeit hoch geschätzten Vittorino da Feltre am Hof in Mantua vermittelt worden war. Urbino erlebte einen rasanten Aufstieg, und Federico versammelte an seinem Hof viele Künstler und Gelehrte von Rang und Namen. Sich selbst sah er am liebsten als Feldherrn, der liest: ein erfolgreicher Condottiere und feingeistiger Humanist gleichermaßen. Weniger feingeistig nahmen Federico und seine Mannen 1472 Volterra ein und plünderten die Stadt. Im gleichen Jahr wurde sein Sohn Guidubaldo geboren und die Frage nach dem Stammhalter somit geklärt. Federico starb überraschend am 10. September 1482, wahrscheinlich an Malaria. Durch geschicktes Taktieren gelang es, den Machtbereich des Vaters für den erst zehnjährigen Guidubaldo so zu erhalten, dass das Herzogtum Urbino – zumindest bis zu Guidubaldos erbenlosem Tod im Jahre 1508 – weiterhin in vollem Glanz erstrahlte. Aus dieser Zeit stammt auch eines der bedeutendsten Bücher über den italienischen Humanismus: „Il libro del Cortegiano" („Das Buch vom Hofmann"), in dem Baldassare Castiglione (1478–1529) das kulturelle Leben und Konversationen am Hof von Urbino beschreibt.

1508 übernahm Francesco Maria I della Rovere das Herzogtum Urbino, ihm folgten weitere Herrscher der Familie della Rovere, bis 1631 der letzte Duca starb. Erben hatte er keine, Urbino wurde dem Kirchenstaat zugeschlagen und versank in der Bedeutungslosigkeit. Nur durch die Wahl des Urbinato Giovanni Francesco Albani zum Papst Clemens XI. (1700–1721) tauchte die Stadt in den Chroniken wieder auf – einmal mehr als Ort der Kunst und Kultur, an dem sich die großen Künstler ihrer Zeit versammelten, das alles jedoch im Rahmen kirchlicher Macht. Bis zur Entstehung des Königreiches Italien im Jahr 1860 blieb Urbino Teil des Kirchenstaates.

## Basis-Infos

**Information**  I.A.T. Urbino, Mo–Fr 9–13 und 15–18 Uhr (im Sommer länger), Sa/So 9.30–13 und 15.30–18 Uhr. Massenhaft Informationsmaterial zu Urbino, dem Montefeltro und der gesamten Provinz, dazu ein kostenloser Stadtplan, Hotel- und Privatzimmerverzeichnis etc. Sehr gut ausgestattet, freundlicher und hilfsbereiter Service. Man kann Ihnen auch bei der Zimmersuche behilflich sein. Via Puccinotti 35, 61029 Urbino (PU), ✆ 0722-2613, ✎ 0722-2441, iat@comune.urbino.ps.it, www.urbinoculturaturismo.it.

**Ufficio Informazione Turistiche Borgo Mercatale**, dieses kleine Info-Büro befindet sich am Parkplatz Borgo Mercatala (hier auch die Kasse des Parkplatzes). Ab hier führt ein Aufzug (0,50 €/Fahrt) hinauf zum Corso Garibaldi ins Zentrum, direkt daneben kann man über die alte Rampe (→ S. 110) auch zu Fuß hinaufgehen. Hier wird auch die **Urbino Tourist Card** (Sammelticket für alle großen Museen der Stadt, → S. 104) verkauft. Mo–Sa 9–18 Uhr geöffnet, So geschlossen.

**Stadtführungen** Nur im Sommer, zuletzt immer Di nachmittags, Dauer knapp 3 Std., mit Palazzo Ducale, Duomo, Casa Natale Raffaello und Altstadt. In italienischer Sprache, 8 € pro Pers., Kinder bis 10 J. frei, Infos unter ✆ 338-2629372, www.isairon.it.

**Verbindungen** Busse am Borgo Mercatale, hier fahren sowohl die kleinen orangefarbenen Stadtbusse als auch die Überlandbusse ab. Etwa stündlich mit Adriabus nach Pesaro (Bahnhof); eine Verbindung nach Fano besteht ebenfalls etwa stündl. (via Fermignano und Fossombrone), außerdem 8x tägl. nach Urbania und weiter über Sant'Angelo in Vado, Mercatello sul Metauro und Borgo Pace bis nach Lamoli. **Achtung**: sonn- und feiertags nur eingeschränkte Verbindungen! Infos: ✆ 800-664332, vom Handy 0722-376738, www.adriabus.eu.

**Taxis** stehen am Borgo Mercatale (✆ 0722-327949) oder an der Piazza della Repubblica im Zentrum (✆ 0722-2550).

**Apotheke** Unter anderem an der zentralen Piazza della Repubblica.

**Bank** Zahlreiche im Zentrum (z. B. in der Via Vittorio Veneto), im Prinzip verfügen alle über Geldautomaten.

**Krankenhaus** Etwa 1 km nördlich des Zentrums in der Via Bonconte da Montefeltro (Straße Richtung Pallino, San Leo/San Marino), ✆ 0722-3011, Erste Hilfe: ✆ 0722-301272.

**Parken** Das gesamte historische Zentrum von Urbino ist *Zona a Traffico Limitato* und somit für den auswärtigen Verkehr gesperrt; ein großer Parkplatz (auch Tiefgarage) befindet sich am Borgo Mercatale (Porta Valbona) am westlichen Ende der Altstadt. Parkgebühren 1,20 € pro Stunde (0–24 Uhr). Weitere Parkplätze an der Stadtmauer beim Viale Bruno Buozzi (auf Höhe der Fortezza Albornoz kostenlos), bei der Porta Lavagine und der Porta S. Lucia (teils mit Parkscheibe, z. T. auch Parkscheinautomat). Nur wenige Hotels im Zentrum stellen ihren Gästen einen Parkplatz zur Verfügung (z. B. das Bonconte und das Albergo San Domenico, → unten). *Achtung*: Wer mit dem Auto in die Altstadt zum Hotel fährt, muss dies neuerdings schon einige Tage *vorher* bei der Stadt anmelden (bislang war eine nachträgliche Genehmigung durch das Hotel ausreichend), teilweise ist es weniger kompliziert, gleich außerhalb zu parken und ein Taxi zum Hotel zu nehmen bzw. zu Fuß zu gehen.

**Polizei** Via Gagarin 4, ✆ 0722-309300.

**Post** Via Bramante 28, Mo–Sa 8.30–19 Uhr.

**Sprachkurse** Alljährlich Ende Juli bis Ende August veranstaltet die **Universität Urbino** Italienischkurse sowohl für Anfän-

Die Provinz Pesaro und Urbino    Karte → S. 80/81

ger als auch für Fortgeschrittene (insgesamt acht verschiedene Stufen). Die Kurse dauern zwei oder vier Wochen und kosten 400 € bzw. 700 €, CILS-Zertifikats-Prüfungen können abgelegt werden. Unterbringung im Studentenwohnheim (ca. 1 km außerhalb des Zentrums) kann organisiert werden (EZ oder DZ, für zwei Wochen 100 €, vier Wochen 200 €), darüber hinaus werden Unterkünfte im Hotel, Appartement oder Privatzimmer vermittelt. Das Programm für die Sommerkurse wird alljährlich im Februar herausgegeben. Informationen bei der Segreteria del Corso Estivo per Stranieri, Via Saffi 2, 61029 Urbino (PU), ✆ 0722-305250, ✆ 0722-305287, italianoestivo@uniurb.it, www.uniurb.it. Anfragen auch in englischer Sprache.

**Waschsalon**   (Self-Service) in der Via Cesare Battisti 35.

## Einkaufen/Feste/Veranstaltungen

**Einkaufen**   Enoteca Magia Ciarla **2**, am oberen Ende der Via Raffaello, Haus Nr. 54. Im Angebot viele Weine aus den Marken, die man auch glasweise probieren kann, darüber hinaus Weine aus ganz Italien. Geöffnet Mo–Sa 9.30–12.45 und 16–19.45 Uhr, So geschlossen. ✆/✆ 0722-328438, www.magiaciarla.com.

In den Gassen von Urbino

Für die vielen Studenten Urbinos gibt es im Zentrum einige Läden mit überwiegend junger Mode, dazu ein paar Schuhläden (vor allem Via Mazzini) und ein paar Alternativ-Shops (Esoterik etc.).

Ein CONAD-Supermarkt befindet sich in der Via Raffaello unweit der Casa Natale di Raffaello.

**Feste/Veranstaltungen**   Festival Internazionale di Musica Antica, in den letzten beiden Juliwochen finden zumeist im Hof des Palazzo Ducale Konzerte mit Renaissancemusik statt. Aufführungen je nach Wetter auch im Teatro Sanzio, in der Sala del Trono (Palazzo Ducale) bzw. in der Kirche San Francesco. Tickets bekommt man oft auch noch an der Abendkasse, weitere Infos und Programme bei der I.A.T.

Festa del Duca, drittes Wochenende im August, es treten die zehn Contrade (Stadtviertel) Urbinos gegeneinander an, am Samstag zum Bogenschießen und Reitturnier wie zu Zeiten des Fürsten Federico, samstagabends dann „Calcio Storico Fiorentino" (eine Art „Football" mit Ursprüngen im 16. Jh.) am Borgo Mercatale. Am Sonntag großer Umzug in historischen Kostümen.

Festa dell'Aquilone, am ersten Septemberwochenende steigen auf den nahe gelegenen Colline Monti delle Cesane (ca. 3 km von Urbino, nahe Camping Pineta) sämtliche Drachen der Stadt. Die Contrade (Stadtviertel) von Urbino treten gegeneinander zum Wettbewerb an, prämiert wird auch der schönste Drachen, der des jüngsten Teilnehmers etc. Für Kinder ein Erlebnis.

Urbino Antiquaria – Mercatino dell'Antico, jeden ersten Sonntag im Monat Antikmarkt auf der Piazza della Repubblica und der benachbarten Piazza San Francesco.

# Übernachten

→ Karte S. 100/101

Urbino bietet einige sehr gute Hotels, bei denen auch das Preis-Leistungs-Verhältnis stimmt. Bescheidener ist die Auswahl im Low-Budget-Bereich. Das I.A.T.-Büro gibt eine Liste der Anbieter von Privatzimmern heraus. Der einzige Campingplatz liegt einige Kilometer außerhalb (Stadtbusverbindung).

**** Hotel Bonconte, 🔟, eines der besten Hotels der Stadt, relativ zentrale Lage an der Stadtmauer – hier kann man sogar vor der Haustür parken. Ansprechende, wenn auch nicht besonders große Zimmer mit teilweise herrlichem Blick auf das Hügelland (ruhiger sind die Zimmer nach hinten hinaus). Dunkles Mobiliar, auf den Stockwerken befinden sich kleine Aufenthaltsräume, im Erdgeschoss der Salon mit angeschlossener Terrasse und kleinem Garten. Alle Zimmer mit Bad, TV, Telefon und Kühlschrank. Ganzjährig geöffnet. Je nach Zimmertyp kostet das EZ 58–88 €, das DZ 91–150 €, Frühstück 16 € pro Pers., Parkgenehmigung 5 €/Tag. Via delle Mura 28, 61029 Urbino (PU), ✆ 0722-2463, ✉ 0722-4782, www.viphotels.it.

**** Albergo San Domenico 🔟, gegenüber dem Palazzo Ducale, zentraler kann man in Urbino kaum absteigen. Der Blick reicht jedoch von den Zimmern leider nur auf den wenig romantischen Innenhof und hoteleigenen Parkplatz hinaus. Komfortable Ausstattung, ganzjährig geöffnet. Alle Zimmer mit Bad, TV und Aircondition, je nach Zimmertyp kostet das EZ 95–126 €, das DZ 127–220 €, Frühstück 16 € pro Pers. Piazza Rinascimento 3, 61029 Urbino (PU), ✆ 0722-2626, ✉ 0722-2727, www.viphotels.it.

Das San Domenico gehört – genau wie das Bonconte – zur Hotelgruppe Viphotels, die etwas außerhalb von Urbino auch folgende Unterkunft anbietet:

*** Hotel & Residence dei Duchi, mit Restaurant. EZ 43–68 €, DZ 69–108 €. Via G. Dini 12, 61029 Urbino (PU), ✆ 0722-328226, ✉ 0722-328009, www.viphotels.it.

*** Albergo Italia 🔟, renoviert und sehr zentral gelegen – nur wenige Schritte von der Piazza della Repubblica entfernt. Modern und schick, die Zimmer sehr komfortabel, netter Service, der Preis geht für das Gebotene in Ordnung. Alle 43 Zimmer mit Bad, TV, Telefon und Kühlschrank. Zum Hotel gehört auch ein kleiner Garten. Ganzjährig geöffnet. Kein eigener Parkplatz, man kann jedoch mit Sondergenehmigung zum Hotel fahren

und das Gepäck aus- und einladen. EZ 50–70 €, DZ 80–120 €, Frühstück inkl. Wer auf eine schöne Aussicht verzichten kann, kommt noch etwas günstiger weg. Corso Garibaldi 32, 61029 Urbino (PU), ✆ 0722-2701, ✉ 0722-322664, www.albergo-italia-urbino.it.

*** Hotel Raffaello 🔟, im oberen Teil der Altstadt gelegen (unterhalb der Fortezza Albornoz), es geht also steil bergauf. Historisches Gebäude, freundlich-professioneller Service. Nehmen Sie ein Zimmer im dritten Stock, von hier bietet sich ein schöner Blick auf die Stadt. Alle Zimmer mit Bad, Telefon, TV und Aircondition, z. T. auch mit französischen Balkonen. Kostenloses WI-FI. Kein Parkplatz. Ganzjährig geöffnet. EZ um 80 €, DZ ca. 130 €, Frühstück jeweils inbegriffen. Via Santa Margherita 40, 61029 Urbino (PU), ✆ 0722-4896 oder 0722-4784, ✉ 0722-328540, www.albergoraffaello.com.

** Albergo San Giovanni 🔟, sehr zentrale Lage in einer Seitengasse der Piazza della Repubblica. Relativ günstig, recht schlichte Zimmer, mit TV (z. T. mit schönem Blick) und teilweise mit Bad, kein Frühstück, aber Bar nebenan. Freundlicher Service, das angeschlossene Restaurant ist empfehlenswert und günstig: Touristen-Menü 15 €, auch Pizza aus dem Holzofen. Mittags und abends geöffnet, kein Ruhetag. Parkvergünstigungen bei der nahe gelegenen Tiefgarage Borgo Mercatale (11 €/24 Std., 17 €/Wochenende). EZ mit Bad 39 €, ohne Bad 29 €, DZ mit Bad 60 €, ohne Bad 46 €. Man sollte etwa eine Woche vorher buchen. Via Barocci 13, 61029 Urbino (PU), ✆ 0722-2827, ✉ 0722-329055,

**Übernachten außerhalb** *** Ristorante-Albergo Nenè 🔟, weit unterhalb von Urbino im Tal, aber auf einer Anhöhe gelegen, recht abgeschieden und mit kleinem Pool. Rustikal-gemütliches Ambiente im Ristorante mit Terrasse, nebenan ein großer Saal für Feierlichkeiten. Das Ristorante ist bei den Urbinati ziemlich beliebt und bietet gute Küche zu günstigen Preisen, auch viel Vegetarisches und Pizza. Angenehme, gepflegte Zimmer mit viel dunklem Holz, modernen

*(Randtext vertikal:)* Die Provinz Pesaro und Urbino   Karte → S. 80/81

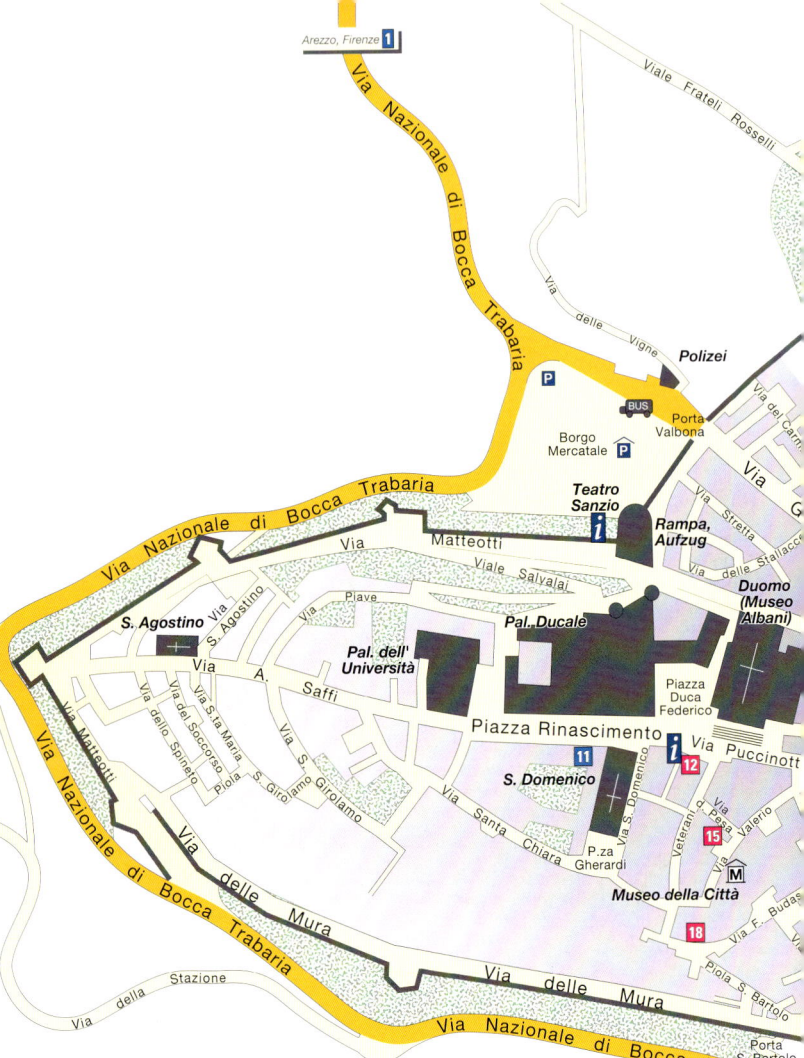

Bädern und TV. *Anfahrt*: Von Urbino die Straße Richtung S. Giustino/Arezzo nehmen, 300 m nach dem Borgo Mercatale links ab, der Beschilderung „Sogesta" folgen. Knapp 3 km hinunter ins Tal, das Nenè ist dann gut ausgeschildert. 14 Zimmer, eines davon behindertengerecht. Das EZ kostet 47 €, das DZ 60 €, Dreibett-Zimmer 73 €, Vierbett-Zimmer 86 €, Frühstück ist jeweils inkl., Aircondition 5 €/Tag, Hunde sind erlaubt (5–10 €/Tag). Loc. Crocicchia, Via Biancalana 39, 61029 Urbino (PU), ✆ 0722-350161, 📠 0722-351357, nene@neneurbino.com, www.neneurbino.com.

** **Camping Pineta**, netter Platz, 3,5 km außerhalb von Urbino auf einem Hügel gelegen, teilweise schöner Blick auf die Stadt. Ausreichend Schatten unter Pinien, mit Pool, Bar und Mini-Market. Geöffnet von Ostern bis 30. September. Ab Urbino (Borgo Mercatale) ca. stündlich mit dem Stadtbus Nr. 7 zu erreichen, im Sommer richtet der Camping auch eine Art Shuttle-Bus zum Zentrum ein (ca. 1,50 € pro Pers., fährt nach Bedarf), die Fahrt mit dem Taxi kostet ca. 8 €. Anfahrt: Der Campingplatz ist ab der großen Kreuzung unterhalb von Urbino (hier zweigen die Straßen Richtung Pesaro und Rom ab) gut beschildert, die gleiche Straße führt in Richtung Mausoleo dei Duchi. Erw. 12 €, Kinder 2–8 J. 8 €, Stellplatz 14 € für Zelte und 17–19 € für Wohnwagen und Campingmobile, Strom/Licht 5 €, Hund je nach Größe 3,50–7 €, Camperservice 10 €. Relativ neue, modern ausgestattete Bungalows für bis zu 4 Pers. 110 €/Tag. Via Ca'Mignone, 61029 Urbino (PU), ✆ 0722-4710, 📠 0722-4734, www.camping-pineta-urbino.it.

## ⊂ Essen & Trinken/Nachtleben → Karte S. 100/101

**Essen & Trinken**  Antica Osteria „Da la Stella" **6**, mitten im Zentrum in einem Eckhaus zwischen Piazza della Republica und Casa Raffaello gelegen. Historisches Gemäuer, schönes und stilvolles Ambiente mit offenem Kamin und fein eingedeckten Tischen. Klassische Küche der nördlichen Marken mit einigen saisonalen Ergänzungen, Menü um 35–40 €. Mittags und abends geöffnet, Mo geschlossen. Via Santa Margherita 1, ✆/📠 0722-320228.

Vecchia Urbino **16**, der Familienbetrieb von Gabriele Monti wurde vielfach für seine hervorragende *cucina marchigiana* ausgezeichnet, umgeben wird das ganze vom stilvollen Ambiente des kühlen, sorgsam restaurierten Gemäuers eines alten Handwerksbetriebes, mit edel gedeckten Tische und hervorragendem Service – Blick auf die Hügellandschaft um Urbino inbegriffen. Spezialitäten aus der Region, u. a. auch Wild (vor allem im Herbst) und Fisch, dazu erlesene Weine mit Schwerpunkt auf regionalen Produkten. Degustationsmenüs zu 30 und 35 €. Mittags und abends geöffnet, Di geschlossen. Via dei Vasari 5, ✆/📠 0722-4447, www.vecchiaurbino.it.

L'Angolo Divino **13**, sympathische Osteria, auch hier traditionelle regionale Küche, gute Weine und für das Gebotene sicher nicht zu teuer. Einige Tische auch draußen an der Mauer. Mittags und abends geöffnet, Mo geschlossen. Nur ca. 30 Plätze, daher sollte man für abends reservieren. Via Sant'Andrea 14, ✆ 0722-327559, www.angolodivino.com.

La Vecchia Fornarina **7**, Traditionsrestaurant mitten im Zentrum (wenige Schritte unterhalb der Piazza della Republica), große Auswahl bei mittlerem bis leicht gehobenem Preisniveau, umfangreiches Angebot an Weinen aus der Region, schönes, rustikales Ambiente, wenn auch etwas dunkel. Mittags und abends geöffnet, Via Mazzini 14, ✆ 0722-320007.

La Trattoria del Leone **10**, kleines Lokal im Souterrain an der Piazza della Republica, leckere Pastagerichte, guter Hauswein, freundliches Ambiente und nicht teuer. Saisonale Degustationsmenüs zu 25–28 € (vier Gänge), auch vegetarisch (28 €) und vegane Menüs (21 €). Tägl. abends geöffnet, Sa/So auch mittags. Via Cesare Battisti 5, ✆ 0722-329894, www.latrattoriadelleone.it.

Il Cortegiano **12**, gegenüber dem Dom und dem Palazzo Ducale, Restaurant mit Garten, auch Caffeteria. Regionale Küche, darunter auch Trüffel aus den Marken, die Pasta ist hausgemacht. Mittags und abends geöffnet, im Winter So geschlossen. Für abends sollte man unter ✆ 0722-320307 reservieren. Via Puccinotti 13.

Taverna degli Artisti **9**, mit Terrasse nach hinten hinaus, nettes und unprätentiöses Ambiente, hier gibt es ein 3-Gänge-Menü für 20 €, auch viel Vegetarisches, guter

Straßencafé am Palazzo Ducale

Hauswein. Eher jüngeres, studentisches Publikum. Mittags und abends geöffnet. Via Bramante 52, ✆ 0722-2676.

**Antica Hostaria La Balestra** , beliebte, kleine Osteria mit jungem und sympathischem Service, in einer nicht gerade auf Hochglanz polierten Gasse nahe dem Dom (gegenüber dem Stadtmuseum). Schlichte Ausstattung in Natursteingemäuer, gemütlich zum Sitzen, nett auch die überdachte Terrasse. Die Auswahl ist nicht riesig, aber ausreichend, um das Passende zu finden. Antipasti 5–8 €, große Salate 8 €, Primi 7–9 €, Secondi 8–18 €, auch Pizza. Via Valerio 16, ✆ 0722-2942.

**»»» Mein Tipp:** Pizzeria **Ragno d'Oro** ▌, sehr leckere Pizza zu günstigen Preisen gibt es hier oben beim Raffael-Monument. Großer Pavillon, Bar davor und Terrasse nach hinten hinaus, zu der man an der offenen Küche vorbei (mit Blick auf mehrere gut gelaunten Köchinnen) gelangt. Spezialität sind hier die „Cresce sfogliate", eine Art Crêpe mit Wurst, Käse, Rucola etc. gefüllt, die es auch im Straßenverkauf auf die Hand gibt. Nur Ostern bis 30. September geöffnet, mittags und abends, Di geschlossen. Via Don Minzoni 2/4, ✆ 0722-327705. **«««**

**Ristorante-Pizzeria Al Cantuccio** ▐, kleines Lokal im Souterrain, eher junges Publikum, auch bei Touristen beliebt. Flotter Service, recht einfache, aber gute Küche, große Pizza. Auf den Hauswein ist Verlass, mittleres Preisniveau. Mittags und abends geöffnet, Di geschlossen. Via Budassi 62, ✆ 0722-2521.

**Caffè Centrale**, hier an der Piazza della Repubblica lässt es sich hervorragend aushalten. Man sitzt unter Arkaden an der Piazza, drinnen diverse Törtchen und Gebäck in der Vitrine. Auch Gelateria. Es ist nicht immer einfach, einen Platz draußen zu ergattern. ✆ 0722-2448.

Ein nettes **Café** gibt es auch im Parco della Resistenza bei der Fortezza Albornoz (→ S. 109).

**Nachtleben** Naturgemäß ist während des Semesters mehr geboten als in den Ferien, man trifft sich in diversen Kneipen und Pubs, z. B. im **Bosom Pub** ▐ in der Via Budassi 24. Bar und Gewölbe, junges, studentisches Publikum, es wird gefeiert, diverse (Themen-)Partys. Auch WI-FI. Von der Piazza della Repubblica Richtung Dom/Palazzo Ducale, dann links ab in die Via Nazario Sauro, dann rechts ab. Kaum zu verfehlen, ab 18 Uhr geöffnet, ✆ 0722-4783.

# Sehenswertes

## Urbino Tourist Card

Mit diesem Museums-Pass erhält man freien Eintritt in acht Museen Urbinos (das sind im Prinzip alle). Gültigkeit: 1 Monat, Kostenpunkt 12 €, Kinder unter 14 J. frei, 15–17 J. 7 €, 18–24 J. 9,50 €, über 65 J. 7 €. Erhältlich bei den Museen selbst und beim Info-Point am Borgo Mercatale.

## Palazzo Ducale und Galleria Nazionale delle Marche

Mit diesem alles dominierenden Gebäudekomplex hat Federico da Montefeltro sich selbst ein würdiges Denkmal gesetzt. Der Palazzo mit schlichter ockerfarbener Fassade zur Piazza Rinascimento hin bietet dem Betrachter von der Westseite ein ganz anderes Bild: zwei Rundtürme flankieren symmetrisch die dreistöckige Loggia und gelten als Wahrzeichen der Stadt. Hinter dem vergleichsweise unauffälligen Eingangsportal an der Piazza Duca Federico wiederum mag man weit weniger vermuten, als der Rundgang durch die fürstliche Residenz dann tatsächlich bietet: den eleganten *Cortile d'Onore* (Ehrenhof) mit Säulengang, rund 200 Räume mit teilweise prächtiger Ausstattung und immer wieder der herrliche Blick auf das grüne Hügelland um Urbino und als Höhepunkt die Residenzsäle mit den angeschlossenen Gemächern des Herzogs und der Herzogin. Darüber hinaus beherbergt dieser prachtvolle Palast die *Galleria Nazionale delle Marche* – untergebracht im ersten und zweiten Obergeschoss des Palazzo: Mit Werken u. a. von Piero della Francesca, Tizian, Federico Barocci, Giovanni Santi, dem Vater Raffaels und Raffael selbst gilt sie als wichtigste Gemäldesammlung der Marken.

Federico plante schon bei Amtsantritt im Jahre 1444 den Bau einer repräsentativeren Residenz – bis dahin lebten die Montefeltro in einem bescheideneren Palazzo, der heute Teile der Universität beherbergt (am oberen Ende der Piazza Rinascimento). 1455 war schließlich Spatenstich für den berühmten Palazzo, der als Meisterwerk der Frührenaissance gilt. Dennoch blieb der Palast zu Lebzeiten des Duca unvollendet, die aufwändige Innenausstattung war erst weit nach Federicos Tod (im Jahr 1482) fertiggestellt, der zweite Stock des Bauwerkes entstand erst Mitte des 16. Jh. unter Guidubaldo II della Rovere, und die geplante Marmorverkleidung der Fassade wurde gar nicht realisiert.

Erster Baumeister war vermutlich Maso di Bartolomeo aus Florenz, der aber bereits 1456 starb. 1468 übernahm Luciano Laurana aus Dalmatien die Leitung, unter seiner Regie wurde „la casa", wie Federico sein Domizil ganz bescheiden nannte, u. a. mit dem eleganten Cortile d'Onore und der Westfassade ausgestattet. Schon vier Jahre später verließ Laurana Urbino, an seine Stelle trat Francesco di Giorgio Martini aus Siena, nach dessen Plänen auch die Festung des nahe gelegenen San Leo entstand. Ob auch *Donato Bramante* (1444–1514) aus dem benachbarten Fermignano, der spätere Baumeister der Peterskirche in Rom, an den Innenarbeiten des Palazzo Ducale mitgewirkt hat, ist nicht gesichert. Manche Kunsthistoriker schreiben ihm die Mitgestaltung des *Studiolo* (Studierzimmer) und der *Cappella del Perdono* (Kapelle der Vergebung) zu. Jedenfalls sorgte der Palazzo seinerzeit für so viel Furore, dass sogar die Medici und das spanische Königshaus ihre Architekten nach Urbino schickten, um das gelungene Bauwerk zu studieren.

Nach der kurzen Glanzzeit des Hofes von Urbino im 15./16 Jh. folgte ein stetiger Abstieg, im Rahmen dessen der Palazzo Ducale – wie ganz Urbino – schließlich in den Besitz des Kirchenstaates geriet. Der Palast wurde geräumt, die Kunstschätze wurden weggeschafft, und Ende des 19. Jh. stand der riesige Gebäudekomplex zum Verkauf. Da man keinen passenden Abnehmer fand, wurde der Palazzo anderweitig genutzt, zunächst als Gefängnis, später als Warenlager. Anfang des 20. Jh. fanden schließlich umfangreiche Restaurierungsarbeiten statt, und bald darauf wurde das erste Museum in den Räumlichkeiten des Palazzo Ducale eingerichtet.

## Rundgang

Man betritt den Palazzo von der Stadtseite, der *Piazza Duca Federico*, und gelangt durch das aufwändig verzierte Hauptportal zunächst in den **Cortile d'Onore**. Der elegante, rechteckige Innenhof mit korinthischen Säulen und dem farblichen Wechselspiel zwischen weißem Stein und rotem Ziegel ist berühmt für seine architektonische Har-

Die Schaufassade des Palazzos

monie; die Inschrift in lateinischer Sprache ist eine Würdigung Federicos. Dahinter liegt – ideal für eine kleine Pause – ein idyllischer Garten, der *Gardino del Pasquino*. Vom Ehrenhof aus kann ein Rundgang zunächst in die riesigen Kellerräume des Palasts führen, in denen neben der Wäscherei, der Küche, dem Kühlraum (*Neviera*) und diversen Lagern auch ein großer Pferdestall untergebracht war. Im Untergeschoss befinden sich auch die Baderäume des Herzogs.

Zurück im Erdgeschoss, gelangt man zu den Banketträumen (hier wechselnde Ausstellungen), der sehenswerten gewölbeartigen *Cappella del Perdono*, der „Kapelle der Vergebung", und dem *Tempietto delle Muse*, dem „Musentempel" (zuletzt nicht zugänglich). Diese Räume befinden sich über den Baderäumen, und darüber liegen Privatgemächer des Herzogs; die Stockwerke sind mit einer Wendeltreppe in einem der beiden Rundtürme der Westfassade verbunden, die allerdings zuletzt nicht zugänglich war.

Im Erdgeschoss befindet sich auch links vom Eingang die **Bibliothek** des Duca mit diversem Wandschmuck, am eindrucksvollsten die mit einem goldenen Medaillon verzierte Decke des Eingangsraumes. Hier sind heute das kleine **archäologische Museum** und der Bookshop des Palazzos untergebracht.

Eleganter Cortile d'Onore

In den ersten Stock kommt man über die prächtige **Ehrentreppe** zur höchst aufwändig gearbeiteten **Porta della Guerra** (Kriegstür), hinter der sich das **Appartamento della Jole** erstreckt. Letzteres wurde benannt nach der Kaminfigur neben dem Herkules gleich im ersten Raum dieses Komplexes. Neben Resten von Wandmalereien und sakraler Kunst ist auch der Alkoven Federicos zu sehen (im dritten Raum). Es folgen das **Appartamento degli Melaranci** (Orangenbaum-Appartement) mit Sakralkunst aus dem 14. und 15. Jh. und um die Ecke das Gästeappartement. Besonders schön ist hier die Stuckverzierung der Decke in der kleinen **Saletta del Re d'Inghilterra** (Saal des Königs von England), die erst Mitte des 16. Jh. entstand.

Das anschließende **Appartamento del Duca** ist sicherlich der interessanteste Teil einer Besichtigung des Palazzo – sowohl was die prächtige Ausstattung der Gemächer als auch was die Exponate der hier untergebrachten **Galleria Nazionale delle Marche** betrifft. Die Gemächer des Herzogs erreicht man über den repräsentativen Saal der Engel, *Sala di Angeli*, den man aber zunächst rechts liegen lässt. Im ersten Raum der herzoglichen Unterkunft, der *Sala delle Udienze* (Audienzsaal), befinden sich zwei Meisterwerke von Piero della Francesca (ca. 1420–1492): die „Geißelung Christi" („Flagellazione di Christo", um 1456–59), von der vermutet wird, dass es sich hierbei um eine Anspielung auf den Mordkomplott an Federicos Halbbruder Oddantonio handelt, und die „Madonna di Senigallia" (vermutlich um 1465). Durch die *Cappella di Guidubaldo* führt ein Durchgang zum berühmten *Studiolo*, dem faszinierenden Arbeitszimmer Federicos. Ein Zimmer wie eine Schmuckschatulle: Die Wände des kleinen Raumes sind vollständig mit aufwändigen Holzintarsien ausgelegt, die vermutlich auf Entwürfen von Sandro Botticelli (1445–1510) basieren. Die abgebildeten Motive (Jagd, Musik, Religion, Militär, Astronomie) sollen die zahlreichen Interessensgebiete Federicos widerspiegeln. Die Vorbilder des Duca sind in 28 Porträts im oberen Teil des Studiolo verewigt: zu den sog. „uomini illustri" zählt neben Seneca, Cicero, Thomas von Aquin und Petrarca auch sein eigener Lehrer Vittorini da Feltre.

Über das Studierzimmer gelangt man in den Ankleideraum und stößt dann im Schlafgemach auf die berühmte Darstellung Federicos mit seinem Sohn Guidubaldo: In Rüstung, darüber den herzoglichen Mantel, und dekoriert mit Hermelin- und Hosenbandorden, liest Federico in einem Buch – ein offizielles Porträt, das die vielseitigen Fähigkeiten des Duca gebührend zur Geltung bringen soll. Das Auftragswerk wurde wahrscheinlich von dem spanischen Maler Pedro Berreguete, seinerzeit Hofmaler Federicos, in den Jahren 1476–77 gemalt. Ein weiteres Hauptwerk der Galerie befindet sich im großen *Saal der Engel (Sala di Angeli)*: Die Idealvorstellung der Stadt zu Zeiten Federicos.

## La città ideale

Hinter diesem Bild steckt eine ganze Lebensanschauung. Die „Idealstadt", so wie sie hier abgebildet ist, steht für die ganze architektonische Ästhetik der Renaissance und prägt noch heute den Blick auf diese Epoche: absolute Gleichmäßigkeit der Formen, repräsentative Häuserfronten und im Zentrum die runde Kirche, durch deren Position im Bild die Stellung der Kirche in der Gesellschaft verdeutlicht werden sollte.

Die Urheberschaft dieser – auffällig leblosen – Stadtansicht ist bis heute nicht geklärt. Zunächst ging man davon aus, dass das Werk von *Piero della Francesca* stammt; wegen der akkuraten Perspektive des Bildes hält man mittlerweile aber einen der Architekten des Palazzo Ducale für den Urheber: *Luciano Laurana* oder *Francesco di Giorgio Martini*. Dafür spricht auch, dass das Gemälde eben wegen der Abwesenheit von Personen als architektonischer Entwurf gedient haben könnte. Nicht gesichert ist auch die Entstehungszeit des Werkes, man vermutet um 1470.

Im Saal der Engel, der *Sala di Angeli,* der seinen Namen von den beschwingt tanzenden und musizierenden Engelsfiguren auf dem Kamin hat, sind auch die „Kommunion der Apostel" (1473/1474) von Justus von Gent (rechts hinten ist Federico selbst dargestellt) sowie die „Entweihung der Hostie" (um 1465–68) von Paolo Uccello zu sehen. Es folgt der weitläufige Saal des Palazzos, allein schon durch seine Ausmaße imposant und uneingeschränkt repräsentationstauglich: der *Salone d'Onore.* Im „Ehrensaal", früher auch Thronsaal genannt, stellen sieben Wandteppiche aus dem 17. Jh. Ausschnitte aus der Apostelgeschichte dar, die Motive wurden in Anlehnung an Raffaels Entwürfe für die Sixtinische Kapelle in Rom gewählt. Durch die *Sala delle Veglie* (Saal der Nachtwachen) mit Giovanni Santis „Krönung der Jungfrau" (1489) an der rechten Wand führt der Rundgang schließlich in die **Gemächer der Herzogin.**

Auch diese Räume sind an sich schon sehenswert mit ihren stuckverzierten Decken und den aufwändig gestalteten Türen und Portalen. Darüber hinaus sind gleich im ersten Raum nach der kleinen Vorhalle, dem *Salone della Duchesa* (Empfangszimmer der Herzogin), zwei Meisterwerke Raffaels zu sehen: die „Santa Caterina d'Alessandria", eines seiner frühen Werke, und v. a. die berühmte „Stumme", *La Muta*: Unweigerlich fühlt man sich an Leonardo da Vincis „Mona Lisa" erinnert, deren Einfluss auf Raffaels meisterhaftes Porträt als gesichert gilt. Entstanden ist die „Stumme" in Florenz in den Jahren zwischen 1505 und 1507, Raffaels sog. florentinischer Periode, bevor er 1508 von Papst Julius II. nach Rom berufen wurde. Nebenan, in der *Camera della Duchesa,* befinden sich Tizians „Letztes Abendmahl" und die „Auferstehung", entstanden in den Jahren um 1542/44.

Ein abschließender Abstecher in den **zweiten Stock** lohnt hauptsächlich wegen der Gemälde des Urbinater Künstlers Federico Barocci (ca. 1528–1612) gleich im ersten Saal. Des Weiteren sind im zweiten Stock eine Keramiken- und Majolikensammlung sowie eine Ausstellung mit Freskenskizzen untergebracht.

Tägl. 8.30–19.15 Uhr, Mo nur bis 14 Uhr geöffnet, letzter Einlass jeweils 1 Stunde vor Schließung (die Biglietteria schließt um 18 Uhr bzw. Mo um 12.30 Uhr). Fotografieren (mit Ausnahme des Hofes) verboten, Führungen für Gruppen und auf Anfrage (beim Touristenbüro, ☎ 0722-2613). Eintritt 5 €, erm. (Studenten 18–25 J.) 2,50 €, für Ju-

Die Provinz Pesaro und Urbino
Karte → S. 80/81

gendliche unter 18 und Senioren über 65 J. ist der Eintritt frei, Audioguide in Deutsch 3 €. ☏ 0722-2760. Der Bookshop des Palazzo Ducale befindet sich im Untergeschoss.

**Achtung:** Zuletzt waren u. a. die Gemächer des Herzogs wegen Restaurierungsarbei-ten ein wenig in Unordnung. So waren zahl-reiche, auch oben genannte Meisterwerke kurzfristig umgezogen. Nach Abschluss der Arbeiten aber sollen die Gemälde aller Wahrscheinlichkeit nach wieder an ihrem angestammten Platz hängen.

## Dom und Museo Albani

Die heutige, fast strahlend weiße klassizistische Fassade täuscht: Ursprünglich war der **Dom** ein Auftragswerk von Federico da Montefeltro, Baumeister war wieder Francesco di Giorgio Martini. Federico ließ sogar einen Durchgang zum benach-barten Palazzo Ducale errichten. Die Kuppel wurde 1604 angefügt, hielt aber kaum 200 Jahre, da sie bei einem Erdbeben 1789 einstürzte und dabei große Teile des Bauwerks in Mitleidenschaft zog. Giuseppe Valadier (1762–1839), der u. a. auch die Piazza del Popolo in Rom konzipierte, wurde mit dem Wiederaufbau des Doms be-auftragt, die Fassade hat er 1802 vollendet. Im neoklassizistischen Inneren des Doms sind in den Seitenaltären zwei Werke von Federico Barocci zu sehen: das „Abendmahl" und das „Martyrium des heiligen Sebastian". In der Krypta befindet sich eine marmorne Pietà (Ende 16. Jh.).

Seitenansicht des Doms

Im angeschlossenen **Museo Albani**, das dem gleichnamigen Kardinal und späte-ren Papst Clemens XI. gewidmet ist, beeindrucken in der alten Sakristei die Freskenfragmente aus der gegenüber-liegenden Chiesa di San Domenico und die prachtvoll ausgestattete neue Sa-kristei (auch Sakristei der Kanoniker). Neben zahlreichen Altargegenständen (überwiegend aus dem 18. Jh.) sind im Museum außerdem einige Gemälde (meist 17. und 18. Jh.) zu sehen.

Der Dom ist tägl. 7.30–13 und 14–20 Uhr geöffnet, Eintritt frei. Museum und Krypta 9.30–13 und 14.30–18.30 Uhr, Di geschlossen, Eintritt 3,50 €. Piazza Pascoli 1, ☏ 0722-2214, www.arcidiocesiurbino.it.

## Casa Natale di Raffaello

In diesem eleganten Renaissancebau in der Via Raffaello 57 erblickte Raffaello Sanzio als Sohn des Malers Giovanni Santi und dessen Frau Magia Ciarla am 6. April 1483 das Licht der Welt. Er starb auf den Tag genau 37 Jahre später – an seinem Geburtstag – am 6. April 1520, in Rom. Dazwischen lag die gran-diose Karriere eines der bedeutendsten Renaissancekünstler Italiens. Erste Lehrstunden in Sachen Malerei erteilte ihm sein Vater, der als Hofmaler am Palazzo Ducale hohes Ansehen genoss. Nach dem frühen Tod der Eltern wurde Raffael in die Werkstatt Peruginos (eigentlich Pietro Vannucci) nach Perugia geschickt, um 1505 ging er nach Florenz, wo er Michelangelo und Leonardo da Vinci begegnete. 1508 wurde der damals 25-Jährige von Papst Julius II. zur Gestaltung der päpstlichen Gemächer („le stanze") in den Vatikanischen Palast berufen, zur gleichen Zeit – und nur wenige Räume von Raffaels Arbeitsstätte entfernt – war Michelangelo mit den Deckengemälden der Sixtinischen Kapelle beschäftigt. Damals war Raffael bereits als großartiger Porträtmaler bekannt, die drei „Stanzen", an denen er in den Jahren 1508–1517 arbeitete, gelten als ein Höhepunkt seines Schaffens. Nach dem Tod Bramantes wurde Raffael auch zum Baumeister der Peterskirche ernannt, schmückte u. a. die Villa Farnesina und zahlreiche Kirchen mit Fresken und Deckengemälden aus. Sein Tod im Jahr 1520 kam überraschend; die Kirchenobersten huldigten ihrem großen Künstler mit einer prächtigen Grab-

Der Meister bei der Arbeit

stätte im römischen Pantheon. Auf der Inschrift des Grabes ist zu lesen: „Hier ruht Raffael; zeit seines Lebens befürchtete Mutter Natur, dass sie er besiegen würde und dass sie mit ihm sterben würde, wenn ihn der Tod ereilte."

Raffael kehrte vermutlich nie nach Urbino zurück, daher ist es wenig verwunderlich, dass er seiner Heimatstadt außer den beiden Originalen im Palazzo Ducale (→ S. 104) kaum etwas hinterlassen hat. Lediglich eine Madonnendarstellung ist in seinem Geburtszimmer zu sehen, und auch hier ist die Urheberschaft nicht zweifelsfrei geklärt – das Bild könnte auch aus der Hand des Vaters stammen. Ansonsten kann man sich im Geburtshaus Raffaels zahlreiche Gemälde aus dem 15. und 16. Jh. anschauen, außerdem zeitgenössische Möbel und die sorgsam wiederhergestellte Innenausstattung des Bürgerhauses. Die 1873 gegründete *Accademia Raffaello* hat im oberen Stockwerk ihren Sitz. Ihr verdankt die Stadt auch das **Monumento a Raffaello** (1897) auf dem Piazzale Roma am oberen Ende der Via Raffaello: der Künstler in Bronze mit Pinsel und Palette.
März–Oktober Mo–Sa 9–13 und 15–19 Uhr, So 10–13 Uhr, November–Februar Mo–Sa 9–14 Uhr, So 10–13 Uhr. Eintritt 3,50 €. Via Raffaello 57, ☏ 0722-320105.

**Fortezza Albornoz/Parco della Resistenza**: Die Rocca aus dem 14. Jh. auf dem Stadthügel „Il Monte" wurde vermutlich im Auftrag des spanischen Kardinals Egidio Alvares d'Albornoz erbaut. Im Aufgang in die Festung gibt es eine kleine Ausstellung (Waffenarsenal) und Infotafeln zur Geschichte der Festung (auch auf Deutsch), oben führt ein Rundgang einmal an der Mauer entlang. Zu sehen sind die Grundmauern der Gebäude, die einst auf der Festung standen, und ein grandioser

Herrlicher Ausblick vom Parco della Resistenza

Ausblick über Urbino. Um letzteren zu genießen muss man allerdings nicht zwingend in die Festung, denn auch vom weiten Parco della Resistenza neben der Festung hat man einen herrlichen Blick auf die Stadt und den Palazzo Ducale. Außerdem befindet sich am Rand des Parks eine kleine Bar mit schattiger Terrasse und Kinderspielplatz. Viele Studenten verbringen hier ihre Freizeit.

**Fortezza Albornoz**: Juli–Oktober Fr 15.30–19.30 Uhr, Sa/So 9.30–12.30 und 15.30–19.30 Uhr, Eintritt 2 €, ℡ 0722-2631. Der **Park** (mit Café) ist tagsüber 9–19 Uhr geöffnet. **Wegbeschreibung**: vom Piazzale Roma zunächst vorbei an der Accademia delle Belle Arti über die Via dei Maceri bzw. von der bergauf führenden Via Raffaello links ab in die Via S. Margherita, die in die Via dei Maceri mündet. Außerdem führt vom Parkplatz an der Viale B. Buozzi eine Treppe hinauf.

**Teatro Sanzio**: Leider nur von außen zu besichtigen, es sei denn, man besucht eine Aufführung während der Theatersaison. Das städtische Theater wurde 1853 fertiggestellt, gleichzeitig entwarf Architekt Vincenzo Ghinelli auch den Corso Garibaldi von der Piazza della Repubblica zum Theater neu. Die spiralförmige **Rampe** neben dem Theater führt vom Borgo Mercatale hinauf zu den Ställen des Palazzo Ducale und entstand bereits im 15. Jh. unter dem Hofarchitekten Francesco di Giorgio Martini. Sie wird noch heute als Zugang vom Parkplatz hinauf in die Stadt genutzt.

**Oratorio di S. Giuseppe**: Das Oratorium, bestehend aus zwei Kapellen, entstand zu Beginn des 16. Jh. Die größere Kapelle wurde Ende des 17. Jh. umgebaut. Darin sind recht gut erhaltene Fresken und eine Krippe von Federico Brandani (Mitte 16. Jh.) zu sehen.

Mo–Sa 10–13 und 15–18 Uhr, So nur 10–13 Uhr geöffnet. Eintritt 2 €. Am Ende der Via Barocci auf der rechten Seite. Sollte niemand da sein, im Oratorio di S. Giovanni schräg gegenüber nachfragen, man wird Ihnen aufschließen.

**Oratorio di S. Giovanni**: Sehenswerter als S. Giuseppe, vor allem wegen der beeindruckenden Fresken. Das Oratorium entstand im späten 14. Jh., die „Kreuzigung" (hinter dem Altar) ist ein Werk der Brüder Lorenzo und Jacopo Salimbeni aus dem Jahr 1416, von ihnen stammt auch der unbedingt sehenswerte Freskenzyklus an der rechten Wand der kleinen Kirche: bunte Szenen aus dem Leben des San Giovanni Battista (Johannes der Täufer).

Gleiche Öffnungszeiten wie S. Giuseppe. Eintritt 2,50 €. Fotografieren verboten!

**Chiesa di San Francesco**: Gleich an der Piazza della Repubblica stößt man auf die ursprünglich im späten 14. Jh. erbaute Kirche des heiligen Franziskus, die im 18. Jh. aber fast vollständig umgebaut und erweitert wurde. Im dreischiffigen Inneren der Kirche finden sich die letzten Ruhestätten berühmter Urbinati, u. a. die der Eltern Raffaels (Giovanni Santi und Magia Ciarla).

Tägl. 7–12.30 und 15–19 Uhr.

**Museo della Città**: Das Stadtmuseum von Urbino befindet sich im restaurierten Palazzo Odasi in der etwas düsteren Via Valerio. Zu sehen gibt es in fünf Räumen (einer davon Veranstaltungssaal im Untergeschoss) etwas moderne Kunst, eine riesige historische Uhr, eine Druck- bzw. Lithografiemaschine sowie einige Modelle der Stadt, dazu zahlreiche Schautafeln, die aber leider nur auf Italienisch beschriftet sind. Eher für speziell Interessierte.

Mo–Fr 9.30–13.30 Uhr, Sa/So 10–18 Uhr, Di geschlossen. Eintritt 1 €. Via Valerio 1, ☎ 0722-309270, www.museodelmetauro.it.

**Chiesa di San Bernardino degli Zoccolanti (Mausoleo dei Duchi)**: Der Ausflug zur etwa 3 km entfernten Kirche lohnt nicht zuletzt auch wegen der netten Lage und Aussicht. Der Ziegelbau entstand Ende des 15. Jh. und wird Francesco di Giorgio Martini zugeschrieben. Im kargen Inneren der Renaissancekirche stößt man gleich am Eingang auf die beiden Sarkophage: links der von Federico da Montefeltro, rechts ruht sein Sohn Guidubaldo. Die beiden Grabstätten wurden erst 1620 im barocken Stil angefertigt. Eines der größten Werke von Piero della Francesca, eine Madonnendarstellung mit Kind, ehemals am Hauptaltar zu bewundern, befindet sich heute in der Pinacoteca di Brera in Mailand.

Folgen Sie ab der großen Kreuzung (hier Abzweigungen nach Pesaro und Rom) der Beschilderung zum Camping, weitere Schilder führen zur Kirche bzw. zum Mausoleum. Geöffnet tägl. 8–18 Uhr.

Die Provinz Pesaro und Urbino    Karte → S. 80/81

Feline Zerstörungswut

# Das obere Tal des Metauro

Zunächst ein breites und nicht ganz so idyllisches, im weiteren Verlauf aber immer lieblicheres Tal südwestlich von Urbino mit einigen schönen Orten auf der Strecke. Wer bis zur Grenze nach Umbrien hinauffährt, genießt von der Bocca Trabaria auf 1049 m Höhe einen wahrhaft grandiosen Ausblick auf die Nachbarregion.

Vom sehenswerten Mittelalterstädtchen Fermignano bei Urbino führt die *SS 73 bis* nach **Urbania** mit seinem mächtigen Palazzo Ducale und dann quasi am Fluss entlang durch das immer enger werdende Tal (Alta Val Metauro) in südwestliche Richtung über den Grenzpass bis nach San Giustino und weiter nach Città di Castello in Umbrien bzw. in nördliche Richtung nach Sansepolcro (Toskana).

Auf dem Weg zur Bocca Trabaria liegen **Sant'Ángelo in Vado**, berühmt als einer der wichtigsten Trüffelorte der Marken, das beschauliche **Mercatello sul Metauro** und – in immer anmutigerer, grünerer Landschaft – die ruhigen Weiler **Borgo Pace** und **Lámoli**. Die letzten 13 km zum Pass geht es meist durch Wald in Serpentinen stetig bergauf, bis sich in luftiger Höhe ein weiter Blick auf die Ebene des Tibers in Nordumbrien eröffnet.

## Urbania

ca. 7200 Einwohner

Der Ort liegt ganz idyllisch an einer weiten Schleife des Metauro und strahlt in erster Linie kleinstädtische Verschlafenheit aus.

Unbedingt sehenswert ist der mächtige Palazzo Ducale im Zentrum, und auch zum Essen lohnt ein Stopp in Urbania, im Zentrum gibt es einige gute und preisgünstige Osterien.

Im 13. Jh. hieß der Ort *Castel delle Ripe* und lag oberhalb der jetzigen Stadt. Im Auftrag der Kirche baute Guglielmo Durante den Ort nach einer Plünderung durch die Ghibellinen an heutiger Stelle neu auf, woraufhin man ihn in *Casteldurante* umtaufte. Mitte des 17. Jh. erklärte Papst Urban VIII. Casteldurante zur Stadt – von nun an unter dem Namen *Urbania*. Der Palazzo Ducale stammt ursprünglich aus dem 14. Jh., Mitte des 15. Jh. zogen die Montefeltro hier ein und verhalfen der Gegend zu einem beträchtlichen wirtschaftlichen Aufschwung. Vor allem im 16. Jh. war der Ort berühmt für seine Keramiken, zu besichtigen u. a. im Palazzo Ducale. Das traditionelle Kunsthandwerk wird in Urbania noch heute ausgeübt.

**Information**  Punto I.A.T. – Ufficio Turismo, neben dem Palazzo Ducale im Zentrum. Freundliche Mitarbeiter, viel Material. Ganzjährig Mo–Sa 9–13 Uhr, So 10–13 Uhr, Sa/So auch 15–18 Uhr. Corso Vittorio Emanuele II 21, 61049 Urbania (PU), ✆ 0722-313140, ✆ 0722-313179, turicult@comune.urbania.ps. it, www.urbania-casteldurante.it.

**Verbindungen**  8x fährt ein **Bus** durch das Metauro-Tal bis nach Lámoli, in der Gegenrichtung nach Urbino. Tickets beim Tabaccaio und im Bus, Infos unter ✆ 800-

664332, vom Handy ✆ 0722-376738, www. adriabus.eu.

**Einkaufen**  Longhi Tartufi, Trüffel (und Trüffelcreme), Olivenöl, Käse, Honig und andere Feinkost, bekannt ist Longhi aber vor allem für Trüffel. Via Roma 103 (Straße Richtung Sant'Ángelo in Vado) auf der linken Seite, Ecke zur Via Manzoni. ✆ 0722-319459, www.longhitartufi.com.

**Mercatino Casteldurante**, immer am ersten Sonntag im Monat: großer Antiquitäten-, Trödel- und Flohmarkt.

Zwischen grünen Hügeln liegt Urbania an einer Schleife des Metauro

**Fahrradverleih** Happy Bike, Radsportgeschäft zweier Brüder, die auch mehrtägige geführte Touren anbieten und umfangreiches Kartenmaterial mit ausgearbeiteten Touren zur Verfügung stellen können (die Karten gibt es auch in den Touristenbüros der Gegend). Mountainbike je nach Ausstattung 15–20 €/Tag, auch halber Tag und wochenweise möglich, außerdem Trekking- und Rennräder. Via Leopardi 28, 61049 Urbania (PU), ✆/0722-319010 und ✆ 329-8066622, www.happybike.it.

**Sprachkurse** Centro Studi Italiani, Italienischkurse ab 449 € (2 Wochen) bzw. 699 € (4 Wochen) sowie diverse Zusatzkurse in Literatur, Geschichte, Kochen etc. Günstige Unterkünfte, z. B. in WGs, bei Gastfamilien oder im Hotel, können vermittelt werden. Die Schule befindet sich im Zentrum. Infos: Centro Studi Italiani, Via Boscarini 1, 61049 Urbania (PU), ✆ 0722-318950, ✉ 0722-317286, www.centrostuditaliani.org.

**Essen & Trinken** 🌿 Osteria del Cucco, urige Osteria mit langen Tischen und Bänken. Bei einem Glas Wein aus dem Krug kommt man mit den anderen Gästen schnell ins Gespräch und bei nur 25 Plätzen bleibt alles in einem überschaubaren Rahmen. Auf eine Speisekarte wartet man vergebens, Antipasti, diverse Pastagerichte und eine Auswahl an Secondi werden vom Padrone (auf Italienisch) aufgesagt. Was dann auf den Tisch kommt, ist verfeinerte lokale Küche mit Zutaten aus biologischem Anbau, begleitet von verschiedenen selbst gebackenen Broten. Zum Abschluss sollten Sie sich den Dessertteller nicht entgehen lassen. Mittleres Preisniveau, mittags und abends geöffnet, Sonntagabend und Mo geschlossen. Von der zentralen Piazza San Cristoforo die Gasse hinein, gleich auf der linken Seite. Via Betto de Medici 9, ✆ 0722-317412. ∎

Eine Alternative ist die **Osteria da Doddo**: beliebt und nicht teuer, auch mittags oft bis auf den letzten Platz besetzt. Mittags und abends geöffnet. Im Zentrum, gegenüber dem Teatro Bramante die Gasse hinein. Via delle Cererie 4, ✆ 0722-319411.

## Sehenswertes

**Palazzo Ducale**: Die spätere Residenz der Montefeltro entstand bereits im 14. Jh. und war damals Sitz der Brancaleoni. Im Auftrag von Federico da Montefeltro wurde sie im 15. Jh. von Francesco di Giorgio Martini und Girolamo Genga umgebaut.

Wer den Andrang am Palazzo Ducale in Urbino kennt, wird sich hier entspannen, die Besucher halten sich in Grenzen. Im Zentrum des Gebäudes öffnet sich ein malerischer, schon etwas verblichener Hof mit gotischen Arkadenbögen. Von den herzoglichen Gemächern tut sich ein netter Blick auf den Fluss auf. Neben zahlreichen Keramiken sind in der *Pinacoteca* sakrale Gemälde (hauptsächlich 16.–17. Jh.) sowie diverse Skizzen und Studien u. a. von Federico Barocci zu sehen. Darüber hinaus sind Landkarten und Globen ausgestellt, u. a. die *Mappamondi del Mercatore* aus dem 16. Jh., bestehend aus Erd- und Himmelskugel.

Von Juni bis Sept. Di–So 10–12.30 und 15–18 Uhr, Mo geschlossen, in den Wintermonaten nur So 10–12 und 15–18 Uhr (und nach Voranmeldung). Eintritt 4 €, erm. (über 65 J.) 2 €, unter 6 J. frei, unter 15 J. 3 €. Corso Vittorio Emanuele II 23, ✆ 0722-313151.

Die schauerlichste Sehenswürdigkeit der Gegend sind sicherlich die Mumien in der **Chiesa dei Morti** – eine Skelettsammlung für Unerschrockene. Vom Corso Vittorio Emanuele zur Piazza Libertà und links ab in die Via Ugolini, dann auf der rechten Seite.

Keine festen Öffnungszeiten, geführte Besichtigung nach telefonischer Anmeldung unter ✆ 349-8195469.

**Il Barco Ducale**: Etwa 1 km außerhalb der Stadt an der Straße nach Sant'Ángelo in Vado befand sich bereits um 1200 ein Franziskanerkloster, das Federico da Montefeltro 1465 samt zugehörigem Park in eine Jagdresidenz umwandeln ließ, die in den folgenden Jahrhunderten ein beliebter Aufenthaltsort der Herzöge von Urbino wurde. Der heutige Bau wurde im Wesentlichen nach einem Erdbeben im Jahre 1741 errichtet und beherbergt ein Museum für Handwerkskunst, insbesondere Keramik. Gewidmet ist es dem Künstler *Cipriano Piccolpasso*, der 1524 in Urbania geboren wurde und zu seiner Zeit ein berühmter Keramikkünstler war. Insbesondere ist er für seine Bücher bekannt, die er über die Kunst des Töpferns und der Keramik verfasste. Neben Ausstellungen bietet das Museum auch Töpferworkshops an. Infos beim Ufficio Turismo in Urbania bzw. unter www.museodelmetauro.it.

## Sant'Ángelo in Vado                                    ca. 4200 Einwohner

10 km westlich von Urbania liegt das Trüffelzentrum der Gegend, das für seine alljährlich an den Oktoberwochenenden stattfindende „Sagra del Tartufo" berühmt ist. Das ehemalige römische Munizipium *Tifernum Metaurensis* ist heute ein nettes, lebhaftes Städtchen mit viel mittelalterlicher Bausubstanz, aber ohne spektakuläre Sehenswürdigkeiten. Dennoch lohnt sich ein Bummel durch das historische Zentrum mit einer Handvoll Lokalen bzw. Cafés/Enotheken und einigen Trüffel- und Feinkostgeschäften. Irgendwann stößt man dann unweigerlich auf die Piazza Umberto I, wo der sitzende Papst Clemens XIV. seine Hand zum Gruß hebt, dahinter steht der Palazzo Fagnani aus dem 17. Jh. – heute Sitz der Comune. Einer der ältesten Palazzi der Stadt ist der Palazzo della Ragione aus dem 14. Jh. mit Glockenturm im Zentrum.

**Information** Pro Loco im Zentrum, Di–So 9–12 Uhr, Sonntagnachmittag auch 15–18.30 Uhr. Corso Garibaldi 62, ✆ 0722-88254.

**Übernachten/Außerhalb ⟫ Lesertipp:** Villa dell'Agata, „Auf meiner letzten Reise durch die Marken habe ich eine wirklich empfehlenswerte Adresse in der Nähe von Sant'Ángelo in Vado entdeckt: die Villa dell'Agata, wobei die Bezeichnung 'Villa' missverstanden werden könnte, es handelt sich um einen restaurierten Bauernhof in wunderschöner Alleinlage. Die Besitzerin ist übrigens Deutsche, heißt Riccarda und lebt seit vielen Jahren in Italien", schrieb uns ein begeisterter Leser. Mit Pool (je nach Wetterlage ungefähr von Mai bis Ende Oktober) und Sonnenterrasse, Mountainbike-Verleih, außerdem sehr freundliche

Die Provinz Pesaro und Urbino
Karte → S. 80/81

Sant'Ángelo in Vado

Hunde und Katzen. In Sant'Ángelo Richtung Mercatello und direkt vor der Metauro-Brücke rechts ab, kurz darauf auch beschildert, 5 km vom Ort entfernt. Die Straße (Schotter-/Feldweg) zieht sich scheinbar ewig, bis man schließlich das Anwesen auf einem Hügel mitten in der Einsamkeit vor sich sieht – der ideale Ort für Ruhesuchende. Zweier-Appartement 75 € pro Tag (mind. 3 Tage Aufenthalt), Vierer-Appartement 140 €, je 30 € für die Endreinigung. Villa dell'Agata, 61048 Sant'Ángelo in Vado (PU), ✆ 0722-88768, 📠 0722-035101, bestitaly @villa-agata.de, www.villa-agata.de. **«**

**Essen/Trinken/Nachtleben** Nett fanden wir die **Enoteca Carpe Diem** im Zentrum auf dem Corso Garibaldi 83. Auch Birreria, eher junges Publikum. Ab ca. 18 Uhr geöffnet, Mo geschlossen. ✆ 0722-818636.

# Mercatello sul Metauro

ca. 1500 Einwohner

Landleben in Reinkultur, hier fallen Fremde noch richtig auf. Mercatello entstand im 13. Jh., und es gibt noch viele gut erhaltene mittelalterliche Bauwerke innerhalb der alten Stadtmauern, außerhalb dieser spannt sich eine sehenswerte romanische Brücke über den Metauro. An der wirklich schönen Piazza Garibaldi mit Caffè/Gelateria befindet sich die *Pieve Collegiata* aus dem 14./15. Jh., deren Fassade sichtbar erneuert wurde (in den 1920er-Jahren) und in deren klassizistischem Inneren (frühes 18. Jh.) mehrere Madonnenbildnisse aus dem 12. bis 17. Jh. zu sehen sind.

Die eigentlich kunsthistorische Attraktion des Ortes ist allerdings die *Chiesa San Francesco*, eine der ältesten romanischen Kirchen der Gegend aus dem 13. Jh., deren imposanter einschiffiger Raum zugleich ein Museum beherbergt mit Fresken aus dem 15. Jh. und weitere Sakralkunst aus verschiedenen Jahrhunderten.

**Chiesa e Museo di San Francesco**: Von 1. Mai bis 30. Sept. tägl. 10–12.30 und 16–19 Uhr geöffnet, 1. Okt. bis 30. April nur Di–Sa 9.30–12.30 und 16.30–19.30 Uhr, Eintritt 3 €, es gibt auch einen deutschen Audioguide für 3 €. Von der Piazza Garibaldi in den Corso A. Bencivenni zur Chiesa di San Francesco an der gleichnamigen Piazza. Infos bei der Pro Loco, ✆ 0722-89819, www.museodelmetauro.it.

**Information** Informationen gibt es bei der **Pro Loco** im Zentrum, Piazza Garibaldi 9, 61040 Mercatello sul Metauro (PU). Mo–Sa 9–13 und 16–19 Uhr, So 10–12.30 und 16–19 Uhr geöffnet, Dienstagvormittag geschlossen, ℡ 0722-89819, 📠 0722-89814, ufficio@proloco-mercatello.it, www.proloco-mercatello.it.

**Übernachten/Essen außerhalb** Relais „Castello della Pieve", ein „Albergo diffuso" in einem winzigen Weiler hoch über dem Metauro-Tal, dessen Ursprünge bis ins 12. Jh. zurückgehen. In weiten Teilen schon sorgfältigst restauriert, mit kleinem Pool (beheizt), Mountainbike-Verleih und Ristorante (*Il Girone dei Golosi*) in urigem, schönem Ambiente. Die Zimmer sind auf verschiedene Häuser des Ortes verteilt. Alles sehr schön und stilvoll hergerichtet, innen modern und komfortabel, die krummen Gassen sind aber nichts für Stöckelschuhe. Es gibt auch eine kleine Kirche. Ganzjährig geöffnet. DZ 108–124 €, Suite 198 €, jeweils inkl. Frühstück, Halbpension 23,50 € pro Pers. und Tag. Hunde sind erlaubt (4 €/Tag), WI-FI 1,80 €/Std. *Anfahrt*: Ca. 1 km westlich von Mercatello sul Metauro (Richtung Borgo Pace) geht es rechts ab, dann noch 1,3 km überwiegend auf Schotter, beschildert. Fraz. Castello della Pieve, 61040 Mercatello sul Metauro (PU), ℡/📠 0722-89525, info@castellodellapieve.it, www.castellodellapieve.it.

## Borgo Pace                                    ca. 650 Einwohner

4 km westlich von Mercatello liegt der winzige Ort am Zusammenfluss von Meta und Auro (zum *Metauro*). Borgo Pace war früher das Zentrum der *Massa Trabaria*, einer mittelalterlichen Gemeinschaft, die ihr Auskommen mit Holzfällen und Köhlerei (im Ort gibt es ein kleines Köhlermuseum) verdiente. Viel Grün und gute Wandermöglichkeiten.

**Übernachten/Essen** Locanda La Diligenza, an der Piazza im Zentrum. Gehört neuerdings zu den Charme & Relax Hotels, nur wenige Zimmer, alle sehr schick und komfortabel mit Bad und TV. Einladend und edel hergerichtet auch die Bar und das Ristorante, außen schöne Terrasse. Sehr freundliche Signora. Angeschlossen ein 9-Loch-Golfplatz (am Ortsrand) sowie Garten mit zwei Hydromassage-Pools. DZ mit Frühstück 90–120 €, mit Halbpension 140–170 € (ab zwei Tage Aufenthalt), keine EZ. Piazza del Pino 1, 61040 Borgo Pace (PU), ℡ 0722-89124, 📠 0722-800100, info@centrobebladiligenza.it, www.centrobebladiligenza.it.

## Lámoli

Der Mini-Weiler liegt auf 600 m Höhe am Fluss Meta, ideal für Ruhesuchende. Auf einem Hügel thront die dem Erzengel Michael geweihte Benediktinerabtei *Abbazia Benedettina di San Michele Arcangelo* aus der Zeit um 1000. Das Hotel direkt neben der Abtei ist ein optimaler Standort für die Erkundung der Gegend.

**Verbindungen** 8x tägl. besteht eine **Bus**verbindung von Lámoli nach Urbino (via Mercatello sul Metauro, Sant'Ángelo in Vado, Urbania). Tickets im Bus.

**Übernachten/Essen** Oasi San Benedetto, neben der Abteikirche, wirklich eine Oase. 15 Zimmer, alle mit Bad, angenehme Einrichtung. Das Albergo gehört der Naturschutzorganisation „Forestalp" an, die naturkundliche Ausflüge, Wanderungen und Mountainbike-Exkursionen organisiert, darüber hinaus wird auch Kartenmaterial zur Verfügung gestellt. Einladendes Ristorante mit Kamin, im Sommer auch mit schattiger Terrasse, rustikales Ambiente, mittleres Preisniveau. Alles sehr nett und gemütlich, wenn auch sicher nicht luxuriös, freundliche und sympathische Leitung. Ganzjährig geöffnet, Restaurant mittags und abends, Dienstagmittag geschlossen. EZ 45 €, DZ 70 €, jeweils mit Frühstück, EZ mit Halbpension 60 €, DZ 100 €. Via dell'Abbazia 7, 61040 Lamoli di Borgo Pace (PU), ℡ 0722-80133, 📠 0722-80226, lamoli@oasisanbenedetto.it, www.oasisanbenedetto.it.

# Von Fossombrone auf der Via Flaminia

**Die alte Römerstraße Via Flaminia verbindet den Adriahafen Fano mit der ehemaligen Hauptstadt des Imperium Romanum. Höhepunkt der Strecke in den Marken ist zweifelsohne die tiefe Schlucht Gola del Furlo.**

Benannt wurde die Straße nach Konsul Gaius Flaminius, der die Via Flaminia um 220 v. Chr. bauen ließ. Sie war damals eine überaus wichtige Verbindung, die später auch vom Kirchenstaat genutzt und weiter befestigt wurde. Neben zahlreichen Kirchen aus der Zeit des *Patrimonium Petri* sind an der Via Flaminia auch noch römische Überreste zu finden, z. B. die Ausgrabungen bei Fossombrone oder der Römertunnel in der Gola del Furlo. Dem Verlauf der Via Flaminia folgend – entweder auf der wenig befahrenen Nebenstrecke oder auf der größtenteils vierspurigen SS 3 – gelangt man zum Trüffelzentrum Acqualagna und schließlich nach Cagli, einem netten Kleinstädtchen, das sich auch als Ausgangspunkt für weitere Ausflüge eignet.

## Fossombrone

ca. 9800 Einwohner

**Das hübsche Städtchen mit zahlreichen Kirchen und alten Palazzi liegt direkt am Metauro. Auffälligstes Gebäude im mittelalterlichen Stadtkern ist die Corte Alta, der ehemalige Sitz der Montefeltro. Oberhalb der Stadt liegen die Ruinen der Rocca Malatestiana.**

Die Montefeltro hatten Fossombrone 1445 von den Malatesta gekauft und der Stadt ihr heutiges Aussehen mit zahlreichen Renaissance-Palazzi verliehen. Das historische Zentrum mit seinen Arkadengängen am Corso Garibaldi und den bergan steigenden Gässchen lädt zum Spaziergang ein. Am Rand der Altstadt spannt sich eindrucksvoll eine alte Bogenbrücke über den Metauro.

Die Stadt entstand um 130 v. Chr. unter dem Volkstribun und Reformer Gaius Sempronius Gracchus. Die Überreste des römischen *Forum Sempronii* befinden sich am Rand der Stadt und sind heute noch zu besichtigen.

**Information** I.A.T Fossombrone, in den Arkaden im Zentrum, Di–Sa 10.30–12.30 und 15.30–18.30 Uhr, So/Mo geschlossen, Mi und Do nachmittags geschlossen, außerhalb der Hauptsaison (Juli/August) eingeschränkt. Corso Garibaldi 12, ℡ 0721-723263, www.metauroturismo.it.

**Verbindungen** 9x tägl. mit dem **Bus** nach Fano und Pesaro, 6x nach Cagli sowie Verbindungen nach Urbino.

**Übernachten/Essen** ** Mancinelli, relativ einfaches Albergo zentral an der Piazza Petrucci, nur sieben Zimmer in gutem Zustand, vor einiger Zeit renoviert. Zum Hotel gehört auch ein beliebtes Ristorante mit Pizzeria (mittags und abends geöffnet). DZ mit Bad und TV 65 €, EZ 45 €, inkl. Frühstück. Piazza Petrucci 5, 61034 Fossombrone (PU), ℡ 0721-716550, ℻ 0721-741322, mancio52@alice.it, www.albergomancinelli.it.

### Sehenswertes

**Pinacoteca Civica A. Vernarecci**: Von der Kathedrale, einer ehemaligen Benediktinerabtei mit nunmehr klassizistischer Fassade, geht es hinauf zum Palazzo Ducale der Montefeltro. Heute sind hier das archäologische Museum und die Pinakothek untergebracht. Der Palazzo mit seiner sehenswerten Renaissance-Ausstattung wurde in den Jahren um 1470 umgebaut und erweitert, basierend auf einem älteren Pa-

Die Provinz Pesaro und Urbino

Karte → S. 80/81

lazzo der Malatesta aus dem 13. Jh. Im Museo Civico sind Funde aus der Bronze-zeit, der Zeit der Picener und natürlich auch aus römischer Zeit zu sehen, Letztere hauptsächlich aus dem nahe gelegenen *Forum Sempronii* (s. u.) – antike Statuen und Sarkophage, Münzen, Öllampen und andere Kleinfunde.

Die Pinacoteca ist in fünf Sälen des *Piano Nobile* (erster Stock) des Palazzo Ducale untergebracht: hauptsächlich religiöse Malerei aus dem 16.–18. Jh.

15. Juni bis 15. September Do–So 16–19 Uhr geöffnet, ansonsten nur Sa/So 16–19 Uhr, von Januar bis März ganz geschlossen. Eintritt für archäologisches Museum und Pinacoteca jeweils 4 €, Kombiticket für beide 6 €, unter 14 J. frei. Palazzo Ducale, Via del Verziere, ✆ 0721-740291, www.associazioneevernarecci.com.

**Forum Sempronii**: Das Ausgrabungsgelände im Ortsteil San Martino del Piano liegt etwas außerhalb von Fossombrone an der Straße Richtung Pesaro. Zu sehen sind u. a. Überreste der Badeanlagen und eines Wohnhauses, aber auch ein Stück der Via Flaminia im Originalzustand.

# Gola del Furlo

Der landschaftliche Höhepunkt der Provinz – der Fluss Candigliano hat sich zwischen steil aufragende, um 900 m hohe Berge, den Monte Pietralata und den Monte Paganuccio, hindurchgegraben und eine höchst eindrucksvolle Schlucht hinterlassen.

Die Strecke durch die Gola del Furlo (lat. *forulus* = Felsloch) ist 1,5 km lang und führt gleich am Anfang (von Fossombrone kommend) durch einen antiken Tunnel, der 76 n. Chr. unter Kaiser Vespasian gebaut wurde. Damals war die hier verlaufende Via Flaminia eine der militärischen Hauptadern zu den Gebieten im Nordosten des Imperium Romanum. Heute laden zahlreiche Parkbuchten im Verlauf der nur wenig befahrenen Straße zum Fotostopp ein. Um die eindrucksvolle Stille zwischen den himmelhoch aufragenden Felswänden auf sich wirken lassen zu können, empfiehlt es sich, das Auto abzustellen und zu Fuß zu gehen, was auf einem neu angelegten Fußweg neben der Straße gut möglich ist. Nach 1,5 km öffnet sich die Schlucht recht abrupt, auf der linken Seite der Straße befindet sich ein kleiner, sehr netter Park am Ufer, der zu Picknick und Sonnenbad geradezu auffordert. Wer professionelle Gastronomie vorzieht, wird am westlichen Schluchtende beim Ort **Furlo** fündig.

Das **Museo del Territorio Gola del Furlo** befindet sich im Ort Furlo, direkt vor der Abzweigung zur Strada Panoramica. Zu sehen ist eine Ausstellung über die einzigartige Flora und Fauna der Schlucht. Eisvögel, ein Adlerpärchen und vereinzelt sogar Wölfe gibt es hier. Die Mitarbeiter sind sehr engagiert und kompetent, bieten eine breite Palette geführter Touren und Veranstaltungen zu allen Jahreszeiten an und stellen umfassendes Info- und Kartenmaterial zur Verfügung (es gibt auch DVDs und Audioguides).

Geöffnet in der Hochsaison tägl. 9.30–13 Uhr und 15–18 Uhr. Riserva Naturale Statale Gola del Furlo, Via Flaminia, Loc. Furlo di Acqualagna, 61041 Acqualagna (PU), ✆ 0721-700041, ✉ 0721-700057, www.riservagoladelfurlo.it.

**Abteikirche San Vincenzo al Furlo**: Die schlichte, aber überaus sehenswerte romanische Kirche aus dem 9./10. Jh. ist das einzige bauliche Überbleibsel der im 6. Jh. gegründeten gleichnamigen Abtei (links der Straße, ganztägig geöffnet). Neben der Kirche findet sich ein Picknickplatz mit Bar und Kinderspielplatz beim Fluss.

Angler in der Gola del Furlo

In der Abteikirche San Vincenzo al Furlo

**Information**  Punto I.A.T. Gola del Furlo, von Fossombrone kommend das rote Haus an der Straße (daneben, an der Abzweigung zur Panoramica, befindet sich das Museo del Territorio). Ganzjährig tägl. 9–13 Uhr geöffnet, im Frühling/Sommer nachmittags 14–18 Uhr, Juli/August 15–20 Uhr, im Herbst nur 14–17 Uhr, von Dezember bis Februar nur Di/Do nachmittags 14.30–17.30 Uhr geöffnet und So geschlossen. Via Flaminia, Loc. Furlo di Acqualagna, 61041 Acqualagna (PU), ☏ 0721-700041, ✆ 0721-700057, riservafurlo@provincia.ps.it, www.riservagoladelfurlo.it

**Anfahrt**  Wenn Sie durch die Gola del Furlo fahren wollen, sollten Sie die entsprechende Ausfahrt der SS 3 hinter Fossombrone nicht verpassen. Andernfalls gerät man in den kilometerlangen modernen Straßentunnel und kommt erst ein Stück hinter der Schlucht zur nächsten Ausfahrt.

**Übernachten**  Albergo Antico Furlo, nicht zu übersehendes rotes Haus an der Straße, gehört zum gleichnamigen Ristorante (→ unten), es stehen einige schlichte, renovierte Zimmer mit dunklen Stilmöbeln zur Verfügung: EZ 55 €, DZ 90 €, Dreibett-Zimmer 105 €, Frühstück inkl., Halbpension 65 € pro Pers. und Tag. Ganzjährig geöffnet. Via Furlo 60, 61041 Passo del Furlo di Acqualagna (PU), ☏ 0721-700096, ✆ 0721-700117, info@anticofurlo.it, www.anticofurlo.it.

**Camping Parco Le Querce**, in San Vincenzo (von Furlo auf der linken Seite), eher Park als Camping, aber es werden auch Stellplätze vermietet. Schattiges Areal mit Eichen am Fluss. Der Park wird auch von vielen Tagesgästen zum Picknicken genutzt. Sanitäre Einrichtungen in Ordnung. Fahrradverleih (auch Mountainbikes). Geöffnet Ostern bis Ende September und zum Trüffelfest in Acqualagna im Oktober/November. Pro Pers. 2 €, Stellplatz für Wohnwagen/-mobil 15 €, Zelt 7 €, Auto 3 €. Via Pianacce 1, Loc. Furlo, 61041 Acqualagna (PU), ☏ 0721-700224 oder 0721-700226, info@parcolequerce.it, www.parcolequerce.it.

**Essen & Trinken**  Ristorante Antico Furlo, rotes Gebäude am Ausgang der Schlucht auf der rechten Seite, auch Hotel (→ oben). Küchenchef Alberto Melagrana ist kein Unbekannter und hat auch schon Papst Johannes Paul II. bekocht. Edel eingerichtetes Restaurant, mit Kamin, in der „Grotta delle Delizie" im Hinterraum werden kulinarische Mitbringsel verkauft. Spezialität des Hauses sind Trüffelgerichte (generell teuer), das *Menu Tartufo d'Estivo* kommt auf 59 €, ansonsten preislich noch relativ im Rahmen: Antipasti/Primi 10–12 €, Secondi um 15–20 €, Kindermenü 15 €. Mittags und abends geöffnet. Via Furlo 60, ☏ 0721-700096, www.anticofurlo.it.

**Bar del Furlo**, neben dem gleichnamigen Hotel/Ristorante, hier gibt es auch günstige Snacks, Panini etc. Ganztägig geöffnet.

## Acqualagna

Der Ort mit Industriegebiet nennt sich ganz selbstbewusst „Capitale del Tartufo bianco" („Hauptstadt des weißen Trüffels") – hier findet alljährlich im Herbst (letztes Oktober- und erstes Novemberwochenende) eine der wichtigsten Trüffelmessen der Region statt. Unter Fachleuten gilt Acqualagna – neben dem ungleich bekannteren Alba im Piemont – als einer der wichtigsten Orte für das Geschäft mit weißem Trüffel. Acqualagna war schon zu römischer Zeit besiedelt, Relikte aus dieser Epoche sucht man aber vergebens. Der Ort wirkt in weiten Teilen nüchtern und modern.

**Verbindungen**  Busse (ab Zentrum) 7x tägl. via Fossombrone nach Fano und Pesaro, 4x Pergola, 7x Cagli, 6x Urbino, 2x Ancona, 4x Pióbbico und Apécchio. Tickets im Bus.

**Essen & Trinken**  Diverse Restaurants in Acqualagna bieten natürlich hauptsächlich Trüffelgerichte in allen möglichen Variationen an, z. B. die **Osteria il Parco** (mittags und abends geöffnet, Di geschlossen), Via Mochi 11, ✆ 0721-797353 oder 0721-797448.

**Einkaufen**  Weiße Trüffel (frisch oder eingelegt) bekommen Sie in Acqualagna in mehreren Geschäften, z. B. bei **Le Trifole**, Via Alcide De Gasperi 88 (im Zentrum), oder bei **Marini & Azzolini** am Viale Risorgimento 26, um nur einige zu nennen.

**Trüffel haltbar halten**: Achtung, der Trüffel ist ein sehr empfindlicher Pilz, den man entsprechend vorsichtig lagern und transportieren sollte, damit er heil nach Hause kommt: Möglichst kühl lagern in einem verschließbaren Gefäß, den Trüffel zusätzlich in Küchenpapier einwickeln (dieses täglich wechseln) und erst kurz vor dem Verzehr putzen bzw. abbürsten (die anhaftende Erde konserviert und verhindert vorzeitiges Schimmeln).

Die Provinz Pesaro und Urbino
Karte → S. 80/81

## Cagli

Das überaus nette Städtchen liegt auf einer kleinen Anhöhe am Zusammenfluss von Bosso und Burano und ist umgeben von hohen Bergen. Zu römischen Zeiten war Cagli eine wichtige Zwischenstation auf der Via Flaminia. Der Ort ist auch auf der reizvollen SS 424, die sich kurvenreich und malerisch an den Hängen von Monte Catria und Monte Nerone entlangwindet, über Pergola zu erreichen.

An der zentralen Piazza Matteotti (hier gebührenpflichtige Parkplätze) mit dem uralten *Palazzo Comunale* an der Stirnseite spielt sich das städtische Leben ab.

Beim Bummel durch die schmalen Straßen des Centro Storico werden Freunde sakraler Kunst in den zahlreichen Kirchen Caglis den einen oder anderen kleinen Schatz entdecken – zumeist hat hier Gaetano Lapis (1706–1773) seine Handschrift hinterlassen. Einen besonderen Reiz übt auch das schon reichlich mit Patina belegte *Teatro Comunale* aus dem Jahr 1787 aus (nahe Piazza Matteotti). Eindrucksvollstes Bauwerk der Stadt ist jedoch zweifelsohne der wuchtige *Torrione* aus der Zeit Federicos da Montefeltro.

Cagli eignet sich auch als Ausgangspunkt für Wanderungen an die nahe gelegenen Bergen *Monte Petrano* (1162 m) im Südwesten, *Monte Catria* (1701 m, von Acquaviva führt eine Straße zum Gipfel) im Süden und *Monte Nerone* (1525 m, ebenfalls mit Straße bis ganz hinauf) im Westen. Auf keinen Fall versäumen sollte man einen Ausflug zum nur wenige Kilometer entfernten, einsam gelegenen Kloster *Fonte Avellana* (→ S. 123).

Das antike *Cale* war vermutlich schon im 4. Jh. v. Chr. besiedelt, damals allerdings etwas höher am Berg gelegen. Bedeutendstes Zeugnis aus römischer Zeit ist der *Ponte Mallio* am östlichen Ortseingang. Im Mittelalter mehrfach geplündert, baute man die Stadt Ende des 13. Jh. an heutiger Stelle neu auf, aus der Gründungszeit stammt auch der *Palazzo Comunale* an der Piazza Matteotti. Im Gegensatz zu anderen Orten konnte Cagli seine Unabhängigkeit relativ lange bewahren, bevor es in den Herrschaftsbereich der Montefeltro fiel. 1481 ließ Montefeltro-Chefarchitekt Francesco di Giorgio Martini eine Festung bauen, die man später aber selbst zerstörte, um sie nicht in den Besitz der feindlichen Borgia gelangen zu lassen. Einziges Relikt ist besagter *Torrione*, der unterhalb der Festung lag, auf deren Ruinen ein Kapuzinerkonvent entstand.

**Information**  Pro Loco auf der rechten Seite des Palazzo Comunale (wenige Schritte von der Piazza Matteotti) in der Via Giacomo Leopardi. Von Juni bis Sept. tägl. 10.30–12.30 und 16–18 Uhr geöffnet, im Mai und Oktober nur Fr und Sa 16–18 Uhr, im Winter geschlossen. ✆ 0721-78457, www.proloco-cagli.it.

Außerdem gibt es ein **I.A.T.-Büro** in der Via Alessandri 4, Mo–Fr 10–12.30 Uhr geöffnet, im August teilweise auch am Wochenende, ✆/🖷 0721-780773, info.turismo@cm-cagli.ps.it, www.comune.cagli.ps.it.

In beiden Büros sind Wanderkarten für den Monte Catria und den Monte Nerone erhältlich.

**Verbindungen**  Busse fahren am Viale della Vittoria (führt um das Zentrum herum) ab, ca. 200 m unterhalb des Torrione und des Albergo Pineta. Busstation mit Bar, u. a. stündlich nach Acqualagna und 7x tägl. nach Pergola. Fahrplan hängt aus, ansonsten Infos unter ✆ 800-664332, vom Handy 0722-376738, www.adriabus.eu.

**Feste**  Jedes Jahr am zweiten Wochenende im August findet auf der Piazza Matteotti der **Palio dell'Oca** statt – Renaissancespiele, bei denen es eine Gans zu gewinnen gibt.

**Übernachten**  *** Hotel Pineta, angenehmes Haus schräg gegenüber dem Torrione. Ganzjährig geöffnet, mit Bar und Ristorante, freundlicher Service. Alle Zimmer mit Bad, TV und Minibar, das DZ mit Frühstück kostet 85 €, das EZ 55 €. Viale della Vittoria 15, 61043 Cagli (PU), ✆ 0721-787387, 🖷 0721-787639, hotelpineta@libero.it.

**Guazza**, im historischen Zentrum nahe der Kirche San Domenico. Schlichtes Ambiente, von dem man sich nicht abschrecken lassen sollte, denn das Essen ist ganz hervorragend – bodenständige Küche mit allerbesten und frischen Zutaten. Die Pasta ist hausgemacht, und wer im Herbst kommt, sollte unbedingt ein Gericht mit Trüffeln probieren. Gutes Preis-Leistungs-Verhältnis, ein Menü kostet ca. 25 €. Nur mittags geöffnet, Fr geschlossen, Piazza Federico da Montefeltro 1, ✆ 0721-787231.

## Sehenswertes

**Torrione**: Der ovale Wehrturm aus dem Jahr 1481 steht am westlichen Rand der Altstadt und ist kaum zu übersehen. Der einstige Wassergraben ist noch erkennbar, ebenso die Halterungen für die Zugbrücke. Heute findet man innerhalb des trutzigen Gemäuers wechselnde Ausstellungen zeitgenössischer italienischer Künstler.

**Palazzo Pubblico**: Das Gebäude sieht alt aus und ist es auch – der eindrucksvolle Palazzo stammt aus dem Jahr 1289. 1463 baute Francesco di Giorgio Martini das alte Rathaus um, das heute das *Museo Civico Archeologico e della Via Flaminia* beherbergt (Funde aus vorrömischer und römischer Zeit). Auch wenn Sie das Museum nicht besuchen, lohnt zumindest ein Blick in den Innenhof des Palazzo (Via Leopardi, um die Ecke von der zentralen Piazza Matteotti).

April–November Sa/So 10–12 und 15–18 Uhr geöffnet, im August tägl. 9.30–12.30 und 16–19 Uhr. Infos unter ✆ 0721-791231. Eintritt frei.

**Cattedrale**: An der Ostecke der Piazza Matteotti gelegen. Die Kirche stammt aus dem Jahr 1293, das gotische Portal wurde 1493 angefügt. Ganztägig geöffnet.

**Chiesa San Domenico**: Von den vielen sehenswerten Kirchen in Cagli lohnt vor allem die Chiesa San Domenica aus dem 13./14. Jh. einen Besuch – nicht zuletzt wegen des Freskos von Giovanni Santi (Raffaels Vater), das kurz vor seinem Tod im Jahr 1494 entstanden sein soll (zweiter Altar auf der linken Seite). Ganztägig geöffnet.

## Umgebung von Cagli

„Hausberg" von Cagli ist die Hochebene des *Monte Petrano* (1162 m), die man mit dem Auto auf einer kurvenreichen Straße erreichen oder auch zu Fuß erwandern kann und die für ihren Blumenreichtum im Frühjahr bekannt ist.

Auf der SS 3 sind es von Cagli 16 km bis nach **Cantiano** mit schönem mittelalterlichem Zentrum. Ausgangspunkt für zahlreiche Wanderungen in der Umgebung von Cagli ist **Frontone** (15 km von Cagli, Straße Richtung Pergola, dann rechts ab). Von hier startet ein Wanderweg auf den *Monte Catria*.

Das Kloster Fonte Avellana

**Wandern**: Eine einfache Wanderung führt von Frontone in südliche Richtung zunächst auf einer Asphalt-, dann auf einer Schotterstraße zum **Kloster Fonte Avellana** (nicht durchgehend befahrbar!). Von Frontone die Straße Richtung Foce nehmen, an einem Steinbruch vorbei, nach Foce an der Weggabelung links und am Hang hinauf, Dauer: ca. 2–2:30 Std., beschildert. Keine Busse, daher zurück derselbe Weg.

# Kloster Fonte Avellana

Allein die wunderschöne, völlig abgeschiedene Lage des Klosters am Fuß des Monte Catria lohnt den Besuch. Ein ruhiger und entspannender Ort am Waldrand, den Dante im „Paradies" seiner „Göttlichen Komödie" verewigt hat.

Im Jahr 980 wurde hier vom heiligen Romualdo eine erste Einsiedelei gegründet, bald darauf kam der Eremit Pier Damiano aus Ravenna hierher. Dante Alighieri soll hier Anfang des 14. Jh. nach seiner Verbannung aus Florenz eine Zeit lang im Exil gewesen sein (eine Büste erinnert an ihn). Während die ältesten Teile der Anlage noch aus dem 11. Jh. stammen, wurde der Glockenturm erst Ende des 15. Jh. angebaut; bis ins 20. Jh. hinein hat man diverse bauliche Veränderungen vorgenommen. Seit Mitte des 16. Jh. ist das Kloster im Besitz der Kamaldulenser, heute leben hier noch zwölf Mönche. Das Kloster mit romanischer Kirche, Krypta, Skriptorium und Kreuzgang kann nur im Rahmen einer Führung besichtigt werden. Seit einigen Jahren ist auch der *Orto botanico* (Klostergarten) für die Öffentlichkeit zugänglich, ebenso können ernsthaft Interessierte nach Anmeldung jeweils eine Woche (So bis Sa) am klösterlichen Leben teilnehmen.

**Anfahrt** Von Frontone über Serra San Abbóndio, die letzten 8 km durch herrliche Landschaft im schmalen Tal des Cesano und dann den Berg hinauf zum Kloster. Keine Busverbindung!

**Öffnungszeiten/Führungen** Es finden Mo–Sa jeweils um 10, 11, 15, 16 und 17 Uhr Führungen statt, So von 10–12 und 14.30–18 Uhr alle 30 Min. Eine Spende wird erwartet. ✆ 0721-730261, info@fonteavellana.it, www.fonteavellana.it.

**Einkaufen/Bar** Antica Farmacia dei Monaci Camaldolesi, beim Parkplatz. Verkauft werden hier Kosmetika (Haarshampoo, Cremes, Seifen, Parfüm usw.), Kräutertees und andere Kräuterprodukte, Öle, Likör, Honig, Marmelade etc. – alles sehr heilsam und ideal als Souvenir. Geöffnet tägl. 9–18.30 Uhr. Nebenan gibt es eine **Bar** mit denselben Öffnungszeiten.

# Im Valcesano Richtung Küste

Die Strecke führt von **Pergola** (am Zusammenfluss von Cinisco und Cesano) auf der SS 424 nach **San Lorenzo in Campo**. Im immer breiter werdenden unteren Tal des Cesano (viel befahrene Strecke) lohnen Abstecher in die Orte **Mondavio** und **Corinaldo**, Letzterer schon in der Provinz Ancona gelegen (→ S. 156).

## Pergola                                                      ca. 6600 Einwohner

Die kleine Stadt mit ansehnlichem Centro Storico liegt schön zwischen den Weinbergen im Tal des Cesano – hier wird der *Vernaculum* bzw. *Vernacolo* angebaut, eine rote Vernaccia-Rebe. Der mittelalterliche Stadtkern stammt in Teilen noch aus dem 13. Jh., zu sehen sind zahlreiche gut erhaltene Palazzi aus dieser Zeit, aber auch die *Chiesa San Francesco* aus dem Jahr 1255. Seine Blütezeit erlebte Pergola im 17. und 18. Jh., als die Stadt Handelszentrum zwischen Umbrien und den Adria-Orten war. Ansonsten deckt sich Pergolas Geschichte in vielen Punkten mit der anderer Orte der nördlichen Marken: beherrscht von den Malatesta und den Montefeltro, ab 1631 Teil des Kirchenstaates. Im September 1860 war Pergola übrigens die erste Stadt der Marken, die sich – im Zuge des Risorgimento – gegen den Kirchenstaat auflehnte. Berühmtheit erlangte Pergola im Jahr 1946 durch einen außergewöhnlichen Fund (→ Kasten, S. 125).

**Museo dei Bronzi Dorati e della Città di Pergola**: Das einzige Museum der Stadt (300 m von der großen Kreuzung an der Straße Richtung Fabriano/Serra San Abbóndio auf der linken Seite) wurde eigens für die berühmte gleichnamige Bronzegruppe eingerichtet. Zu sehen sind außerdem Gemälde von Claudio Ridolfi (1570–1644) sowie römische Mosaike und Büsten verschiedener Päpste und Heiliger.

Das Herzstück des Museums, die berühmten *Bronzi Dorati da Cartoceto di Pergola*, so der vollständige Name, sind in einem gesonderten Raum mit einer konstanten Temperatur von 18 °C untergebracht. Wen genau die vier Figuren darstellen und wie sie auf einen unbedeutenden Acker in der Provinz gelangten, ist nicht geklärt und gab Anlass zu diversen Theorien. Jahrelang nahm man an, dass es sich bei den dargestellten Personen um Livia (die dritte Frau von Kaiser Augustus und Mutter von Kaiser Tiberius), Agrippina (die Frau von Tiberius' Neffen Germanicus) sowie Nero und Drusus III. (Söhne von Agrippina) handelt, Mitglieder der kaiserlichen Familie im 1. Jh. n. Chr. also. Nach diversen Meinungsverschiedenheiten soll Tiberius gegen die beiden Söhne der Agrippina die *damnatio memoriae* ausgesprohaben: Im alten Rom bedeutete dies die Auslöschung sämtlicher Abbildungen der geächteten Personen. Man geht davon aus, dass die *Bronzi Dorati* daraufhin aus Rom wegtransportiert und – warum auch immer – auf einem Acker bei Pergola landeten. Eine andere, neuere Theorie besagt, dass die Figurengruppe gar nicht in Rom, sondern in der Bronzegießerei des etwa 18 km entfernten Sentinum (bei Sassoferrato, → S. 199) angefertigt wurde. Demnach soll es sich um eine sehr reiche adlige Familie aus der Zeit um 50–30 v. Chr. handeln: ein gewisser Dominizi Enobarbi mit seinem Ziehsohn Lucio Minucio Basilo, Letzterer bekannt als nicht gerade zimperlicher Statthalter von Sentinum und späterer Mitverschwörer und einer der Mörder Caesars im Jahr 44 v. Chr. Um wen es sich bei den beiden Damen handeln könnte, ist noch nicht erforscht.

Die Provinz Pesaro und Urbino
Karte → S. 80/81

### Die Sensation auf dem Acker

Juni 1946: Auf einem Acker bei Pergola sind die Brüder Pietro und Giuseppe Peruzzini mit der Feldarbeit beschäftigt. Nichts Ungewöhnliches so weit – bis sie auf mehrere riesige Metallstücke stoßen, die allem Anschein nach aus purem Gold sind. Für die Peruzzinis muss dieser Fund wie ein Geschenk des Himmels gewesen sein, doch zu früh gefreut: Entdeckt hatten die beiden eine Bronzegruppe aus dem 1. Jh. n. Chr., die lediglich vergoldet war – für Archäologen eine Sensation, da diese Skulpturengruppe nicht der mittelalterlichen Einschmelzwut wertvoller Metalle zum Opfer gefallen und so als wichtiges Zeugnis römischer Kunst erhalten geblieben war. Für die Brüder Peruzzini war der Fund jedoch vermutlich eine herbe Enttäuschung, denn von ihrer Entdeckung hatten die beiden gar nichts.

Was im Folgenden um die Bronzi Dorati, wie die im Laufe der nächsten Jahre vollständig ausgegrabenen Überreste genannt werden, entbrannte, war ein hässlicher Streit um Besitzansprüche. Selbstverständlich reklamierte Pergola sämtliche Rechte an der aus zwei Reitern mit Pferden und zwei Frauen bestehenden Figurengruppe für sich, aber auch Ancona meldete seinen Anspruch auf den sensationellen Fund an. Nach langem Hin und Her konnte man sich schließlich doch einigen: Die originalen *Bronzi Dorati* sind in Pergola zu sehen (→ oben), das *Museo Nazionale delle Marche* in Ancona (→ S. 166) stellt eine geradezu perfekte Kopie aus.

**Öffnungszeiten/Eintritt**   Im Juli/August tägl. 10–12.30 und 15.30–19 Uhr; ansonsten Di–So 10–12.30 und 15.30–18.30 Uhr, Mo geschlossen. Eintritt 6 €, erm. 5 € (Rentner über 65 J.), Kinder 6–11 J. 3 €, unter 6 J. frei. Largo S. Giacomo, ℘ 0721-734090, museo.bronzidorati@libero.it, www.bronzidorati.com.

**Verbindungen**   Zug 2x tägl. über Sassoferrato nach Fabriano, der Bahnhof liegt et-was außerhalb an der Straße Richtung Fabriano (beschildert).

**Busse** fahren im Zentrum an der großen Kreuzung (am Anfang des Viale Martiri della Libertà) ab. 8x tägl. via San Lorenzo in Campo und Fano nach Pesaro, 4x via Cagli nach Urbino, 3x nach Fabriano. Tickets beim Tabaccaio und im Bus, Fahrplan in der Bar gegenüber der Haltestelle.

## San Lorenzo in Campo

ca. 3500 Einwohner

In dem hübschen Dorf mit kleinem Centro Storico wurde bereits im 7. oder 8. Jh. eine Benediktinerabtei gegründet, deren Kirche San Lorenzo noch gut erhalten ist (leider nicht zugänglich). Mitte des 16. Jh. bauten sich hier die della Rovere ihren Palazzo. Sehenswert ist neben dem Ort selbst besonders das archäologische Museum, in dem auch Funde aus dem nahe gelegenen Ausgrabungsgelände von Suasa ausgestellt sind. Mehrmals täglich fahren Busse nach Fano und Pesaro. Dienstagvormittag findet ein Wochenmarkt statt. Es gibt kein Touristenbüro, aber ein paar spärliche Informationen im Büro der Kommune im Zentrum. Anfang September findet das mittelalterliche Fest „Palio della Rovere" statt, mit historischem Umzug und einem kleinen Markt.

**Museo Archeologico del Territorio di Suasa**: Kleines, aber vorbildlich aufgebautes Museum (von der Durchgangsstraße beschildert); zu sehen sind prähistorische Funde aus der Gegend sowie (im hinteren Raum) zahlreiche Exponate aus römischer Zeit.

Vom 1.7. bis 31.8. Di–Sa 16–20 Uhr, So 10.30–12.30 und 16–20 Uhr geöffnet, Mo geschlossen. In der Nebensaison nur am Wochenende 15.30–19.30 Uhr, im Winter ganz geschlossen. Eintritt 5 €, Kombiticket Museum und Archäologischer Park (inkl. Museo Civico, → unten) 9 €. Infos unter ℘ 071-966524 (nur vormittags).

**Parco Archeologico di Suasa**: Eine römische Villa mit hervorragend erhaltenem Mosaikfußboden wurde schon freigelegt, die Arbeiten auf dem Gelände dauern jedoch noch immer an. Daneben befindet sich das Amphitheater von Suasa (Eintritt frei), auf der linken Seite der Straße das Forum. Die Stadt wurde 409 n. Chr. von den Goten zerstört. Im Ort **Castelleone di Suasa** (südlich der Ausgrabungen auf dem Hügel) gibt es ein interessantes *Museo Civico*, in dem Funde aus dem *Parco Archeologico* zu sehen sind (gleiche Öffnungszeiten wie der Archäologiepark). Weitere Informationen unter ℘ 071-966524, www.consorziosuasa.it).

**Anfahrt**   Zunächst auf der Straße Richtung Marotta, nach 2 km rechts ab Richtung Castelleone di Suasa, nach dem großen Möbelhaus „Mobili Suasa" links ab, ab hier sind es noch 2 km. Keine Busverbindungen!

**Öffnungszeiten/Eintritt**   Vom 1.7. bis 31.8. Di–Sa 16–20 Uhr, So 10.30–12.30 und 16–20 Uhr geöffnet, Mo geschlossen. In der Nebensaison nur am Wochenende 15.30–19.30 Uhr, im Winter ganz geschlossen. Eintritt 5 €, Kombiticket mit den Museen in San Lorenzo in Campo und in Castelleone di Suasa 9 €. Diverse Kinderermäßigungen.

**Essen & Trinken** ⟫⟫ **Lesertipp**: La Luna nel Pozzo, „einladender Natursteinbau an der Straße in San Vito sul Cesano, 4 km von San Lorenzo in Richtung Pergola. Hervorragende hausgemachte Pasta, probieren Sie die *Lunette verdi all'asparagi*, Nudeltaschen mit Spinat und Spargel. Auch leckere Fleischgerichte. Mittleres Preisniveau." Netter Garten. Loc. San Vito sul Cesano, 61047 San Lorenzo in Campo (PU), ℘ 0721-775241, info@ristorantelalunanelpozzo.it, www.ristorantelalunanelpozzo.it. ⟪⟪

# Mondavio

Auf einem Hügel über dem Cesano-Tal gelegen, ein wirklich einladendes Städtchen. Am Rand des historischen Zentrums thront die *Rocca Roveresca*, eine typische Wehranlage von Francesco di Giorgio Martini, die ein wenig auch der Festung von Sassocorvaro ähnelt. Die Festung von Mondavio baute Martini allerdings nicht für Federico da Montefeltro, sondern für die della Rovere, daher auch der Name der Rocca. Das Städtchen ist noch heute von seinen komplett erhaltenen Wehrmauern umgeben, ein Spaziergang durch das Cent-

Wehrhaft: die Burg von Mondavio

ro Storico mit seinen zahlreichen Kirchen und der *Pinacoteca* lohnt ebenso wie der Abstecher in das *Museo di Rievocazione Storica* und das *Museo Armeria* in der Festung – Waffen und durch lebensgroße Puppen nachgestellte Szenen aus dem 15.–18. Jh. (tägl. 9–12 und 15–19 Uhr, Eintritt 4 €, Kinder 6–12 J. 3 €, Infos unter ☎ 0721-977758). Wer im Sommer in der Gegend unterwegs ist, sollte sich zwei Termine nicht entgehen lassen: Vom 11. bis zum 15. August feiert man hier die *Rievocazione Storica*, das große mittelalterliche Stadtfest, bei dem neben der Wildschweinjagd *(caccia al cinghiale)* auch Armbrust- und Bogenschießen, Schwertkämpfe und Theateraufführungen zu sehen sind, dazu Gaukler, Fahnenschwinger und viele weitere Kostümierte. Am letzten Septemberwochenende finden in der Rocca von Mondavio die italienischen Meisterschaften im mittelalterlichen Armbrustschießen *(Antica Balestra)* statt.

**Information**  Pro Loco/I.A.T., im Zentrum am Corso Roma 1, ☎ 0721-97102, tägl. 9–12 und 15–19 Uhr geöffnet, turismo@mondavio proloco.it, www.mondavioproloco.it.

**Übernachten/Essen**  *** Albergo Ristorante La Palomba, traditionsreiches Haus gegenüber der Rocca Roveresca, mit einladendem **Ristorante** (mit Kamin) und Bar. 15 ansprechende Zimmer mit Bad, TV und Balkon, die kürzlich renoviert wurden. Im Re-

staurant kommen regionale Gerichte wie auch ausgewählte Weine der Marken auf den Tisch. Mit Terrasse. Mittags und abends geöffnet, günstige Mittagsmenüs, im Winter am Sonntagabend geschlossen. EZ 50 €, DZ 70 €, Frühstück 5 € pro Pers., Halbpension 55 € pro Pers. – für das Gebotene günstig. Via Gramsci 13, 61040 Mondavio (PU), ☎ 0721-97105, ✆ 0721-989490, info@lapalomba.it, www.lapalomba.it.

Im unteren Cesano-Tal empfiehlt sich auch ein Abstecher ins nur wenige Kilometer südlich gelegene **Corinaldo**. Näheres hierzu finden Sie auf S. 156.

Ein sakrales Kleinod befindet sich direkt an der SS 424 wenige Kilometer vor Marotta in Mondolfo: die einschiffige Kirche **San Gervasio di Bulgaria** aus dem 5./6. Jh., eine der ältesten erhaltenen Kirchen der Marken. Ihr Inneres wurde zwar in späteren Jahrhunderten verändert, aber die schlichte rote Ziegelfassade und Teile der Krypta mit schön verzierten Kapitellen sowie ein präromanischer Marmorsarkophag sind erhalten geblieben. Die Küsterin Angelina wohnt in unmittelbarer Nähe (Hausnr. 106) und hält sich häufig in der Kirche auf. Falls geschlossen ist, hat sie nichts dagegen, wenn man bei ihr klingelt.

Wie im Märchen – die Festung Gradara

# Die Küste von Gabicce bis Marotta

**Das landschaftliche Highlight dieses kurzen Küstenabschnitts ist eindeutig der Regionalpark Monte San Bartolo mitsamt seiner kurvenreichen Küstenstraße, wo es auch einige kleine Buchten und alte Dörfer hoch über dem Meer gibt.**

Gut baden kann man auch im etwas nördlich des Regionalparks gelegenen **Gabicce Mare** – sehr familienfreundlich und mit unzähligen Hotels aller Kategorien. Wer urbanes Leben mit Strandanschluss sucht, ist in **Pesaro** oder **Fano** an der richtigen Adresse, wobei Fano sicherlich noch eine Spur attraktiver ist. Südlich von Fano schließen sich die beiden Badeorte **Torrette** und **Marotta** ohne nennenswerte Attraktionen an, sieht man einmal von den breiten Stränden und der Tatsache ab, dass in der Werft von Marotta hochwertige Nobeljachten gefertigt werden. Auf keinen Fall versäumen sollten Sie einen Besuch der **Festung Gradara** nur wenige Kilometer von Gabicce und Pesaro entfernt: eine eindrucksvolle und geschichtsträchtige Burg aus dem 15. Jh. und ein garantiertes Highlight des Familienurlaubs.

## Festung Gradara    verbinden mit Pesaro / Fano

**Zinnengekrönt thront die mächtige Burg auf einem Hügel direkt neben der Autobahn A 14. Bekannt ist die Festung der Malatesta vor allem wegen der tragischen Liebesgeschichte von Paolo und Francesca, von der Dante in seiner „Göttlichen Komödie" erzählt.**

Die Festung Gradara umfasst nicht nur die wehrhafte Burg, sondern auch eine kleine Stadt innerhalb eines geschlossenen Mauerrings (700 m Umfang) mit 16 Türmen. Der älteste Teil der Festung stammt aus dem 12. Jh. Ende des 13. Jh. errichteten die Malatesta hier eine erste Residenz, die aber erst ab Mitte des 15. Jh. unter Sigismondo Pandolfo Malatesta (1417–1468) weiter ausgebaut und von einem äußeren Mauerring, dem *Girone* (= „großer Kreis"), umgeben wurde. Bis Ende des 15. Jh. entstand auch die kleine Stadt zwischen erstem und zweitem Mauerring.

1463 fiel die Festung – im Zug der Entmachtung Sigismondos – zunächst an die Montefeltro, dann an die Sforza. Strategisch geschickt heiratete Giovanni Sforza hier 1493 Lucrezia Borgia (die Tochter von Papst Alexander VI.) und erhielt Gradara als päpstliches Lehen. 1497 wurde die Ehe wegen Kinderlosigkeit annulliert, Giovanni vom Papst für impotent erklärt. Die Kirche entzog den Sforza daraufhin neben Gradara auch die Herrschaft über Pesaro, und erst nach dem Tod Alexanders im Jahr 1504 konnte Giovanni zurück auf seine Burg. 1512 fiel Gradara an die della Rovere, 1631 übernahm die Kirche hier wieder die Macht.

## Die Geschichte von Paolo und Francesca

Unter Tränen erzählt Francesca im fünften Gesang in Dantes „Inferno" der „Göttlichen Komödie" die Geschichte ihrer Liebe zu Paolo: Eine jahrelange Fehde zwischen ihrer Familie, den *da Polenta* (aus Ravenna), und den *Malatesta* sollte durch die Heirat zwischen Francesca und Gianciotto Malatesta beigelegt werden. Gianciotto war nicht mehr der Jüngste, wenig ansehnlich und obendrein hinkte er, sodass man befürchtete, die schöne, junge Francesca könnte sich ihm verweigern und den neuen Frieden zwischen den Familien gefährden. Man präsentierte ihr also eine angenehmere Erscheinung: Gianciottos jüngeren Bruder Paolo. Francesca verliebte sich auf der Stelle unsterblich in Paolo und willigte sofort in die Heirat ein. Groß war der Schock, als sie kurz darauf ihren eigentlichen Gatten zu Gesicht bekam.

Das frisch getraute Paar zog in die Festung Gradara ein, die Ehe nahm ihren wenig romantischen Lauf, bald jedoch zog sich Gianciotto immer öfter nach Pesaro zurück, wo er seiner ehrenvollen Aufgabe als *Podestà* (eine Art Stadtvogt, Schlichter und Schiedsrichter) nachkam. Im Gegenzug kam Paolo immer öfter zu Besuch nach Gradara, die Liebe zwischen ihm und seiner Schwägerin entflammte aufs Neue. Ein Diener erzählte Gianciotto von dem Verhältnis. Dieser täuschte eines Morgens seine Abreise vor, kam überraschend nach einer Stunde zurück und ertappte Bruder und Ehefrau in leidenschaftlicher Umarmung. Gianciotto – nicht gerade für Zimperlichkeit bekannt – zog die Konsequenz und stieß sein Schwert durch beide hindurch, sodass die Liebenden auch im Tod vereint waren.

Zugetragen hat sich die wahre Geschichte von Paolo und Francesca Ende des 13. Jh. 1275 fand die Hochzeit statt, 1287 entledigte sich Gianciotto seiner Ehefrau und seines Bruders – er selbst wurde hundert Jahre alt. Die Geschichte erfuhr Dante von der Familie *da Polenta*, mit der er eng befreundet war. Paolo war er während seiner Jugend in Florenz sogar schon selbst begegnet, als dieser *Capitano* der Stadt war.

Die Provinz Pesaro und Urbino
Karte → S. 80/81

## Rundgang

Man betritt die Festung Gradara durch die *Porta del Castello* im äußeren Uhrturm *Torre l'Orologio*, dem einzigen Zugang zur Stadt am unteren Ende des *Girone*. Über die Via Umberto I (mit zahlreichen Souvenirshops und teuren Snackbars) kommt man bergauf zur *Torre Campanaria*, nebenan die *Chiesa di San Giovanni Battista*. In die Rocca selbst geht es nun über eine Zugbrücke (früher über einen Wassergraben); man gelangt in den anmutigen Innenhof mit Bogengängen und in den Stein

Hier nahm die Tragödie ihren Lauf: Festung Gradara

gemeißelten Wappen. Linker Hand geht man durch einen Vorraum in die schöne Kapelle, in der ein kostbares Keramik-Altarbild (Ende 15. Jh.) von Andrea della Robbia (1435–1525) hängt. Gegenüber vom Bookshop befindet sich die *Folterkammer*. Diese und der darüberliegende Saal sind der Ursprung der Festung. Die Anlage des Wehrturms aus dem 12. Jh., an den die Festung angebaut wurde, ist heute noch zu erkennen. Zwischen Folterkammer und *Wachraum* der Soldaten führt die Treppe hinauf zum *Piano Nobile:* Man betritt zunächst die *Sala di Mastio,* den Turmsaal. Im anschließenden *Salone di Sigismondo e Isotta* verläuft unterhalb der Kassettendecke ein Freskenband, das neben dekorativen Motiven und Malatesta-Wappen auch Porträts von Sigismondo Pandolfo Malatesta nebst der von ihm angebeteten Isotta degli Atti zeigt. Ein umlaufendes Freskenband schmückt auch die anschließende *Sala di Passione*, es stellt die Passion Christi dar und stammt von Amico Aspertini (1475–1552).

Die nächsten Stationen des Rundgangs, die *Sala Malatestina* und der kleine Raum nebenan *(Camerino di Lucrezia Borgia),* waren zuletzt wegen Restaurierungsarbeiten geschlossen. In letzterem findet sich ein zum Teil erhaltenes Fresko von Aspertini, das zur Zeit der Hochzeit von Lucrezia Borgia 1493 entstand. Zu sehen ist u. a. das „Urteil des Paris" aus der griechischen Mythologie. Es folgen die *Camera del Leone Sforzesco*, in der Sie mehreren sich aufrichtenden Löwenfiguren mit Drachenschwingen begegnen, die *Camera del Cardinale* und die *Sala di Putti.* Letztere hat ihren Namen von den Freskendarstellungen an den Wänden: Putten, die allerdings nur nicht pausbäckig niedlichen Beschäftigungen nachgehen, sondern recht gewalttätig auf der Jagd sind. In der folgenden *Camera Rossa* steht ein rotes Bett mit Baldachin aus dem 17. Jh. und in der *Sala del Consiglio* – hier im Ratssaal entschieden die Malatesta über die hohe Politik – verdienen die kunstvoll gemeißelten Portale besondere Beachtung: *maledictus homo qui confidit in homine* ist die schlecht gelaunte Botschaft, „verflucht ist der Mann, der sich auf Menschen verlässt" (Jer 17,5) – Politik eben. Zu sehen ist hier außerdem ein großflächiges Fresko aus dem 15. Jh., das die Schlacht zwischen den Römern und den Sabinern darstellt. Dann endlich, ein Gang führt über die Zugbrücke, ist man am Ort der Tragödie angelangt, in der *Camera di Francesca*. In diesem gemütlichen Zimmer hat Gianciotto seine Frau und seinen Bruder in flagranti ertappt und umgebracht. Der Rundgang endet passenderweise im Gerichtssaal, der *Sala di Giustizia*.

**Information**  Pro Loco, gleich am Eingangstor und nicht zu übersehen. Mo–Fr 9–13 Uhr, im Sommer auch Sa/So 9–13 Uhr. Piazza 5 Novembre 1, ✆ 0541-964115, 📠 0541-823035, info@gradara.org, www.gradara.org.

**Verbindungen**  Im Sommer halbstündlich (6.30–19.30 Uhr, im August bis spätabends) **Busse** ab Gabicce Mare (1,50 € einfach), in den Wintermonaten und sonntags eingeschränkt. Es gibt auch einen **Trenino** ab Gabicce Mare, der direkt bis zum Eingangstor der Festung fährt (7 €/hin und zurück, Kinder frei): 6x tägl., im Sommer zusätzlich abends 4–5x.

**Anfahrt/Parken**  Am besten von Gabicce aus, 6 km, beschildert. Eine Stunde am oberen Parkplatz (nahe dem Eingang) kostet 1,50 €, ganzer Tag 5 € (gebührenpflichtig von 8–23 Uhr). Ganz weit unten im Ort kann man auch kostenlos parken, dann ist es aber ein gutes Stück hinaufzulaufen.

**Öffnungszeiten/Eintritt**  Mo 8.30–13 Uhr, Di–So 8.30–18.30 Uhr, im Juli/August auch Do–Sa 20–24 Uhr (dann mit Führung für 8 €/Pers., ermäßigt 5 €). Eintritt 4 €, erm. (18–25 J.) 2 €, Kinder 11–17 J. 1 €, unter 10 und über 65 J. frei. Eintritt inkl. Sonderausstellungen und Mauerring (→ unten) 7 €, ermäßigt 5 €, nur Mauerring und Museum 5 €, erm. 3 €, Kinder und Rentner 1 €. Führungen finden tägl. um 10.30 Uhr in Italienisch statt, oftmals Gruppen, falls noch Plätze frei sind, kann man sich anschließen (4 € pro Pers.). Der Museumsführer in Deutsch kostet 2,50 €. Alle weiteren Infos bei der Pro Loco, → oben.

Über die Besichtigung der Räumlichkeiten in der Festung hinaus kann man auch auf dem südlichen und westlichen Teil des äußeren **Mauerrings** zur Festung spazieren. Aufgang beim Eingangstor; 2 €, ermäßigt 1 €.

**Essen & Trinken**  Mehrere Trattorien, Osterien und Enotheken innerhalb des Mauerrings, für jeden Geschmack und Geldbeutel.

*Die Provinz Pesaro und Urbino   Karte → S. 80/81*

# Gabicce Mare/Gabicce Monte    ca. 6000 Einwohner

Ansprechender Badeort mit schönem Sandstrand, nicht so riesig wie die anderen Adria-Orte, aber mit hohem Freizeitwert: Gabicce ist der ideale Ausgangspunkt für Ausflüge in die nördlichen Marken. Der Regionalpark Monte San Bartolo liegt vor der Haustür.

Der nördlich vom Ort verlaufende Fluss Tavollo (hier auch der alte Hafen) markiert nicht nur die Grenze zwischen Gabicce und Cattolica, sondern auch die zwischen der Emilia-Romagna und den Marken, eine Fußgängerbrücke führt hier hinüber nach Cattolica. Gabicce Mare, das alte Fischerdorf, hat schon längst auf Tourismus umgerüstet, lediglich im alten Hafen dümpelt noch das eine oder andere Fischerboot. Das kompakte und verkehrsberuhigte Ortszentrum bietet alles, was das Urlauberherz begehrt: zahlreiche Restaurants, Cafés, Gelaterie und Pubs. Hauptattraktion ist natürlich der herrliche, gepflegte Sandstrand zwischen dem Leuchtturm und der Felsküste des Monte San Bartolo – in den letzten Jahren fast immer mit der *Bandiera Blu* für besondere Sauberkeit und Umweltfreundlichkeit ausgezeichnet. Im Bereich des Ortes ist fast der gesamte Strand den jeweiligen Hotels vorbehalten, in südlicher Richtung gibt es dann auch frei zugängliche Strandabschnitte. Durch die Steindämme ist der Strand zudem sehr kinderfreundlich (auch Tretbootverleih und Surfschule).

Wesentlich älter als der Badeort ist **Gabicce Monte,** das als *Castellum Ligati* bereits in den Chroniken des 10. Jh. auftaucht. Hier oben, 140 m über dem Meer, geht es exklusiver zu als in Gabicce Mare. Paolo und Francesca, das tragische Liebespaar aus Dantes „Göttlicher Komödie" (→ S. 129), sollen oft zu Pferde hierher gekommen sein, um die Aussicht zu genießen.

## Basis-Infos

**Information** I.A.T. an der Hauptstraße Viale della Vittoria 41, auf der rechten Seite. Viel Informationsmaterial, Hotelverzeichnis, Stadtplan etc. In der Hochsaison durchgehend geöffnet, ansonsten tägl. 9–13 und 15–18.30 Uhr. ✆ 0541-954424, ✆ 0541-953500, www.gabiccemare.com.

**Verbindungen** Der nächste **Bahnhof** befindet sich in Cattolica. Von Gabicce bestehen hervorragende **Busverbindungen** in die Umgebung: 6.30–19.30 Uhr stündlich nach Pesaro (hier umsteigen nach Urbino), Gradara und Cattolica (in der Hochsaison bis Mitternacht); hier umsteigen nach Rimini. Abfahrt der Busse an der Via Aldo Moro, nahe dem Kreisel am Ortseingang, von der SS 73 kommend. Tickets beim Tabaccaio oder im Bus.

Die orangen **Stadtbusse** fahren im Sommer mindestens stündlich (So nur 2x tägl.) nach Gabicce Monte und auf der Panoramastraße des Monte San Bartolo (mit Stopp in Fiorenzuola, Casteldimezzo und bei den Campingplätzen) nach Pesaro. Abfahrt am Viale della Vittoria, unweit Palazzo del Turismo. Tickets beim Tabaccaio oder im Bus.

**Taxistand,** Piazzale Municipio und Viale della Repubblica 1, ✆ 0541-954472.

**Banken** Im Zentrum.

**Bootsausflüge** Mit der „Queen Elisabeth" die Küste entlang, Halbtagesausflüge zur Baia Vallugola, nach Pesaro, Fano, Rimini. Pro Pers. 8–16 €, Kinder meist ca. 5 € weniger, Abfahrt am Alten Hafen bei der Fußgängerbrücke in Gabicce Mare. Infos unter ✆ 333-5030172 oder 339-6848787, www.queenelisabeth.it.

**Einkaufen** Shoppingstraße ist hauptsächlich die Via Vittorio Veneto (verläuft parallel zum Lungomare durchs Zentrum): Boutiquen, Schuhe, Accessoires und alles, was man für einen Tag am Strand so braucht.

**Erste Hilfe** Unter ✆ 0541-830562 oder ✆ 0541-950355 zu erreichen.

**Fahrradverleih** Im Zentrum.

**Polizei** In der Via XXV Aprile, ✆ 0541-954507; die Carabinieri finden Sie in der Via Trento 25 beim alten Hafen, ✆ 0541-954629.

**Post** In der Via XXV Aprile etwas außerhalb (zweigt ortsauswärts links vom Viale della Vittoria ab).

**Veranstaltungen** Alljährlich zu Ostern Internationales Radtouristiktreffen.

## Übernachten/Essen & Trinken/Nachtleben

Die Auswahl an Übernachtungsmöglichkeiten ist enorm, in Gabicce Mare ist mindestens jedes zweite Haus ein Hotel, man zählt an die 100 Unterkünfte. Trotz dieses umfangreichen Angebots sollte man für die Hochsaison (August) spätestens im April buchen, der Ort erfreut sich vor allem bei italienischen Badegästen allergrößter Beliebtheit. Die meisten Hotels sind ab Ostern (manche auch erst ab Anfang Mai) bis Ende September geöffnet. Hier nur zwei Empfehlungen:

**Hotels** **** Posillipo,** Nobelherberge in Gabicce Monte mit herrlichem Blick die Küste entlang bis nach Rimini. Mit Pool, Terrasse, Bar, Ristorante (→ unten), eigenem Parkplatz, Shuttle-Service zum Strand. Komfortable und gemütliche Zimmer mit Meerblick, viele mit Balkon. DZ mit Bad, TV, Kühlschrank, Aircondition und inkl. Halbpension 198–280 €, DZ als EZ auf Anfrage, 3 Tage Mindestaufenthalt, kleine Hunde erlaubt (5 €/Tag). Auch Appartements: für 2–4 Pers. 650 € pro Woche, für 4–6 Pers. 1100 €/Woche. April bis Oktober geöffnet. Via Dell'Orizzonte 1, Loc. Gabicce Monte, 61011 Gabicce Mare (PU), ✆ 0541-953373, ✆ 0541-953095, info@hotelposillipo.com, www.hotelposillipo.com.

*** **Marinella**, der Tipp für Fahrradfahrer! Das Traditionshaus gibt es hier seit über 60 Jahren, nahe der Piazza Matteotti im Zentrum gelegen, direkt am Strand. Ausgesprochen netter Service (Signore Walter spricht Deutsch) und hübscher kleiner Garten, die Lage ist ideal. Tiefgarage (einige 100 m entfernt), Fahrradverleih (Bike-Hotel). Angenehme Atmosphäre und ebenso angenehme Zimmer mit Bad, TV und Balkon. EZ 120–150 €, DZ 150–180 €, jeweils mit Frühstück. Geöffnet Mitte März bis Ende September. Via Vittorio Veneto 127, 61011 Gabicce Mare (PU), ✆ 0541-954571, ✉ 0541-950426, info@hotel-marinella.it, www.hotel-marinella.it.

**Campingplätze** → „Regionalpark Monte San Bartolo", S. 134.

**Essen & Trinken**    **Ristorante Posillipo**, gehört zum gleichnamigen Hotel (→ oben), nobles Ambiente mit schönem Blick auf die Küste (v. a. abends), der allein einen Besuch hier wert ist. Service der alten Schule, Schwerpunkt Fisch, gar nicht mal so viel teurer als die Restaurants unten am Hafen. Mittags und abends geöffnet, Mi geschlossen.

**Osteria della Miseria**, von Gabicce Monte auf der Panoramastraße am Monte San Bartolo Richtung Casteldimezzo, kurz hinter der Abzweigung zum Hotel Capo Est rechts hinauf (Schild). Mit Terrasse, bodenständiger Küche (dabei eine gute Weinauswahl), sehr schönem Ambiente, nettem Service, persönlicher Atmosphäre. Auch das Preis-Leistungs-Verhältnis stimmt – für ein Menü sollten Sie um 25–30 € pro Pers. rechnen. Nur abends ab 19.45 Uhr geöffnet, Mi geschlossen. Via dei Mandorli 2, ✆ 0541-958308, www.osteriadellamiseria.it.

**Il Traghetto**, am Kanalhafen, viel gelobtes Fischrestaurant, Tische auch draußen direkt am Wasser und auf der überdachten Terrasse. Mittags und abends geöffnet, Di geschlossen. Via del Porto 27, ✆ 0541-958151.

**Ristorante Pizzeria Lo Squero**, nur wenige Meter von Il Traghetto entfernt, am neuen Yachthafen von Gabicce, recht schick und eher teuer, mittags und abends geöffnet, Mi geschlossen. Via del Porto 15, ✆ 0541-967318.

**Caffè Vittoria**, gegenüber dem Palazzo Turismo. Überzeugende Törtchen-Vitrine. Viale Vittoria 28.

**Nachtleben**    **Baia Imperiale**, eine der bekanntesten Discos in Italien mit verschiedenen Pools und Open-Air-Bereichen, alles im „kaiserlichen, römischen Stil" mit fantastischem Blick. Einmalige Lage, einmaliges Ambiente, einmalige Preise – allein der Eintritt kostet ca. 20–25 €. Trotzdem: Eine durchtanzte Nacht im Baia Imperiale zählt sicher zu den besonderen Erlebnissen, man sollte sich allerdings entsprechend stylen. Im Juli und August tägl., ansonsten nur Fr/Sa und zu besonderen Anlässen/Festen geöffnet. Via Panoramica, auf halber Strecke nach Gabicce Monte in einer Kurve auf der linken Seite gelegen, kaum zu übersehen, www.baiaimperiale.net.

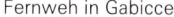

Die Provinz Pesaro und Urbino    Karte → S. 80/81

Fernweh in Gabicce

# Regionalpark Monte San Bartolo

**Das kleine Vorgebirge zwischen Gabicce und Pesaro erstreckt sich auf 10 km Länge und fällt stellenweise von bis zu 200 m Höhe steil zum Meer hin ab.**

Der Regionalpark Monte San Bartolo wurde 1994 gegründet und umfasst eine Fläche von 1600 ha. Für Seevögel ist der Park ein Paradies – es gibt nur wenige Strände, wenig Bebauung und somit wenig Störung. Vor allem in den Wintermonaten bietet der Küstenabschnitt Schutz u. a. für Möwen, Kormorane und Eistaucher, im Frühjahr legen Störche und Reiher auf ihrem Weg nach Norden hier eine Pause ein. Die Vegetation ist durch Ginster und Schilfrohr, Eichen, Mandelbäume und Akazien geprägt und bietet vor allem im Frühjahr ein sehr sattes, farbenprächtiges Bild.

Eine Fahrt auf der *Strada Panoramica* von Gabicce nach Pesaro führt durch die hübschen kleinen Orte **Casteldimezzo** und **Fiorenzuola di Focara** mit altem Stadttor und viel historischer Bausubstanz im winzigen Centro Storico. Bademöglichkeiten finden sich in der **Baia Vallugola**, dem alten Römerhafen, und südlich von Fiorenzuola (→ S. 135).

**Information** Der Sitz des Parks befindet sich in Pesaro, Via Varsavia, ✆ 0721-400858, www.parcosanbartolo.it. Infos und eine einfache Ausflugskarte gibt es in den I.A.T.-Büros in Gabicce Mare und Pesaro.

**Verbindungen** Zwischen Gabicce und Pesaro fahren orangefarbene **Stadtbusse** im Sommer ca. halbstündlich bzw. stündlich auf der Panoramastraße des Monte San Bartolo. Stopp beim Hotel Capo Est, in Fiorenzuola, Casteldimezzo und bei den Campingplätzen. Strand-Shuttle in Fiorenzuola → unten.

**Übernachten** \*\*\*\* Hotel Capo Est, in der Baia Vallugola (mit Yachthafen), nicht mehr ganz neuer Kasten am Hang mit 94 Zimmern. Pool, Privatstrand, Tennisplatz, Boccia, Sauna, Fitness, Wellness, Bar, Restaurant etc. Geöffnet ca. Anfang April bis Ende September. Von Gabicce auf der Strada Panoramica Richtung Süden, dann links ab (beschildert), noch 1 km. DZ (mit Bad, TV, Aircondition, Minibar und Meerblick) 210 €, EZ 110 €, jeweils inkl. Frühstück. Via Panoramica 123, Loc. Vallugola, 61011 Gabicce Mare (PU), ✆ 0541-953333, ✆ 0541-952735, capoest@capoest.com, www.capoest.com.

\*\*\* Hotel Vallugola, an der Abzweigung zum gleichnamigen Strand (direkt an der Panoramica), schon etwas älter. Sehr typisches italienisches Urlaubshotel mit hübschem Pool, Zimmer mit Bad, TV und teilweise mit Balkon. Ganzjährig geöffnet. DZ mit Frühstück 90–100 €, EZ 60–70 €. Via Panoramica 131, Loc. Vallugola, 61011 Gabicce Mare (PU), ✆ 0541-950196, ✆ 0541-822486, info@hotel vallugola.it, www.hotelvallugola.it.

**Ausgrabungen:** Kurz hinter dem Hotel Vallugola rechts ab (Beschilderung „SS 16") kommt man nach ein paar hundert Metern, schon fast an der SS 16, zur **Area Archeologica di San Cristoforo ad Aquilam – Colombarone**, einer frühchristlichen Kirche und einem Theater aus dem 6./7. Jh. sowie Reste einer antiken Villa aus dem 3./4. Jh. Geöffnet ca. 20. Juni bis 30. September Fr–So 17–20 Uhr, im Juli bis Ende August tägl. 17–20 Uhr, Eintritt frei. Das Gelände ist auch durch den Zaun gut einsehbar.   ✆ 389-6903430, www.archeopesaro.it.

\*\*\* Camping Paradiso, an der Straße, aber dennoch angenehm abgelegen. Viel Grün, ausreichend Schatten. Zum Strand führt eine steile Straße hinunter, der Strand ist auch zu Fuß gut erreichbar (ca. 20 Min.). Mit Bar, Ristorante, Mini-Market, WI-FI, viele deutsche Stammgäste. Alles nicht ganz neu. Geöffnet Anfang März bis Ende November, der kleine Pool nur Ende Juni bis Mitte September. Es werden auch einige Holzbungalows vermietet (für 2–4 Pers. zu 65–100 € pro Nacht). Pro Pers. 10–11 €, Kinder 2–14 J. 5–7,50 €, Wohnwagen oder Zelt 8,50–9 €, Auto 3 €, Wohnmobil 11–11,50 €, Motorrad 2 €, Hund 2,50 €, Strom 2,50 €. *Anfahrt/Verbindung*: 5 km von Gabicce Monte, knapp 1 km vor Casteldimezzo auf der linken Seite. Bushaltestelle vor dem Camping, mehrmals tägl. nach Gabicce und Pesaro. Via Rive del Faro 2, 61121 Pesaro/Casteldimezzo (PU), ✆/📠 0721-208579, info@campingparadiso.it, www.campingparadiso.it.

*** **Camping Panorama**, auch hier ausreichend Schatten, Bar, Ristorante, Mini-Market. Zum Naturstrand führt ein Fußpfad, ca. 15 Min. (an der Straße Richtung Pesaro nach ca. 100 m links). Mitte April bis Ende September geöffnet. Bungalow 95–110 € (4–6 Pers.), Mietcaravan für 2–4 Pers. 52–80 €, Camping pro Pers. 9,50 €, Kinder bis 10 J. 6 €, Stellplatz Zelt/Wohnwagen 11 €, Auto 3 €, Wohnmobil 14 €, Hund 3,50 €, Strom 3 €. *Anfahrt/Verbindung:* 3 km südlich von Fiorenzuola di Focara. Busse nach Gabicce und Pesaro. Strada Panoramica S. Bartolo, Loc. Fiorenzuola di Focara, 61121 Pesaro (PU), ✆ 0721-208145, 📠 0721-209799, info@campingpanorama.it, www.campingpanorama.it.

> **Wandern**: Ca. 1,5 km südlich vom Camping geht es links ab in die Via Montecastellaro, dann links in den Feldweg hinein, an der Weggabelung rechts hinauf und ca. 500 schweißtreibende Meter zum Gipfelkreuz des Monte Castellaro (181 m), der für seine Fossilienfunde bekannt ist. Herrlicher Ausblick.

**Essen & Trinken** Taverna del Pescatore, in Casteldimezzo. In der ganzen Gegend bekanntes und geschätztes Restaurant, spezialisiert auf Fisch. Grandioser Blick auf Meer und Hinterland, rustikale Einrichtung, hervorragender Service, relativ teuer – das sechsgängige Menü „Vecchia Taverna" kostet 46 €, ansonsten leicht gehoben. Mo/Di nur abends geöffnet, Do–So mittags und abends, Mi geschlossen. Borgata Casteldimezzo 23, ✆ 0721-208116, 📠 0721-208100, www.tavernadelpescatore.it.

La Canonica, viel gelobtes Restaurant mit lauschiger Terrasse, schönes Ambiente in altem Gemäuer im winzigen Centro Storico von Casteldimezzo, hübscher Innenhof und Garten. Menu di Terra 40 €, Menu di Mare zu 38 und 45 €. Nur abends 19.40–23 Uhr geöffnet, Sa/So auch mittags 12.15–14.30 Uhr, Mo geschlossen. Via Borgata 20, ✆ 0721-209017, www.ristorantelacanonica.it.

An der Küste des Monte San Bartolo

Ristorante La Rupe, an der Piazza von Fiorenzuola di Focara, großes Lokal mit Terrasse zum Meer hin. Relativ günstig, es gibt auch Pizza. Mittags und abends geöffnet, Mo geschlossen. ✆ 0721-208344, www.ristorantelarupe.it.

### Badetipps

Der Strand der Baia Vallugola ist nur durchschnittlich attraktiv und auch nicht sonderlich groß, dafür mit Restaurants und Yachthafen ausgestattet. Einsamer sind die **Strände der beiden Campingplätze** (s. o.).

Der einzige **Sandstrand** des Regionalparks Monte San Bartolo liegt bei Fiorenzuola di Focara: Am südlichen Ortsausgang geht es links eine schmale Asphaltstraße (für Autos gesperrt) in Serpentinen hinunter zur Bucht. Von Mitte Juni bis zum ersten Septemberwochenende fährt ein kleiner Shuttle-Bus hinunter zum Strand: 9–14 und 15.30–19 Uhr alle 15 Min., einfach 1,05 €, Tickets bei der Edicola in Fiorenzuola.

Pesaro – an der Piazza del Popolo

# Pesaro

ca. 95.000 Einwohner

Die mit Abstand größte Stadt der Provinz verfügt über einen 4 km langen Sandstrand und bietet dennoch städtisches Leben – ein durchaus angenehmer Aufenthaltsort. Alljährlich im August findet mit dem „Rossini Opera Festival" das wichtigste und bekannteste Kulturereignis der gesamten Region statt.

Aber auch sonst bleibt die Erinnerung an den berühmtesten Sohn der Stadt bestens erhalten: Das *Teatro Rossini* an der Piazza Lazzarini zählt zu den schönsten Opernhäusern Italiens, ganz in der Nähe befindet sich das *Conservatorio Rossini*, und Opernfans werden im Geburtshaus Gioacchino Rossinis (1792–1868) in der Via Rossini sicherlich ihre Freude haben.

In der überwiegend verkehrsberuhigten Altstadt gelangt man rasch zur zentralen *Piazza del Popolo*. Um sie herum gruppieren sich in mehr oder minder großem Umkreis die Sehenswürdigkeiten der Stadt. Wer Strandleben mit Stadtanschluss vorzieht, ist am endlos langen *Viale Trieste* mit seinen unzähligen Hotels, Restaurants, Snackbars und der sonstigen badetouristischen Infrastruktur richtig aufgehoben. Viele Strandabschnitte sind allerdings den jeweiligen Hotels bzw. den unzähligen Strandbädern vorbehalten.

Zentraler Punkt am Meer ist der Piazzale della Libertà mit der großen Bronzekugel des Künstlers *Arnaldo Pomodoro*, die über dem Brunnenbecken förmlich zu schweben scheint. Von hier zieht sich die Via della Repubblica (später Via Rossini und Via Branca) durch die Innenstadt. An dieser überwiegend autofreien Hauptachse befinden sich zahlreiche Geschäfte und einige Cafés, in denen man sich von der anstrengenden Besichtigungs- und Shoppingtour erholen kann.

Pesaro lebt hauptsächlich von der Möbelindustrie, darüber hinaus spielt der Tourismus eine nicht unbedeutende Rolle. An das Stadtgebiet schließt nördlich ein kleiner Hafen an, der Markt der Stadt findet jeden Vormittag (außer Sonntag) im großen Innenhof hinter der Post statt.

### Rossini Opera Festival (ROF)

Mit dem alljährlich im August stattfindenden Festival hat die Stadt ihrem größten Sohn ein würdiges Denkmal gesetzt. Das ROF ist weit über die Grenzen der Marken hinaus bekannt, Opernfreunde kommen aus der ganzen Welt eigens zu diesem Kulturereignis angereist. Aufgeführt werden – selbstverständlich – die Opern Gioacchino Rossinis, darunter auch viele der weniger bekannten (und immer wieder auch der „Barbier von Sevilla"), sowie klassische Konzerte anderer Meister.

Das Festival wurde 1980 ins Leben gerufen und zu den stimmungsvollsten Aufführungsorten zählt sicherlich das 1818 eröffnete *Teatro Rossini*. Um Tickets (20–150 € plus 10 % Vorverkaufsgebühr) sollte man sich frühzeitig bemühen, Buchungen per Post, Fax und E-Mail sind ab Anfang Mai unter folgender Adresse möglich: Biglietteria del Festival, Via Rossini 24, 61121 Pesaro (PU), ✆ 0721-3800294, 🖷 0721-3800220, box office@rossinioperafestival.it. Online auf der Website können Tickets ab Juni gekauft werden, telefonische Reservierungen sind dann ab Juli möglich. Allgemeine Informationen unter: www.rossini operafestival.it

Teatro Rossini: Hier huldigt man dem Meister

Die Provinz Pesaro und Urbino
Karte → S. 80/81

## Geschichte

Im Jahr 184 v. Chr. gründeten die Römer hier die Stadt *Pisaurum*. Später wurde die 539 von den Goten zerstörte und von den Byzantinern wieder aufgebaute Stadt Teil der *Pentapolis marittima* (zusammen mit Rimini, Fano, Senigallia und Ancona). Im 8. Jh. kam Pesaro in Kirchenbesitz, im 12. Jh. schlug man sich als freie Stadt durch, bis Ende des 13. Jh. die Malatesta Besitzansprüche anmeldeten. Eine Auseinandersetzung innerhalb der Familie brachte 1445 den Verkauf der Stadt an die Sforza mit sich, Anfang des 16. Jh. fiel Pesaro in den Herrschaftsbereich der della Rovere. Damals erlebte die Stadt eine rege Bautätigkeit – inklusive einer fünfeckigen Stadtmauer, von der heute aber nichts mehr zu sehen ist. Im 16. Jh. war Pesaro berühmt für seine Keramikproduktion. Es folgte das für die Region Übliche: 1631 wurde die Stadt vom Kirchenstaat übernommen und 1861 in das Königreich Italien eingegliedert.

## Spuren jüdischen Lebens in Pesaro

In Pesaro existierte im Mittelalter (wie auch in Ancona) eine größere jüdische Gemeinde. Noch heute gibt es eine Synagoge im alten jüdischen Stadtviertel im Zentrum (Via delle Scuole), die vom Anfang des 17. Jh. stammt und ab 1988 umfassend renoviert wurde. An der Strada Panoramica San Bartolo (nördlich der Innenstadt, Straße zum Monte San Bartolo) befindet sich der alte jüdische Friedhof.

**Öffnungszeiten**: Synagoge und Friedhof sind von Juni bis September immer Do 17–20 Uhr geöffnet, Eintritt frei. Infos: ☎ 0721-387541 (Synagoge), ☎ 0721-400858 (Friedhof).

## Basis-Infos

→ Karte S. 140/141

**Information** I.A.T. an der zentralen Piazzale della Libertà (Uferpromenade), Mo–Sa 9–13 und 15.30–18.30 Uhr, So 9.30–12.30 und 15.30–18.30 Uhr, in der Hochsaison auch län-

Fiera in Pesaro

ger, im Winter eingeschränkt. Sehr viel Prospektmaterial, Unterkunftsverzeichnisse und ein guter Stadtplan. Piazzale della Libertà 11, ☎ 800-563800 (kostenlos) oder ☎ 0721-69341, ✆ 0721-30462, info@turismo.pesarourbino.it, www.turismo.pesarourbino.it.

**Verbindungen** Zug: Der Bahnhof liegt ca. 1,5 km vom Meer am Rand des Zentrums, nahe der Piazza Lazzarini. Etwa stündlich nach Rimini, der Zug fährt teilweise nach Bologna weiter, ebenfalls stündlich Verbindungen nach Ancona (via Fano und Senigallia). Umsteigebahnhof auf der Strecke ist Falconara Marittima, von dort mehrmals tägl. Züge über Jesi und Fabriano nach Rom.

**Bus**: Die Verbindungen könnten kaum besser sein: mehrmals tägl. zu den Montefeltro-Orten, ca. stündlich nach Urbino, stündlich bis halbstündlich (Hochsaison) via Panoramastraße Monte San Bartolo (Campingplätze) nach Gabicce und von dort nach Gradara und Rimini, 9x tägl. nach Fossombrone und Cagli, 8x nach Pergola und mindestens stündlich nach Fano. Abfahrt der Busse am Bahnhof und am Piazzale Matteotti (nahe Rocca).

**Taxi**: Stände u. a. an der Piazza del Popolo (☎ 0721-31430), am Piazzale Matteotti (☎ 0721-34053) und am Bahnhofsplatz Piazzale Falcone e Borsellini (☎ 0721-31111). Im Sommer auch an der Uferpromenade Viale della Repubblica (☎ 0721-34780).

**Autovermietung** *Maggiore* am Bahnhof, ☎ 0721-371461, www.maggiore.it.

**Banken** Zahlreich im Zentrum.

**Einkaufen** Schicke Schuh- und Bekleidungsgeschäfte befinden sich u. a. auf dem Corso XI Settembre und in der Fußgängerzone Via Rossini und Via Branca sowie in den umliegenden Gassen.

🌿 Chiccoteca **8**, Bioladen und Gastronomie in der Via Gramsci ein paar Gehminuten abseits der Fußgängerzone. Obst, Gemüse, Käse, Kosmetik etc., auch gluten-/laktosefreie Lebensmittel. Mo–Sa durchgehend 8–20 Uhr geöffnet, So geschlossen. Das zugehörige vegetarische Restaurant befindet sich im selben Haus, Eingang auf der Rückseite (→ unten). Via Gramsci 21, 📞 0721-31901.

**Erste Hilfe** In den Sommermonaten (Juni–September) gibt es eine Erste-Hilfe-Station für Touristen auf dem Viale della Vittoria 189, 📞 0721-21344 oder 0721-22405.

**Feste** Fiera di San Nicola, 9./10.–12. September im Zentrum, riesiger Andrang. Die Fiera geht eigentlich auf den heiligen Nicola aus Tolentino zurück, der hier bei Pesaro die letzten Jahre seines Lebens verbrachte. Viele Ausstellungen und Veranstaltungen in der Altstadt, großer Markt in den Straßen um den Piazzale della Libertà.

**Parken** In den Straßen zwischen Centro und Strand 0,60 €/Std., 2 Std. kosten 1,40 €. Mehrere Parkhäuser am Zentrumsrand.

**Polizei** In der Via Giordano Bruno (geht von der Piazza del Popolo ab).

**Post** In einem klassizistischen Gebäude an der Piazza del Popolo.

## ⌒ Übernachten/Essen & Trinken/Cafés

→ Karte S. 140/141

**Übernachten** Auf dem Viale Trieste (Uferpromenade) reiht sich ein Hotel ans andere. Eine Auswahl:

**\*\*\*\* Alexander 6**, für Freunde moderner und zeitgenössischer Kunst. Von außen ein eher kühler, ganz moderner, weißer, sechsstöckiger Kasten am Ende des südöstlichen Lungomare (Sackgasse). Interessant wird es innen, wo zahlreiche Gemälde und Skulpturen ausgestellt sind, besonders in den Zimmern: jedes für sich ein Kunstwerk. Ansonsten dominiert hier Purismus in Weiß. Direkt am Strand gelegen, mit Pool, Terrasse mit gläsernem Windschutz, drei Restaurants (eines davon im sechsten Stock mit Dachterrasse), Strandservice und Fahrradverleih gratis, WI-FI-Zone im ganzen Hotel. EZ 135–255 €, DZ 220–340 €, jeweils inkl. Halbpension, Meerblick kostet 10 € mehr am Tag. Ganzjährig geöffnet. Viale Trieste 20, 61121 Pesaro (PU), 📞 0721-34441, 📠 0721-30550, alexandermuseum@viphotels .it, www.alexandermuseum.it.

**\*\*\* Des Bains 1**, Eckhaus nahe Piazzale della Libertà, nur wenige Schritte zum Meer. Historisches Gebäude mit 68 Zimmern, gediegene Einrichtung, alle Zimmer mit Bad, TV, Aircondition, Kühlschrank. Freundlicher und zuvorkommender Service. Pizzeria im Erdgeschoss. Für die Hochsaison (August) sollte man möglichst frühzeitig buchen. Mit Garage. Ganzjährig geöffnet. EZ 70–100 €, DZ 112–167 €, jeweils inkl. Vollpension (Halbpension ist nur 2 € günstiger pro Pers. und Tag). Viale Trieste 221, 61100 Pesaro, 📞 0721-34957, 📠 0721-35062, desbains@ innitalia.com, www.innitalia.com.

**Übernachten außerhalb »** Mein Tipp: **\*\*\* Villa Serena 10**, traumhaft schöne Unterkunft 4 km vom Zentrum, also nicht am Meer, sondern sehr ruhig auf einem Hügel gelegen. Herrliche Villa mit ebenso herrlichem Park und Pool. Äußerst stilvolles Ambiente, mit Ristorante (nur für Gäste der Villa), nur acht Zimmer. Ganzjährig geöffnet. *Anfahrt*: Vom südwestlichen Teil Pesaros auf der Via Flaminia stadtauswärts fahren, am Stadtrand rechts ab (gelbe Schilder „Villa Serena"). Es gibt nur Doppelzimmer, DZ als EZ 118 €, DZ 169 €, Frühstück 11 € pro Pers., Übernachtung mit Halbpension 140 € pro Pers. Eine Vorausbuchung für die Hochsaison ist unbedingt empfehlenswert. Via San Nicola 6/3, 61100 Pesaro, 📞 0721-55211, 📠 0721-55927, info@villa-serena.it, www.villa-serena.it. **«**

**\*\*\* Camping Marinella**, größerer Platz südlich von Pesaro, schon auf dem Weg nach Fano. Direkt am Meer gelegen (der weite Sandstrand hat hier die Blaue Flagge 2012), die Straße hört man kaum, wohl aber die Bahn. Mit Bar, Restaurant, Mini-Market, Strandservice, freundlicher Service. Es werden auch einige Bungalows vermietet: für 2 Pers. 65–75 €, 4–5 Pers. 125–145 €/Tag. Geöffnet Ostern bis Ende September. Camping pro Pers. 9–10 €, Kinder bis 8 J. 4–5 €, Stellplatz 10,50–12,50 €, Stellplatz kleines Zelt 6–7 €, Auto 4–5 €, Motorrad 3 €, Hund 3,50 €,

Die Provinz Pesaro und Urbino    Karte → S. 80/81

Pesaro

100 m

Strom 2,50 €, Boot 5 €. SS Adriatica 16 bei km 244, 61100 Pesaro (PU), ✆/📠 0721-55795, info@campingmarinella.it, www.camping marinella.it.

Weitere Campingplätze in der Umgebung von Pesaro, → S. 134.

### Essen & Trinken　≫ Mein Tipp: Antica Osteria la Guercia ▮4▮, gleich bei der Piazza del Popolo im Zentrum. Historisches Ambiente mit Wandgemälden in altem Gemäuer, viel netter ist es aber, auf der lauschigen Holzterrasse (überdacht) zu sitzen. Geboten wird traditionelle pesaresische Küche ohne Schnörkel, dafür mit allerfeinsten Zutaten der Region. Sympathische Osteria und noch dazu relativ günstig – das Degustationsmenü kostet hier 20 €. An der Piazza neben dem Caffè Ducale in den Torbogen hinein. Mittags und abends geöffnet, So geschlossen, Via Baviera 33, ✆ 0721-33463, www.osterialaguercia.it. ≪≪

Felici & Contenti ▮5▮, „Cucina, Pizza e Allegria" ist das heitere Motto des beliebten Ristorante mit Terrasse an einem hübschen, winzigen Platz nahe der Via Branca. Von der Via Branca in die Via Cattaneo abbiegen. Mittags und abends geöffnet, Samstagmittag und Mo geschlossen. Piazzetta Esedra 34, ✆ 0721-32060, www.feliciecontenti.com.

C'era una volta ▮7▮, schräg gegenüber von Felici & Contenti, sehr beliebte Osteria und Pizzeria (über 100 zur Auswahl), günstig. Kostenlose WI-FI-Zone. Mittags und abends geöffnet, Mo geschlossen. Via C. Cattaneo 26, ✆ 0721-30911, www.ceraunavolta-ps.com.

🌿 Ristorante Chiccoteca ▮9▮, vegetarisches Restaurant, sehr beliebt auch zum Mittagstisch, einige Tische draußen an der (ruhigen) Via Buozzi. Alle Gerichte aus biologischem Anbau, auch makrobiotische Speisen, abends gibt es auch Pizza. Ums Eck von der Via Gramsci, ca. 5–10 Fußminuten von der Piazza del Popolo. Mittags 12–14.45 Uhr und abends 19–23 Uhr geöffnet, So mittags geschlossen. Via Buozzi 20, ✆ 0721-34324. ▪

**Cafés**　Ganz nett zu Caffè und/oder Aperitivo sind die Cafés an der Piazza del Popolo wie z. B. das beliebte Caffè Ducale ▮3▮ direkt am Platz und an der Piazza Lazzarini am oberen Ende der Via Branca.

Creative Café 360° ▮2▮, nur wenige Schritte von der Piazza del Popolo, sehr schön zum Sitzen im Innenhof mit Arkaden, leckerer Mittagstisch für wenig Geld – Pasta und Salate um 6 €, Panini 4–5 €. Tägl. 7–23 Uhr geöffnet, auch Aperitivo und Enoteca. Palazzo Gradari, Via Rossini 18, ✆ 347-4553800.

## Sehenswertes

Erster Anlaufpunkt der Stadt ist die autofreie Piazza del Popolo mit dem **Palazzo Ducale** (nicht zugänglich) aus dem Jahr 1465. Der herrliche Brunnen **Fontana dei Tritoni** mit den Pferden stammt ursprünglich von Lorenzo Ottoni aus dem Jahr 1685 – zu sehen ist allerdings nur eine Rekonstruktion.

Nur wenige Meter hinunter in östlicher Richtung stößt man – gleich nach der **Casa di Rossini** (→ unten) – auf den **Dom**, wo vor einigen Jahren zwei große, übereinanderliegende römische Mosaikböden freigelegt wurden. Im Palazzo Lazzarini gegenüber befindet sich heute das **Diözesan-Museum** (Di–So 16–20 Uhr geöffnet, Do bis 22 Uhr, Mo geschlossen, im Winter eingeschränkt, Eintritt 3 €, erm. 2 €). Östlich davon liegt die mächtige **Rocca Costanza** (nicht zugänglich) an der Piazza Matteotti. Die Burg mit ihren vier Rundtürmen entstand im Auftrag der Sforza in den Jahren 1474–1487 unter der Leitung des Architekten Luciano Laurana, der zeitweise auch Bauherr des Palazzo Ducale in Urbino war. Auch die **römischen Ausgrabungen** an der Piazza Matteotti sind nur von außen einsehbar.

Zwei sehenswerte Kirchen im Zentrum sind das **Santuario della Madonna delle Grazie**, ursprünglich aus dem 13. Jh. und auf halbem Weg zwischen Piazza del Popolo und Rocca gelegen, sowie die **Chiesa Sant'Agostino** (15. Jh., besonders sehenswert sind die Intarsien des Chorgestühls) am Corso XI Settembre.

Ein Spaziergang Richtung Meer führt zum Piazzale della Libertà mit der **Sfera Grande** (Weltkugel) von *Arnaldo Pomodoro*; am gleichen Platz sollten Sie auch einen Blick nach links auf die Jugendstilvilla **Villino Ruggeri** aus dem Jahr 1907 werfen.

Arnaldo Pomodoros Sfera Grande am zentralen Piazzale della Libertà

**Musei Civici**: Wertvollstes Exponat des städtischen Museums samt Pinakothek ist die „Krönung der Jungfrau" („Pala di Pesaro") von Giovanni Bellini aus dem Jahr 1474. Darüber hinaus sind im angeschlossenen Keramikmuseum zahlreiche Exponate aus der Umgebung von Pesaro zu sehen, viele davon aus dem 16. Jh.

Di und Do–So 10–13 und 16–19.30 Uhr, Mi nur 10–13 Uhr, Mo geschlossen; in den Wintermonaten (Oktober–März) Di–Do 10–13 Uhr, Fr–So 10–13 und 15.30–19 Uhr, Mo geschlossen. Eintritt 4 €, ermäßigt 2 € (15– 25 J. und über 65 J.), Kombiticket mit Casa Rossini 7 €, erm. 3 €, unter 15 J. frei. Piazza Toschi Mosca 29, ℅ 0721-387524, www. museicivicipesaro.it.

**Casa di Rossini**: Das schlichte Haus, in dem Gioacchino Antonio Rossini am 29. Februar 1792 das Licht der Welt erblickte, beherbergt heute ein kleines Museum mit allerlei Erinnerungsstücken an den größten Sohn der Stadt. Im Hintergrund laufen natürlich Rossini-Opern, im Erdgeschoss sind Bilder seiner Zeitgenossen und der ersten Interpreten zu sehen, im etwas muffigen Kellergeschoss hat man Raum für wechselnde Ausstellungen geschaffen. Am interessantesten ist jedoch das erste Obergeschoss: sein Spinett, diverse Karikaturen des Meisters, Rossinis Geburtszimmer und Fotos von der Überführung der Gebeine von Paris in die Kirche Santa Croce in Florenz im Jahr 1887. Ursprünglich wurde Rossini nach seinem Tod am 13. November 1868 auf dem Friedhof *Père Lachaise* in Paris beigesetzt, wo er die letzten 23 Jahre seines Lebens gelebt hatte.

Gleiche Öffnungszeiten und Preise wie Musei Civici (→ oben). Audio-Guide in Englisch 2 € (Dauer ca. 25 Min.). Via Rossini 34, ℅ 0721-387357.

**Museo Archeologico Oliveriano/Biblioteca Oliveriana**: Das archäologische Museum der Stadt (benannt nach dem Archäologen Annibale degli Abbati Olivieri, 1708–1789) im Palazzo Almerici beherbergt Funde aus der Zeit der Etrusker, Griechen und Römer. Sehenswert ist die *Biblioteca Oliveriana* im ersten Obergeschoss, sie umfasst über 150.000 Bände im stilvollen Ambiente eines Palazzo des späten 18. Jh.

1.7.–31.8. Di–Sa 16–19 Uhr, ansonsten nur Mo–Fr 9–12 Uhr nach vorheriger telefonischer Anmeldung geöffnet. Die Bibliothek ist Mo–Fr 8.30–18.45 Uhr geöffnet, Sa nur bis 13 Uhr, im Sommer nur vormittags. Eintritt frei. Via Mazza 97, ℅ 0721-33344, www.oliveriana.pu.it.

# Fano

ca. 64.500 Einwohner

Eines der schönsten Städtchen an der Küste der Marken mit großem Fischereihafen und sauberen Sand- und Kiesstränden. Dicke Stadtmauern umgeben noch heute das hübsche, größtenteils zur Fußgängerzone erklärte historische Zentrum. In der Antike endete hier die Via Flaminia.

Die drittgrößte Stadt der Marken ist dem 12 km nördlich gelegenen Pesaro als Badeort durchaus vorzuziehen: Gute Strände (knapp 500 m von der Altstadt entfernt) und touristische Infrastruktur sind vorhanden, darüber hinaus bietet Fano sicherlich die schönere und vor allem kompaktere Altstadt, in der man abends dem Volkssport Flanieren nachgeht. Südlich schließen die beiden Badeorte *Torrette* und *Marotta* an – breite Sandstrände, zahllose Hotels und Campingplätze.

An der Kanalmündung *(Porto Canale)* befindet sich der geschäftige Fischereihafen, der den Strand in zwei Zonen unterteilt: nördlich die kleinere *Spiaggia Lido*, südlich die lang gezogene *Spiaggia Sassonia* – beide Abschnitte mit zahlreichen Unterkünften. Im Centro Storico sind Übernachtungsmöglichkeiten dagegen rar. Zentraler Punkt der Altstadt ist die *Piazza XX Settembre* mit schönem Brunnen. Wer in Fano ist, sollte unbedingt Fisch essen gehen – zahlreiche Restaurants bieten hervorragenden und vor allem frischen Fisch an, was an der Küste hier nicht unbedingt eine Selbstverständlichkeit ist.

## Geschichte

Das römische *Fanum Fortuna* wurde nach dem berühmten Tempel der Fortuna benannt, den man hier 207 v. Chr. nach dem Sieg über den Karthager Hasdrubal aufstellte. Entscheidend geprägt hat – Jahrhunderte später – jedoch Kaiser Augustus das Stadtbild der von ihm neu gegründeten *Colonia Julia Fanestris*: Noch immer betritt man die Stadt durch den *Arco di Augusto*, und auch von den *Augusteischen Stadtmauern* ist ein Teil noch erhalten. Darüber hinaus weisen die Straßenzüge des historischen Zentrums heute noch die typisch römischen geometrischen Muster auf.

Wie viele andere auch wurde die Stadt im 6. Jh. von den Goten zerstört. Später wurde Fano Mitglied der byzantinischen Pentapolis und brachte es im 14. Jh. zur freien Stadtrepublik. 1357 übernahmen die Malatesta hier die Macht, mussten sie aber bereits nach gut einem Jahrhundert (1463) an den übermächtigen Federico da Montefeltro wieder abtreten. Dennoch hinterließen die Malatesta deutliche Spuren im ganzen Stadtgebiet – u. a. durch den Bau des *Palazzo della Ragione* und der *Rocca Malatesta*. Außerhalb der Stadtmauern sind heute noch Teile der malatestanischen *Porta Maggiore* zu sehen. Der Kanalhafen am Nordende der Altstadt wurde bereits im Jahr 1616 fertiggestellt.

## Basis-Infos

**Information** I.A.T. zwischen Bahnhof und Strand. Im Sommer tägl. 9–13 und 15.30–18.30 Uhr geöffnet, in den Wintermonaten eingeschränkt. Viale Cesare Battisti 10, 61032 Fano (PU), ✆ 0721-803534, ✉ 0721-824292, iat. fano@provincia.ps.it, www.turismofano.com.

Ein **städtisches Infobüro** befindet sich außerdem an der Piazza XX Settembre im Centro storico, geöffnet Mo–Sa 8.30–13 Uhr. Im Sommer werden auch **Stadtführungen** durch das Centro storico angeboten: Di und Fr um 17.30 bzw. 18 Uhr (Dauer ca.

Kleinstadtflair in Fano

1:30 Std., 5 € pro Pers.), Infos beim Museo Civico oder unter ☎ 346-6701612.

**Verbindungen** Züge etwa stündlich via Pesaro nach Rimini (teilweise weiter nach Bologna), ebenfalls stündlich nach Ancona (via Senigallia). Umsteigebahnhof auf der Strecke ist Falconara Marittima, von dort mehrmals tägl. Züge über Jesi und Fabriano nach Rom. Der Bahnhof befindet sich am östlichen Rand der Altstadt (wenige 100 m vom Strand entfernt).

Mit dem **Bus** etwa stündlich nach Pesaro und in die südlichen Vororte Torrette und Marotta (von hier nach Senigallia). Darüber hinaus 5x tägl. via Pergola und Sassoferrato nach Fabriano sowie 3x nach Fossombrone und Urbino. Busbahnhof an der Piazza vor dem Arco di Augusto.

**Taxistand** am Bahnhof, ☎ 0721-803910.

**Einkaufen** Der große **Markt** wird jeden Mittwoch und Samstag am Corso Matteotti und auf der Piazza XX Settembre im Centro storico abgehalten. Darüber hinaus gibt es einen bekannten **Antiquitätenmarkt** an jedem zweiten Wochenende des Monats in der Altstadt (mit Büchermarkt). Unbedingt sehenswert, auch wenn Sie nicht unbedingt etwas kaufen wollen.

**Haupteinkaufsstraßen** von Fano sind der Corso Matteotti, die Via Arco d'Augusto und die Via Garibaldi.

Weinliebhaber werden in der **Enoteca-Vineria dall'Oste** fündig → unten.

**Erste Hilfe** Guardia Medica Turistica, zuletzt Via Nolfi 112, geöffnet Ende Juni bis Anfang September tägl. 8–12 Uhr, ☎ 0721-806403.

**Parken** Am besten an einem der größeren Parkplätze an der Meerseite der Altstadt, 90 Min. kostenlos – mit Parkscheibe – an der Straße zur Rocca Malatestiana. Von hier nur wenige Minuten ins Zentrum. Ansonsten mehrere Parkplätze nahe Centro storico, die meisten 1 €/Std., 12.30–15.30 Uhr frei.

**Polizei** ☎ 0721-863891.

**Post** In der Via Garibaldi 59.

**Veranstaltungen** Bekanntestes Ereignis ist sicherlich das Festival **Fano Jazz by the Sea**, das alljährlich im letzten Drittel des Juli stattfindet. Den oft kostenlosen Konzerten kann man u. a. im Corte Malatestiana (Piazza XX Settembre) lauschen. ☎/℡ 0721-803043, www.fanojazznetwork.it.

Wer im Februar/März in Fano ist, sollte den **Carnevale** nicht verpassen: großer Umzug mit monströsen Figuren aus Pappmaché, es wird eine wahre Bonbon- und Schokoladenschlacht ausgetragen. Umrahmt ist das Ganze von unzähligen Veranstaltungen wie z. B. dem Maskenball auf der Piazza XX Settembre – die Stadt steht Kopf zur Fa-

schingszeit. Das ganze lebt – in verkleiner-
tem Umfang – am ersten Augustwochen-
ende als **Carnevale Estivo** wieder auf.

Meist in der zweiten Juliwoche findet **Fano
dei Cesari** mit großem antik-römischem
Aufgebot inkl. Gladiatorenkampf am Arco
di Augusto statt.

## Übernachten/Essen & Trinken

**Übernachten**   Über 60 Hotels und mehrere Campingplätze geben Anlass zur Hoff-
nung, das Richtige zu finden. Im historischen
Zentrum ist es allerdings schwierig, die
meisten Hotels liegen in der Neustadt und
in der Nähe des Strandes bzw. in den Vor-
orten Torrette und Marotta. Eine Auswahl:

**\*\*\*\* Augustus 🟦**, optimale Lage am Kanal,
von hier sind es nur wenige Gehminuten
ins Zentrum und an den nördlichen Strand.
Schickes, gediegenes Ambiente mit Stilmöbeln, die 22 Zimmer dagegen modern mit
Bad, TV und Balkon. Mit Restaurant, eigener Parkplatz. Ganzjährig geöffnet. EZ 82–
85 €, DZ 116–130 €, Dreibett-Zimmer 134–
145 €, Frühstück 9,50 € pro Pers., auch Halb-
und Vollpension. 102–116 € pro Pers. im EZ,
80–96 € pro Pers. im DZ. Via G. Puccini 2,
61032 Fano (PU), ☎ 0721-809781, 📠 0721-
825517, augustus@hotelaugustus.it, www.
hotelaugustus.it.

**\*\*\* Astoria 🟦**, gleich bei der Spiaggia Lido
gelegenes Strandhotel, freundlicher Service, schlichte Zimmer mit Bad und TV, teilweise mit Balkon und Meerblick. Restaurant im Erdgeschoss. Mitte März bis Ende
September geöffnet. EZ 90–125 €, DZ 150–
210 €, jeweils inkl. Halbpension. Viale Cairoli
86, 61032 Fano (PU), ☎ 0721/800077, 📠 0721/
801474, info@hotelastoriafano.it, www.
hotelastoriafano.it.

**\*\*\* Amelia 🟦**, zwei Häuser vom Astoria, 24
Zimmer mit Bad, Mitte April bis Mitte Oktober geöffnet. EZ 70–79 €, DZ 89–120 €, Dreibett-Zimmer 110–135 €, Vierbett-Zimmer
125–148 €, Frühstück inkl. Auch Halbpension
(65–78 € pro Pers. und Tag) und Vollpension
(70–83 € pro Pers. und Tag) möglich. Viale
Cairoli 80, 61032 Fano (PU), ☎ 0721-824040,
📠 0721-826804, info@hotelamelia.it, www.
hotelamelia.it.

**\*\* Sassonia 🟦**, kleinere Pension am gleichnamigen Strand (also südöstlich des Ka-
nals), in der 2-Sterne-Kategorie durchaus
empfehlenswertes Haus mit 27 Zimmern
(mit Bad), typisches älteres Strandhotel, das
es hier schon seit 1962 gibt. Mit Restaurant.
Relativ günstig: EZ 45 €, DZ 70 €, Dreibett-

Zimmer 90 €, Vierbett-Zimmer 110 €, Frühstück inkl. Mit Halbpension im Sommer 52–
63 € im DZ, 57–68 € im EZ (pro Pers.). Strandservice 7 € pro Tag. Fahrradverleih und WI-
FI sind im Preis inbegriffen. März bis Oktober geöffnet. Viale Adriatico 86, 61032 Fano
(PU), ☎/📠 0721-828229, info@pensione-
sassonia.it, www.pensionesassonia.it.

**\*\*\* Orfeo 🔟**, relativ zentral und etwas zurückversetzt vom Corso Matteotti bei der
Rocca Malatestiana gelegen. Renoviert und
schön hergerichtet, die 18 Zimmer (alle mit
Bad) etwas einfacher als die Räumlichkeiten im Erdgeschoss. Mit beliebter Pizzeria
(nur abends geöffnet, So auch mittags). EZ
60 €, DZ 80 €, Dreibett-Zimmer 90 €, Frühstück inkl., Halbpension 70 € pro Pers. (ab 3
Nächten). Ganzjährig geöffnet. Corso
Matteotti 5, 61032 Fano (PU), ☎ 0721-803522,
📠 0721-804488, www.hotelorfeo-fano.it.

**Camping außerhalb**   **\*\*\* Fano**, am südlichen Stadtrand, netter Platz, wenn auch leider direkt an der Bahnlinie (dafür auf der
anderen Seite direkt am Meer). Anfang April bis Ende September geöffnet. Pro Pers.
9 €, Kinder 2–6 J. 4 €, Stellplatz Zelt 8 €,
Wohnmobil 12 €, Auto 5 €, Strom 2 €, auch
Bungalows für 520–750 €/Woche (4 Pers.).
*Anfahrt*: Ca. 3 km außerhalb von Fano gelegen, auf der SS 16 über die Metauro-Brücke, direkt danach links ab und unter der
Bahn hindurch. Via Foce del Metauro 1,
☎ 0721-802652, 📠 0721-823464, info@camping
fano.it, www.campingfano.it.

**Camping außerhalb**   **\*\*\* marYsierra**, im
Hinterland von Marotta, nur wenige Kilometer von der Küste entfernt (Anfahrt über die
N 424, nach ca. 5,5 km in Mondolfo nach
rechts in die Via dei Sclavini abbiegen,
dann noch 2 km). Geräumiger Platz mit 100
Stellplätzen, Bungalows, Bar, Ristorante,
zwei Pools und schönem Blick auf das umliegende Hügelland. Ganzjährig geöffnet.
Erw. 8–10 €, Kinder (4–10 J.) 5–6 €, Stellplatz
13–14 €, Bungalow für 3 Pers. 75–85 €, für 4
Pers. 105–115 €, Hunde frei. Strada San Gervasio 3, 61039 Stacciola di San Costanzo
(PU), ☎/📠 0721-930044, info@marysierra.it,
www.marysierra.it.

**Fano** 150 m

**Essen & Trinken** Fisch und Meeresfrüchte dominieren die Speisekarten vieler Restaurants, eine Spezialität ist die Fischsuppe *Brodetto alla Fanese*. Eine Kostprobe ist aber auch *La Moretta* wert: Der mit Rum und Anisschnaps verstärkte Espresso ist ein Spezialrezept der Fischer von Fano. Erhältlich ist er in den Cafés der Innenstadt.

Il Cantinone 13, Traditionslokal im Centro storico an der Via Arco d'Augusto, mit Garten nach hinten hinaus, betont schnörkelloses Ambiente, mittleres Preisniveau (Antipasti um 10 €, Primi 7 €, Secondi 12–18 €, Fisch etwas teurer), *Brodetto alla Fanese* gibt es hier für 15 €. Auch Pizza, angeschlossene Enoteca. Sehr freundlicher Service. Mittags und abends geöffnet, Mo geschlossen. Via Arco d'Augusto 62, ☎ 0721/825922, www.ilcantinone.net.

Al Pesce Azzurro 7, weithin bekanntes und jüngst kräftig expandiertes Selbstbedienungsrestaurant der Fischerkooperative am Hafen, hat was von einer großen Kantine im Glaskasten – etwas seelenlos. Lange Schlangen vor dem Eingang gehören zum Bild. Eindeutiges Argument ist jedoch der Preis, für 12 € kriegen Sie hier ein ganzes Fischmenü. April bis Mitte Oktober Di–So 12–14 und 19.30–22 Uhr geöffnet, Mo geschlossen, in den Wintermonaten nur Sa/So mittags und abends geöffnet. Viale Adriatico 50, ☎ 0721-823644, www.pesceazzurro.com.

In unmittelbarer Nachbarschaft vom Pesce Azzurro finden sich einige weitere fanesische Restaurants, durchaus gemütlicher als das Lokal der Kooperative ist zum Beispiel die alteingesessene **Trattoria Quinta**

**4**: günstiges Essen in zünftigem Ambiente, mittags und abends geöffnet, So und feiertags geschlossen. Viale Adriatico 42, ✆ 0721-808043.

Nur wenige Häuser weiter liegt die **Braceria/Pizzeria La Rustita 6**, Fischgerichte und Pizzeria, auch draußen ein paar Plätze und sehr beliebt. Mittags und abends geöffnet, Viale Adriatico 46, ✆ 0721-823558.

**Trattoria Da Maria 16**, Trattoria mit eher einfachem Ambiente im Stück außerhalb der Altstadt, immer frischer Fisch, der hier die Speisekarte und sogar die Öffnungszeiten bestimmt, bei sehr schlechtem Wetter für die Fischer bleibt das Lokal auch mal geschlossen. Mit Terrasse, offener Hauswein, Menü um 40 €. Mittags und abends geöffnet, So geschlossen. Via IV Novembre 86, ✆ 0721-808962.

**Pizzeria Bella Napoli 14**, mit Terrasse an der Brücke über die Bahngleise, auch mittags Pizza. Mittags und abends geöffnet, Mi geschlossen. Piazza Rosselli 7, ✆ 0721-826393, www.bellanapolifano.it.

**Enoteca-Vineria dall'Oste 15**, im Centro storico, Eckhaus der Via Nolfi und Via Garibaldi. Recht große Auswahl an Weinen (auch glasweise) und kleinen Gerichten.

Flaschenweine natürlich auch zum Mitnehmen. Tägl. 17.30–21 Uhr, So geschlossen. Via Nolfi 61, ✆ 0721/826835.

**Cafés/Gelaterien**　Caffè Centrale **12**, sehr beliebtes Café am Corso Matteotti 104, der Platz davor ist allgemeiner Treffpunkt. Di–So 7–24 Uhr, Sa sogar bis 1 Uhr, Mo geschlossen.

**Pino Bar 11**, am Ende des Corso Matteotti an der Stadtmauer (bei der Rocca), leckeres Eis. Mi geschlossen. Via Mura Augustee 11, ✆ 0721-803339.

Sehr gutes Eis gibt es auch bei der **Gelateria Fiordilatte** ein paar Häuser weiter am Corso Matteotti 14.

**Nachtleben**　Spielt sich eher an der Spiaggia Lido ab, z. B. im sagenhaft gelegenen **Calamara 1** draußen an der Mole: Musik und Drinks, hier kann man aber auch ein ganzes Menü essen. Cooles, stylishes Publikum. Mittags und abends geöffnet, Mo geschlossen. Molo di Ponente, ✆ 0721-807316, www.calamarastyle.com.

Leckere Cocktails in gemütlicher Sitzlandschaft probierten wir in der **Green Bar 2**, dazu kleine Häppchen, laute Musik, Fußball auf der Leinwand. Via Simonetti, ✆ 0721-830525.

## Sehenswertes

Den sicherlich erhabensten Zugang zur Altstadt bietet der **Arco di Augusto** aus dem Jahr 9 n. Chr., seinerzeit das wichtigste Eingangstor zur Stadt, an dem die Via Flaminia endete. An der Nordseite der Altstadt (Richtung Kanal) sind auch noch Teile der **Augusteischen Mauern** (Mura Augustee) erhalten, die etwa zeitgleich mit dem Augustusbogen entstanden sind.

Gleich hinter dem antiken Stadttor kommt man zur **Loggia di San Michele** aus dem Jahr 1495 mit Arkadengang und Kirche, hier befand sich seinerzeit ein Waisenhaus. Auf der Via Arco d'Augusto erreicht man nach wenigen Schritten den **Dom** (Cattedrale) auf der rechten Seite (10. Jh., Umbau im 12. Jh.), einen Blick hier hineinzuwerfen lohnt vor allem wegen der prachtvollen **Cappella Nolfi** aus dem frühen 17. Jh. Rechts ab gelangt man zur **Piazza XX Settembre**, dem Herzen der Stadt mit der barocken **Fontana della Fortuna** (1576, Ende des 17. Jh. restauriert): Glücksgöttin Fortuna ist zwar nur in Kopie zu sehen, das Original finden Sie jedoch wenige Schritte entfernt im **Museo Civico** (s. u.) in den Gemäuern des aus der Renaissance stammenden **Palazzo Malatestiano**. Ebenfalls an der Piazza XX Settembre, im **Palazzo della Ragione** bzw. **Palazzo del Podestà** (ursprünglich aus dem Jahr 1299), befindet sich das ehrwürdige **Teatro della Fortuna** im neoklassizistischen Stil (aus der Zeit 1845–1863) mit seinem berühmten Bühnenvorhang (dargestellt ist Kaiser Augustus' Einzug in Fano). Besichtigen kann man das Theater nur im Rahmen einer Aufführung während der Spielzeit.

Die beiden bedeutendsten Kirchen der Stadt (→ unten) liegen nur wenige Minuten von der zentralen Piazza entfernt. Ein Stück weiter ist es zur **Rocca Malatestiana**

(→ unten), deren Besuch man mit einem Abstecher zum Kanal und dem Fischereihafen verbinden kann.

**Museo Civico/Pinacoteca**: Das städtische Museum im an sich schon sehenswerten Palazzo Malatestiano präsentiert eine umfangreiche Sammlung mit Exponaten aus prähistorischer Zeit bis hin zu Gemälden aus dem 20. Jh. Besonders sehenswert sind sicherlich die Funde aus römischer Zeit: z. B. die Statue des Kaisers Claudius (leider nur fragmentarisch) und das Panthermosaik. Darüber hinaus sind Exponate aus malatestianischer Zeit zu sehen, in der Pinakothek eine „Madonna e Bambino" von Giovanni Santi sowie die „Angelo Custode" von Guercino. Ergänzt wird das Museum durch eine Keramiksammlung und eine numismatische Sammlung.

Ganzjährig Di–So 9–13 Uhr, Mo geschlossen, von 15. Juni bis 15. September auch Di, Do und So 17–20 Uhr (im Juli/Aug. Di und Do 17–23 Uhr), ansonsten Di, Do, So 15–18 Uhr. Eintritt 3,50 €, erm. (Rentner über 65 J.) 2 €, unter 18 J. frei. Piazza XX Settembre, ✆ 0721-828362.

**Chiesa Santa Maria Nuova**: Die ursprünglich mittelalterliche Kirche wurde Anfang des 16. Jh. im Renaissancestil umgebaut. Ein Besuch lohnt vor allem wegen der zahlreichen wertvollen Gemälde im Inneren, darunter eine „Madonna mit Kind und Heiligen" und die „Offenbarung" von Pietro Perugino (dem Lehrer Raffaels) sowie ein Werk von Giovanni Santi.

Tägl. 10–12 und 16–18 Uhr.

**Chiesa San Francesco/Tombe dei Malatesta**: In dieser Kirche ruhten die Gebeine von Pandolfo III Malatesta und seiner ersten Frau Paola Bianca, bis sie im 17. Jh. in den Portikus verlegt wurden. Die beiden Gräber sollen von Leon Battista Alberti im Jahr 1460 angefertigt worden sein.

Einen Besuch lohnt auch die prachtvoll ausgestattete Barockkirche *San Pietro in Valle* in der nahe gelegenen Via Nolfi, die allerdings oft verschlossen ist.

**Rocca Malatestiana**: Am nördlichen Eck der Altstadt erhebt sich die trutzige Festung der Malatesta aus dem Jahr 1483. Später diente die Wehrburg als Gefängnis. Zu besichtigen ist heute nur der Innenhof (nur im Sommer und dann meist abends und zu Veranstaltungen geöffnet, weitere Infos bei der I.A.T.). Allzu viel sollte man von der Rocca aber nicht erwarten: Der frei zugängliche Teil ist eigentlich nur ein großer Hof.

Die Provinz Pesaro und Urbino      Karte → S. 80/81

## Cartoceto – Symposium Quattro Stagioni

In der Nähe des ca. 20 km von Fano landeinwärts an den Hängen des unteren Metauro-Tals gelegenen Dörfchens Cartoceto befindet sich das Restaurant *Symposium Quattro Stagioni* von Lucio und Cristina Pompili, vom „Gambero Rosso" mit drei Gabeln ausgezeichnet und vermutlich eines der 20 besten Restaurants in Italien. Ausreichend Geld sollte man dabeihaben, die angebotenen Menüs liegen bei 60, 75, 96 und 125 €, à la carte ca. 70 €, eine gute Flasche Wein gibt es schon für vergleichsweise günstige 25 €. Elegantes Ambiente im stimmungsvollen Restaurant mit nettem Blick von der Terrasse, der Service ist selbstredend hervorragend. Genau das Richtige, wenn man sich etwas Besonderes gönnen will. Mittags und abends geöffnet, Mo und Di geschlossen, Reservierung unter ✆ 0721-898320 (✉ 0721-893977) ist dringend geboten. Es werden auch Zimmer vermietet (DZ inkl. 4-Gänge-Menü und Frühstück 250 €). Via Cartoceto 38, 61030 Cartoceto (PU), www.symposium4stagioni.it.

**Anfahrt**: Von Fano auf der Via Flaminia Richtung Fossombrone, nach ca. 13 km rechts ab nach Cartoceto, der Weg zum Restaurant ist bei Cartoceto beschildert. Ein lohnenswerter Abstecher auf der Strecke ist das Kloster *Eremo di Monte Giove* aus dem 17. Jh., knapp 6 km von Fano (von der Flaminia rechts ab) entfernt.

Panoramablick auf die Conero-Küste

# Die Provinz Ancona

Die kleinste Provinz der Region bietet ihre größte landschaftliche Attraktion: Der eindrucksvolle Monte Conero mit dramatisch abfallender Felsküste gilt als einer der schönsten Abschnitte der gesamten Adria. Aber auch sonst ist die Provinz an Sehenswürdigkeiten nicht arm.

Viele der kleinen Städte haben sich im Lauf der Jahrhunderte auf ein bestimmtes Handwerk spezialisiert und wurden berühmt dafür: *Fabriano* z. B. für die Papierherstellung und *Castelfidardo* für den Akkordeon- und den Musikinstrumentenbau allgemein. Einige der besten Weine der Marken kommen aus der Gegend um *Jesi*, der Stadt, in der der spätere Stauferkaiser Friedrich II. geboren wurde. *Loreto* mit seiner Casa Santa (in der der Legende nach Maria geboren wurde), eines der berühmtesten Pilgerziele Italiens, liegt nur wenige Kilometer südlich vom Monte Conero und der hektischen Provinzhauptstadt *Ancona*, dem wichtigsten Hafen der mittleren Adria.

Die Provinz Ancona erstreckt sich zwischen den Flüssen Cesano im Norden und Musone im Süden. Ein besonderes Highlight liegt in der an sich schon sehenswerten *Gola di Frasassi* im Westen der Provinz: die gleichnamigen Höhlen, die *Grotte di Frasassi*, mit einer riesigen Ausdehnung, sicherlich die spektakulärsten in ganz Italien. Überhaupt warten im Landesinneren unzählige kleine Städtchen – viele von ihnen auf einem Hügel thronend – auf Entdeckung.

# Senigallia

ca. 45.500 Einwohner

Spiaggia di Velluto („Samtstrand") heißt der helle Sandstrand von Senigallia, einem der beliebtesten und sicherlich auch attraktivsten Badeorte des Küstenabschnitts nördlich von Ancona.

Tourismus hat in Senigallia Tradition: Bereits Mitte des 19. Jh. brachte man es hier auf eine beachtliche Zahl an Badegästen, mittlerweile ist Senigallia einer der wichtigsten Fremdenverkehrsorte der Region. Dabei liegt über dem herrlichen Strand mit der auf Pfählen gebauten *Rotonda a Mare* (→ S. 156) durchaus noch ein Hauch vergangener Noblesse. Die Badehotels von Senigallia liegen am Lungomare Alighieri südlich der Mündung des Flusses Misa, der als Kanal in einer Schleife durch die Stadt läuft, und am Lungomare Mameli nördlich des Kanalhafens. An den beiden Uferpromenaden sind allerdings auch einige weniger attraktive Hotelburgen zu finden, daneben die komplette touristische Infrastruktur: Restaurants, Cafés, Snackbars und die unzähligen Strandbäder der Hotels, alles auf rund 10 km Länge verteilt (in südöstliche Richtung am Lungomare Da Vinci bis Marzocca).

Zwischen Strand und Altstadt verlaufen Bahngleise und die Hauptverbindungsstraße SS 16. Das Centro Storico lädt zum Spaziergang ein, wobei die *Rocca Roveresca* gegenüber vom Bahnhof und der *Foro Annonario* gleich daneben am Kanal sicherlich zu den größten Attraktionen gehören. Kulturhungrige werden in den Museen der Stadt sicher das Passende finden. Die meisten Sehenswürdigkeiten im Zentrum sind in wenigen Schritten zu erreichen, etwas abseits liegt der Dom mit Diözesanmuseum.

Senigallia geht auf eine Gründung aus dem 4. Jh. v. Chr. zurück und war die erste römische Kolonie an der Küste. Mitte bis Ende des 15. Jh. verhalfen Sigismondo Malatesta und nach ihm Giovanni della Rovere der zwischenzeitlich darniederliegenden Stadt zu neuem Aufschwung, man baute Festung und Stadtmauern (z. T. noch erhalten), Palazzi und den Kanalhafen, durch den sich hier ein wichtiges Handelszentrum entwickelte, das seine Glanzzeit im 17. und 18. Jh. erlebte.

## Basis-Infos

**Information** I.A.T. unweit des Foro Annonario direkt am Kanalhafen, im Sommer tägl. 9–13 und 17–20 Uhr geöffnet, in den Wintermonaten eingeschränkt. Via Manni 7, 60019 Senigallia (AN), ✆ 071-7922725, ✆ 071-7924930, iat.senigallia@provincia.ancona.it, www.senigalliaturismo.it.

**Verbindungen** Bahnhof im Zentrum (zwischen Altstadt und Strand), hervorragende **Zugverbindungen**: etwa stündlich nach Ancona und in Gegenrichtung via Fano und Pesaro nach Rimini, viele Züge fahren weiter nach Bologna. ✆ 071-64313.

Auch die **Busverbindungen** könnten kaum besser sein: ca. halbstündlich nach Ancona, außerdem mehrmals tägl. nach Arcévia, Corinaldo, Torrette (von hier nach Fano/Pesaro), Sassoferrato, Ostra und Ostra Vétere. Große Haltestelle vor dem Bahnhof, hier stoppen alle Busse in die Umgebung und auch die Stadtbusse. Der eigentliche Busbahnhof liegt beim Stadion (nahe Kanal/Ponte Garibaldi).

**Taxistände** an der Piazza Roma, der Piazza Saffi und am Bahnhof, ✆ 071-64946.

**Erste Hilfe** Krankenhaus in der Via Cellini gleich beim Kanal (jenseits der Altstadt), ✆ 071-79091.

**Parken** Im Zentrum an der Piazza Garibaldi (gebührenpflichtig), am Piazzale Morandi sowie am Lungomare Alighieri bzw. Mameli.

**Polizei** Piazza Garibaldi 1, ✆ 071-6629288.

**Post** In der Via Portici Ercolano am Kanal.

## Übernachten/Essen & Trinken/Nachtleben

**Übernachten** Etwa 80 Hotels (1–4 Sterne), viele davon im typischen Stil der 60er- und 70er-Jahre (aber zumeist mindestens einmal renoviert) und oft nur wenige Meter vom Strand entfernt, allerdings verläuft die Bahnstrecke teilweise nahe an den Hotels entlang. Die meisten Hotels bieten großes Programm für Kinder und Sonderangebote für Familien. Dazu kommen 17 Campingplätze, von denen die meisten am Lungomare Leonardo da Vinci liegen.

*** **Hotel Continental**, am Lungomare Alighieri, nur über die Straße zum Strand. Schlichte, ganz auf Badeurlauber ausgerichtete Zimmer mit Fliesenboden, Bad und TV, teilweise auch mit Balkon. Mit kleinem Hallenbad, Garten und – wie für die größeren Hotels hier üblich – mit eigenem Strandabschnitt. Kinderclub, WI-FI. DZ mit Halbpension 130–160 €, EZ etwas mehr als die Hälfte. Lungomare Dante Alighieri 126, 60019 Senigallia (AN), ✆ 071-60047, ✆ 071-7926518, info@ilcontinental.com, www.ilcontinental.com.

Am südlichen Rand von Senigallia und in Marzocca liegen einige Campingplätze, alle nur durch die Straße vom Strand getrennt. Aber schon Mitte September ist hier von der Saison kaum noch etwas übrig, eine gewisse Trostlosigkeit macht sich breit.

**Spiaggia di Velluto**, relativ kleiner Platz mit viel Schatten und relativ guter Ausstattung: 150 Stellplätze, nur durch die Uferstraße vom Meer getrennt, auch Bungalows. Geöffnet Anfang Mai bis ca. Mitte September. Pro Pers. 5,50–8,50 €, Kinder bis 5 J. 3,50 €, Stellplatz Zelt 6,50–10 €, großer Stellplatz 11–25 €, Auto 7–8 €. Lungomare Leonardo da Vinci 52, 60019 Senigallia (AN), ✆/✆ 071-64873, info@campingspiaggiadivelluto.it, www.campingspiaggiadivelluto.it.

**Liana**, fast daneben, ebenfalls nur über die Straße zum Strand (freier und kostenpflichtiger Strandabschnitt). Mit Bar, Ristorante und Mini-Market. Geöffnet April bis September. Pro Pers. 7–9 €, Kinder bis 5 J. 4,50–5,50 €, Stellplatz 12–15 €, Stellplatz kleines Zelt 8–11 €, Auto 5–6 €, Strom 3,50 €. Hunde erlaubt. Auch Bungalows bzw. „Mobile Homes": für 2 Pers. 525–840 €, für 4 Pers. 595–945 €. Lungomare Leonardo da Vinci 54/ter, 60019 Senigallia (AN), ✆ 071-65600, info@campingliana.it, www.campingliana.it.

**Holiday**, für Camping ähnliche Preise wie obige, für Casa Mobile (kleine Holzbungalow) für 3–4 Pers. 68–100 €, für 5 Pers. 95–

120 €. Anfang Mai bis Ende September geöffnet. Lungomare Leonardo da Vinci 46/b, ✆/✉ 071-64740, info@campingholiday.net, www.campingholiday.net.

**Cortina,** ein gutes Stück südöstlicher als die obigen drei (einfach den Lungomare hinunterfahren), schon fast in Marzocca gelegen, auch hier nur über die Straße zum Strand. Mit Bar und Ristorante. Pro Pers. 5,50–8,50 €, Kinder bis 3 J. 3–4 €, Stellplatz 11,50–16 €, Auto 7–8 €, Hund 5–6 €, Strom 3,50 €. Geöffnet 1.4.–30.9. Lungomare Italia 1/1, 60019 Senigallia (AN), ✆/✉ 071-7990321, camping.cortina@libero.it, www.campingcortina.net.

**Essen & Trinken** Mehr noch als Fano ist Senigallia bekannt für gute Fischküche, hier finden sich einige der besten Restaurants der Gegend.

**Uliassi,** eines der empfehlenswertesten Fischrestaurants nicht nur in Senigallia, sondern entlang der ganzen Küste. Puristisches, sehr gehobenes Ambiente, Terrasse, entsprechende Garderobe ist angebracht. Fisch gibt es hier in allen möglichen Variationen, ebenso eine große Auswahl an Weinen. Teuer: Degustationsmenü 115 €, „Menu Lab" 125 €, ansonsten Antipasti/Primi je 25 €, Secondi 35–45 €, Dolci 15 €, es gibt ein günstigeres Mittagsmenü für 32–40 €. Mittags und abends geöffnet, Mo geschlossen (im August nicht). An der Mündung des Kanalhafens am Strand gelegen. Banchina di Levante 6, ✆ 071-65463, ✉ 071-659327, www.uliassi.it.

**La Madonnina del Pescatore,** was für das Uliassi gilt, gilt für das Madonnina del Pescatore schon lange: eines der besten Fischrestaurants der Region! Schon fast im südöstlichen Vorort Marzocca am Meer (ca. 5 km südöstlich von Senigallia) gelegen. Extravagante Küche, die natürlich ihren Preis hat: Degustationsmenü 130 €, viergängiges Mittagsmenü 60 € (nur Mo–Fr), à la carte Antipasti 25–35 €, Primi 25 €, Secondi 40–45 €, Dolci 15 €. Erlesene Weine. Mit Terrasse. Mittags und abends geöffnet, Mi geschlossen. Lungomare Italia 11, ✆ 071-698267, ✉ 071-698484, www.morenocedroni.it.

**Osteria del Teatro,** eine sympathische, alteingesessene Osteria in der Altstadt (nahe Teatro La Fenice), natürlich nicht so distinguiert wie die obigen, dafür aber um ein Vielfaches günstiger: Das Menü kommt hier auf ca. 25–30 €. Bekannt auch für gute Weine und ein beachtenswertes Angebot an Käse. Mittags und abends geöffnet, Samstagmittag und So geschlossen. Via Fratelli Bandiera 70 (geht von der Via Portici Ercolani am Kanal entlang ab), ✆ 071-60517.

**Nachtleben** Miùarea, die vielleicht hipste Disco der Gegend liegt auf halbem Weg nach Fano, etwas außerhalb von Marotta. Weithin bekannt, sehr groß, sehr schick, sehr angesagt – entsprechendes Outfit und dicke Geldbörse sollte man nicht vergessen. Mit angeschlossenem Restaurant. Teuer. Im Sommer täglich, im Winter nur Sa und zu Veranstaltungen bzw. bestimmten Anlässen geöffnet. Via Valcesano 136, ✆ 0721-968246, www.miuarea.it.

*Die Provinz Ancona* · *Karte → S. 154/155*

Ufo über dem Adriastrand: La Rotonda

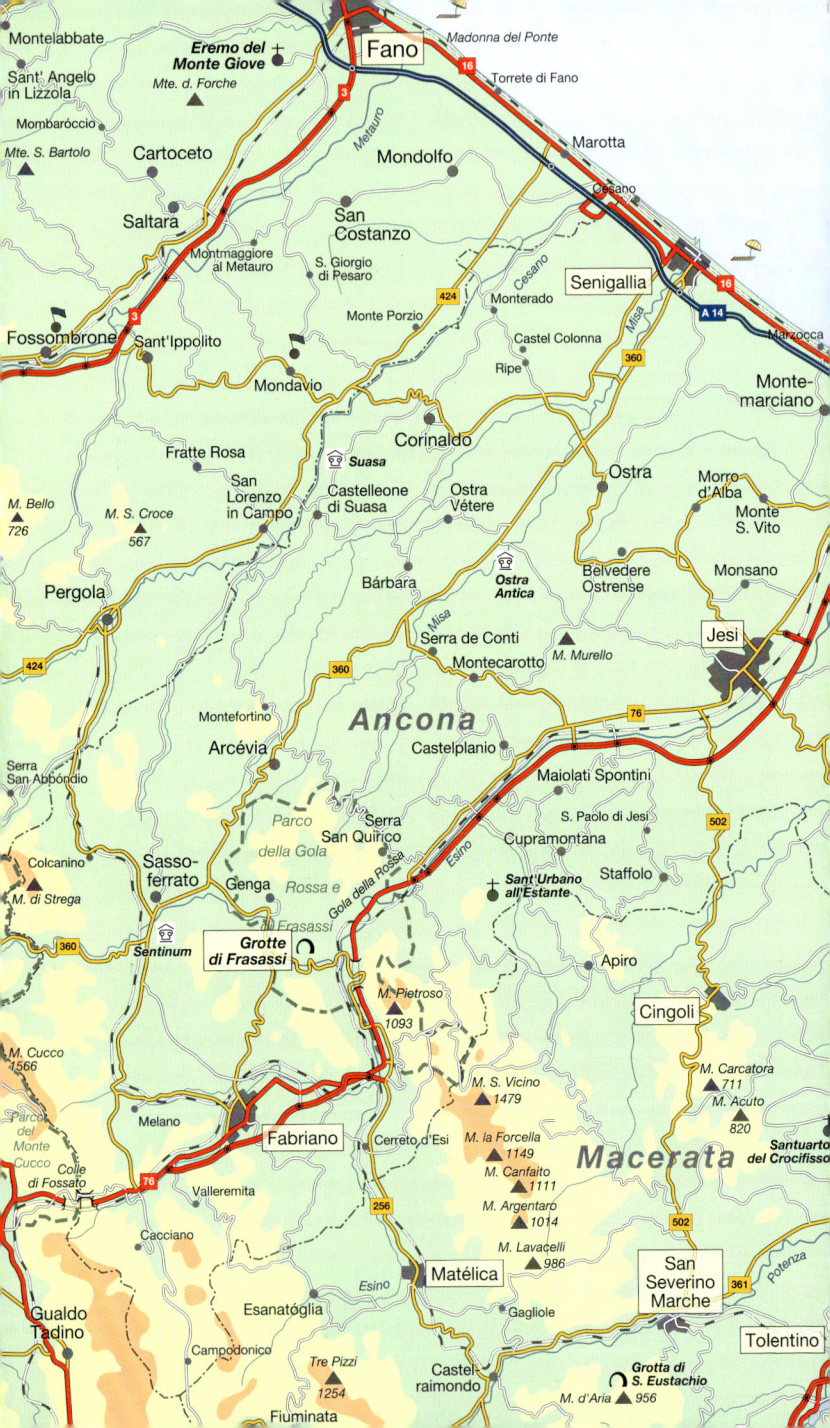

## Sehenswertes

**Rocca Roveresca**: Die Festung entstand ab 1480 im Auftrag von Giovanni della Rovere. Als Baumeister wird Baccio Pontelli genannt. Der Öffentlichkeit zugänglich sind die Kellerräume und eine Ausstellung über die della Rovere.
Tägl. 8.30–19.30 Uhr, in der Hochsaison abends bis 22 Uhr. Eintritt 2 €, erm. 1 €, unter 18 J. frei. Piazza del Duca, ☎ 071-63258.

**Foro Annonario/Portici Ercolani**: Das Foro Annonario, ein klassizistischer Rundbau am Kanal mit 30 dorischen Säulen, wurde 1831 als Markthalle gebaut. Noch immer findet hier der wöchentliche *Markt* statt (donnerstags). Nur wenige Schritte vom Foro Annonario entfernt liegen die Portici Ercolani: eine lange Gebäudereihe mit Arkadengängen am Kanal, die man Ende des 18. Jh. eigens für die hier stattfindende Messe „Fiera della Maddalena" bauen ließ. Heute findet an jedem vierten Sonntag im Monat der Antiquitätenmarkt Senigallias statt (nicht im Juli/August).

**Rotonda a Mare**: Das Wahrzeichen der Stadt, eine Art Seebrücke aus dem Jahr 1933, die nach langer Restaurierung 2006 wieder eröffnet wurde und seither den Rahmen für Veranstaltungen, Ausstellungen, Konzerte, Partys etc. bietet. Danach geht man noch ins *Rotonda Caffè*, das von Mauro Uliassi (Besitzer des gleichnamigen Restaurants, → oben) betrieben wird. Abendveranstaltungen nicht vor 21 Uhr.
Ende Juni bis ca. 10. September tägl. 18–22 Uhr bzw. 18–24 Uhr, im Hochsommer bis 1 Uhr nachts geöffnet, in den Wintermonaten nur Mo–Fr 17–20 Uhr sowie So 10–12 Uhr nach voriger Anmeldung unter ☎ 071-60322. Das Café ist Mitte Juli bis Ende August tägl. 18–1 Uhr geöffnet. Piazzale della Libertà.

**Museo di Storia della Mezzadria**: Das Museum ist in der *Chiesa Santa Maria delle Grazie* (15. Jh.) des gleichnamigen früheren Klosters (beachtenswert die beiden schönen Kreuzgänge) untergebracht, die schon allein den Besuch lohnt, denn Peruginos „Vergine in Trono ed i Santi" schmückt den Hauptaltar. Das Museum gibt seinen Besuchern einen interessanten Einblick in das bäuerliche Leben der vergangenen Jahrhunderte, als die landwirtschaftlichen Produktionsverhältnisse Mittelitaliens stark durch eine spezifische Form der Halbpacht, die sog. *mezzadria*, geprägt waren. Dabei handelte es sich um ein System mit vertraglich geregelter Gewinn- und Risikobeteiligung: Der jeweilige Grundeigentümer stellte dem Bauern Land, Vieh und Haus zur Verfügung, der Bauer und seine Familie waren im Gegenzug dazu verpflichtet, die Hälfte der Erträge an den Eigentümer abzutreten. Das „Fiftyfifty-Prinzip" galt auch für den Ankauf der zur Aufrechterhaltung des Betriebs notwendigen Güter bzw. Materialien: Beide Vertragspartner waren zu gleichen Teilen an den Kosten beteiligt. Die Betriebsflächen waren in der Regel so groß, dass die bäuerliche Familie von der ihr verbleibenden Hälfte der Erträge leben konnte.
Ca. 3 km vom Zentrum beim Friedhof, beschildert. Di–So 8.30–12 Uhr, Freitagnachmittag auch 16–18 Uhr, Mo geschl. Eintritt frei. Piazza delle Grazie 2, weitere Infos unter ☎ 071-7923127 oder ☎ 071-7927684, m.storiamezzadria@libero.it.

# Umgebung von Senigallia

## Corinaldo                                    ca. 5200 Einwohner

Ein wirklich schönes altes Städtchen, 18 km von Senigallia entfernt und noch vollständig von einer gut erhaltenen Stadtmauer und mächtigen Rundtürmen umgeben. Über 900 m Umfang bei einer Höhe von 18 m hinterlassen durchaus einen wehrhaften Eindruck. Innerhalb der dicken Stadtmauern laden schmale Gässchen und Treppen zum Spaziergang im hübschen historischen Stadtkern ein. Von der Porta di

Blick auf Corinaldo

Sotto am unteren Ende der Altstadt geht es steil über die 109 Stufen der *Piaggia* und weiter über die „Cento Scale" (die „Hundert Stufen") hinauf ins Zentrum, vorbei am alten Brunnen *Pozzo della Polenta*. Um ihn entbrennt alljährlich am dritten Juliwochenende die „Contesa del Pozzo della Polenta", das mittelalterliche Stadtfest mit großer Tafel, mittelalterlichen Spielen und einem Umzug in historischen Kostümen. Ursprung des Festes war die siegreiche Verteidigung der Stadt gegen die Belagerung der della Rovere im Jahr 1517. Zuvor wurde der Ort von den Malatesta beherrscht (1366–1440), aus jener Zeit stammen auch die Verteidigungsanlagen.

Corinaldo ist auch die Geburtsstadt von Maria Goretti, die 1902 im Alter von zwölf Jahren von dem Landarbeiter Alessandro Serenelli ermordet wurde, als sie sich gegen dessen sexuelle Übergriffe zur Wehr setzte. 1950 wurde sie heilig gesprochen, weil sie – so die bemerkenswerte Begründung – „entschlossen [ihr] Leben geopfert" habe, um ihre „jungfräuliche Reinheit unbefleckt zu bewahren". Das Grab Marias befindet sich im gleichnamigen Santuario mitten im Zentrum.

In der **Civica Raccolta d'Arte „Claudio Ridolfi"** an der Piazza del Cassero sind zahlreiche Werke von Claudio Ridolfi zu besichtigen.
Geöffnet wie die I.A.T. (s. u.), Anmeldung unter ✆ 071-67782 oder 071-679047, Eintritt 2,50 €, erm. 2 €.

**Information** I.A.T. Corinaldo, vom 15.6. bis 15.9. tägl. 10–12.30 und 16–19.30 Uhr, Juli und August auch 20.30–23 Uhr, in der Nebensaison (16.9.–14.6.) nur So 10–12.30 und 15–19 Uhr. Largo XVII Settembre 1860 1–2, 60013 Corinaldo (AN), ✆ 071-679047, www.corinaldo.it.

**Anfahrt/Verbindungen** 18 km von Senigallia, auf der SS 360 landeinwärts, dann rechts ab. Mehrmals tägl. **Busse** von und nach Senigallia.

**Übernachten/Essen** ** Albergo-Ristorante I Tigli, nettes, einfaches Haus an der Stadtmauer (bei der Pinacoteca), mit beliebtem Ristorante (auch Pizzeria) im Gewölbe, auch Terrasse. Eher schlichte Zimmer, EZ 50 €, DZ 82 €, Dreibett-Zimmer 95 €, Vierbett-Zimmer 110 €, Frühstück inkl. Halbpension kostet 63 € pro Pers. und Tag (Mindestaufenthalt hierbei 3 Tage). Via dal Teatro 31, 60013 Corinaldo (AN), ✆ 071-7975849, ✉ 071-7975856, info@hotelitigli.it, www.hotelitigli.it.

In der näheren Umgebung von Senigallia lohnt sich außerdem ein Abstecher in das knapp 15 km südlich gelegene, nette Städtchen *Ostra* (ca. 7000 Einwohner) am Hang oberhalb des Misa-Tals an. Auch hier gibt es noch eine gut erhaltene Stadtmauer, und auf einem Hügelkamm bietet sich ein schöner Blick weit über das Tal. Im noch einmal 6 km weiter südlich liegt das ebenfalls sehenswerte *Ostra Belvedere* (ca. 3500 Einwohner).

Die Provinz Ancona Karte → S. 154/155

Zwischen Ostra Belvedere und dem kaum sehenswerten Chiaravalle liegt das hübsche Dorf *Morro d'Alba* mit seiner Stadtmauer aus dem 15. Jh. Hier wird der rote DOC-Wein *Lacrima di Morro (d'Alba)* angebaut – zu degustieren und kaufen z. B. bei der Cantina Mancinelli (beschildert, Via Roma 62, Mo–Sa 8.30–12.30 und 14.30–18.30 Uhr, ✆ 0731-63021, www.mancinellivini.it).

Etwas eintönig verläuft die Fahrt von Senigallia nach Ancona. Verkehrsknotenpunkt in der Umgebung ist *Falconara Marittima* (ca. 28.000 Einwohner) mit Bahnhof und dem einzigen Flughafen der Region (→ Ancona). Zwar gibt es einen langen Sandstrand, gleich nebenan aber auch eine Erdölraffinerie samt Verladehafen.

# Ancona
ca. 103.000 Einwohner

**Hinter dem wenig ansehnlichen Hafen versteckt sich eine hübsche Altstadt. Die Hauptstadt der Region ist gleichzeitig auch ihr wirtschaftliches Zentrum und der größte Handels- und Passagierhafen der mittleren Adria.**

Dabei lässt sich bereits vom Hafen aus eine gewisse historische und kulturelle Bedeutung Anconas erahnen: Auf dem Monte Guasco thront, quasi als Wahrzeichen der Stadt, der romanisch-gotische *Duomo San Ciriaco*, unterhalb davon hat man auf dem Dach des archäologischen Nationalmuseums eine golden glänzende Kopie der antiken Figurengruppe „Bronzi Dorati" (→ S. 125) aufgebaut und auf dem Hafengelände befindet sich mit dem *Arco di Traiano* das eindrucksvollste römische Bauwerk Anconas. Und wer, wie die meisten, aus nördlicher Richtung zum Hafen fährt, wird kaum die ehemalige Quarantänestation *Lazzaretto* am Rand der wenig ansehnlichen Zona Industriale übersehen.

Die kleine Altstadt Anconas liegt zwischen zwei Hügeln: An der Nordostseite fällt der Monte Guasco zum Meer hin steil ab, der Hügel der ehemaligen Zitadelle begrenzt das Centro Storico in südlicher Richtung. Der Tunnel *Galleria Risorgimento* verbindet das alte Ancona mit der kaum ansprechenden Neustadt.

Wer sich in die Altstadt am Hafen vorgekämpft hat, stößt gleich hinter der verkehrsreichen Piazza della Repubblica auf einige beschaulichere Plätze wie z. B. die schöne und autofreie *Piazza del Plebiscito*. In östlicher Richtung (zur *Piazza IV Novembre* hin) werden die Plätze und Straßen dann größer und offener, hier – besonders auf dem Corso Garibaldi und den umliegenden Straßen – liegt das neue Zentrum der Stadt mit zahlreichen Bekleidungsläden.

## Geschichte

Die strategisch günstige Lage des natürlichen Hafens von Ancona haben die griechischen Kolonisten aus Syrakus bereits im 4. Jh. v. Chr. erkannt. Damals kontrollierte man vom Monte Guasco aus die Gegend. Eine bedeutende militärische Rolle spielte *Ancon* (vom griechischen Wort *ankon* = „Ellbogen") unter den Römern: 90 v. Chr. wurde die Stadt römisches Munizipium, der Hafen wurde ausgebaut und zum wichtigen Stützpunkt bei militärischen Auseinandersetzungen. Aus dieser Zeit stammen auch der Trajansbogen im Hafen (115 n. Chr.) und das Amphitheater am Monte Guasco, dessen Überreste noch heute zu sehen sind.

Im 6. Jh. wurde Ancona gleich zweimal von den Goten überfallen und trat daraufhin der byzantinischen Pentapolis bei. Im 9. Jh. nahmen die Sarazenen die Stadt ein, es

Ancona von hinten: Stadtstrand und Monumento ai Caduti

Die Provinz Ancona
Karte → S. 154/155

folgte bald darauf ein verheerendes Erdbeben. Nach dem Wiederaufbau erlangte Ancona schon im 11. Jh. den Status einer freien Stadt, die es durch rege Handelsbeziehungen mit dem östlichen Mittelmeer zu beachtlichem Wohlstand brachte. Dieser Reichtum lockte auch Friedrich I. Barbarossa an, der die Stadt 1167 vergeblich belagerte – wie nach ihm auch die Malatesta und die Sforza. Nach einer weiteren Phase des Wohlstandes fiel Ancona bereits 1532 in den Herrschaftsbereich des Kirchenstaats, zu dem es bis zur Einigung Italiens im Jahr 1860 gehören sollte.

Während des Zweiten Weltkriegs flogen die Alliierten im Zeitraum von 1943 bis 1944 genau 160 Luftangriffe auf die strategisch wichtige Hafenstadt, wobei schon hier ein großer Teil der historischen Bausubstanz verloren ging. Die nächste große Katastrophe ereilte die Stadt am Abend des 14. Juni 1972: Ein gewaltiges Erdbeben legte binnen Sekunden vieles von dem in Schutt und Asche, was nach den Bombardements des Zweiten Weltkriegs noch übrig geblieben war. Den schwersten Schaden erlitt das historische Viertel am Monte Guasco. In die Restaurierung und Rekonstruktion der bedeutenderen Bauwerke der Stadt (z. B. in die des beschädigten Doms) steckte man allerdings große Energien, sodass einiges an Bausubstanz gerettet werden konnte.

## Basis-Infos

**Information** Gut versteckt liegt das **I.A.T.-Büro** in der Via della Loggia (geht links vom Teatro delle Muse von der Piazza della Repubblica ab). Bei unserem letzten Besuch wenig hilfsbereit, aber ausreichend Infomaterial und Stadtplan. 1. Juni bis 30. September tägl. 9–14 und 15–19 Uhr geöffnet, Oktober bis Mai Mo–Sa 9–13 Uhr und Di/Do 15–18 Uhr, Sa 15–19 Uhr, So geschlossen. Via della Loggia 50, 60100 Ancona, ✆ 071-358991, ✆ 071-3589912, iat.ancona@provincia.ancona.it, www.comune.ancona.it oder www.turismo.marche.it.

**Verbindungen** Der internationale **Flughafen Raffaello Sanzio** liegt ca. 10 km vom Zentrum entfernt bei Falconara. Linienflüge mit Lufthansa (bzw. Air Dolomiti) tägl. von und nach München, mit Ryanair mehrmals wöchentlich von und nach Düsseldorf-Weeze, darüber hinaus Inlandsflüge nach Rom. ✆ 071-28271, www.ancona-airport.com. Taxis ins Zentrum (Festpreis 30 und 35 €) oder zum Bahnhof Falconara (13,50 €). Auch etwa stündlich Busse zum Bahnhof von Ancona.

**Fähren:** Es bestehen hauptsächlich Verbindungen nach Griechenland (Korfu, Igoumenitsa, Patras), außerdem nach Kroatien, in die Türkei und nach Albanien. Tickets werden in den zahlreichen Agenturen im und um den Hafen verkauft.

**Bahn:** Der Bahnhof liegt ca. 1,5 km nordwestlich des Zentrums; hervorragende Verbindungen: 10x tägl. über Jesi und Fabriano nach Rom, der schnelle Eurostar (2x tägl.) schafft die Strecke in etwas mehr als drei Stunden (mit dem Regionale Veloc sind es

fast fünf Stunden); etwa halbstündlich über Pesaro (z. T. auch Senigallia und Fano) nach Rimini, die meisten Züge fahren weiter nach Bologna. Entlang der Küste Richtung Süden bestehen gute Verbindungen nach Pescara in den Abruzzen (mind. 8x tägl., Halt in Civitanova Marche, Porto San Giorgio und San Benedetto del Tronto), des Weiteren nach Foggia, Bari und Lecce in Apulien. Vom Zentrum mit dem Stadtbus Nr. 1/3 oder 1/4 zum Bahnhof.

**Überlandbusse:** Große Haltestelle an der Piazza Cavour am Rand der Altstadt. Verschiedene Busgesellschaften, Tickets für alle Linien gibt es in der Tabaccheria Galeazzi an der Piazza Cavour 15/16 (am oberen Ende der Piazza Cavour). Es bestehen folgende Verbindungen: Etwa stündlich nach Sirolo und Numana, die meisten Busse fahren weiter bis Marcelli. Außerdem 5x tägl. (außer So) nach Porto Recanati, 3x Castelfidardo, 6x Loreto, ca. halbstündlich nach Senigallia und 3x tägl. weiter nach Pesaro, mind. stündlich über Falconara und Chiaravalle nach Jesi sowie 1x tägl. über Jesi nach Arcévia, von Jesi weiter nach Fabriano, hier sind die Zugverbindungen allerdings wesentlich besser. Außerdem ca. stündl. über Osimo Stazione und Loreto nach Recanati sowie ca. 10x tägl. nach Macerata. Infos: ✆ 800-218820, www.conerobus.it.

**Stadtbusse:** Nr. 1/3 und Nr. 1/4 vom Bahnhof zum Hafen und durch das Zentrum zur Piazza IV Novembre; Nr. 11 vom Zentrum zum Dom.

**Taxi:** am Bahnhof (Piazza Rosselli) und an der Piazza Roma im Zentrum, ✆ 071-43321.

**Autovermietung** *Europcar* an der Piazza Rosselli 16, gegenüber vom Bahnhof, ✆ 071-203100, www.europcar.com.

**Einkaufen** Von 17 bis 20 Uhr werden der **Corso Garibaldi** und die umliegenden Straßen zur Fußgängerzone. Hier befinden sich Filialen fast aller größeren italienischen Geschäfte wie z. B. *Feltrinelli* für Bücher, *Sisley*, *Stefanel*, *Benetton*, *Max Mara* usw. für Mode etc. Viel Rummel jeden Abend, typisch italienische Shoppingmeile.

Günstigere Schuh- und Bekleidungsgeschäfte findet man an und um die **Piazza Cavour**.

Auf dem Corso Mazzini findet tägl. ein **Markt** statt, auf dem u. a. Kleidung günstig zu bekommen ist.

Arco di Traiano am Hafen

**Wein:** ≫ **Mein Tipp:** Eine der ersten Adressen der Gegend ist die *Azienda Agricola Moroder*, schon auf halbem Weg zum Monte Conero gelegen. Die Anfahrt lohnt unbedingt, neben einem herrlichen Anwesen erwarten Sie ganz hervorragende Weine: Neben dem *Rosso Conero DOC* (um 6–8 €) hat sich vor allem der *Dorico* (100 % Montepulciano) für 20 € unter Liebhabern einen Namen gemacht. Darüber hinaus werden auch Weiß- und Roséweine, Passito (15 €), Grappa (17 €), Trüffel und Honig verkauft. Richtig gut finden wir auch das Olivenöl für 12 €. Nach Vorbestellung kann man hier im **Ristorante Aiòn** in der Azienda auch essen (Mi–So mittags und abends, Menü ca. 35–40 €) und dabei natürlich auch die hervorragenden Moroder-Weine probieren. Via Montacuto 112, 60029 Ancona, ✆ 071-898232, ✍ 071-2800367, www.moroder-vini.it. Mo–Fr 8.30–12.30 Uhr, Sa 8.30–12.30 und 14.30–18.30 Uhr geöffnet, man sollte dennoch vorher anrufen. *Anfahrt:* Von Ancona auf der Strada Provinciale Richtung Portonovo (Monte Conero), rechts ab nach Montacuto, dann geht es links ab (beschildert). ≪

**Erste Hilfe** *Ospedale Regionale Torrette*, ca. 7 km nördlich vom Zentrum, groß ausgeschildert, ✆ 071-5961.

**Parken** Mit Parkscheinautomat oder Parkscheibe um die Piazza Cavour, gebührenpflichtige Parkplätze oder -häuser gibt es ausreichend im Zentrum: **Parcheggio Stamira** an der Piazza Stamira (nahe Piazza Cavour, 2,20 €/Std., 20.30–7 Uhr 0,50 €/Std., ✆ 071-206511) oder **Parcheggio Traiano** nahe Hafen (Via 29 Settembre, 1,50 €/Std., ✆ 071-203834). *Achtung*, wer im Zentrum Anconas mit Parkschein an der Straße parkt, muss beim Ziehen des Parkscheins teilweise die Nummer des Parkplatzes (steht in Gelb auf dem Asphalt) eingeben. Die Preise steigen bei längerer Parkdauer z. T. enorm, beispielsweise kostet 1 Std. rund um die Piazza Roma nur 0,20 €, 2 Std. dagegen 2,50 €!

**Polizei** ✆ 071-2222222, bei Verkehrsunfällen ✆ 071-202388. Sollte Ihnen Ihr Ausweis o. Ä. abhanden gekommen sein, wenden Sie sich an die **Questura** unter ✆ 071-22881.

**Post** Am oberen Ende der Piazza Cavour, tägl. (außer So) 8–18.30 Uhr, Sa nur bis 12.30 Uhr.

**Veranstaltungen** Ancona Jazz, das älteste Jazzfestival der Region findet alljährlich im Juli statt. Infos und Termine zu den Veranstaltungen unter ✆ 071-2074239, www.anconajazz.com.

## ⓘ Übernachten/Essen & Trinken

→ Karte S. 162/163

**Übernachten** Eigentlich bleibt kaum jemand über Nacht in Ancona, da die herrliche Riviera del Conero – mit großer Auswahl an Unterkünften – direkt vor der Haustür liegt. Die Hotels am Bahnhof gehören größtenteils zum Low-Budget-Bereich. Fast alle Unterkünfte in der Stadt sind ganzjährig geöffnet.

**★★★★ Grand Hotel Passetto** 🟦**9**, sehr nobel, wenn auch nicht mehr ganz neu, am östlichen Stadtrand an der Piazza IV Novembre gelegen (das Monumento ai Caduti erinnert an die Opfer des Ersten Weltkriegs). Eine mächtige Treppe und ein Aufzug führen hinunter zu den Strandbädern zwischen steil abfallenden Felsen an der Ostseite der Stadt, hier auch einige Bars. Das Hotel selbst ist überaus elegant, mit kleinem Pool und Parkgarage (ca. 10 €/Tag), relativ ruhige Lage, empfehlenswertes Restaurant auf der anderen Straßenseite (gehört zum Hotel, gehobene Preisklasse, Sonntagabend und Mo geschlossen). Alle Zimmer mit Bad und Meerblick, z. T. mit Balkon, TV, Aircondition, Kühlschrank, 43 Zimmer insgesamt. DZ 158–195 €, EZ 90–120 €, jeweils inkl. Frühstücksbuffet (üppig). Via Thaon de Revel 1, 60124 Ancona, ✆ 071-31307, ✍ 071-32856, info@hotelpassetto.it, www.hotelpassetto.it.

**★★★ City** 🟥**5**, moderner Bau in zentraler Lage, freundlicher Service, mit kleiner Terrasse, die Zimmer (alle mit Bad, Aircondition, Kühlschrank und TV) entsprechen dem 3-Sterne-Standard. EZ 55–63 €, DZ 92–98 €, Dreibett-Zimmer um 105 €, inkl. Frühstück. Via Matteotti 112/114, 60121 Ancona, ✆ 071-2070949, ✍ 071-2070372, info@hotelcityancona.it, www.hotelcityancona.it.

**★★★ Hotel della Rosa** 🟥**7**, recht ansprechendes und relativ günstiges Hotel gegenüber dem Bahnhof, 38 Zimmer mit Bad, TV und Aircondition. EZ 63 €, DZ 92 €, Dreibett-Zimmer 100 €, Frühstück inkl. Piazza Rosselli 3, 60126 Ancona, ✆ 071-41388, ✍ 071-42651, info@hoteldellarosa.it, www.hoteldellarosa.it.

Die Provinz Ancona Karte → S. 154/155

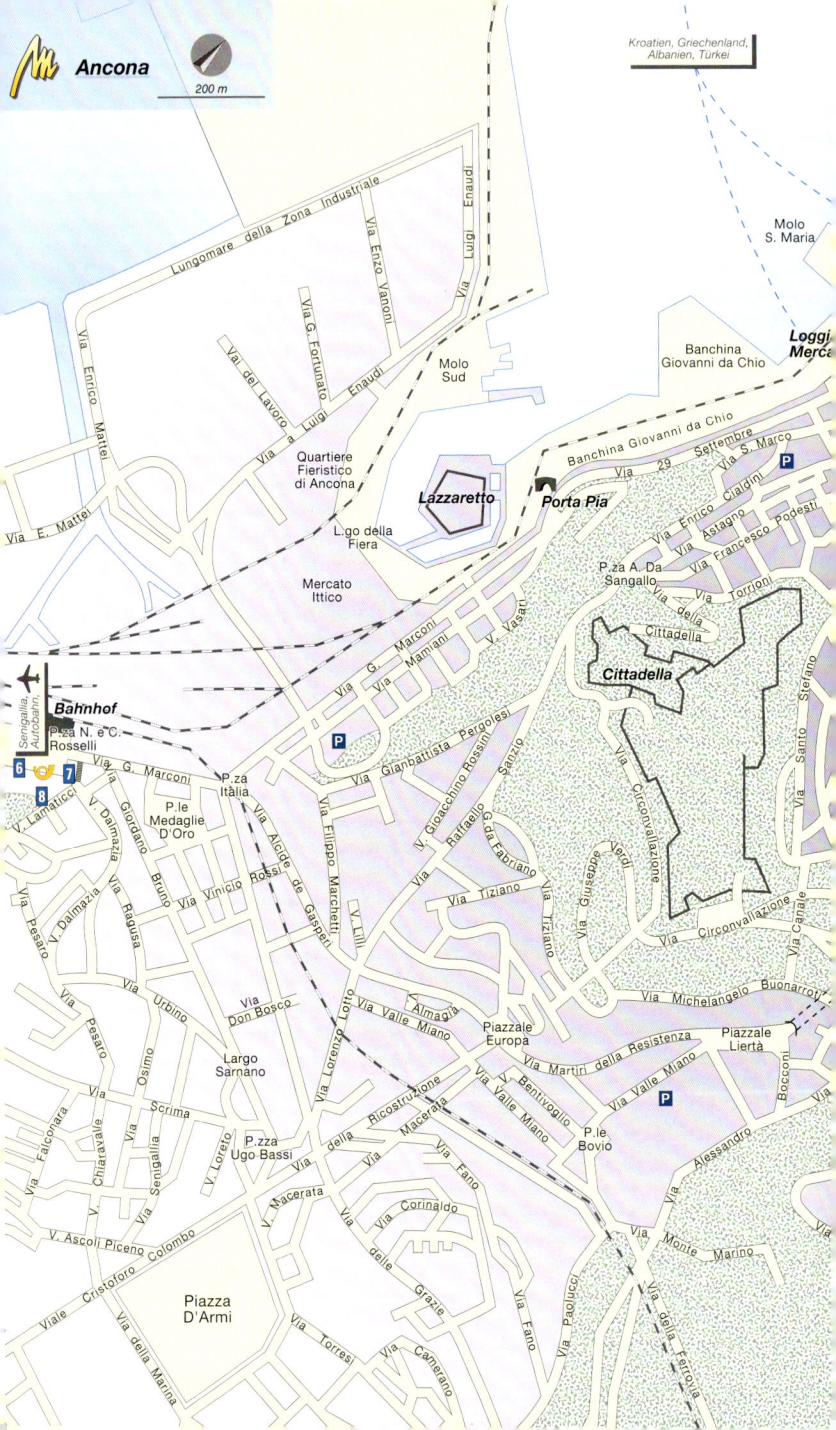

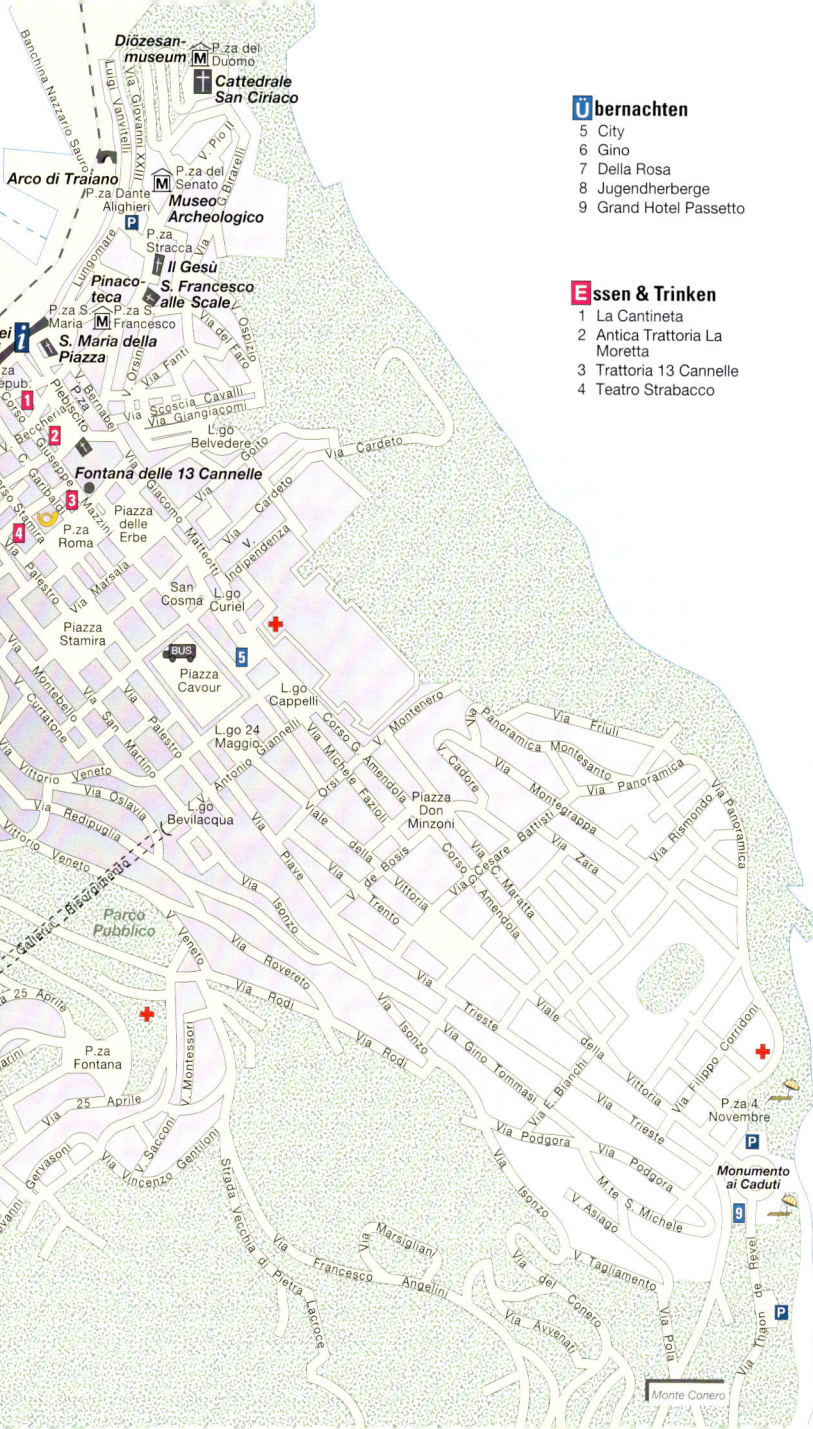

**Diözesan-museum** P.za del Duomo

✝ **Cattedrale San Ciriaco**

**Arco di Traiano**

**Museo Archeologico** P.za del Senato

**Pinaco-teca** **Il Gesù**
**S. Francesco alle Scale**

**S. Maria della Piazza**

**Fontana delle 13 Cannelle**

Piazza delle Erbe

P.za Roma

San Cosma

L.go Curiel

Piazza Stamira

BUS

Piazza Cavour

L.go Cappelli

L.go 24 Maggio

L.go Bevilacqua

Parco Pubblico

P.za Fontana

Piazza Don Minzoni

P.za 4 Novembre

**Monumento ai Caduti**

Monte Conero

** **Gino** 6, ebenfalls gegenüber vom Bahnhof, für eher einfache Ansprüche. EZ 35 €, DZ 52 €, jeweils inkl. Frühstück. Gutes Hotelrestaurant, besonders für Fisch (Stoccafisso all'anconetana), mittags und abends geöffnet, So abends geschlossen. Via Flaminia 4, ☏ 071-41157, 🖷 071-42179, hotel. gino@tiscalinet.it, www.albergogino.it.

**Ostello della Gioventù** 8, nur wenige Schritte vom Bahnhof entfernt, seitlich der Piazza Rosselli die Treppen hinauf. Schlichte Jugendherberge mit 56 Betten. Übernachtung 18 € pro Pers. ohne Frühstück. Via Lamaticci 7, 60126 Ancona, ☏/🖷 071-42257, aigostelloancona@tiscali.it, www. ostelloancona.it.

**Campingplätze** → Portonovo, S. 170.

**Essen & Trinken** Die meisten Restaurants befinden sich im Umkreis der Piazza Repubblica, der Piazza delle Erbe und der Piazza Roma. Wer raus aus der Stadt will, dem empfehlen wir das stadtnah gelegene Restaurant **Aiòn** in Montacuto (→ S. 161, unbedingt vorher reservieren!) und die Restaurants in Portonovo (→ S. 170).

**Antica Trattoria La Moretta** 2, rustikale Eleganz, uriges Ambiente an einem der schönsten Plätze der Stadt, der Piazza del Plebiscito, vom Volksmund „Piazza del Papa" genannt. Mit Terrasse. Bekannt für Fischspezialitäten, Mittagsmenüs zu 16 und 18 €. Primi ab 6 €, Secondi ab ca. 12 €. Das

Stockfisch-Menü *(menu stoccafisso)* kostet ca. 25 €. Mittags und abends geöffnet, So geschlossen. Piazza del Plebiscito 52, ☏ 071-202317, www.trattoriamoretta.com.

**Trattoria 13 Cannelle** 3, sehr kleine, aber einladende Trattoria gegenüber der 13 Cannelle gleich bei der Piazza Roma. Gute Küche (viel Fisch), nicht teuer, netter Besitzer, auch mittags bis auf den letzten Platz besetzt. Mittags und abends geöffnet, So geschlossen. Corso Giuseppe Mazzini 108, ☏ 071-206012.

**La Cantineta** 1, traditionelle Trattoria im Herzen Anconas, einfach und günstig, Spezialität des Hauses ist der für die Region typische Stockfisch *(stoccafisso all'anconetana)*, dazu gibt es Hauswein. Mittags und abends geöffnet, Mo geschlossen. Via Gramsci 1c, ☏/🖷 071-201107, www. cantineta.it.

**Teatro Strabacco** 4, in dieser Osteria ist man auch mit kleinerem Hunger ein gern gesehener Gast, auf der Speisekarte stehen u. a. *Piadine* (belegte Fladenbrote), aber auch die ganze Bandbreite der üblichen Primi und Secondi. Natürlich regionale Küche, dazu eine große Weinkarte, besonders nettes Ambiente und originelles Interieur, günstige Preise. Mittags 12.30–15 Uhr und abends 19.30–3 Uhr geöffnet, Mo geschlossen. Via Oberdan 2, ☏ 071-56748, www.strabacco.it.

## Altstadtrundgang und weitere Sehenswürdigkeiten

Einen Spaziergang durch die Altstadt sollte man an der auch „Piazza del Papa" genannten *Piazza del Plebiscito* (entstanden im 15. Jh.) beginnen: Hinter der imposanten und ernst wirkenden Statue von Papst Clemens XII. aus dem Jahr 1737 erhebt sich an der Stirnseite des Platzes die *Chiesa San Domenico* aus dem späten 18. Jh., in deren Inneren Werke von Tizian und Guercino zu besichtigen sind. Ältestes Gebäude am Platz ist der *Palazzo del Governo* (am Ende des Platzes Richtung Hafen): Ursprünglich aus dem 15. Jh. und durch Bombardements und Erdbeben stark beschädigt, beherbergt der Palazzo heute die Präfektur Anconas.

Verlässt man den Platz am unteren Ende über die schmale Via Aranci, stößt man nach wenigen Metern auf die *Loggia dei Mercanti*: Das Gebäude entstand im frühen 15. Jh. und diente als Handelsbörse, die Fassade wurde 1451–1459 von Giorgio Orsini im venezianisch-gotischen Stil angefügt. Die – etwas ramponierten – Statuen sollen die kaufmännischen Tugenden Stärke, Gerechtigkeit, Wohltätigkeit und Mäßigung symbolisieren. Die Loggia dei Mercanti ist das wohl bedeutendste Zeugnis aus der Blütezeit Anconas als freie Handelsstadt. Schräg gegenüber der Loggia, an der verkehrsumtosten Piazza della Repubblica, sieht man das neoklassizistische, jüngst aufwändig restaurierte *Teatro delle Muse* (1827) mit einem sehenswerten Fries, auf dem Apollo und die Musen dargestellt sind (Biglietteria nebenan).

Von der Piazza del Plebiscito geht es weiter auf den Corso Mazzini, wo man nach wenigen Metern zur eindrucksvollen *Fontana Calamo* (um 1560) gelangt. Der Brunnen hat 13 Wasser speiende Köpfe und wird deshalb auch *Fontana delle Tredici Canelle* genannt. Parallel zu ihm ist noch ein Stück römischer Pflasterboden zu erkennen.

Unter den vielen Kirchen Anconas sind – neben dem Dom – vor allem die **Chiesa Santa Maria della Piazza** an der Piazza Santa Maria (Via della Loggia, nur wenige Schritte von der Loggia dei Mercanti entfernt) und die Chiesa San Francesco delle Scale einen Besuch wert: Erstere entstand vermutlich schon im 12. Jh. auf den Fundamenten einer frühchristlichen Basilika (4./5. Jh.), die auffällige – und unvollendete – romanische Fassade stammt aus dem frühen 13. Jh.: Mit den vier Bögen über dem Portal und den vierstöckigen blinden Arkaden zählt sie zu den interessantesten und ungewöhnlichsten der Marken. Im Inneren von Santa Maria della Piazza sind durch Glasplatten hindurch noch die Überreste der frühchristlichen Bodenmosaike zu erkennen. Gegenüber der Kirche sieht man noch ein altes Tor, die ehemalige Zollstelle der Stadt. Zuletzt nur Sonntagvormittag 10–12 Uhr geöffnet.

Die **Chiesa San Francesco alle Scale** liegt an der gleichnamigen Piazza an der Via Ciriaco (führt zum Monte Guasco hinauf). Die Kirche wurde 1323 von Franziskanermönchen errichtet, sehenswert sind neben der beachtlichen Fassade im venezianisch-gotischen Stil von Giorgio Orsini vor allem die wertvollen Gemälde im Kircheninneren: Am Werk waren hier Lorenzo Lotto, Pellegrino Tibaldi und Andrea Lilli. Tägl. 9–12 und 15–18 Uhr (im Sommer 15.30–19.30 Uhr) geöffnet.

Clemens XII. wacht über die Piazza del Plebiscito

**Cattedrale San Ciriaco/Museo Diocesano**: Der Dom Anconas steht auf dem Fundament eines Venustempels aus dem 4. oder 3. Jh. v. Chr. Im 6. Jh. n. Chr. baute man hier eine Basilika, der heutige Dom stammt aus dem 11./12. Jh. und gilt als eindrucksvolle Stilmischung zwischen Romanik und Gotik. Der Grundriss entspricht einem byzantinischen Kreuz, der helle Stein zum Bau der Cattedrale stammt vom benachbarten Monte Conero.

Gleich am Hauptportal fallen die beiden Säulen tragenden und gut erhaltenen Löwen aus Veroneser Marmor auf, die erst im 13. Jh. angefügt wurden – wie übrigens

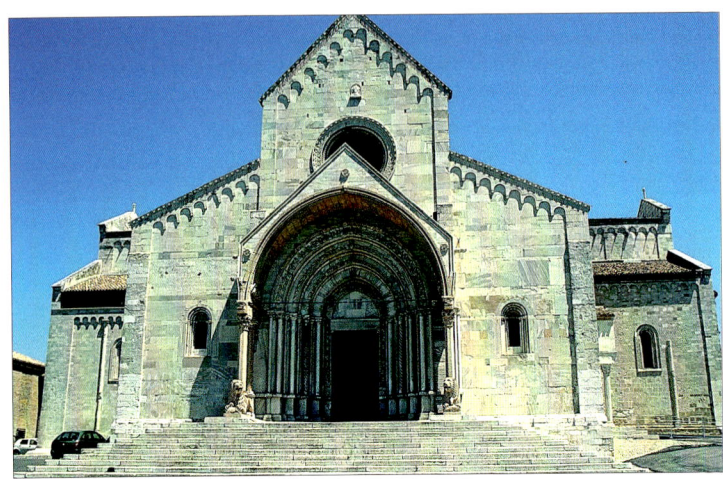

San Ciriaco – einst ein Tempel der Liebesgöttin

auch der Campanile des Doms. Im Inneren herrscht Schlichtheit – trotz bemalter Decke, Säulenkapitellen und der drei Seitenkapellen. In der Krypta befinden sich die Reliquien des heiligen Ciriaco, Ortspatron von Ancona und Namensgeber des Domes. Beachtenswert ist hier auch der Fußboden mit Einlegearbeiten.

Das angeschlossene *Museo Diocesano* gleich links daneben beherbergt heute zahlreiche Sarkophage, die ursprünglich im Dom zu sehen waren. Zum Museum gehört außerdem eine kleine Gemäldegalerie. Im Gebäude des Museums starb am 14. August 1464 Papst Pius II. Piccolomini.

Mit dem Auto ab Zentrum der Beschilderung zur Cattedrale folgen. Kurzparkzone an der Piazza del Duomo. Der Domplatz ist auch mit dem Stadtbus Nr. 11 ab Zentrum erreichbar. Dom tägl. 8–12 und 15–18 Uhr, im Sommer 15–19 Uhr. Das Diözesanmuseum nur Sa/So 10–12.30 und 16–19 Uhr zu besichtigen, um 10, 11, 16 und 18 Uhr finden Führungen (in Italienisch) statt. Eintritt frei, es wird eine Spende erwartet. Piazza del Duomo 9, ☎ 071-200391.

**Museo Archeologico Nazionale delle Marche**: Das Museum ist im sehenswerten *Palazzo Ferretti* (um 1565) untergebracht: Pellegrino Tibaldi entwarf diese Residenz für Fürst Angelo Ferretti. Mitte des 18. Jh. verpasste Luigi Vanvitelli dem Palazzo ein repräsentatives Portal und den Balkon. Die Stadt Ancona erwarb das Gebäude nach dem Zweiten Weltkrieg und richtete hier das Museum ein. Gegenüber dem Palazzo Feretti befindet sich der *Palazzo del Senato* aus dem 13. Jh.; an das Museum quasi „angeklebt" ist die barocke Kirche *Ss. Pellegrino e Teresa* aus dem frühen 18. Jh. mit einem hölzernen Kruzifix aus dem 13. Jh. am Hauptaltar.

Das Museum beherbergt in etwa 25 Räumen zahlreiche Funde aus dem Neolithikum bis in die römische Zeit, fast alle stammen aus der Umgebung von Ancona. Im Erdgeschoss wurde für die *Bronzi Dorati* (Näheres hierzu → S. 125) ein eigener Raum eingerichtet, in dem eine Kopie der Figurengruppe sehr eindrucksvoll in Szene gesetzt ist. Eine weitere goldglänzende Kopie davon thront seit einigen Jahren auf dem Dach des Museums.

Um chronologisch vorzugehen, sollte man mit dem Rundgang durch das Museum im zweiten Stock beginnen: In der prähistorischen Abteilung ist u. a. das Skelett eines Bären aus den Grotte di Frasassi (→ S. 203) zu sehen, darüber hinaus sind in zahlreichen Vitrinen prähistorische Werkzeuge (Steinkeile u. a.) aus der Gegend um Jesi, Fabriano und vom Monte Conero ausgestellt. Im dritten Stock *(Sezione Protostorica)* kann man sich u. a. Grabbeigaben aus dem 8./9. Jh. v. Chr. aus der Gegend um Ancona sowie größere Amphoren und Schmuck (Bronze) anschauen. Die Abteilung im ersten Stock beschäftigt sich mit der Zeit ab ca. 500 v. Chr., die meisten Exponate stammen aus der Gegend um Sirolo und Numana (Monte Conero), darunter auch der „Guerriero di Numana", eine gut erhaltene kleine Kriegerskulptur aus der Zeit der Picener.

Di–So 8.30–19.30 Uhr geöffnet, Mo geschlossen. Eintritt 4 €, erm. 2 €, unter 18 und über 65 J. frei. Im Sommer (Mai–November) immer Sa 9.30 Uhr und So 10.30 Uhr kostenlose Führungen (in italienischer Sprache). Getränkeautomat und Sitzecke im zweiten Stock. Via Ferretti 11 (Piazza del Senato), ☎ 071-202602, www.archeomarche.it.

**Pinacoteca Civica „Francesco Podesti":** Das Museum ist ebenfalls von Pellegrino Tibaldi entworfenen *Palazzo Bosdari* untergebracht. Die Pinakothek ist nach dem anconetanischen Maler und Kunstsammler Francesco Podesti benannt, dem man – wie auch seinem Kollegen Andrea Lilli, ebenfalls aus Ancona – einen ganzen Ausstellungsraum gewidmet hat. Die bekannteren Werke der Pinacoteca sind in den zwei Sälen des Cinquecento (16. Jh.) untergebracht und stammen u. a. von Carlo Crivelli (ca. 1435–1500), Lorenzo Lotto (ca. 1480–1557) und Tizian (um 1480–1576).

Di–Sa 9–19 Uhr, So 10–13 und 16–19 Uhr, Mo geschlossen, im Winter Di–Fr 9–18 Uhr geöffnet, an Feiertagen geschlossen. Eintritt 4,50 €, erm. 3,40 €, unter 18 und über 65 J. frei. Via Pizzecolli 17, ☎ 071-2225041. *Achtung:* Zuletzt war der Palazzo Bosdari wegen „Lavori" geschlossen, wann die Restaurierungsarbeiten beendet sein werden, war noch unklar.

**Arco di Traiano:** Zugegeben, das Ambiente für einen römischen Triumphbogen könnte kaum schräger sein: Der Trajansbogen steht mitten auf dem heutigen Hafengelände, umgeben von Verladekränen und Containern. Dabei zählt das Bauwerk aus den Jahren 100–115 n. Chr. zu den schönsten Zeugnissen römischer Kultur in den Marken. Gewidmet war es Kaiser Trajan (53–117 n. Chr.), der sich hier um den Ausbau des Hafens verdient gemacht hatte.

**Lazzaretto/Porta Pia:** Am südlichen Ende des Hafenbeckens liegt das fünfeckige Lazzaretto, die ehemalige Quarantänestation des Hafens, in den Jahren 1733–1743 von Luigi Vanvitelli gebaut und gleichzeitig auch als Militär- und Handelsbastion gedacht. Im Inneren ist ein kleiner Tempel zu sehen. Heute bildet das Lazzaretto den Rahmen für kulturelle Veranstaltungen der Stadt – u. a. Ausstellungen, Konzerte, Freilichtkino. Gleich daneben befindet sich die spätbarocke Porta Pia aus dem späten 18. Jh.

Die Provinz Ancona
Karte → S. 154/155

Am Monte Conero bei Numana

# Riviera del Conero

Zweifelsohne der schönste Küstenabschnitt der ganzen Region, wenn nicht sogar einer der schönsten der gesamten Adria. Beschauliche Orte hoch über dem Meer, kaum zugängliche Badebuchten und ausgezeichnete Wander- und Wassersportmöglichkeiten üben große Anziehungskraft aus, und das nicht nur bei italienischen Urlaubern.

Die Gegend wird vom dicht bewaldeten, 572 m aus dem Meer herausragenden Monte Conero dominiert. Während das *Promontorio* (Vorgebirge) zum Meer hin auf der Ostseite dramatisch abfällt, wellen sich in westlicher Richtung sanfte Hügel, an denen der bekannte *Rosso Conero* (ein Montepulciano-Sangiovese-Verschnitt) angebaut wird. Der mächtige Kalkfelsen des Monte Conero zählt noch zu den Ausläufern des Apennin.

Wer von Ancona kommt, sollte auf jeden Fall die Panoramastraße an der Küste entlangfahren, von der sich immer wieder herrliche Ausblicke eröffnen – an einigermaßen klaren Tagen schweift der Blick bis hinüber zu den Monti Sibillini an der Grenze nach Umbrien. Als Standorte bieten sich *Portonovo*, nur 12 km von Ancona entfernt, *Sirolo* und *Numana* an, wobei Sirolo der vielleicht charmanteste Ort an der Riviera del Conero ist. Südlich von Numana schließt mit *Marcelli* einer der angenehmsten Badeorte an der Küste der Marken an – mit riesigem Sandstrand und Flaniermeile, die an den Abenden im Sommer aus allen Nähten platzt.

Kulturhistorische Zeugnisse finden sich an der Riviera del Conero nur vereinzelt, dabei wurden hier am Berg die ältesten Siedlungsspuren der gesamten Region nachgewiesen (entsprechende Funde sind u. a. im *Museo Archeologico* in Ancona zu besichtigen, → S. 166). Sehenswert sind z. B. die Kirche *Santa Maria di Porto-novo* und die *Badia di San Pietro* beim Gipfel des Monte Conero. Darüber hinaus eignet sich das Gebiet hervorragend als Ausgangspunkt für Ausflüge in die Umgebung: Der Wallfahrtsort *Loreto* liegt ebenso wie die interessanten Kleinstädte *Osimo* und *Castelfidardo* keine 20 km von Sirolo entfernt, unbedingt ist auch das unweit gelegene *Recanati* mit seinen interessanten Museen einen Abstecher wert.

## Parco Naturale del Conero

Der etwa 6000 ha große Regionalpark wurde 1987 gegründet und ist somit das älteste Naturschutzgebiet der Region. Beabsichtigt war eine Integration von Kultur- und Naturraum, und so finden sich ordentlich angelegte Felder samt Gehöften und ganze Dörfer mit unverkennbar touristischer Ausrichtung ebenso wie dichter Wald und zum Meer hin völlig unzugängliche felsige Abschnitte mit seltener Flora, wo einige vom Aussterben bedrohte Vogelarten ungestörte Nistplätze finden.

Überhaupt ist die Vielfalt besonders der Flora im Park eindrucksvoll. Neben der typischen mediterranen Macchia mit Ginster, Brombeersträuchern, Steineichen, Flaumeichen, Hainbuchen und Ahorn finden sich auch aufgeforstete Pinienwälder und Aleppokiefern, Letztere bedecken weite Teile der Westseite des Monte Conero. Man zählt an die 1000 Blumenarten auf dem Gebiet des Regionalparks, darunter allein 19 verschiedene Orchideenarten. Seinen Namen hat der Berg übrigens auch von einer Pflanze: dem Erdbeerbaum *Corbezzolo*, griechisch „komaros", wovon sich die Bezeichnung Conero ableitet.

Die Fauna des Parks wird eindeutig von den zahlreichen Vogelarten (bis zu 200) geprägt: Zugvögel legen hier im Frühjahr und Herbst eine Verschnaufpause auf ihrer langen Reise ein, unter ihnen z. B. Mäusebussarde und Sumpffalken, Schnepfen und Ringeltauben. Ganzjährig zu Hause sind hier der Wanderfalke und natürlich Amseln, Finken und Spatzen. Bei den Säugetieren gibt es kaum Auffälliges zu verzeichnen: Hase und Igel, Fuchs und Dachs, Stachelschweine und der eine oder andere Iltis und Steinmarder – das war's dann auch schon.

Gut ausgebaute und markierte Wanderwege erlauben den Besuchern einen leichten Zugang zum Regionalpark. Dennoch ist es empfehlenswert, sich zunächst an das Besucherzentrum des Parks in Sirolo zu wenden: Ausführliche Dokumentationen lassen kaum eine Frage zu Geologie, Geschichte, Flora und Fauna offen, darüber hinaus werden Sie von den freundlichen und kompetenten Mitarbeitern mit Informationsmaterial und brauchbaren Wander- und MTB-Karten (1:25.000, 6 €) versorgt und/oder auf Wunsch fachkundig zu Wandermöglichkeiten etc. beraten.

Das Centro Visite Parco Monte Conero ist in Sirolo ab der Hauptstraße Richtung Monte Conero beschildert (rechts ab), Via Peschiera 30/A, 60020 Sirolo (AN), ✆ 071-9331879, 🖷 071-9330066, www.parcoconero.it, www.forestalp.it. Vom 15.6. bis 14.9. tägl. 9–13 und 16–19 Uhr, ansonsten nur 9–13 Uhr (So und im Januar/Februar geschlossen). Das Centro bietet **geführte Wanderungen** im Park an, die Halbtagestour kommt auf 8 € (Kinder unter 14 J. gratis). Außerdem **Nordic-Walking-Touren** (10 €) und **Mountainbike-Touren** (12–15 €).

Die Provinz Ancona
Karte → S. 154/155

# Portonovo

**Die kleine Bucht bei Ancona ist wunderschön, an den Sommerwochenenden aber auch brechend voll.**

Eine steile Stichstraße führt am fast senkrecht abfallenden Hang entlang hinunter nach Portonovo – nicht selten steckt man hier im abendlichen Heimfahrerstau. Unten angekommen, erwartet Sie ein zersiedeltes Feriendörfchen ohne eigentliches Zentrum, aber mit viel Schatten spendendem Pinienbestand. Zu den wenigen (ausschließlich noblen) Hotels und dem Campingplatz gesellen sich einige hervorragende Fischrestaurants. Portonovo ist allerdings in keinerlei Hinsicht günstig.

Im 11. Jh. wurde hier die versteckt liegende Abtei *Santa Maria di Portonovo* gegründet (Näheres → S. 172). Auffälligstes Gebäude der Siedlung ist der schon von weitem sichtbare Wehrturm *Torre Clementina* (nicht zugänglich), der im Jahr 1716 unter Papst Clemens XI. erbaut wurde und der Verteidigung gegen Piraten diente. Knapp ein Jahrhundert später gab Napoleon hier eine weitere Verteidigungsanlage in Auftrag: 1808–1813 baute man das trutzige *Fortino Napoleonico* zum Schutz gegen die englische Flotte, heute beherbergt der Komplex ein schickes Hotel.

Ein netter Spaziergang führt z. T. zwischen schattigen Bäumen und streckenweise am Strand entlang zu den „Sehenswürdigkeiten" Portonovos. Dabei kommen Sie auch an den beiden *Laghetti* vorbei (einer bei der Abtei, der größere vom Fortino aus landeinwärts); vor allem im Frühling sind an den beiden sumpfigen Teichen diverse Wasservögel zu beobachten.

## Basis-Infos

**Information**  Info-Bude oben am Parkplatz (hier starten die Shuttle-Busse), nur im Sommer besetzt; im Lebensmittel- und Zeitschriftenmarkt **Giacchetti** unten in Portonovo an der Kreuzung gibt es ein paar Prospekte und Informationen, ✆ 071-2139049.

**Anfahrt/Verbindungen**  Auf der Panoramastraße von Ancona kommend, geht es an einer großen Kreuzung links ab (beschildert und kaum zu übersehen). Wer in der Hochsaison kommt und nicht in Portonovo übernachtet, dem sei dringend der **Shuttle-Bus** von der Abzweigung (an der etwas zurückversetzten Touristeninformation, hier auch ein großer kostenloser Parkplatz) geraten: im Sommer etwa alle 20 Min. bis ca. 18 Uhr abends. **Busverbindungen:** Ca. stündlich nach und nach Ancona, Sirolo und Numana, die meisten Busse fahren weiter bis Marcelli. Die Busse halten nur oben an der großen Kreuzung.

**Bootsverleih**  La Torre, am Strand zwischen Torre Clementina und Hotel Fortino Napoleonico. Nur vom 1.6. bis 30.9. tägl. 8–20 Uhr geöffnet, die Boote sind – wie alles andere in Portonovo auch – an den Wochenenden der Hochsaison schnell ausgebucht. Motorboot 140 € am Tag, Benzin extra. Bei den kleineren Booten ist kein Führerschein notwendig, zum Vertragsabschluss muss man jedoch ein Ausweisdokument vorlegen. Auch Kanus (6 €/Std., 30 €/Tag, für 2 Pers. 8 €/Std., 40 €/Tag). ✆ 071-801403 und ✆ 338-9304023, www.portonovo-an.it.

**Parken**  Die Kapazitäten in Portonovo sind begrenzt, zumindest im Sommer (v. a. an Wochenenden) sollte man den Shuttle-Bus nehmen. Wer es trotzdem probieren möchte: 6 €/Tag, kommen Sie früh am Morgen!

**Surfen**  Surf- und Kite-Schule PWB (Portonovo Windsurf Band) gleich neben der Kirche Santa Maria di Portonovo. Anfängerkurs ca. 200 €. Infos unter ✆ 333-2028111, www.pwb.it.

## Übernachten/Essen & Trinken

**Übernachten** Portonovo ist ein teures Pflaster, es sei denn, man kommt auf dem Campingplatz unter. Mehr noch als in anderen Orten ist es unerlässlich, für die Hochsaison (Mitte Juli bis Ende August) frühzeitig zu reservieren. Viele Hotels sind ganzjährig geöffnet.

**\*\*\*\* Hotel Fortino Napoleonico**, stilvolles Ambiente direkt am Meer, das Hotel ist in der wuchtigen napoleonischen Festung von Portonovo (aus dem Jahr 1813) untergebracht. Schöner Garten mit Hydro-Massage-Pool, zum Strand sind es nur wenige Minuten (der Strand direkt beim Hotel ist nicht unbedingt eine Augenweide). Bar mit Kamin und das Restaurant zeugen von gutem Geschmack, gediegene Zimmer mit dunklem Mobiliar (Bad, TV, Aircondition, Minibar). Ganzjährig geöffnet. DZ als EZ 130 € (nur in der Nebensaison), DZ 250 €, Frühstück inkl., Halbpension zusätzlich 50 € pro Pers. und Tag. Via Poggio, 60129 Portonovo (AN), ☎ 071-801450, 🖷 071-801454, info@hotelfortino.it, www.hotelfortino.it.

**\*\*\* Hotel Internazionale**, am Hang (beim Kreisel) gelegener Natursteinbau. Mit schickem Ristorante und netten Zimmern mit viel Rot, Bad, TV, Aircondition. Für Portonovo relativ günstig. EZ 80–105 €, DZ 130–175 €, Frühstück inkl., DZ mit Halbpension 180–225 €, EZ 105–155 €. Via Portonovo 148, 60129 Ancona, ☎ 071-801001, 🖷 071-2139909, info@hotel-internazionale.com, www.hotel-internazionale.com.

**\*\* Camping La Torre**, schöner und angenehm schattiger Platz in Bestlage fast am Meer (nahe der Torre Clementina), in Portonovo ausgeschildert. Mit Bar und Ristorante, leider kein Mini-Market. Geöffnet Ostern bis 30. September. Keine Reservierungen, man kann sich jedoch kurzfristig (1–2 Tage vorher) anmelden. Pro Pers. ca. 8 €, Stellplatz Wohnwagen/-mobil um 10 €, Auto 6 €. Loc. Portonovo, 60100 Ancona, ☎/🖷 071-801257, campeggiolatorre@libero.it.

**Essen & Trinken** Am Strand von Portonovo warten gleich mehrere ausgezeichnete Restaurants auf Fischesser (in der Hochsaison sollte man für das Wochenende reservieren). Tagsüber bieten einige Bars am Strand Snacks und Mittagessen zu gemäßigtem Preisniveau an.

Portonovo – der „Hafen"

**Da Giacchetti**, schickes und teures, jüngst modernisiertes Restaurant am Strand, mit Terrasse und riesiger Fensterfront. Guter Service, viel Fisch und Meeresfrüchte. Menü ca. 35–40 €, die Weine halten sich preislich im Rahmen. 1.4.–31.10. geöffnet (mittags und abends), in der Nebensaison Mo geschlossen. Die zugehörige Bar ist ganztägig geöffnet. Via Portonovo 171, ☎ 071-801384, www.ristorantedagiacchetti.it.

**Il Laghetto**, gemütliches Holzhaus am Meer, mit Terrasse, die große Fensterfront sorgt auch bei kühleren Temperaturen für das passende mediterrane Ambiente. Fisch und Meeresfrüchte bestimmen die Speisekarte (u. a. eine hervorragende Fischsuppe), entsprechend legt man bei der Weinauswahl den Schwerpunkt auf Weißweine aus der Region. Menü ca. 30–35 €, mittags und abends geöffnet, in den Wintermonaten Mi geschlossen. Via Poggio, ☎ 071-801183, www.illaghetto.com.

**La Capannina**, ebenfalls am Strand, gleich bei der Kirche Santa Maria, auch hier riesige Fenster und Blick aufs Meer. Hier probieren wir zuletzt u. a. sehr leckere *Tagliatelle Nere* mit Gamberi, Kirschtomaten und Spinat (11,50 €) und *Ciavattoni* (sehr große Röhrennudeln) mit Meeresfrüchten für ebenfalls 11,50 €. Auch an Vorspeisen, Contorni, Wasser und

Wein gab es nichts auszusetzen, lediglich die 3,50 € Coperto erschienen doch etwas hoch. Abends gibt es auch Pizza aus dem Holzofen.

Der Strand von Portonovo

Freundlicher Service. Mittags und abends geöffnet, ✆ 071-801121.

**Clandestino Susci Bar**, hip, jung und ziemlich teuer, leger-edles Ambiente in einem kleinen Strandhäuschen (am nördlichen Strandbereich). Ostern bis Ende Oktober mittags und abends geöffnet, Mo geschlossen (Juni–August tägl. geöffnet). Reservierung empfohlen unter ✆ 071-801422.

**Essen & Trinken außerhalb** Osteria del **Poggio**, eine wirklich einladende Osteria im „Zentrum" des gleichnamigen Dorfs. Sehr ruhig im winzigen Ort gelegen, im Sommer mit kleiner Terrasse davor, es gibt nur eine kleine, wechselnde Karte mit stets frischen Gerichten, mittleres Preisniveau, gute Weinauswahl, es gibt auch ein Tagesmenü (um 25 €). Entspannte Atmosphäre, guter Service. Di–So 10.30–15.30 und 18.30–24 Uhr geöffnet, Mo geschlossen. Am Wochenende für abends reservieren. Loc. Poggio 57, ✆ 071-2139018. Anfahrt: Von der SP 1 (Panoramastraße) die Zufahrt nach Poggio bei der Brücke nehmen, dann nach ca. 100 m auf der rechten Seite.

**Wandertipp:** Direkt neben der Osteria läuft der *Sentiero 1* bzw. *301* (Wanderweg Nr. 1/301) vorbei, auf dem man über den Monte Conero in ca. 4 Stunden nach Sirolo gelangt.

**Chiesa di Santa Maria di Portonovo**: Die elegante romanische Kirche mit byzantinischen Stilelementen aus der ersten Hälfte des 11. Jh. erstrahlt im weißen Kalkstein des Monte Conero – ein wirklich idyllisches Plätzchen zwischen Schatten spendenden Bäumen und der abfallenden Küste. Ursprünglich gehörten zu Santa Maria di Portonovo noch die Abtei selbst und ein Campanile, beide wurden bei einem Erdrutsch im Jahr 1320 zerstört. Kurz darauf haben die Mönche die einst mächtige Abtei aufgegeben. Im Inneren beeindruckt die harmonische Schlichtheit des romanischen Baustils, der Grundriss entspricht dem eines byzantinischen Kreuzes.

Am Südostende der Bucht von Portonovo (ab Parkplatz beschildert). Im Juli und August Di–So 16.30–19 Uhr geöffnet, am Sonntagmorgen um 9.30 Uhr findet hier eine Messe statt. Außerhalb der Hochsaison nur Sa/So 10.30–13 Uhr.

### Badetipps

**Portonovo** wird regelmäßig mit der Umweltfahne *Bandiera Blu* ausgezeichnet, kein Wunder, der schneeweiße Kieselstrand wirkt jederzeit wie frisch geputzt und poliert. Diverse Strandbäder vermieten Liegen und Sonnenschirme für ca. 20 € am Tag, im Sommer kann es am stellenweise recht schmalen Strand schon mal eng werden. Parkplätze sind Mangelware!

Eine Bade-Alternative bietet der deutlich größere, nordwestlich angrenzende Sand-Kies-Strand von **Mezzavalle**. An der Straße Richtung Ancona befindet sich nach wenigen hundert Metern auf der rechten Seite ein Parkplatz, von hier führt ein Fußweg in ca. 15–20 Min. hinunter zum Strand.

Weitblick vom Monte Conero

# Auf den Monte Conero

Die Provinz Ancona
Karte → S. 154/155

Eine kurvenreiche Straße führt an der Südwestseite des dicht bewaldeten Bergrückens steil hinauf. Beim Gipfel warten zwei Bars, die sehenswerte Klosterkirche *San Pietro* und das sicherlich schönstgelegene Hotel der Gegend. Über die markierten Wanderwege erreicht man ab dem Parkplatz in wenig anstrengenden Spaziergängen schöne Aussichtspunkte mit Weitblick auf die Riviera del Conero. Achtung: Es gibt *keine Busverbindung* auf den Monte Conero!

**Badia di San Pietro**: Die romanische Klosterkirche geht auf eine benediktinische Gründung aus dem Jahr 1038 zurück. Später gehörte zum Kloster auch eine Einsiedelei (Grotte *Pietra dell'Abate*, nicht zugänglich), in die sich ein Teil der Kamaldulensermönche der Abtei zurückzog. Die Kirchenfassade, wie sie heute zu sehen ist, stammt aus dem 17. Jh. Sehenswert im Inneren der Kirche sind die zahlreichen Säulen mit ihren aufwändig verzierten Kapitellen in der Krypta und der Oberkirche.
Die Kirche ist unregelmäßig geöffnet, im Sommer aber oft ganztägig. Man betritt sie durch die Krypta auf der rechten Seite. Sollte sie geschlossen sein, fragen Sie im Hotel nebenan nach.

**Parken**   Im Sommer ist das Parken hier oben gebührenpflichtig:  8.30–12.30 und 15.30–19.30 Uhr, 1,10 €/Std. Für diesen Zeitraum muss man bei der **Bar Conero** oberhalb vom Parkplatz ein bzw. mehrere Rubbeltickets zum Parken kaufen. Die Bar ist im Sommer ganztägig geöffnet, Fr, Sa und So auch abends, hier kann man auch essen.

**Übernachten**   \*\*\* Hotel Monteconero, das geschmackvoll eingerichtete Hotel ist im Gebäude des ehemaligen Konvents untergebracht. Absolute Ruhe beim Conero-Gipfel, Bar und Ristorante mit fantastischem Ausblick, mit Pool und Garten sowie Tennisplatz – ideal für Erholungsbedürftige. Großzügige Zimmer, alle mit Bad, TV, Aircondition. Geöffnet von April bis Anfang November. EZ 87 €, DZ 144 €, jeweils inkl. Frühstück. Im August mit obligatorischer Halbpension: EZ 125 €, DZ 220 €. Via Monteconero 26, 60020 Sirolo (AN),  ✆ 071-9330592, 🖷 071-9330365,   info@hotelmonteconero.it, www.hotelmonteconero.it.

# Sirolo

ca. 3900 Einwohner

Sicherlich der schönste Ort am Monte Conero – klein und überschaubar, allabendlich flaniert man an der herrlichen Piazza Belvedere, die ihren Namen wirklich verdient hat: Wie ein riesiger Balkon thront der Platz über der Küste, die Aussicht auf den Monte Conero und seine Buchten ist grandios und reicht bei klarem Wetter bis zu den Monti Sibillini und den Abruzzen.

Sirolo ist einer der exklusivsten Urlaubsorte der Marken, schließlich verbietet die Lage auf einem Hügel südlich des Monte Conero an sich schon eine allzu große touristische Expansion. Schöne Strände gibt es trotzdem, und dass es sich hier bestens aushalten lässt, ist in Italien schon lange kein Geheimnis mehr. Dennoch vermittelt Sirolo auf angenehme Art einen Eindruck von Dörflichkeit und Ruhe, auch wenn der Ort an Sommerwochenenden aus allen Nähten zu platzen scheint.

Mit Sehenswürdigkeiten ist Sirolo nicht gerade gesegnet, herausragendstes Bauwerk im Zentrum ist die *Chiesa San Nicolò di Bari* (Piazza Vittorio Veneto) aus dem Jahr 1765. Beim Bummel durch die Hauptgasse Corso Italia fällt auch die barocke *Chiesa Madonna del Rosario* aus dem 16. Jh. ins Auge, in deren restauriertem Inneren Fresken zu sehen sind. Der Corso führt zum mittelalterlichen *Arco Gotico* aus dem Jahr 1050, am gleichen Platz befindet sich auch das 1908 fertiggestellte *Teatro Cortesi*.

Benannt wurde Sirolo nach *Sirius*, einem Feldherrn aus dem 6. Jh. Im 12. Jh. übernahmen die Cortesi hier die Macht, mussten das Gebiet aber schon 1225 an Ancona abtreten.

## ( Basis-Infos

**Information**  I.A.T. an der Piazza Vittorio Veneto, der großen Piazza im Zentrum. Hier erhalten Sie alle wichtigen Infos und einen Stadtplan von Sirolo sowie Unterstützung bei der Zimmersuche. Mit Internet-Point. Im Sommer tägl. 10–12.30 und 17–19.30 Uhr, in den Wintermonaten stark eingeschränkte Öffnungszeiten. Piazza Vittorio Veneto 6, 60020 Sirolo (AN), ☎ 071-9330611, ✆ 071-9338098, info@turismosirolo.it, www.turismosirolo.it.

**Verbindungen**  Alle Busse halten an der Kirche San Nicoló im Zentrum (Via Giulietti). Im Sommer tägl. 9–12.30 und 15–18.30 Uhr halbstündlich **Stadtbusse** zu den Stränden San Michele/Sassi Neri und Urbani (→ „Baden" S. 178), Tickets im Bus (einfache Fahrt 1 €). Des Weiteren im Sommer stündl. nach Ancona und nach Numana/Marcelli, werktags auch 5x nach Porto Recanati, 3x nach Castelfidardo und 5x nach Loreto. Tickets beim Edicola/Tabaccaio im Zentrum.

**Taxis** sind unter ☎ 349-7946648 zu erreichen.

**Bootsausflüge**  Die Ausflugsboote von Numana zum Strand der Due Sorelle halten morgens (9.40 Uhr) auch in Sirolo an der Spiaggia San Michele (15 € hin und zurück), in der Hochsaison auch um 10.40 Uhr. Unbedingt vorher anrufen unter ☎ 071-9331795, www.traghettidelconero.it.

**Erste Hilfe**  Die **Guardia Medica** ist unter ☎ 071-9330825 oder 071-95247 zu erreichen.

**Golf**  Conero Golf Club, Anlage mit 18 und 9 Loch bei Sirolo, mit Ristorante, Bar, Shop, Pool und Tennisplätzen. Ganzjährig geöffnet. Via Betelico 6, Frazione Coppo, 60020 Sirolo (AN), ☎ 071-7360613, ✆ 071-7360380, www.conerogolfclub.it.

**Parken**  An Sommerwochenenden im Zentrum schwierig und fast überall mit Parkscheinautomat. Am Anfang der Via Giulietti befindet sich ein großer Parkplatz, in der Via Dante weiter unten am Hang kann man auch umsonst parken. Von hier ins Zentrum kaum 5 Min.

Vorgefahren in Sirolo

**Post**   Via Vanvitelli 1 (Ortsausgang Richtung Monte Conero).

**Polizei**   Die Verkehrspolizei erreicht man unter ☎ 071-959470.

**Veranstaltungen**   Das **Teatro Cortesi** (beim Torbogen im Zentrum) bietet im Sommer nur ein eingeschränktes Programm. Nähere Infos bei der I.A.T.

## Übernachten

Für alle Unterkünfte in Sirolo (auch Campingplätze!) gilt: Frühzeitige Buchung für die Hochsaison ist mehr als empfehlenswert. Das Preisniveau ist generell eher hoch.

\*\*\* **Locanda Rocco**, eine der besten Unterkünfte in Sirolo. Schöner Natursteinbau aus dem 14. Jh. mitten im Zentrum (nahe der Spiaggia Urbani), ruhig und stilvoll, mit erstklassigem Restaurant. Die Einrichtung bewegt sich zwischen puristisch-modernem Weiß und rustikalem Naturstein, jedes der sieben Zimmer hat seine eigene Note (alle mit Bad, TV und Aircondition). Im Sommer speist man auf der Piazzetta vor dem Hotel hauptsächlich Fisch und Meeresfrüchte der Extraklasse. Restaurant im oberen Preissegment (→ unten), tägl. mittags und abends geöffnet, außerhalb der Hochsaison Di geschlossen. Hotel ganzjährig geöffnet, das Restaurant nur von Ostern bis Oktober. DZ mit Frühstück 140–210 €, Dreibettzimmer 200–250 €, keine EZ, Halbpension zusätzlich 30–35 € pro Pers. Für den Sommer frühzeitig reservieren. Via Torrione 1 (am Arco Gotico), 60020 Sirolo (AN), ☎/📠 071-9330558, info@locandarocco.it, www.locandarocco.it.

**》》 Mein Tipp:** \*\*\* **Hotel Sirolo**, in ähnlich ruhiger und zentraler Lage wie die Locanda Rocco, dazu aber mit kleinem Pool und „Centro Benessere": Sauna, Massage und türkisches Bad. Sehr schöne, helle Zimmer zum Wohlfühlen, meist mit herrlichem Blick auf Hügelland und Küste, alle mit Bad, Balkon, TV, Aircondition. Empfehlenswertes Haus im Zentrum. EZ 85–100 €, DZ 130–180 €, jeweils inkl. reichhaltigem Frühstücksbuffet. Via Grilli 26 (an der Kirche S. Nicolo rechts ab), 60020 Sirolo (AN), ☎ 071-9330665, 📠 071-9330373, info@hotel-sirolo.eu, www.hotel-sirolo.eu. 《《

Relaxen am Ortsstrand von Sirolo

**\*\*\* Hotel Stella**, an der Via Giulietti, der Einfallstraße ins Zentrum. Dennoch nach hinten hinaus relativ ruhig, mit Ristorante. Zimmer mit Bad und TV, DZ mit Frühstück 130–160 €, EZ 75–90 €, Übernachtung mit Halbpension um 100 € pro Pers. März bis Oktober geöffnet. Via Giullietti 9, 60020 Sirolo (AN), ☎ 071-9330704, ✆ 071-7360827, info@stellahotel.it, www.stellahotel.it.

**Conero Camere**, einige Schritte von der großen Piazza in der Via Grilli, gleich ums Eck von der Chiesa San Nicolo. Nur fünf Zimmer mit Bad, TV und Aircondition, schlicht, aber gepflegt. Es werden auch zwei kleine Appartements vermietet. Ganzjährig geöffnet. DZ 110–150 €, Frühstück inkl., keine EZ. Via Grilli 14, 60020 Sirolo (AN), ☎ 071-9330077, info@conerocamere.com, www.conerocamere.com.

**Übernachten außerhalb**    **\*\*\* Hotel Le Cave**, 2004 eröffnetes Hotel etwas außerhalb von Sirolo an der Straße zum Monte Conero – keine Busverbindung, ca. 1 km nach Sirolo zu laufen. Mit Garten, Pool und Ristorante (großer Speisesaal und Wintergarten, Terrasse). 14 moderne Zimmer mit Bad, TV und Terrasse oder Balkon sowie schöner Aussicht. Hotel ganzjährig, Restaurant nur Mai–September mittags und abends geöffnet, Di geschlossen. *Anfahrt*: von Sirolo Richtung Monte Conero, das Hotel befindet sich gleich nach der Abzweigung zum Gipfel auf der rechten Seite. EZ 70–80 €, DZ 120–150 €, Dreibett-Zimmer 160–

180 €, Vierbett-Zimmer 180–200 €, Frühstück inkl., Halbpension zusätzlich 25 € pro Pers. (hierfür 3 Tage Mindestaufenthalt). Via Monte Conero 2, 60020 Sirolo (AN), ☎ 071-7360603, info@le-cave.it, www.le-cave.it.

**Camping** \*\*\*\* Internazionale, Bestlage zwischen Sirolo und dem Strand (über Pfade gelangt man in wenigen Metern zur Spiaggia San Michele bzw. Spiaggia Urbani), im Sommer entsprechend schnell ausgebucht. Schattiges Gelände, terrassenartig am Hang gelegen, professionell geleitet, mit Bar, Ristorante-Pizzeria und Mini-Market, Internetecke, Waschmaschine und MTB-Verleih. Ostern bis Ende September geöffnet. *Anfahrt*: Von der Hauptstraße Via Giulletti links ab und sehr steil den Berg hinunter zum Camping (beschildert). Für Wohnwagen und Wohnmobile gibt es eine Fahrhilfe. Auch Bungalows (für 2 Pers. 80–90 €/ Tag, 4 Pers. 112–136 €, 5 Pers. 124–155 €). Camping Erw. 10–11 €, Kinder bis 6 J. 6–7 €, Stellplatz Zelt 16–23 €, Stellplatz Wohnwagen/-mobil 18–24 € (mit Meerblick jeweils 5 € Aufschlag), Auto 5–6 €, Motorrad 4 €, Strom 3 €, keine Hunde. In der Nebensaison deutlich günstiger. Bungalows sollte man für die Hochsaison frühestmöglich reservieren (März/ April). Stellplätze können in der Hochsaison max. 48 Stunden im Voraus reserviert werden. Geöffnet ca. 10.5.–20./25.9. Via S. Michele 10, 60020 Sirolo (AN, ☎ 071-9330884, ✆ 071-9331471, info@campinginternazionale.com, www.campinginternazionale.com.

** Reno, kleiner, schattiger Platz, der älteste im Ort, ca. 200 m unterhalb vom Zentrum (von der Piazza Belvedere), in Sirolo ausgeschildert. Mit Pizzeria und Bar, familiäre Atmosphäre. Nur ca. 50 Stellplätze, wie in einem Garten, hier kann man auch in der Hochsaison noch ein Plätzchen finden. Ganzjährig geöffnet. Es werden auch einige Bungalows vermietet (für 2 Pers. mit Küche/Bad 85–98 €/Tag, 4 Pers. 99–128 €, in der Hochsaison nur wochenweise), auch DZ für 75–95 €. Erw. 7–9,50 €, Kinder 3–8 J. 6 €, Zelt 9,50–16 €, Wohnwagen/-mobil 13,50–18 €, Auto 4,50 €, Motorrad 4 €. Via Moricone 7, 60020 Sirolo (AN), ☎ 071-7360315, reno. sirolo@camping.it.

## ⟨ Essen & Trinken/Nachtleben

**Essen & Trinken** Locanda Rocco, gehört zum gleichnamigen Hotel (→ oben). Sehr empfehlenswert, stilvolles Restaurant mit schöner Terrasse, überaus freundlicher Service. Gehobenes Preisniveau, Menü um 50 €. April bis Ende Oktober geöffnet (mittags und abends), außerhalb der Hochsaison Di geschlossen. ☎ 071-9330558.

Osteria Sara, beliebtes Lokal im Zentrum, bereits zum Mittagessen bis auf den letzten Platz besetzt. Bodenständiges, ursprüngliches Ambiente, nicht teuer. Mittags und abends geöffnet, Mi geschlossen. Corso Italia 9 (an der Piazza Vittorio Veneto), ☎ 071-9330716.

La Taverna, neben der Osteria Sara, freundlicher Service, kleine Terrasse auf der Piazza, auch innen gemütlich. Die Auswahl ist nicht allzu groß, aber das Preis-Leistungs-Verhältnis stimmt – leicht gehobenes Preisniveau, mittags gibt es Menüs zu 22 und 25 €. Mittags und abends geöffnet, in der Nebensaison Mo geschlossen. Piazza V. Veneto 10, ☎ 071-9331382.

Ristorante della Rosa, direkt am Arco Gotico, mit schöner, überdachter Terrasse (Blick aufs Meer), auch Pizza, Degustationsmenüs für 25, 35 und 45 € (ab 2 Pers.). An den Sommerwochenenden sollte man für abends reservieren. Mittags und abends geöffnet, Mo geschlossen, Corso Italia 39, ☎ 071-9330689, www.ristorantedellarosa.it.

Tory's, beliebte Pizzeria im Zentrum (in der Via Verdi, zweigt bei der Kirche San Nicolo rechts ab), netter Garten. Mittags und abends geöffnet, Pizza gibt es auch mittags, in der Nebensaison Di und Mi geschlossen. Via Verdi 7, ☎ 071-9332064.

Da Silvio, mit schattiger Terrasse unter einem Mattendach in fantastischer Lage oberhalb der Spiaggia San Michele. Auf den Tisch kommen überwiegend Fisch und Meeresfrüchte, leicht gehobenes Preisniveau: Primi ca. 12 €, Secondi um 15 €. Nur im Sommer (etwa Juni–September, je nach Wetterlage) tägl. mittags und abends geöffnet. Zur Essenszeit kann man auch mit dem Auto die steile Straße hinunter zum Restaurant fahren (ansonsten ist die Straße mit einer Schranke gesperrt!). ☎ 071-7360507. Zufahrt ab dem Hotel Beatrice (hier abbiegen), am Friedhof vorbei.

Sirolo – an der Piazza Belvedere

Die Provinz Ancona Karte → S. 154/155

## Baden

Man hat die Wahl zwischen drei überaus schönen Buchten: die etwas weitläufigere **Spiaggia San Michele (Sassi Neri)** nördlich von Sirolo, ein Fußweg führt durch den kleinen Stadtpark hinunter, und die kleinere **Spiaggia Urbani** (Bus-Shuttle ab Zentrum, → Verbindungen, S. 174). Beide Strände mit Sonnenschirm- und Liegestuhl-verleih sowie Bars/Restaurants. Zur Spiaggia Urbani führt eine schmale Straße hinunter, zwei gebührenpflichtige Parkplätze liegen auf dem Weg, im Sommer ist es jedoch nahezu unmöglich, einen freien Platz zu finden. Daher sollte man den Bus vorziehen. Zu Fuß zur Urbani-Bucht sind es ca. 15 Minuten.

Der schönste Strand der Gegend, wenn nicht der ganzen Region, ist der spektaku-lär in die steile Felsküste gebettete „Strand der beiden Schwestern", **Le Due Sorelle**, benannt nach der markanten, aus dem Meer ragenden Felsformation. Der male-rische Strand, an dem es keine Versorgungsmöglichkeiten gibt, ist nur mit dem Boot zu erreichen (→ Bootsausflüge, S. 174).

## Mountainbike-Tour: Durch das Land des Rosso Conero

Eine abwechslungsreiche Radtour mit 30 km Länge und 700 Höhenmetern durch das Hinterland des Monte Conero, durch Weinfelder und kleine Dör-fer. Das ständige Auf und Ab erfordert allerdings eine gewisse Kondition. Prinzipiell auch mit einem guten Trekkingrad befahrbar. Dauer 2–2:30 Stunden.

Kurzbeschreibung/Verpflegung: Zu Beginn und am Ende der Tour bewegt man sich auf größeren, teilweise viel befahrenen Straßen, deshalb möglichst nicht am Wo-chenende fahren – wenn doch, dann zumindest früh am Morgen, was im Sommer wegen der Temperaturen ohnehin anzuraten ist. Im Mittelteil der Tour fährt man auf kaum befahrenen Nebenstraßen. Teilweise kurze Steilstücke, eine heftige, 3 km lange Steigung vor Camerano. Dort auch Einkehrmöglichkeit. Genug zum Trin-ken mitnehmen!

Wegbeschreibung: Ausgangspunkt der Fahrt ist die Kirche von **Sirolo**. Zunächst 500 m geradeaus Richtung Norden, dann am Kreisverkehr auf die Straße nach **An-cona** einbiegen (am Wochenende sehr stark befahren). Die Straße führt kurven-reich und mit wunderschönen Ausblicken leicht bergan. Nach 4 km passiert man den Weiler **Messignano**. Nach 6,5 km geht eine kleinere Straße rechts ab nach **Pog-gio**, die weniger befahren ist. Steil bergab geht es durch den Ort. Nach insgesamt 7,8 km trifft man wieder auf die Hauptstraße nach Ancona (rechts halten). Man passiert bald einen **Kreisverkehr**, fährt weiter Richtung Ancona und hat anschlie-ßend schöne Blicke auf das Meer zur Rechten. Nach 11,6 km biegt man an einer Kurve links ab nach Varano (beschildert). Ab hier praktisch kein Verkehr. Bestän-dig auf und ab führt die Straße nun vorbei an Weinreben und einzelnen Häusern. In **Varano** (nach insgesamt 14 km) die erste Straße links Richtung Camerano abbie-gen. Nach 14,9 km wieder links Richtung Camerano, durch eine hübsche Allee mit schönen Panoramaausblicken auf das Hügelland. Bei 16,6 km nach links auf die Hauptstraße nach Camerano. Ab hier wieder mehr Verkehr. Es folgt der erwähnte, schweißtreibende, 3 km lange Anstieg nach **Camerano**. Dort bietet sich ein Abste-cher ins Zentrum an, um in einer Bar den Flüssigkeitshaushalt zu regulieren.

Von Camerano geht es 3 km in südöstlicher Richtung wieder flott bergab, bis man nach insgesamt gut 24 km nach links in die SP 2 nach **Sirolo** einbiegt. Ab hier ist die Straße leider viel befahren und führt überwiegend bergauf, allerdings tröstet bald der Blick auf das am Berg wartende Sirolo. In Sirolo biegt man bei der ersten Gelegenheit (Via La Fonte) nach rechts ab (vorher abgehende Straßen sind Ein-bahnstraßen) und findet sich kurz darauf wieder am Ausgangspunkt ein.

Sentiero n.2
...zzo del Lupo (q.213,5 metri s.m.
... spiaggia delle Due Sorelle)
... o attrezzati con infissi metallici)

**...TENZIONE**
... ICOLO CADUTA MASSI
... orribile esclusivamente a piedi
... igliato ad esperti escursionisti
... alti di idaneo abbigliamento
... ve pericolo a caso di pioggia
... o vento forte

Blick auf den Strand „Due Sorelle"

# Numana

Südlich und etwas unterhalb von Sirolo gelegen, ebenfalls mit schöner Piazza weit über dem Meer. Der Ort ist unterteilt in den älteren Teil Numana Alta am Berg und Numana Bassa am Meer (mit Yachthafen).

An der Piazza del Santuario im Ortszentrum stehen der dominante *Palazzo Pubblico* und eine etwas gewöhnungsbedürftige moderne Kirche einander gegenüber; im Inneren der Kirche ist ein besonders wertvolles Kruzifix aus dem frühen 13. Jh.

Numana – am Dorfstrand

zu sehen. Die Via Roma, Flaniermeile mit Bekleidungs-, Souvenir- und Kunsthandwerksgeschäften, verläuft von der zentralen Piazza zum *Arco di Torre*, dem mittelalterlichen Torbogen des Ortes. Hier befindet sich auch der „Balkon" von Numana: ein kleiner Platz mit herrlichem Ausblick. Von der Via Roma zweigt auch das pittoreske Treppengässchen *Costarella* (jetzt Via IV Novembre) zum Meer hinunter ab, einst der Fußweg der Fischer zu ihrem Arbeitsplatz.

Wichtigste Sehenswürdigkeit des Ortes ist das *Antiquarium*, ein archäologisches Museum mit zahlreichen Funden aus picenischer Zeit (Via La Fenice 4, tägl. 8.30–19.30 Uhr, Eintritt 2 €, ermäßigt 1 €, ✆ 071-9331162).

Unter den Picenern war Numana ein wichtiger Hafen. Später trieb man hier Handel mit den Griechen; der Ort wurde im 3. Jh. v. Chr. römische Kolonie und Anfang des 1. Jh. v. Chr. zum römischen Munizipium. Zwei Erdbeben und zahlreiche Plünderungen machten Numana im Mittelalter schwer zu schaffen. Im frühen 15. Jh. wurde der Ort Ancona zugeschlagen.

## Basis-Infos

**Information** I.A.T. an der Kreuzung Via Flaminia und Via Avellaneda, noch vor dem Zentrum. Nur im Sommer Di–Sa 10–13 und 15–18 Uhr geöffnet, So/Mo geschlossen. Via Flaminia, 60026 Numana (AN), ✆ 071-9330612, info@turismonumana.it, www.turismo numana.it.

**Verbindungen** Während der Sommermonate etwa stündlich **Busse** nach Marcelli und über Sirolo nach Ancona, 5x tägl. nach Porto Recanati, 3x nach Castelfidardo und 6x nach Loreto. Stopp an der Piazza del Santuario, am gleichen Platz bei der Bäckerei werden auch Tickets verkauft. Von der

Piazza del Santuario außerdem ein Bus-Shuttle zur Spiaggiola.

**Ausflugsboote** Im Sommer (15.6.–15.9.) 1–2x tägl. Fahrten zum Strand der Due Sorelle, Start am Yachthafen von Numana, hin und zurück 20 €, Kinder bis 8 J. die Hälfte. 1x wöchentlich (zuletzt: Mi) findet auch eine Abendtour an der Küste entlang zur Baia di Portonovo statt. Kleines Büro am Yachthafen (nur 15.6.–15.9.), Via Peschiera 11, ☎ 071-9331795, www.traghettatoridelconero.it.

**Parken** Auch in Numana ein Problem – vor allem im Sommer. Einen großen Parkplatz findet man an der Hauptdurchgangsstraße, schräg gegenüber der Touristinformation, von hier nur wenige Minuten ins Zentrum. Einen weiteren Parkplatz gibt es in Numana unten am Hafen.

## Übernachten/Essen & Trinken

**Übernachten** Auch hier gilt: Im August hat man ohne vorherige Reservierung fast keine Chance. Halbpension ist während der Hochsaison oft obligatorisch!

**≫ Mein Tipp:** *** **Hotel Eden Gigli**, im oberen Ortsteil, erstes Haus in Numana. Mit Privatstrand, Pool und großem Sport- und Wellnessangebot (u. a. Tennis, Boccia, Tischtennis, Hydromassage, türkisches Bad), am Ortsrand von Numana, nur wenige Schritte hinunter zur eigenen Bucht. Kostenloser Fahrradverleih, vom Hotel werden auch Exkursionen angeboten. Trotz Größe und professioneller Leitung ein sympathischer Familienbetrieb. Zimmer mit Bad, TV, Balkon (Meerblick) und Aircondition. Geöffnet April bis Ende Oktober. EZ 125–130 €, DZ 220–240 €, obligatorische Halbpension (im Juli/August) und Strandservice inkl., in der Nebensaison auch nur mit Frühstück (EZ 85–105 €, DZ 130–180 €). Via Moretti 11 (geht von der zentralen Piazza del Santuario ab), 60026 Numana (AN), ☎ 071-9330652, ✆ 071-9330930, info@giglihotels.com, www.giglihotels.com. **≪**

*** **Hotel Scogliera**, etwas oberhalb des Porto Turistico, mit Pool. Professionell geleitet, schöne Terrasse, komfortable Zimmer mit Bad, TV und Aircondition, z. T. auch mit Balkon. Die Preise ohne die obligatorische Halbpension liegen im Juli/August bei 105–135 € pro Pers. (Strandservice inbegriffen), im Mai/Juni und September gibt es

Fischers Aussicht

das DZ für 120–150 €, das EZ für 70–110 €. Via del Golfo 21, 60026 Numana (AN), ☎ 071-9330622, ✆ 071-9331403, info@hotelscogliera.it, www.hotelscogliera.it.

*** **Bellavista**, oben im Zentrum. Von der Terrasse genießt man tatsächlich einen wunderschönen Blick. Nur wenige Meter zum Strand und zur Piazza Torre, ruhige Lage, freundlicher Service. WI-FI im Hotel. April–Juni und im September DZ 60 € mit Bad/Balkon, Frühstück inbegriffen, Dreibett-Zimmer 80 €, Vierbett-Zimmer 100 €. Im Juli und August dagegen nur wochenweise, pro Pers. mit Vollpension 525–625 €. Via C. Colombo 5, 60026 Numana (AN), ☎ 071-9330636, informazioni@bellavistahotel.org, www.bellavistahotel.org.

** **Pensione Aurora**, in der unteren Parallelstraße zur Via Roma, über Treppen ist man in wenigen Schritten mitten im Geschehen. Ruhige Lage, schon älter, für einfache Ansprüche. DZ mit Bad und Frühstück 70–80 €. Via La Fenice 32, 60026 Numana (AN), ☎ 071-9330687.

*** Camping Riviera, einziger Platz in Numana, ca. 1 km vom Zentrum, am Rand des Neubaugebietes, daher kaum idyllisch, aber mit Pool. Von Numana aus beschildert. 1.4.–30.9. geöffnet. Pro Pers. 10–11 €, Kinder unter 3 J. 6 €, Zelt 18–20 €, Wohnwagen/-mobil 21–25 €, auch Bungalows (für 2–4 Pers. 80–115 € pro Tag). Via Montalbano 20, 60026 Numana (AN), ☎ 071-9330521, ✆ 071-9339152, info@campingriviera.it, www.campingriviera.it.

**Essen & Trinken**    Ristorante La Torre, eindeutig der beste Blick von der Terrasse auf den Hafen, den man in Numana kriegen kann. Menü etwa 40 €, auch die Weine nicht ganz billig. Mittags und abends geöffnet, man sollte reservieren. Sonntagabend und Di geschlossen. Via La Torre 1, ☎ 071-9330747, www.latorrenumana.it.

Trattoria da Alvaro, nobles und teures Lokal, direkt am Arco di Torre gelegen (am gleichen Platz wie obiges Ristorante). Auf den edel gedeckten Tisch kommt meistens Fisch, der Service ist zuvorkommend, nebenan gibt es noch ein Steakhouse. Dem schicken Ambiente entsprechende Kleidung sei an dieser Stelle empfohlen. Mittags und abends geöffnet, für abends sollte man reservieren. Mo geschlossen. Via La Torre 30, ☎ 071-9330749.

## Baden

Die Via Cristoforo Colombo führt hinunter zum Ortsstrand **Spiaggiola** mit Sonnenschirm- und Liegestuhlverleih (Bus ab Piazza del Santuario, auch zu Fuß bequem zu erreichen, ebenso vom Yachthafen). Von der Spiaggiola in nördliche Richtung kann man zur **Spiaggia dei Frati** weitergehen, dem Strand des Hotels Eden Gigli (→ oben), der nur zum Teil für Hotelgäste reserviert ist. Vom Yachthafen in die andere Richtung beginnt der riesige und breite Sandstrand, der sich von hier endlos nach Süden zieht.

# Marcelli

Ein moderner Badeort am langen Sandstrand (Ortsteil von Numana), unzählige Strandbäder, Pizzerien, Snackbars usw. Zu sehen gibt es im südlichen Vorort von Numana nichts, es sei denn, man ist am Abend hier: Dann wird die Hauptstraße Via Litoranea für den Verkehr gesperrt und zur Flaniermeile. Unzählige Geschäfte für Bademoden, Sportkleidung, Beach-Accessoires usw. erleichtern das Geldausgeben, es herrscht Rummelplatzatmosphäre.

**Information** I.A.T. am neu angelegten Piazzale delle Eolie (beschildert), von 15.6. bis etwa 20.9. tägl. 9–13 und 15–19 Uhr geöffnet. ☎ 071-7390179.

**Verbindungen** Während der Sommermonate etwa stündlich **Busse** über Numana und Sirolo nach Ancona, 5x tägl. nach Porto Recanati, 3x nach Castelfidardo und 5x nach Loreto. Bushaltestelle u. a. am Hotel Baby Gigli (Via Litoranea).

**Ausflugsboote**    Start morgens um ca. 9 Uhr an den Strandbädern Marcelli und Amedeo, Fahrt zu den Due Sorelle (letzte Rückfahrt 15 Uhr) ca. 20 €, Kinder bis 8 J. die Hälfte, 1x wöchentlich findet auch spätnachmittags eine Tour an der Küste entlang zur Baia di Portonovo statt. Nur 15.6.–15.9., weitere Infos und Reservierung unter ☎ 071-9331795, www.traghettatoridelconero.it.

**Übernachten** *** Hotel Marcelli, eines der besten Hotels im Ort. Sehr gepflegt, mit Pool am Strand. DZ mit obligatorischer Halbpension in der Hochsaison 220–240 €, ansonsten kostet das DZ 160–180 € (mit Frühstück). Via Litoranea 65, 60026 Marcelli – Numana (AN), ☎ 071-7390125, ✆ 071-7391322, info@hotelmarcelli.it, www.hotelmarcelli.it.

**Essen & Trinken**    Unzählige Ristoranti, Snackbars und Pizzerien – man kann hier durchaus auch einen Reinfall erleben. Die Küste hinunter Richtung **Porto Recanati** (→ S. 220) finden sich ebenfalls viele Stabilimenti und Strandrestaurants.

# Südlich von Ancona

Die Hügelstädtchen südlich von Ancona bieten viel Kultur und urbanes Leben im kleinen Stil – die ideale Abwechslung vom Strandleben der Riviera del Conero.

Kleine Städte wie **Camerano**, **Osimo** und **Castelfidardo** gilt es in der Tat noch zu entdecken: Tourismus spielt hier kaum eine Rolle (entsprechend dürftig bis nicht vorhanden ist auch das Übernachtungsangebot), obwohl alle drei Orte keine 20 km von der beliebten Riviera del Conero entfernt liegen. Fast dörflich mutet das gemütliche Camerano an, wer lebhaftes Kleinstadtleben sucht, ist in Osimo richtig, etwas ruhiger geht es im benachbarten Castelfidardo zu.

Ganz anders sieht die Lage in **Loreto** aus: Der Wallfahrtsort mit seinem mysteriösen „Heiligen Haus" wird jährlich von etwa einer Million Pilgern besucht, entsprechend voll kann es in dem kleinen Städtchen werden, besonders an hohen kirchlichen Feiertagen.

## Camerano     ca. 7300 Einwohner

Das sympathische, kleine Städtchen thront – wie so viele andere Orte in der Umgebung auch – weithin sichtbar auf einem Hügel, nur 8 km von Numana und kaum weiter von Ancona entfernt im hügeligen Hinterland des Monte Conero. Allgemeiner Treffpunkt im Zentrum ist die Piazza Roma mit dem **Teatro Maratti** aus der Zeit um 1870. Benannt wurde es nach dem Barockmaler *Carlo Maratta* (1625–1713), dem bislang größten Sohn der Stadt, der hier auf dem Platz auch mit einer Büste verewigt ist. Von der Piazza sind es nur wenige Schritte die Via Maratti hinunter zu den **Grotte di Camerano**, den unterirdischen Gängen und Höhlen, die heute die größte Attraktion des Ortes darstellen. Bekannt ist Camerano auch als eines der Weinbauzentren des Rosso Conero.

Die Provinz Ancona
Karte → S. 154/155

Die Gegend um Camerano war wahrscheinlich schon in der Jungsteinzeit (3. Jt. v. Chr.) besiedelt, vom 11. bis zum 3. Jh. v. Chr. lebten hier nachweislich die Picener.

**Informationen**  I.A.T.-Büro im Zentrum in der Via Maratti (geht von der zentralen Piazza Roma leicht bergab zum Belvedere des Ortes, hier befindet sich auch der Eingang zu den Grotten (→ unten). Mo–Sa 10–12.30 und 16–19.30 Uhr geöffnet, So 10–12.30 und 15.30–19.30 Uhr, im Winter eingeschränkt. Via Maratti 37, 60021 Camerano (AN), ✆/✉ 071-7304018, info@turismo camerano.it, www.turismocamerano.it.

**Verbindungen**  Regelmäßig **Busse** von und nach Ancona sowie Numana/Sirolo.

**Sprachschule**  Centro Culturale Conero, Sprachschule mit großem Angebot für alle Lernstufen, individuelle Kursgestaltung (z. B. Minigruppen, Einzelunterricht) möglich. Wochenkurs (20 Stunden) 205 €, zweiwöchiger Kurs 330 €, Einschreibegebühr

60 €. Unterkünfte bei Gastfamilien (180 € für das EZ, 280 € für das DZ pro Woche), Wohngemeinschaften (150–180 € bzw. 230–260 € pro Woche), aber auch etwas teurer im Hotel oder Agriturismo werden vermittelt. Via Fontanelle 2, 60021 Camerano (AN), ✆/✉ 071-732452, info@linguaitaliana.com, www.linguaitaliana.com.

**Übernachten**  Palazzo Ruschioni Boutique Hotel, neben dem Palazzo Comunale gleich bei der Piazza Roma (hier die Via S. Apollinare hinein und gleich links). Ganz neues, modernes Hotel, nur neun Zimmer, alle mit Aircondition, kostenloses WI-FI. EZ 100 €, DZ 100–110 €, inkl. Frühstück. Via San Francesco 22, 60021 Camerano (AN), ✆ 071-959612, info@palazzoruschioni.it, www. palazzoruschioni.it.

## Sehenswertes

**Grotten von Camerano**: Ein Gewirr aus Gängen und Höhlen im weichen Sandstein durchzieht unterirdisch das Centro storico von Camerano, rund 1,5 km davon sind heute für die Öffentlichkeit zugänglich. Man nimmt an, dass die Höhlen schon im 4. Jh. v. Chr. von den Picenern gegraben wurden. Im Laufe der Jahrhunderte dienten sie dann als Grabstätten, Lager, geheime Orte der Freimauer und Pilgerstation der Malteser, immer wieder aber auch als Zufluchtsort, zuletzt im Zweiten Weltkrieg, als sich hier etwa 3000 Cameranesi 18 Tage lang vor den Bombardements verbergen konnten. Die Grotten wurden 1997 für Besucher geöffnet, das letzte Teilstück des gut einstündigen Rundgangs wurde 2008 freigegeben. Im Rahmen einer obligatorischen Führung wird man detailliert in die Mysterien der Grotten von Camerano eingeweiht, auch in deutscher Sprache.

Von 1.7.–31.8. tägl. 10–11.30 und 15–18 Uhr halbstündlich Führungen, Fr–So auch 21.15 und 21.45 Uhr, immer freitagabends Kerzentour. 1.4.–30.6. und 1.9.–31.10. tägl. 11, 16.30 und 18 Uhr, Sa auch 17 Uhr, So 10.30 und 11 Uhr sowie 16–18 Uhr halbstündlich; Nov.–März nur am Wochenende nach Voranmeldung. Führungen in deutscher Sprache um 17.30 Uhr, teilweise auch um 11 Uhr, fragen Sie nach Alessandra Luconi, sie spricht gut Deutsch. Generell besser anrufen, ob die Führungen stattfinden (v. a. in der Nebensaison) oder evtl. schon ausgebucht sind (in der Hochsaison). Eintritt 8 €, erm. 7 €, Kinder bis 6 J. frei. Eingang im I.A.T.-Büro in der Via Maratti 37, ☏ 071-7304018, www.grottedicamerano.it. *Achtung*: Warm anziehen, in den Grotten herrscht eine Temperatur von nur 14°!

# Osimo
ca. 34.000 Einwohner

**In typischer Marken-Manier bietet Osimo dank seiner exponierten Lage auf einem Bergrücken 265 m über dem Meer zwischen den Tälern des Aspio und des Musone einen herrlichen Weitblick auf das endlose Hügelland.**

Im Zentrum herrscht urbane Geschäftigkeit, um die Altstadt herum erstreckt sich ein kleines Industriegebiet. Ein Spaziergang durch das Städtchen kann z. B. an der Piazza Gramsci (hier auch Parkmöglichkeiten) am Westrand der Altstadt beginnen. Von der dortigen Panoramaterrasse hat man einen herrlichen Blick auf die Umgebung. Nur wenige Schritte die Via Gomero hinauf liegen auf einer Kuppe *Dom* und *Diözesanmuseum*, von hier hinunter auf dem Corso Mazzini gelangt man zur Piazza del Comune (werfen Sie einen Blick auf die kopflosen römischen Statuen im Innenhof des Palazzo Comunale). Auf der nördlich parallel zum Corso Mazzini verlaufenden Via Campana erreicht man das *Santuario di San Giuseppe da Copertino* und den *Palazzo Campana* aus dem frühen 18. Jh., der heute das *Museo Civico* beherbergt. Unbedingt sehenswert sind die unterirdischen Grotten von Osimo (Eingang in der Via Fonte Magna, → unten).

Osimo war römisches Munizipium *(Vetus Auximum)*, lange bevor das nahe gelegene Ancona überhaupt eine Rolle im Imperium Romanum spielte. Später diente die heutige Hauptstadt der Region als Hafen von Osimo. Einige bescheidene bauliche Reste weisen noch auf die Bedeutung Osimos in römischer Zeit hin, z. B. Teile der römischen Stadtmauern, die man später in den neueren Mauerring integrierte. Im Mittelalter war Osimo ein bedeutendes Handelszentrum und ab 1308 freie Stadt. Im 15. Jh. ergriffen die Malatesta die Macht, bald darauf fiel Osimo in die Hände des Kirchenstaates, wo es bis zur Einigung Italiens auch verblieb. Die meisten der Repräsentativbauten im Zentrum stammen aus dem 16. Jh., als die Stadt einen wahren Bauboom erlebte.

**Information**   I.A.T., Via Fonte Magna 12 (etwas versteckt hinter dem Brunnen rechts vom Palazzo Comunale in eine schmale Gasse biegen und durch die Markthalle über Treppen ins Untergeschoss, beschildert), Di–So 8.30–13 und 16–19.30 Uhr. Außerhalb der Saison eingeschränkt. Freundlich und hilfsbereit. ☎ 071-7236088, ✆ 071-7231554, info@osimoturismo.it, www.osimoturismo.it.

**Verbindungen**   Stadtbus von der Piazza Comunale zur *Autostazione* in der Via C. Colombo (oder mit dem Ascensore von der Via Guasino), ab dort folgende **Busse**: 5x tägl. via Osimo Stazione (Bahnhof) nach Numana/Sirolo, 5x Loreto, etwa stündlich nach Ancona (davon 6x tägl. via Offagna), etwa 10x tägl. nach Castelfidardo und nach Macerata. Tickets für den Stadtbus im Zeitungsladen oder im Bus, für Überlandbusse an der Autostazione.

8x tägl. hält der **Zug** an der Küste nach Pescara (Abruzzen) und nach Ancona in Osimo Stazione. Stadtbus zum Bahnhof.

**Einkaufen**   Shoppingmeile ist der Corso Mazzini im Zentrum. Zahlreiche Geschäfte, z. B. für Bekleidung und Schuhe, außerdem Parfümerien etc.

Jeden Do 8–13 Uhr findet im Centro Storico (v. a. um die Piazza Dante) ein großer **Markt** statt.

**Tavernetta del Corso**, Feinkost aller Art gibt es in diesem Geschäft in einem Eckhaus an der Piazza Dante (oberes Ende des Corso Mazzini) – Wein, Marmelade, Honig, Käse, Wurst usw. Auch für einen Snack mit einem Glas Wein oder zum Mittagessen,

Markttag in Osimo

Die Provinz Ancona
Karte → S. 154/155

ebenso aber auch zum Aperitivo bestens geeignet. 8–13 und 17–20 Uhr, Donnerstagnachmittag und So geschlossen. Corso Mazzini 74, ☎ 071-714727.

**Essen & Trinken**   Der ideale Ort für eine Stärkung ist das **Caffè del Corso** am Corso Mazzini (an der kleinen Piazza Gallo): leckere Panini und Tramezzini, außerdem Gebäck, Kuchen und gutes Eis, abends dann Aperitivo und noch später Cocktails, und auch zum Draußensitzen, freundliche Bedienung. Ganztägig geöffnet. Piazza Gallo 2, ☎ 071-7231671, www.caffedelcorso.org.

## Sehenswertes

**Dom/Baptisterium/Diözesanmuseum**: Der *Duomo San Leopardo,* ein schlichter romanischer Bau mit Fensterrosette, liegt auf einer kleinen Anhöhe am westlichen Ende des Centro Storico. Er wurde im 12. Jh. auf den Fundamenten einer Vorgängerkirche (8. Jh.) errichtet, die wiederum vermutlich an der Stelle eines römischen Tempels entstanden war. Im dreischiffigen Inneren lohnt vor allem der Besuch der Krypta, in der sich neben den Reliquien anderer Ortsheiliger auch der wertvolle Sarkophag mit den Gebeinen des Heiligen Leopardo befindet (4./5. Jh.).

Das *Battisterio* gleich neben dem Dom ist in jedem Fall einen Besuch wert. Es stammt wie auch der Dom ursprünglich aus dem 12. Jh., wurde aber mehrfach umgebaut. Die eindrucksvolle Ausmalung der Decke entstand im 17. Jh., der bronzene

Taufbrunnen *(Fonte Battesimale)* in der Mitte des Raumes wurde von den Brüdern Pier Paolo und Tarquinio Jacometti im Jahr 1627 angefertigt.

Im angeschlossenen *Museo Diocesano* sind neben wertvollen Altarbildern weitere sakrale Gegenstände aus dem Dom zu sehen.

Der Dom ist tägl. 8–12 und 15–18 Uhr geöffnet. Baptisterium und Diözesanmuseum: 1.7.–15.9. tägl. 10–12 und 16–19 Uhr, ansonsten nur Sa 16–19 Uhr sowie So 10–12 und 16–19 Uhr. Eintritt Diözesanmuseum 3 € (inkl. Führung), eine Führung im Baptisterium kostet 2 €. Piazza Duomo 7, ☎ 071-7231808.

## Die Grotten von Osimo

Fast alle Städte im Hinterland des Monte Conero weisen unterirdische Höhlen auf, die größtenteils aus dem Mittelalter, teilweise sogar aus römischer oder vorrömischer Zeit stammen und militärischen (Verteidigung, Fluchtwege), rituellen, religiösen und auch ökonomischen (Wohn- und Lagerräume) Zwecken dienten. Einige davon können mittlerweile besichtigt werden, wie z. B. jene in Camerano (→ S. 184) oder eben in Osimo. Bei einer Untersuchung im Jahre 1988 wurden hier etwa hundert Grotten und 162 Kamine bzw. Schächte mit einer Gesamtlänge von über 9 km gezählt und vermessen, die auf fünf Ebenen verlaufen und miteinander verbunden sind. Die Luftfeuchtigkeit liegt bei 60–70 %, die Temperatur bei konstant 12–13 °C. Das zu besichtigende Grottensystem befindet sich unter der Markthalle und dem Santuario di San Guiseppe da Copertino. Die Grotten wurden im Mittelalter von Mönchen zu Wohn- und Lagerzwecken, später auch als Begräbnisstätten genutzt. Verschiedene Nischen sind mit Reliefs verziert, teilweise sind Kletter- oder Bearbeitungsspuren erkennbar. Im Zweiten Weltkrieg wurde die größte Grotte, die *Grotta del Cantinone*, wegen ihres Fassungsvermögens und ihrer Tiefe 12 m unter der Erde als Luftschutzbunker benutzt. Nicht zuletzt die beeindruckende Beleuchtung verleiht dem Grottensystem ein ganz besonderes, fast schon magisches Flair.

Der Eingang zu den Grotten befindet sich bei der I.A.T., dort können auch die Tickets erworben werden. Die Besichtigung erfolgt im Rahmen einer Führung (Dauer 35–40 Minuten), auch auf Englisch. Für Kinder reizvoll, Jacken nicht vergessen! Di–So 10.30–11.30 und 16–18 Uhr, Mo geschlossen. Eintritt 5 €, erm. (6–10 J. und. über 65 J.) 4 €. Grotte del Cantinone, Eingang Via Fonte Magna 12 (beschildert), ☎ 071-7236088.

**Santuario di San Giuseppe da Copertino**: Das Innere der schlichten Kirche aus dem 13. Jh. wurde im 18. Jh. grundlegend restauriert. Zu sehen ist viel Stuck und u. a. die „Madonna auf dem Thron" von Antonio Solario aus dem Jahr 1503 sowie eine Darstellung der „Ekstase des Heiligen Josef von Copertino", der hier die letzten Jahre seines Lebens verbrachte und 1663 im angeschlossenen Franziskanerkloster der „Frati Minori Conventuali" starb. Die Gebeine des Mönchs – wie auch San Leopardo ist er Schutzpatron der Stadt Osimo – sind in der modernen Krypta der Kirche zu sehen. Neben der Kirche befindet sich das Museum, in dem neben Gemälden, Reliquien und Zeitdokumenten zum Leben des Heiligen Josef (1603–1663) auch einige Mönchszellen zu sehen sind.

Tägl. 6.30–12 Uhr und 15.30–19 Uhr geöffnet (Zutritt nur in angemessener Kleidung!), für das Museum wird eine Spende erwartet. Von den überaus freundlichen Mönchen bekommt man beim Besuch des Museums ein Begleitblatt (auch in deutscher Sprache) ausgehändigt, auf dem die einzelnen Exponate detailliert erklärt werden. Piazza Gallo 10, ☎ 071-714523, www.sangiuseppedacopertino.net.

**Museo Civico**: Das Museum befindet sich im riesigen Palazzo Campana aus dem frühen 18. Jh., seine Räumlichkeiten an der Piazza Dante dienten ursprünglich als Schule. Zu den wichtigsten Exponaten zählen die Freskenfragmente der „Incoronazione della Vergine" („Krönung der Jungfrau") aus dem 14. Jh., die vermutlich von Andrea da Bologna stammen. Darüber hinaus sind u. a. Gemälde von Claudio Ridolfi, Guercino und Odoardo Vicinelli zu sehen.

Im Sommer Fr–So 18–20 und So zusätzlich 10–12.30 Uhr, im Winter Fr und Sa 17.30–19.30 Uhr, So zusätzlich 10–12.30 Uhr. Die „Sezione Archeologica" ist nur Fr 18–19 Uhr geöffnet. Eintritt 2 €, erm. 1 €, für die archäologische Abteilung ist ein Aufschlag zu zahlen (1 €). Piazza Dante 5, im Palazzo Campana (kleiner Seiteneingang rechts vom Hauptportal), ☎ 071-714621. Für eine Besichtigung außerhalb der Öffnungszeiten: ☎ 071-7231773, www.istitutocampana.it.

# Castelfidardo

ca. 19.000 Einwohner

Weit über die Grenzen der Marken hinaus hat sich Castelfidardo in der Herstellung hochwertiger Musikinstrumente (besonders Akkordeons) einen Namen gemacht, einige Handwerksbetriebe sind im Centro Storico noch immer zu sehen. Seit über 30 Jahren findet hier jährlich im September eines der bekanntesten europäischen Akkordeonfestivals statt: das *Festival Internazionale di Fisarmonica* (www.festival castelfidardo.it).

Das heute so ruhig und beschaulich anmutende Städtchen spielte im Kampf um die italienische Einigung im 19. Jh. eine wichtige Rolle: Am 18. September 1860 konnte hier eine bedeutende Schlacht, die *Battaglia di Castelfidardo*, zu Gunsten der Freiheitskämpfer entschieden werden. Daran erinnert ein auf einem Hügelchen im Grünen aufgestelltes Monument. Ausführlicher informiert das *Museo del Risorgimento* im Palazzo Mordini nahe der Piazza della Repubblica im Zentrum.

Das Museo del Risorgimento ist Di–Sa 16.30–19.30 Uhr geöffnet. Eintritt frei. Im Palazzo Mordini, Via Mazzini 5, ☎ 071-7206592, 🖷 071-7829331.

Die Provinz Ancona
Karte → S. 154/155

Battaglia di Castelfidardo: Garibaldi sagt, wo's langgeht

An der zentralen Piazza mit Palazzo Comunale lädt außerdem das *Museo Internazionale della Fisarmonica* zum Besuch ein: Hier erfahren Sie alles über das Akkordeon und über die Geschichte seiner Herstellung in Castelfidardo von der Eröffnung des ersten Handwerksbetriebs vor fast 150 Jahren bis heute. Zu den Exponaten zählen außerdem um die 150 Musikinstrumente.

Das Museum ist Di–So 15.30–18.30 Uhr, Sa/So außerdem 10–12.15 Uhr geöffnet, Mo geschlossen. Eintritt 3 €, Kinder unter 6 J. frei. Via Mordini 1, ☎ 071-7808288, 🖷 071-7829357.

Im Palazzo Soprani gleich in der Nähe befindet sich eine Ausstellung zu Ehren von *Paolo Soprani* (1844–1918), der in Castelfidardo lebte und als Instrumentenbauer das Akkordeon in Italien bekannt und berühmt machte. Hier steht auch das größte bespielbare Akkordeon der Welt (2,5 m hoch), erbaut von *Giancarlo Francenella*.

**Information** Pro Loco, im Centro storico, rechts neben dem Rathaus an der Piazza della Repubblica. Mo–Fr 9.30–12.30 und 16–19 Uhr (im Sommer 16.30–19.30 Uhr), Sa 10–12 Uhr, So geschlossen. Piazza della Repubblica 6, 60022 Castelfidardo (AN), ☎ 071-7822987, www.castelfidardo.it.

**Verbindungen** Busse, 6–22 Uhr etwa stündlich nach Ancona, Osimo Stazione, Loreto und Recanati. Abfahrt der Busse am großen **Parkplatz** an der Porta Marina, hier befindet sich – in herrlicher Terrassenlage – auch ein kleiner Giardino Pubblico mit **Bar**.

# Loreto

ca. 12.600 Einwohner

Die Basilika des Wallfahrtsortes überragt weithin sichtbar die flache Küstenebene südlich des Monte Conero. Jährlich finden über eine Million Pilger den Weg zur berühmten „Santa Casa" von Loreto, eines der meistbesuchten Pilgerziele Europas.

Das lang gestreckte alte Zentrum ist von einer Stadtmauer mit einer östlichen und einer westlichen Bastion umgeben, Einlass gewähren die beiden Stadttore Porta Mare (Ostseite) und Porta Romana (Südwestseite). Die Befestigung stammt aus dem frühen 16. Jh., einer Zeit, als die kurz vorher entstandene Basilika dringend vor Überfällen geschützt werden musste.

Perfekte Kuppel in der Skyline – die Basilica della Santa Casa

In der Altstadt, die die meisten Besucher durch die Porta Romana betreten, wirkt zunächst alles sehr eng und wenig großzügig, bis man – über die Hauptgasse Corso Boccalini mit zahlreichen Pilgersouvenirshops – unvermittelt auf der überaus eleganten Piazza della Madonna steht. Bevor man sich dem eigentlichen Ziel, der Basilika (→ S. 192), zuwendet, sollte man aber zunächst dem harmonisch konzipierten Platz selbst etwas Aufmerksamkeit schenken: Der Brunnen *Fontana della Madonna* mit den wasserspeienden Drachen wurde zwischen 1606 und 1620 von Giovanni Fontana und Carlo Maderno gefertigt, zwei Jahre später fügten die aus dem benachbarten Recanati stammenden Brüder Jacometti vier auf Delfinen reitende Tritonen hinzu. Aus dem Jahr 1590 stammt die vor der Basilika aufgestellte Bronzestatue des sitzenden Papstes Sixtus V. (1585–1590) mit segnender Geste. Dankbare Kardinäle, denen er zu Amt und Würden verholfen hatte, stifteten das Denkmal noch zu Lebzeiten des Papstes. Erheblich zur Eleganz der Piazza della Madonna trägt auch der zweistöckige Arkadengang des *Palazzo Apostolico* bei (das Bauwerk geht auf Pläne Bramantes zurück).

## Die Legende der Santa Casa

Der Legende nach wurde Maria in der *Santa Casa* geboren, und Jesus soll hier seine Kindheit verbracht haben. Im Jahr 1291, nachdem Nazareth in islamische Hände gefallen war, hoben vier Engel das „Heilige Haus" in die Lüfte und entschwebten damit Richtung Adria. Ob das Ziel der Reise zu diesem Zeitpunkt bekannt war, lässt die Legende offen, jedenfalls landete das Haus zunächst an der dalmatischen Küste, wo man ihm jedoch nur minimale Aufmerksamkeit schenkte. Zu wenig, befanden die Engel und hoben mit ihrem schweren Gepäck ein zweites Mal ab: diesmal in die Nähe von Recanati, nur wenige Kilometer südlich von Loreto. Zwar kamen zahlreiche Gläubige, um das Heiligtum gebührend zu bewundern, mit ihnen aber auch Plünderer, sodass das Haus ein weiteres Mal wegflog – in den Garten zweier Brüder, die sofort in heftigen Zwist über die Eigentumsfrage des Himmelsgeschenks gerieten. Die Odyssee hatte ein Ende, als die Engel zum vierten und letzten Kraftakt anhoben und das Haus am 10. Dezember 1294 an seinen heutigen Standort brachten.

Soweit die Legende. Wissenschaftler im Auftrag der Kirche haben nachgewiesen, dass die Steine des „Heiligen Hauses" identisch sind mit denen der Felsgrotte in Nazareth, wo sich das Haus ursprünglich befunden haben soll; ebenso gilt es als historisch gesichert, dass vor dem 10. Dezember 1294 an besagter Stelle in Loreto kein Gebäude zu finden war. Man geht davon aus, dass die *Santa Casa* zu Zeiten der Kreuzzüge ganz profan mit dem Schiff hierher gebracht wurde. Dabei bestand die Fracht nur aus drei Außenwänden, da das Haus in Nazareth an der vierten Seite an die Felsgrotte angebaut war. Gewölbe und vierte Wand des Hauses wurden in Loreto im 16. Jh. hinzugefügt. Zuvor schon entstand die prächtige Marmorverkleidung der *Santa Casa* nach Plänen von Bramante.

Ob man der Legende vom fliegenden Haus Glauben schenkt oder nicht, sei dahin gestellt. 1920 jedenfalls hat die Kirche die Madonna im „Heiligen Haus" zur Schutzheiligen erklärt, passenderweise zur Patronin der Piloten.

Die Provinz Ancona Karte → S. 154/155

## Geschichte

Als *Villa Loreti* wurde der Ort erstmals im frühen 14. Jh. erwähnt. Im gleichen Jahrhundert errichtete man einen Schutzwall um die *Santa Casa*, das „Heilige Haus" (und die hier zahlreich niedergelegten wertvollen Weihegaben), zum Bau der Basilika kam es 1468 zunächst unter dem Bischof von Recanati, dann unter Papst Julius II., der persönlich die Arbeiten an dem Gotteshaus betreute. Ihm ist es zu verdanken, dass am Bau der Basilika viele hochkarätige Renaissance-Architekten mitwirkten, unter ihnen auch Bramante, der einen ersten Entwurf für den Palazzo Apostolico und die Fassade der Basilika lieferte. Die Bauarbeiten an der Basilika samt Palazzo und Piazza zogen sich bis ins späte 16. Jh. hinein, zwischenzeitlich (Anfang des 16. Jh.) wurde der Ort mit einer dicken Stadtmauer und den beiden Bastionen versehen, und es entstanden zahlreiche Pilgerherbergen und Krankenhäuser. Loreto wurde 1586 zum Bischofssitz erklärt, unter Papst Sixtus V. wurde das Pilgerstädtchen dann über die Befestigungsmauern hinaus ausgebaut.

**Information** I.A.T. Eckhaus an der Piazza (Südseite der Stadtmauer). Tägl. 9–13 und 15–18 Uhr, Sonntagnachmittag geschlossen, im Winter nur Mo–Fr. Via Solari 3, 60025 Loreto (AN), ℰ 071-970276, ℰ 071-970020, iat.loreto@provincia.ancona.it, www.comune.loreto.an.it oder www.turismo.marche.it

Außerdem gibt es ein **Pro-Loco-Büro** auf dem Corso Boccalini 67 im Zentrum, tägl. 9–13 und 16.30–19.30 Uhr, ℰ/ℰ 071-977748, info@prolocoloreto.com, www.proloco loreto.com.

**Verbindungen** Busse etwa stündl. (6–22 Uhr) nach Castelfidardo, Osimo Stazione, Ancona, Recanati und Macerata, nur werktags bestehen auch Verbindungen nach Camerino, Sarnano und Tolentino (je 1x tägl.). Abfahrt an den Arkaden in der Via Brancondi (mündet in die Piazza Leopardi an der Porta Romana). Etwa stündlich fährt der **Stadtbus** ab der Piazza Basili (an der Bastion) zum Bahnhof Loreto Stazione. Bustickets in der Tabaccheria gegenüber der I.A.T.

Etwa 10x tägl. hält der **Zug** auf der Strecke Ancona – Pescara (Abruzzen) in Loreto Stazione (ca. 1 km außerhalb von Loreto). Zu Fuß über die Scala Santa hinunter erreicht man den Bahnhof in wenigen Minuten, vom Bahnhof hinauf ist das Ganze allerdings etwas mühsamer.

**Erste Hilfe** Krankenhaus in der Via S. Francesco etwas südlich vom Zentrum, ℰ 071-75091.

**Parken** Im Prinzip überall gebührenpflichtig, man muss beim Ziehen des Parkscheins am Automaten einen Teil seines Kennzeichens eingeben (!). Ein Stück unterhalb kostet das Parken pauschal 2 € für den Zeitraum 8–14 oder 14–20 Uhr bzw. 4 € ganztägig (Caravan: 3 €/6 €), an der Stadtmauer 1,40 €/Std. *Achtung,* in Loreto wird gnadenlos aufgeschrieben. Gute Chancen auf einen zentralen Parkplatz hat man in der Via Sisto IV, ein Stück hinter der Bastion. Kostenlos parkt man nur ein Stück außerhalb von Loreto.

**Polizei** An der Piazza Garibaldi (Porta Romana), ℰ 071-970159.

**Post** An der Porta Romana im Zentrum.

**Übernachten** Hotels gibt es genug, viele sind auf Pilgergruppen eingerichtet und in der Regel ganzjährig geöffnet.

PS-Meeting vor dem Heiligen Haus

Loreto: elegante Piazza della Madonna mit Basilika

Die Provinz Ancona
Karte → S. 154/155

**\*\*\* Hotel Pellegrino e Pace**, direkt an der Piazza della Madonna, das vielleicht empfehlenswerteste Haus in Loreto. Zimmer mit Bad, TV und Aircondition. Im angeschlossenen Restaurant gibt es Mittagsmenüs zu 15 und 18 €. EZ 54–71 €, DZ 78–92 €, Dreibett-Zimmer 105–123 €, Vierbett-Zimmer 124–140 €, Frühstück inkl. Piazza della Madonna 51/53, 60025 Loreto (AN), ☎ 071-977106, ✆ 071-978252, info@pellegrinoepace.it, www.pellegrinoepace.it.

**\*\* Hotel Giardinetto**, am Corso Boccalini, der Hauptachse im Zentrum von Loreto. Guter Standard. DZ mit Bad 72 €, EZ 48 €, Dreibett-Zimmer 96 €, Vierbett-Zimmer 120 €, Frühstück inkl. Ebenfalls mit günstigem Restaurant. Corso Boccalini 10, 60025 Loreto (AN), ☎ 071-977135, ✆ 071-970067, info@hotelgiardinetto.it, www.hotelgiardinetto.it.

**\*\* Hotel Loreto**, ebenfalls guter Standard und an der Hauptachse im Zentrum gelegen. Auch hier werden sehr günstige Mittagsmenüs angeboten (10–15 €). Zimmer mit Bad, EZ 50 €, DZ 80 €, Dreibett-Zimmer 108 €, Vierbett-Zimmer 136 €, Frühstück inkl. Corso Boccalini 60, 60025 Loreto (AN), ☎ 071-7500106, ✆ 071-7500108, hotelloreto@libero.it, www.loretohotel.it.

**Ostello per la Gioventù**, die Jugendherberge von Loreto liegt südlich der Stadtmauern in der Via Aldo Moro, ab Zentrum bestens beschildert. Professionell geführtes 240-Betten-Haus. Geöffnet 1.4.–30.11., für Gruppen ganzjährig. Übernachtung im Mehrbettzimmer 18 €, EZ 25–30 €, DZ 40–50 €, Frühstück extra. Via Aldo Moro 46, 60025 Loreto (AN), ☎/✆ 071-7501026, aigostello loreto@virgilio.it, www.ostelloloreto.it.

**Sosta Camper**, ein Wohnmobilstellplatz befindet sich in der Via Maccari, in der Nähe des polnischen Friedhofs *cimitero polacco* (beschildert). 70 Plätze, ganzjährig geöffnet, mit Stromanschluss, Trinkwasser, Nachtbeleuchtung, Münzduschen, Toiletten.

**Essen & Trinken** Die meisten Restaurants sind auf Pilger ausgerichtet, sehr günstige Mittagsmenüs gibt es in den Restaurants der Hotels Pellegrino e Pace, Giardinetto und Loreto (→ oben).

Ein gehobeneres Restaurant befindet sich in Loreto Stazione gegenüber dem Bahnhof (zu Fuß über die Scala Santa hinunter zu erreichen, ca. 2 km von Loreto): **Il Vecchio Glicine**, der Schwerpunkt liegt hier auf Fisch und Meeresfrüchten, gehobenes Preisniveau (Menü um 30–35 €). Mittags und abends geöffnet, Mi geschlossen, Via Rampolla 44, ☎ 071-7500114.

An der Straße zwischen Loreto und Loreto Stazione auf der rechten Seite (gegenüber der Agip-Tankstelle) gibt es außerdem noch das **Ristorante La Lanterna**: apulische Küche, Holzofenpizza, mittleres Preisniveau, Parkplatz davor. Mittags und abends geöffnet, Di geschlossen. Via Manzoni 2, ☎ 071-976796.

La Santa Casa

## Sehenswertes

**Basilica della Santa Casa**: Allein die Fassade der mächtigen Kirche mit einer Fläche von 67 x 97 m beeindruckt. Sie ist im Renaissancestil gehalten und beruht auf einem Entwurf von Giovanni Boccalini, der die Arbeiten ab 1571 leitete; vollendet wurde die Fassade von Lattanzio Ventura im Jahr 1587. Die Kuppel der Basilika befindet sich direkt über dem „Heiligen Haus" und entstand 1499/1500 in nur acht Monaten Bauzeit unter der Leitung von Giuliano da Sangallo – sie ist aber auch nur etwa halb so groß wie die berühmte Kuppel der Peterskirche in Rom. Auf der Laterne der Kuppel thront die Jungfrau Maria mit Kind, die man erst Ende des 19. Jh. aufstellte. Der Glockenturm links der Basilika gehört zum Palazzo Apostolico und wurde erst wesentlich später, im Jahr 1750, an Stelle eines älteren und weniger repräsentativen Campanile angebaut. Bauherr war Luigi Vanvitelli, der auch im nahe gelegenen Ancona städtebaulich äußerst aktiv war. Der Grundriss der Basilika ist an einem lateinischen Kreuz orientiert.

Beim Betreten der Basilika fallen die mächtigen Bronzeportale auf, alle um 1600 entstanden. Sie zeigen alttestamentarische Szenen. Bevor man sich der *Santa Casa* in der Mitte der Kirche zuwendet, sollte man noch einen Blick auf die übrigen Bereiche des Kircheninneren werfen. Sehenswert ist z. B. die Sakristei des heiligen Markus (auf der rechten Seite am Eck zum Querschiff) mit besonders kostbaren Fresken von Melozzo di Forlì aus den Jahren 1477–1479. Die Sakristei des heiligen Johannes (am Querschiff auf der rechten Seite hinten) wurde von Luca Signorelli mit Szenen aus der Apostelgeschichte ausgemalt (1481–1485). In der Apsis befinden sich 13 Kapellen verschiedener Nationen, darunter auch Deutschland, die Schweiz, Polen, die USA und Spanien; ihre Gestaltung stammt größtenteils aus dem späten 19. und dem 20. Jh.

Die Marmorverkleidung der *Santa Casa* wurde von Papst Julius II. in Auftrag gegeben. Bramante kam 1507 für diese Arbeit nach Loreto und fertigte einen Entwurf, der bis 1538 von Andrea Sansovino, Aurelio Lombardo Giuliano und Antonio da Sangallo sowie den Brüdern della Porta vollendet wurde. Letztere haben u. a. die zehn Sibyllen (in den oberen Nischen der Marmorverkleidung) wie auch den Moses geschaffen. Darüber hinaus sind auf der prachtvollen Verkleidung auch Szenen aus dem Leben Marias und eine Darstellung vom Flug des „Heiligen Hauses" mit den Engeln zu sehen.

Das Innere der *Santa Casa* beherbergt die Statue der Madonna mit dem Kind, die nach einem Brand im Jahr 1921 allerdings nur noch in Nachbildung zu sehen ist. Ursprünglich stammte die Madonna aus dem 14. Jh. Des Weiteren finden sich im Inneren einige auf den alten Ziegelstein aufgemalte Fresken (14. Jh.) mit Madonnendarstellungen, außerdem ein Holzkreuz aus dem 13. Jh. Das „Heilige Haus" ist meist mit Betenden gefüllt, es wird um Ruhe gebeten. Zum Brauch der Pilger gehört es außerdem, das Haus auf Knien zu umrunden, zu sehen auch an den glatt polierten Steinen um die *Santa Casa*.

Vom linken Querschiff gelangt man in den Schatzsaal der Basilika, die *Sala del Pomarancio*, benannt nach dem gleichnamigen Künstler, der hier das Gewölbe in den Jahren 1605–1610 mit perspektivisch verzerrten Gemälden bedachte.
Tägl. 6.15–19.45 Uhr (Oktober–März nur 6.45–19 Uhr) geöffnet, die Santa Casa ist mittags 12.30–14.30 Uhr geschlossen. Zutritt nur in angemessener Kleidung (lange Hosen/langer Rock, nicht bauch- oder schulterfrei), Handy- und Fotografierverbot.

**Palazzo Apostolico (Museo-Pinacoteca)**: Der Apostolische Palast an der Piazza della Madonna wurde von Bramante entworfen (1507). Das Museum und die Pinakothek befinden sich im ersten Stock des riesigen Gebäudes. Die ausgestellten Sammlungen sind sehr umfangreich und erstrecken sich von allerlei Wertvollem aus dem Schatzsaal der Basilika über Gobelins nach Vorlagen von Raffael bis hin zu drei überaus wertvollen Keramikkollektionen aus dem 16.–18. Jh., die allein um die 500 Exponate umfassen – ganz zu schweigen von der Gemäldesammlung. Neben den bereits in der Basilika in der *Sala del Pomarancio* zu bewundernden Werken des gleichnamigen Künstlers (der eigentlich Cristoforo Roncalli hieß) sind u. a. auch Gemälde von Antonio Peruzzini, Pellegrino Tibaldi und Claudio Ridolfi zu sehen. Den Höhepunkt der Sammlung bilden jedoch die sieben Spätwerke von Lorenzo Lotto (1480–1556), der die letzten Jahre seines Lebens hier in Loreto im Kloster verbrachte.
April–Oktober Di–So 10–13 und 16–19 Uhr (im Frühjahr/Herbst 15–18 Uhr), November–März nur Sa/So 10–13 und 15–18 Uhr. Statt eines festgelegten Eintrittspreises wird eine Spende erwartet. Führungen können unter ☎ 071-9747198 vereinbart werden.

**Scala Santa**: Verlässt man Loreto durch die Porta Marina, also in östliche Richtung, gelangt man über die *Scala Santa* zum Bahnhof. 1941 wurde die Treppe für die Pilger gebaut, der polnische Friedhof auf der linken Seite stammt aus dem Jahr 1945.

## Umgebung von Loreto

Auf dem südwestlichen Nachbarhügel von Loreto und nur wenige Kilometer entfernt liegt das unbedingt sehenswerte Städtchen **Recanati**. Nähere Informationen auf S. 213.

Die Provinz Ancona Karte → S. 154/155

# Im Westen der Provinz Ancona

Das Monte-Cucco-Massiv (Regionalpark) schiebt sich von Westen an den Rand der Ebene von Fabriano, nordöstlich bietet die tief eingeschnittene Gola di Frasassi einen besonderen landschaftlichen Reiz.

In der Gegend um Fabriano liegt die vielleicht bedeutendste Sehenswürdigkeit der ganzen Region: **Le Grotte di Frasassi**, ein weit verzweigtes und gigantisch großes Höhlensystem, von dem allerdings bei weitem noch nicht alles erschlossen ist. Wer die Höhlen besichtigen möchte, sollte etwas Zeit mitbringen, schließlich steht ein Ausflug in die Unterwelt der Marken auch bei den italienischen Touristen ganz oben auf der Besichtigungsliste, entsprechend groß ist der Andrang.

Nördlich davon findet man in **Sassoferrato** ein geschichtsträchtiges römisches Ausgrabungsgelände (hier fand eine entscheidende Schlacht auf dem Wege Roms zur Weltmacht statt), und nur wenige Kilometer nordwestlich sehen Sie in **Arcévia** schon wieder das Meer – die exponierte Lage des Ortes auf 535 m Höhe macht es möglich. Einen Besuch wert ist sicherlich auch das festungsgleiche Mittelalter-Dorf **Genga** am nordöstlichen Ausgang der Frasassi-Schlucht. Auf keinen Fall auslassen sollte man aber **Fabriano**: Die Stadt ist das Zentrum der Gegend und bietet seinen Besuchern ein äußerst sehenswertes Museum, das sehr anschaulich über die Kunst der Papierherstellung informiert.

## Fabriano                                           ca. 32.000 Einwohner

Die „Papierstadt" der Marken, von der auch das – fast – fälschungssichere Wasserzeichen seinen Weg in die Welt hinaus antrat, liegt in einem weiten Tal zwischen dem Monte-Cucco-Massiv (1566 m) im Westen und dem Monte San Vitino (1479 m) im Osten. Die Peripherie der Stadt ist von Industriegebieten geprägt, das Centro Storico dagegen sehr sehenswert.

Fabriano war im Mittelalter ein wichtiges wirtschaftliches Zentrum der europäischen Papierherstellung – die Kreuzfahrer brachten die Technik aus Vorderasien hierher. Zur Blütezeit der Papierherstellung, die der Stadt über die Jahrhunderte einen relativ großen Wohlstand einbrachte, waren in Fabriano 40 Betriebe ansässig. Die Geschichte des Gewerbes wird im *Papier- und Wasserzeichenmuseum* der Stadt anschaulich dargestellt.

Fabriano war bei dem schweren Erdbeben im September 1997 eine der am stärksten betroffenen Städte der Marken, erst seit kurzem sind die vielen Baugerüste in der Innenstadt verschwunden.

Zentraler Punkt der Stadt ist die abschüssige Piazza del Comune mit dem Bogengang des *Loggiato di San Francesco* (17. Jh.) auf der rechten und dem *Palazzo Vescovile*, dem ehemaligen Bischofssitz der Stadt (1545), auf der linken Seite. Am unteren Ende wird die Piazza vom eindrucksvollen zinnengekrönten *Palazzo del Podestà* (mit Torbogen), dem ehemaligen Rathaus aus dem Jahr 1255, begrenzt, davor sieht man einen Brunnen aus dem Jahr 1285. Schräg gegenüber befindet sich das elegante *Teatro Gentile* aus dem 19. Jh. (Zugang durch den Palazzo Comunale).

Stadtleben in Fabriano – im Hintergrund der Palazzo del Podestà

Die Provinz Ancona
Karte → S. 154/155

Von der Piazza del Comune links hinauf gelangt man zur ruhigen Piazza Umberto I mit dem *Duomo (Cattedrale)*, der ursprünglich aus dem 14. Jh. stammt, aber im 17. Jh. grundlegend umgestaltet wurde.

Wenn man von der Piazza del Comune durch den Torbogen des *Palazzo del Podestà* geht, wird es ruhiger, vom vielen Verkehr ist kaum noch etwas zu spüren. Ein kurzes Stück weiter auf dem hier beginnenden Corso della Repubblica (Einkaufsmeile) geht es links ab zur lang gezogenen Piazza Garibaldi, dem Marktplatz der Stadt, auf dem jeden Samstag die Verkaufsstände aufgebaut werden.

## Geschichte

Wie bereits erwähnt, hängt die Geschichte Fabrianos eng mit der Papierherstellung zusammen, die erste Werkstatt dieser Branche wird in den Annalen der Stadt auf das Jahr 1283 datiert. Von da an ging es schnell aufwärts mit Fabriano, die Bevölkerung wuchs sprunghaft an, und es wurde viel gebaut. Bereits um 1300 errichtete man eine zweite Stadtmauer um das erweiterte Stadtgebiet. Die Blüte Fabrianos hielt auch im 14. und 15. Jh. an, damals bestimmten zunächst die Chiavelli die Geschicke der Stadt. Fabrianos größter Sohn, der Maler Gentile da Fabriano (1370–1427), entsprang der bedeutenden Künstlerschule der Stadt, die über die Jahrhunderte weit über Fabriano hinaus bekannt war. Von Gentile ist in Fabriano allerdings nichts mehr zu sehen. Um seine wichtigsten Werke bewundern zu können, muss man in die Uffizien nach Florenz fahren.

1435 fiel die gesamte Herrscherfamilie der Chiavelli einer Verschwörung zum Opfer, woraufhin die Sforza die Stadt übernahmen. Wirtschaftlich bergab ging es mit der Vereinnahmung Fabrianos durch den Kirchenstaat im frühen 16. Jh., erst der Anschluss an das Schienennetz brachte neuen Aufschwung für das traditionelle Papierhandwerk.

## Gentile da Fabriano

Der zweifellos berühmteste Sohn der Stadt wurde um das Jahr 1370 als Gentile di Niccolò Massi geboren. Die ersten Jahre arbeitete Gentile noch in seiner Heimatstadt, bis er 1408 nach Venedig berufen wurde und von dort seine Karriere in den großen italienischen Städten antrat – u. a. in Siena, Florenz, Orvieto und Rom. Bekannt ist Gentile da Fabriano, dessen Werk in die Umbruchzeit zwischen Spätgotik und Frührenaissance fällt, als wichtigster italienischer Vertreter der sog. „Internationalen Gotik", eine um 1400 einsetzende Ausrichtung der Spätgotik, die wegen der sanfteren, weicheren Darstellungen auch als „Weicher Stil" in die Kunstgeschichte einging. Als eines der herausragenden Werke Gentiles da Fabriano gilt die „Anbetung der Heiligen Drei Könige" von 1422 (zu sehen in den Uffizien in Florenz) – eines der ersten bedeutenden Renaissancegemälde in Zeiten der Spätgotik. Gentile da Fabriano starb 1427 in Rom.

## Basis-Infos

**Information** I.A.T., an der Piazza del Comune, sehr freundlich und hilfsbereit, Di–So 10–13 und 15–19 Uhr (im Winter bis 18 Uhr), Mo geschlossen. Piazza del Comune 2, 60044 Fabriano (AN), ℘ 0732-625067, ℗ 0732-629791, iat.fabriano@provincia.ancona.it, www.fabrianoturismo.it.

**Verbindungen** Der Bahnhof liegt knapp 1 km außerhalb der Altstadt an der Straße Richtung Sassoferrato. Fabriano liegt an der **Zugstrecke** Ancona – Rom, es bestehen mind. stündlich Verbindungen, zudem mind. stündlich Züge über San Severino Marche, Tolentino und Macerata zur Küste nach Civitanova Marche, am Wochenende jeweils nur ca. 10x tägl. 2x tägl. fährt ein Bummelzug über Sassoferrato nach Pergola.

Die **Busse** starten am Piazzale Matteotti am Rand der Altstadt. Verschiedene Busgesellschaften teilen sich die Routen. Ein Fahrplan hängt aus, Tickets bekommt man beim Tabacchi an der Busstation oder im Zeitschriftenladen drei Geschäfte weiter. 4x tägl. via Sassoferrato und Arcévia nach Pergola und weiter nach San Lorenzo in Campo. 8x tägl. Camerino und 2x Matélica, 7x tägl. nach Esanatóglia (Umsteigemöglichkeit nach Ancona und Macerata). Darüber hinaus 4x tägl. Busse zu den Frasassi-Höhlen und nach San Vittore Terme.

**Taxis** warten an der Piazza del Comune (℘ 0732-21211), am Piazzale Matteotti (℘ 0732-22409) oder am Bahnhof (℘ 0732-5550).

**Banken** Im Zentrum ausreichend und an der Ausfallstraße Richtung Ancona (noch zentrumsnah), alle mit Bancomat.

**Einkaufen** Papier natürlich – was sonst? Edles Briefpapier und Karten, Kladden, Aquarellpapier oder einfache Blöcke, in Fabriano findet man alles, auch das Besondere, bestens geeignet auch als Souvenir. Papierwaren der Firma *Miliani* werden im **Papiermuseum** (→ unten) verkauft, Papier vom Feinsten wird auch bei **Bartolini Carta a Mano** 4 am Largo Bartolo Da Sassoferrato 4 (zwischen Piazza del Comune und Domplatz) angeboten. Günstiger gibt es Papier in der **Antica Cartolibreria Lotti** 5: große Auswahl, darüber hinaus aber auch ein gutes Sortiment an Straßen- und Wanderkarten zur gesamten Region. Corso della Repubblica 52/58 (oberhalb der Piazza del Comune).

**Erste Hilfe** Krankenhaus am Rand der Altstadt (Richtung Bahnhof) auf dem Viale Stelluti Scala, ℘ 0732-7071.

**Parken** In Fabriano – im Gegensatz zu anderen Städten – kein allzu großes Problem, es gibt ausreichend Parkplätze am Rand der Altstadt, z. T. sind sie noch nicht mal gebührenpflichtig.

**Polizei** An der Piazza del Comune, ℘ 0732-21610.

**Post** An der Piazza Miliani.

**Übernachten**
2 Janus

**E** ssen & Trinken
1 Trattoria Marcellini
3 Il Centro

**E** inkaufen
4 Bartolini Carta a Mano
5 Antica Cartolibreria Lotti

*Fabriano*

200 m

S. Vittore Terme Frasassi-Schlucht, Genga

Die Provinz Ancona
Karte → S. 154/155

---

## Übernachten/Essen & Trinken

Die Auswahl an Übernachtungsmöglichkeiten ist beschränkt, dafür kann man in Fabriano umso besser essen. Eine Übernachtungsalternative ist z. B. Matélica (→ S. 239).

**Übernachten** **** Hotel Janus **2**, zentrale Lage, moderner Bau mit schmalen Fenstern, nicht mehr taufrisch. Mit Restaurant, Bar und eigenem Parkplatz. DZ mit Bad, TV und Aircondition 120 €, EZ 80 €, Frühstück inkl. Ganzjährig geöffnet. Piazzale Matteotti 45, 60044 Fabriano (AN), ✆ 0732-4191, info@hoteljanus.it, www.hoteljanus.it.

Einen **Wohnmobilstellplatz** findet man westlich vom Zentrum in der Via B. Buozzi, beim Stadion in der Nähe der SS 76 (Via Dante), mit Wasser und Stromanschluss, 24 Stunden geöffnet, beschildert.

**Übernachten außerhalb** Ostello San Biagio in Caprile, 18 km südwestlich von Fabriano bei Campodonico. Übernachten in

schlichten Doppel- oder Mehrbettzimmern im Kloster San Biagio, kaum Komfort, aber Ruhe und Natur. Mitte Mai bis Mitte September geöffnet, in den Wintermonaten nur für Gruppen. Pro Pers. und Nacht 21 €, Frühstück inbegriffen. *Anfahrt*: von Fabriano in westliche Richtung (Gubbio/Gualdo Tadino), nach gut 5 km (bei Cancelli) links ab nach Campodonico (ca. 10 km), dort wieder links. Unbedingt vorher reservieren. Loc. Campodonico, 60044 Fabriano (AN), ✆/📠 0732-259466, info@sanbiagioincaprile.it, www.sanbiagioincaprile.it.

**Essen & Trinken** Trattoria Marchegiana **1**, Traditionsrestaurant mit kleiner Terrasse im Centro storico. Elegant-rustikales Ambiente in mehreren Speiseräumen im Gewölbe, freundlicher Service. Traditionelle marchigianische Küche zu angemessenen Preisen, Primi (z. B. köstliche *mezzelune*) ab 6–8 €, Secondi ab ca. 12 €, abends wird auch der Pizzaofen angeschürt. Mittags und abends geöffnet, Mo geschlossen. Piazza Cairoli 1, ℡ 0732-250088, 📠 0732-251635, www.trattoriamarchegiana.it.

**≫ Mein Tipp:** Il Centro – Ristorante & Pizzeria **3**, eine wirklich nette Kleinstadtpizzeria, in der sich Fabriano abends trifft, entsprechend lebhaft geht es hier zu. Schlichte, moderne Einrichtung, nette, junge Bedienung, leckere Pizza aus dem Holzofen, wir probierten außerdem das sehr gu-

te *Antipasto del Centro* (11 €), auch die Pastagerichte sind durchwegs empfehlenswert. Günstig. Mittags und abends geöffnet, Pizza auch mittags, Di Ruhetag. Piazza Garibaldi 56, ℡ 0732-880344. ≪

Essen kann man übrigens auch in der **Markthalle** gleich neben „Il Centro" an der Piazza Garibaldi.

**Nachtleben** *Place to be* für alle unter 25 ist zurzeit die **Vineria-Bar EhNò** im Torbogen an der Piazza del Comune. Schon zum Aperitivo jede Menge Leute auf der Straße. Auch Live-Bands. Di–Sa 18–2 Uhr geöffnet. Corso della Repubblica 36, ℡ 0732-24554.

## Sehenswertes

**Museo della Carta e della Filigrana**: Das Papier- und Wasserzeichenmuseum der Stadt ist am Rand der Altstadt im ehemaligen Kloster San Domenico aus dem 15. Jh. untergebracht. Ein Besuch ist unbedingt lohnenswert, schließlich wird man ausführlich in das traditionelle Handwerk der Herstellung edlen Papiers eingeweiht, darüber hinaus sind zahlreiche Dokumente zu besichtigen, die eindrucksvoll die Bedeutung Fabrianos als alte „Papierhauptstadt" Europas belegen.

Ein Rundgang führt im Erdgeschoss des Klostergebäudes zunächst zur mittelalterlichen Papierproduktion. Im Zuge einer Führung bekommt man den gesamten Herstellungsablauf eines handgeschöpften Papierbogens zu sehen, angefangen von der Papiermühle. Zur Illustration für die Besucher wird aus einem großen Bottich geschöpft, bevor der fertige Bogen gepresst und aufgehängt wird. Auch die modernere Technik der Papierbearbeitung in einer 120 °C heißen Trockenmaschine wird vorgeführt.

Im ersten Stock des Museum widmet man sich vorwiegend dem Wasserzeichen. Ausgestellt sind unglaublich filigrane Rahmen (Vorlagen) für die – fast fälschungssicheren – Wasserzeichen verschiedener Königshäuser, des Vatikans, aber auch diverser Bankhäuser. Letztlich diente das Wasserzeichen auch als Prestigeobjekt.

**Anfahrt** Das Museum liegt am Largo Spacca, nur wenige Schritte vom Zentrum, hier kann man auch parken.

**Öffnungszeiten/Eintritt** Im Sommer Di–So 10–13 und 14.30–19.30 Uhr, im April/Mai 9.30–13.30 und 14.30–18.30 Uhr, in den Wintermonaten 9–13 und 14.30–18.30 Uhr. Eintritt 5,90 €, Kinder unter 6 J. frei, Kinder/Jugendliche 6–18 J. 3,60 €, Familienkarte 15,60 €, Studenten und Rentner 4,70 €.

Die Besichtigung des Museums kann im Rahmen einer kostenlosen Führung (in ital./engl. Sprache, ca. 75 Min., im Eintrittspreis inbegriffen) erfolgen, die Führungen starteten zuletzt um 10, 11, 11.45, 15, 16 und 17 Uhr. Wer gerne auf Deutsch geführt werden möchte, sollte vorher unter ℡ 0732-22334 oder 0732-709238 einen Termin vereinbaren. www.museodellacarta.com.

**Piazza Umberto I Savoia**: Der ruhige Platz oberhalb der Piazza del Comune ist einer der ältesten der Stadt, auch wenn nichts mehr darauf hindeutet: Das ehemalige *Ospedale della Madonna del Buon Gesù* stammt aus dem Jahr 1456, hier befindet sich auch die *Pinacoteca Civica „Bruno Molajoli"*. Die *Cattedrale San Venanzio* gegenüber geht zwar auf einen Bau aus dem 14. Jh. zurück, wurde aber im 17. Jh.

grundlegend umgestaltet, nur die Apsis erinnert noch an den Ursprungsbau. Im Inneren sind u. a. Fresken von Orazio Gentileschi (1563–1639), dem späteren Hofmaler Karls I. von England, und von Allegretto Nuzi zu sehen.

**Pinacoteca Civica „Bruno Molajoli":** Die städtische Kunstgalerie wurde 1862 im Gebäude der Kirche *Santa Maria del Buon Gesù* gegründet und beherbergte ursprünglich flämische Wandteppiche und Gemälde der „Fabrianer Schule" aus dem 14. Jh. Anfang der 1990er-Jahre wurde die Galerie restauriert und nach Bruno Molajoli, einem verdienten Fabrianer Bürger, benannt. Bei dem schweren Erdbeben 1997 wurden die Räumlichkeiten zerstört, nicht aber die Kunstwerke, die bis 2006 ausgelagert worden waren. Seit der Neueröffnung in der wieder aufgebauten Kirche sind neben den genannten Werken Gemälde und Fresken aus dem 13.–15. Jh. zu sehen, u. a. von *Allegretto Nuzi* und *Antonio da Fabriano*.

Di–So 10–13 und 16–19 Uhr, Mo geschl. Eintritt 4,20 €, unter 18 J. 2,10 €, über 65 J. 2,60 €. Via del Poio 18 (im Zentrum), ✆/✉ 0732-250658, www.pinacotecafabriano.it.

Im Papiermuseum

**Museo della Farmacia „Mazzolini Giuseppucci":** Wer an der Pizza del Comune im Zentrum unterwegs ist, sollte es nicht versäumen, einen Blick in dieses kleine Museum gleich beim Torbogen zu werfen: Hier befindet sich eine originalgetreu wiederhergestellte „Antica Farmacia" aus dem 19. Jh. Sehenswert.

Di–So 10–13 und 16.30–20 Uhr, Eintritt frei. Corso della Repubblica 33/A.

# Sassoferrato
ca. 7600 Einwohner

**Die beiden Stadtteile Borgo und Castello könnten kaum gegensätzlicher sein: der Borgo (unten) ein moderner und hektischer Marktfleck, im mittelalterlichen Castello (oben) dagegen viel Ruhe.**

Der Ort am Fluss Sentino war einst eine römische Siedlung (Ausgrabungsgelände am Ortsrand). Im Jahr 295 v. Chr. trug sich hier die entscheidende *Schlacht von Sentino* zu, bei der die Römer Gallier und Samniten besiegten, um sich danach ungehindert in Mittelitalien ausbreiten zu können. Später hatten hier die Familien Malatesta und Montefeltro das Sagen, dann wurde Sassoferrato dem Kirchenstaat zugeschlagen, aber das ist in der Geschichte der Region ja nichts Außergewöhnliches. Kardinal Egidio d'Albornoz ließ 1368 die Rocca bauen, im 17. Jh. brachte Sassoferrato mit Gian Battista Salvi (auch *Sassoferrato* genannt) einen bedeutenden Maler hervor – das war's dann auch schon an prägnanten geschichtlichen Daten.

Wer die verkehrsreiche Unterstadt verlässt, gelangt über eine steile Straße hinauf zum Castello, hier befinden sich auch die einzigen Sehenswürdigkeiten von Sassoferrato (sieht man einmal von den Überresten des römischen Sentinum ab, s. u.): Gleich am Eingang des oberen Stadtteils steht die gotische *Chiesa di San Francesco* aus dem 13./14. Jh., in deren Innerem Fresken von Malern der „Schule von Fabriano" zu sehen sind. Nur wenige Meter weiter gelangt man zur zentralen Piazza Matteotti (Parkplatz) mit Bogengängen und dem *Palazzo dei Priori* aus dem 14. Jh., der heute das *Museo Archeologico* und die Gemäldesammlung *Civica Raccolta d'Arte* beherbergt (Di–Sa 9–12.30 Uhr, Di/Do 16–18 Uhr, im Sommer auch Sa/So 16–19 Uhr). Von der Piazza sind es nur wenige Schritte zu den Überresten der *Rocca di Albornoz* (nicht zugänglich) mit nettem kleinem Park.

Das relativ kleine Ausgrabungsgelände *Area Archeologica Sentinum* liegt ca. 2 km südlich von Sassoferrato an der Straße nach Fabriano auf der linken Seite. Zu sehen sind noch Teile römischer Straßen und Überreste einiger Häuser – nichts, was darauf hinweisen würde, dass hier eine berühmte und wichtige Schlacht gegen die Gallier gewonnen wurde, die den territorialen Expansionsbestrebungen Roms den Weg ebnete.

Zuletzt im Sommer Mo–Fr 8.30–12.30 Uhr, Mo/Mi auch 15–17 Uhr, Eintritt frei. Infos zu aktuellen Öffnungszeiten beim Ufficio Turistico, → unten).

Wer sich für Kirchenkunst interessiert, dem sei ein Abstecher zur etwa 2 km entfernten romanischen *Chiesa Santa Croce* (den Fluss Sentino überqueren) aus dem frühen 12. Jh. empfohlen. Die Bausubstanz dieser von Kamaldulensermönchen erbauten Kirche stammt aus den Überresten des nahe gelegenen Sentinum (nur im Sommer Sa/So 16–19 Uhr, ansonsten nach Voranmeldung unter ✆ 333-4211899).

**Information**   Ufficio Informazioni an der Piazza Matteotti 1 (Castello); Mo, Mi und Fr 9–12 Uhr und Di/Do 16–19 Uhr, ✆/📠 0732-96504 oder 0732-956231, www.sassoferratoturismo.it.

**Verbindungen**   Busse fahren in Castello ab der Piazza Matteotti, in Borgo ab der Piazza Bartolo, Fahrpläne hängen aus, Tickets in der Edicola oder im Bus. 5x tägl. nach Fabriano, 4x Arcévia, 3x die Route Arcévia – Senigallia – Ancona, 2x Pergola, 1x Genga, 1x Jesi. Außerdem etwa 10x tägl. **Stadtbusse** zwischen Borgo und Castello.

**Züge** fahren jeweils 2x tägl. nach Fabriano und Pergola.

**Markt**   Von Mai bis August findet am letzten Samstag im Monat von 19 bis 24 Uhr in Sassoferrato Castello der **Mercantino d'altri Tempi** statt, ein Trödel- und Antiquitätenmarkt.

**Übernachten**   **》》》 Mein Tipp:** Vicolo Santa Chiara, wunderschöne Lage in einem historischen Gebäude oben in Castello (Eckhaus an der Piazza Matteotti), erst 2008 eröffnet. Es gibt zwei geschmackvoll eingerichtete Appartements für bis zu 4 Pers. zu mieten, eines mit herrlicher Terrasse und Blick auf die Piazza. Die freundliche Besitzerin wohnt einige Häuser weiter und stellt den Gästen ihre leckeren, selbst gemachten *dolci* auf den Tisch. Für eine Pers. 55–65 €, 2 Pers. 70–80 €, 3 Pers. 90–105 €, 4 Pers. 112–120 € pro Tag, auch wochenweise zu mieten. Vicolo Santa Chiara 1, 60041 Sassoferrato Castello (AN), ✆ 328-2051370, 📠 0732-9119, info@vicolosantachiara.it, www.vicolosantachiara.it. 《《《

**Essen & Trinken**   La Taverna di Bartolo, an der Piazza Matteotti in Castello, nett in Weiß hergerichtetes Restaurant, mit Glasveranda. Täglich mittags geöffnet, Fr–So auch abends geöffnet, Mo geschlossen. Piazza Matteotti 7/9, ✆ 0732-958067.

La Rocca, Ristorante und Pizzeria bei der Festung, rustikales Ambiente, mit geräumiger Terrasse. Nur abends geöffnet, Mo geschlossen. In Castello vom Parkplatz durch das Stadttor und gleich rechts steil hinauf. Via Cardinale Albornoz 3, ✆ 0732-95444.

Einfachere Lokale findet man in Borgo an und um die Via Cavour; in Castello gibt es außerdem die **Bar Castello** im Erdgeschoss des Palazzo dei Priori an der Piazza Matteotti.

# Arcévia

ca. 4900 Einwohner

Der ruhige Ort auf 535 m Höhe war im 16. Jh. eine wichtige Bastion des Kirchenstaates – ein geschlossenes, harmonisches Stadtbild mit vier alten Stadttoren. Von hier genießt man eine herrliche Aussicht: An einigermaßen klaren Tagen reicht der Blick bis zur Küste.

Das Centro Storico wird der Länge nach vom Corso Mazzini durchzogen, etwa in der Mitte befindet sich die kleine Piazza Garibaldi mit dem *Palazzo Municipale* und zwei Cafés. Auffälligstes Bauwerk und wichtigste Sehenswürdigkeit von Arcévia ist die mächtige *Collegiata di San Medardo*, in deren Innerem man Werke von Luca Signorelli und den Brüdern della Robbia bewundern kann (unregelmäßige Öffnungszeiten). Folgt man dem Corso Mazzini bis zu seinem südwestlichen Ende, gelangt man zum kleinen *Giardino G. Leopardi* mit diversen Aussichtspunkten. Im Sommer zieht es viele Tagesausflügler aus den Badeorten nach Arcévia.

**Information** Ufficio Turistico di Arcévia, Corso Mazzini 64, im Centro Culturale San Francesco, einem ehemaligen Kloster mit schönem Kreuzgang. Dort befindet sich auch das archäologische Museum, Öffnungszeiten jeweils Mo 9–13 Uhr, Di–Fr 9–13 und 15–19 Uhr, Mi nur 15–18 Uhr, Sa/So 10.30–12.30 und 16.30–19.30 Uhr. ✆ 0731-984561, ✆ 0731-9899226, www.arceviaweb.it. Im Sommer gibt es auch ein **Pro Loco** an der Piazza Garibaldi.

**Verbindungen** Busse 8x tägl. nach Senigallia, 1x über Jesi nach Ancona, 3x Sassoferrato. Abfahrt an der Piazza Garibaldi, Tickets in der Bar Centrale an der Piazza.

**Essen & Trinken** Osteria Pinocchio, regionale Küche zu vernünftigen Preisen (Menü um 20 €), guter Service, angenehmes Ambiente in kühlem Gemäuer (bei der Collegiata). Mittags und abends geöffnet, Mi geschlossen. Via Ramazzani 8, ✆ 0731-97288.

**Die Provinz Ancona** Karte → S. 154/155

# Genga

ca. 1900 Einwohner

Der ruhige, gut erhaltene mittelalterliche Ort mit Stadtmauern und Stadttor liegt wie eine wehrhafte, kleine Festung auf einer Anhöhe östlich von Sassoferrato und am nördlichen Rand der Gola di Frasassi. Berühmtester Sohn des Ortes ist Annibale della Genga, der von 1823 bis 1829 als Papst Leo XII. in die Geschichte einging. Er entstammte der hier über Jahrhunderte herrschenden Familie der Grafen von Genga. Einen besonderen Akzent im auch ansonsten sehenswerten Ortsbild setzt die mittelalterliche *Chiesa San Clemente*, die erstmals im 11. Jh. erwähnt wurde. Als Kirche wurde sie aufgegeben und beherbergt heute eine Ausstellung zu Papst Leo XII., außerdem ein Tryptichon von Antonio da Fabriano aus dem 15. Jh.

Im Palazzo Pubblico des sehenswerten Ortes ist heute das **Museo di Genga – Arte & Storia del Territorio** untergebracht: Zu sehen sind u. a. Werke aus der Kirche San Clemente, darunter ein weiteres Triptychon von Antonio da Fabriano und ein kostbares Gewand von Annibale della Genga, dem späteren Papst.

15.3.–31.10. tägl. 11–13 und 14–18 Uhr geöffnet, 1.11.–14.3. Mo–Fr15–18 sowie Sa/So 11–13 und 14–18 Uhr. Eintritt 4 €, ermäßigt 2 €. ✆ 0732-90090 oder 0732–90080.

**Essen & Trinken** Ristorante La Locanda del Papa, Ritterrüstung am Eingang, an der Wand hängt eine Kopie der lächelnden Mona Lisa, rustikales Restaurant im Gewölbe. Nett gemacht und beliebt, gute Regionalküche, mittleres Preisniveau. Mi–So abends geöffnet, Di, Do, Sa und So auch mittags, Mo geschlossen. In Genga nicht zu verfehlen. ✆ 0732-973324 oder 331–7948679.

**Übernachten/Außerhalb**
**** Hotel & Spa Le Grotte, ganz neues Hotel mit gehobenem Restaurant, modernstem Wellness-Bereich mit entsprechend großem Angebot und nettem Pool samt

Felsgrotte im Garten, viel Grün, abgeschieden und ruhig. Einige Zimmer auch barrierefrei. WI-FI kostenlos. Für das Gebotene nicht zu teuer: EZ 75 €, DZ 110 €, Frühstück inkl., Halbpension zusätzlich 20 € pro Pers. und Tag. Ganzjährig geöffnet, das Restaurant ist im Januar geschlossen. An-

*fahrt*: von Genga kommend Richtung Gola di Frasassi, noch vor der Schlucht rechts ab in das Dörfchen Pontebovesecco, hier gleich auf der rechten Seite, nicht zu übersehen. Loc. Pontebovesecco 14, 60040 Genga (AN), ☎ 0732-973035, ✆ 0732-972023, info@hotellegrotte.it, www.hotellegrotte.it.

# Gola di Frasassi

Die Schlucht mit den gleichnamigen Höhlen verläuft auf 2 km Länge zwischen fast senkrecht aufragenden Kalkfelsen. Die Straße führt in der engen Gola di Frasassi am Fluss Sentino entlang, einige Parkbuchten und Rastplätze laden zum Stopp ein. Bevor man sich in den Trubel um die berühmten Frasassi-Höhlen stürzt (am südwestlichen Ausgang der Schlucht ist die Hölle los), lohnt unbedingt ein kurzer Abstecher zur *Grotta del Santuario* (am nördlichen Eingang der Schlucht, beschildert), in der Giuseppe Valadier im Auftrag von Papst Leo XII. im Jahr 1828 einen

Blick in die Gola

oktogonalen Tempel aus Travertinstein bauen ließ, das *Santuario Madonna di Frasassi*. Parkplatz am nördlichen Eingang zur Schlucht, dann steil links hinauf auf einem gepflasterten Kreuzweg, ca. 20 anstrengende Gehminuten, am Tempel selbst gibt es zwei kleine Höhlen und jede Menge Fledermäuse. Ganztägig geöffnet, Eintritt frei.

Zusammen mit der nordöstlich anschließenden Gola della Rossa (→ S. 205) bildet die Gola di Frasassi das rund 10.000 ha große Naturschutzgebiet *Parco Naturale Regionale Gola della Rossa e di Frasassi*, der vor allem Greifvögeln wie Adlern, Milanen und Falken als Lebensraum dient.

## San Vittore Terme/ San Vittore delle Chiuse

Der kleine Thermalort San Vittore Terme am südwestlichen Ausgang der Gola di Frasassi besteht nur aus wenigen Häusern, darunter zwei Restaurants und zwei Bars. Hauptattraktion ist die beeindruckende romanische Kirche *San Vittore delle Chiuse* (an der Straße) aus dem frühen 11. Jh., die als eine der wichtigsten romanischen Kirchenbauten der gesamten Region gilt. Der schlichte rechteckige Bau mit drei Apsiden weist auch byzantinische Einflüsse auf, wesentlich später erst wurde der wuchtige Campanile angebaut. Neben der Kirche zeigt das kleine *Museo speleopaleontologico* prähistorische Funde.

Die **Kirche** ist tägl. von 9–19 Uhr durchgehend geöffnet, im Winter abends kürzer, So 9.30 Uhr Messe. Das **Museum** ist vom 15.3. bis 31.10. tägl. 11–13 und 14–18 Uhr geöffnet, im Winter Mo–Fr 15–18 sowie Sa/So 11–13 und 14–18 Uhr. Eintritt 4 €, ermäßigt 2 €.

# Grotte di Frasassi

Italien bietet bekanntermaßen viele großartige Sehenswürdigkeiten. Wenn es dabei ausnahmsweise mal nicht um Kunst und Kultur geht, stehen die Höhlen von Frasassi ganz oben auf der Besichtigungsliste – es handelt sich um das größte zugängliche Höhlensystem des Landes.

Entsprechend viele Schulklassen und andere Ausflugsgruppen sind anzutreffen, der Andrang ist enorm. Der Parkplatz samt unzähliger Souvenirstände, bis vor einigen Jahren noch nahe dem Höhleneingang bei San Vittore delle Chiuse gelegen, platzte aus allen Nähten und wurde auf ein riesiges Areal am Bahnhof von Genga Stazione verlegt. Hier dominieren Fastfood, Ferrari-Fahnen, Inter- und AC-Mailand-Trikots, dazwischen Bleikristall und Höhlensouvenirs, aber auch Popcorn, Gelato und allerlei Ramsch – man hofft auf Kaufwillige, die die Wartezeit bis zur Höhlenbesichtigung irgendwie überbrücken müssen.

Wer es dann – mit dem Shuttle-Bus – bis zur wuchtigen Eingangstür und in den Stollengang zu den Grotten geschafft hat, weiß auch gleich, warum er Rummel und Wartezeiten auf sich genommen hat. Dem Besucher eröffnet sich eine riesige Halle, bei deren Anblick es einem die Sprache verschlägt: der *Abisso Ancona* (Abgrund von Ancona), mit einer Länge von 180 m, einer Breite von 120 m und rund 200 m Höhe ist die größte bekannte Tropfsteinhöhle Europas! Hier wäre, so hat man errechnet, der Mailänder Dom bequem unterzubringen, und an der höchsten Stelle gäbe es sogar ausreichend Platz für den Eiffelturm. Die Ausmaße sind einfach gigantisch. Doch damit nicht genug, den Besucher erwartet eine Wunderlandschaft aus teilweise riesigen Stalaktiten und Stalagmiten (die *Giganti* z. B. sind über 20 m hoch und haben einen Durchmesser von über 5 m), viele präsentieren sich in wunderschönen Formationen, die über die Jahrtausende zu wahren Kunstwerken getropft sind – und es tropft weiter.

Entdeckt wurde die *Grotta Grande del Vento*, wie das gesamte Höhlensystem von etwa 18 km Länge genannt wird, 1971 durch einen Zufall. Kletterer des italienischen Alpenvereins (CAI) waren in der Gola di Frasassi unterwegs und stießen auf einen Felsspalt. Nach einem schmalen Durchgang gelangten sie zunächst in den sog. „Thronsaal" und blickten von dort in einen Abgrund, der so tief war, dass er mit normalen Lampen nicht ausgeleuchtet werden konnte: den *Abisso Ancona*. Die systematische Erforschung der Höhlen erfolgte zügig in den nächsten Jahren, seit 1974 sind die *Grotte di Frasassi* der Öffentlichkeit zugänglich und eine der größten Touristenattraktionen der Region. Seit der Eröffnung haben über zehn Millionen Menschen die Höhlen besichtigt.

Höhlenkundler gehen davon aus, dass das verzweigte Höhlensystem mit unzähligen Stalagmiten, Stalaktiten und Stalagnaten (zu Säulen zusammengewachsene Stalagmiten und Stalaktiten) vor etwa eineinhalb Millionen Jahren zu entstehen begann. Durch das Zusammentreffen des mineralhaltigen Wassers des Sentino mit dem heißen und schwefelhaltigen Wasser der unterirdischen Quellen, die hier be-

Die Provinz Ancona Karte → S. 154/155

Thront über der Schlucht: das Santuario Madonna di Frasassi

reits erste Höhlen entstehen ließen, kam es zu einer außergewöhnlichen Erosion des Kalksteins. Jeder Tropfen, der durch die Höhle rann, hinterließ winzige Mineralablagerungen, die mit der Geduld von Jahrtausenden zu Formationen gewachsen sind, die wohl keinen Besucher unbeeindruckt lassen.

Im Rahmen einer geführten Besichtigung sind dem „normalen" Höhlentouristen etwa 1,5 km des unterirdischen Labyrinths zugänglich. Die *Grüne Route* (Standardbesichtigung) führt – auf befestigten Wegen – durch den *Abisso Ancona* und dort zum *Lago Cristallizzato*, einem wie zugefroren wirkenden See mit einzigartigem Lichtspiel auf der Oberfläche. An den *Giganti* (hier auch der riesige weiße, in der Bewegung erstarrte Wasserfall *Niagara*) vorbei gelangt man zur *Grotte 200* (benannt nach ihrer Länge) mit bizarren Skulpturen wie dem „Hexenschloss" oder dem „Dromedar". Im Laufe der weiteren Besichtigung sieht man noch unzählige Figuren, Kristallblumenfelder, Tropfsteinwälder, Tiere, Monster und Fabelwesen. Besonders sehenswert ist auch die *Sala delle Candeline* (Kerzengrotte) – wie in einer Kathedrale sind hier unzählige Kerzen „aufgestellt".

Die *Grüne Route* kann man in etwa 70 Min. bewältigen, insgesamt werden bis zu 70 Personen auf einmal durch die Höhlen geführt. Die *Blaue Route* entspricht im Wesentlichen der *Grünen Route*, wird allerdings um die Besichtigung des „Finnland-Saals" erweitert (ca. 2 Stunden Gesamtdauer), die *Rote Route* (ca. 3 Stunden) wird als anspruchsvoll eingestuft und führt (wiederum von der *Grünen Route* ausgehend) zum „Elefanten". Nähere Informationen zu diesen beiden Routen erhalten Sie beim Ticketverkauf (→ unten). **Achtung**: Bei einer konstanten Temperatur von 14 °C sollte man lange Hosen, Jacke oder Pullover nicht vergessen!

**Verbindungen**  Zug von Genga Stazione (2 km von den Höhlen, neben dem großen Parkplatz/Ticketverkauf) ca. 10x tägl. nach Ancona und Fabriano, 3x fährt der Zug weiter nach Rom.

**Busse** lediglich 2x tägl. nach Fabriano, 3x Sassoferrato (Haltestelle beim Hotel Frasassi Le Grotte in der Hauptdurchgangsstraße von Genga Stazione); vom nahe gelegenen Parkplatz/Ticketverkauf **Shuttle-Bus** zu den Höhlen.

**Ticketverkauf/Information** Riesiger gebührenpflichtiger Parkplatz (3 €, ab 14 Uhr 1 €) mit Biglietteria am südwestlichen Ausgang der Schlucht, hier erhält man auch Informationen zur Höhlenbesichtigung sowie eine Broschüre in deutscher Sprache. Von hier wird man mit dem kostenlosen **Shuttle-Bus** zu den Höhlen gebracht (am Höhleneingang gibt es **keinerlei Parkmöglichkeit!**). Am besten morgens kommen, ansonsten immenser Andrang (Wochenenden sollte man grundsätzlich meiden), rechnen Sie zumindest im Sommer mit langen Warteschlangen. Informationen auch unter ✆ 800-166250 oder 0732-90090, www.frasassi.com.

Hier am Parkplatz gibt es auch einen Infopoint mit Kartenmaterial und Wandervorschlägen zum **Parco Regionale della Gola della Rossa e di Frasassi**, der das umliegende Gebiet umfasst, www.parcogolarossa.it.

**Öffnungszeiten/Eintritt** Die Höhlen sind tägl. 10–18 Uhr zu besichtigen (außer 4. und 25.12., Neujahr sowie vom 10. bis 30.1.): Im August Einlass alle 10 Min., März–Oktober Einlass jeweils zur vollen Stunde, angemeldete Gruppen auch zwischendurch. Im Winter Einlass um 11.30 und um 15.30 Uhr, Sa 11.30, 14.30 und 16.30 Uhr, So 10–17 Uhr zur vollen Stunde. Vom 1.5. bis 31.10. werden auch **deutschsprachige Führungen** angeboten. Eintritt 15,50 €, 6–14 J. 12 €, Rentner über 65 J. 13,50 €, Kinder unter 6 J. frei, die Führung ist jeweils im Preis inbegriffen. Im Sommer sollte man Tickets reservieren unter ✆ 800-166250, ✆ 0732-90090 bzw. ✆ 0732-90080 oder viel Zeit und Geduld mitbringen. Darüber hinaus werden spezielle Führungen für 35–45 € (*Blaue Route* und *Rote Route*) angeboten, Infos hierzu unter ✆ 0732-97211, www.frasassi.com, Tickets können auch online gekauft werden.

# Im Val d'Esino Richtung Küste

Die Provinz Ancona Karte → S. 154/155

Wer es nicht ganz so eilig hat, dem empfehlen wir von Genga Stazione die alte Straße (Achtung: schlechter Belag) durch die eindrucksvolle Schlucht *Gola della Rossa* und vorbei an zwei mächtigen Steinbrüchen. In Genga der Beschilderung Richtung Falcioni folgen.

Nach der *Gola della Rossa* weitet sich das Val d'Esino bald in östliche Richtung zur Küste. Auf der gut ausgebauten SS 76 – meist am Fluss entlang – sind es nur rund 30 km vom südwestlichen Ausgang der *Gola di Frasassi* nach **Jesi**. Dazwischen laden beiderseits des Tales beschauliche und sehenswerte Orte wie **Serra San Quirico** sowie – etwas abseits – **Cupramontana** zur Erkundung ein. Wer sich mit Wein eindecken möchte, kann es außer in Cupramontana auch in den Cantine in und um **Montecarotto** und **Stàffolo** versuchen. Unbedingt lohnend ist auch ein etwas weiterer Abstecher nach **Cingoli** (Provinz Macerata, → S. 230). Flussabwärts am Esino entlang wird die Landschaft immer lieblicher, bald ist man wieder im typischen Hügelland der Marken, das hier hauptsächlich vom Weinbau geprägt ist: In der Gegend um Jesi wird der *Verdicchio dei Castelli di Jesi*, der wohl bekannteste Wein der Marken, angebaut.

## Serra San Quirico                                ca. 3000 Einwohner

Aus Platzmangel baute man im Mittelalter in diesem einheitlich graubraunen Ort am östlichen Ausgang der Gola della Rossa auch auf den Stadtmauern; eine weitere Eigenart von Serra San Quirico sind die überbauten schmalen Gässchen, auch *Copertelle* genannt, die dem Ort einen ganz eigenen Charakter verleihen. Gut erhalten ist auch der Verteidigungsturm *Cassero*. In Serra San Quirico gibt es ein Kartenmuseum *(Cartoteca Storica Regionale)* mit einer Sammlung alter Landkarten, die ältesten stammen aus dem 12. Jh.

Das Kartenmuseum ist in der Hochsaison Fr–So 17–20 Uhr, Sa auch 21–23 Uhr geöffnet, in der Nebensaison nur So 10.30–12.30 und 15.30–18.30 Uhr. Eintritt 2 €, erm. 1,50 €, Familienticket 5 €. Via Marcellini 72 (Complesso S. Lucia), ✆ 800-439392 oder 0731/86122.

Grau in Grau mit Wäsche dran:
Serra San Quirico

**Übernachten/Essen**　La Pianella, viel gelobtes und sehr beliebtes Restaurant oberhalb von Serra San Quirico an der Strada Provincial (SP 14). Berühmt für Wild und Kräuter, uriges Ambiente, schnörkellose Küche, guter Wein. Degustationsmenü 45 €, ansonsten um 30–35 €. Mittags und abends geöffnet, Mo geschlossen, in den Wintermonaten auch Sonntagabend. Via Gramsci, ✆ 0731-880054.

**Ristorante Le Copertelle**, mit Zimmervermietung, im historischen Zentrum von Serra San Quirico (unweit der Piazza). Bodenständige Küche, die Preise bewegen sich im mittleren Rahmen, das gilt auch für die Weinkarte. Restaurant mittags und abends geöffnet, Di geschlossen. Das einfache DZ mit Bad kostet ca. 70 €. Via Leopardi 3/a, 60048 Serra San Quirico (AN), ✆ 0731-86691, info@lecopertelle.com, www.lecopertelle.com.

## Cupramontana
ca. 4900 Einwohner

Das Städtchen auf einem Hügel rechts des Esino ist eines der wichtigsten Weinzentren der Provinz. Alljährlich in der ersten Oktoberwoche findet hier die *Sagra dell'Uva* (Weinfest) statt. Im Zentrum kann man die Kollegiatskirche aus dem 13. Jh. besichtigen. Von Cupramontana auf 506 m Höhe bietet sich ein schöner Blick auf das Umland.

Unbedingt einen Besuch wert ist in Cupramontana das originelle *Museo Internazionale delle Etichette del Vino* (Weinetikettenmuseum) im *Palazzo Leoni* im Zentrum. Die Sammlung an sehenswerten Etiketten aus aller Welt umfasst an die 100.000 Ausstellungsstücke aus der Zeit von 1800 bis heute.

Das Weinetikettenmuseum hat im Juli/August Fr–So 17–20 Uhr, Samstagabend auch 21–23 Uhr geöffnet, sonst nur Sa/So 15–19 Uhr. Eintritt 2 €, ermäßigt 1,50 €, Familien 5 €. ✆ 0731-781262, Corso Leopardi 62.

### Abbazia Sant'Urbano all'Esinante

Ungefähr 8 km südwestlich von Cupramontana liegt im lieblichen Tal des Flüsschens Esinante in völliger Abgeschiedenheit die Abbazia Sant'Urbano aus dem 11. Jh. Von außen schlicht, mit drei romanischen Apsiden als Blickfang, birgt sie im Inneren u. a. eine sehenswerte Krypta. Neben der Kirche liegt ein Picknickplatz. Der Parkplatz ist auch Ausgangspunkt für Wanderungen in dieser einsamen Gegend.

Wer die Kirche besichtigen will, muss längerfristig planen: Mit einem Vorlauf von etwas über einer Woche muss man sich an die Gemeindeverwaltung von Apiro wenden, ✆ 0733-11131.

Jesi – die mächtige Stadtmauer

Die Provinz Ancona
Karte → S. 154/155

# Jesi

ca. 40.500 Einwohner

**Das wirtschaftliche Zentrum der Gegend bietet innerhalb seiner gut erhaltenen und mächtigen Stadtmauern ein hübsches Centro Storico, das zum ziellosen Bummeln einlädt. Untrennbar mit Jesi ist der „Verdicchio dei Castelli di Jesi" verbunden, einer der bekanntesten Weine Italiens.**

Ein wenig unterhalb der Altstadt (Jesi liegt auf nur 97 m Höhe) befindet sich das Industriegebiet des Ortes: überwiegend Maschinenbau und Holzverarbeitung. Die Bewohner der Stadt sollen übrigens besonders fleißige und strebsame Menschen sein, sodass man Jesi den Beinamen „Milano delle Marche" gegeben hat.

Die von vielen Renaissancebauten geprägte Altstadt erstreckt sich lang auf einem Hügel nördlich des Esino. Das Herz der Stadt schlägt an der Piazza della Repubblica mit dem berühmten *Teatro Pergolesi* (1796). Von hier geht es durch einen dunklen Torbogen in nordöstliche Richtung in die quasi autofreie Via Pergolesi und zur geschichtsträchtigen Piazza Federico II. In Gegenrichtung führt die Hauptachse und wichtigste Einkaufsstraße der Stadt, der *Corso Matteotti*, zum *Arco Clementino* am südwestlichen Ende des Centro storico. Der Torbogen stammt aus dem Jahr 1734 und ist Papst Clemens XII. gewidmet.

Nicht nur in wirtschaftlicher, auch in kultureller Hinsicht ist Jesi eines der Zentren in der Provinz Ancona. Seit 1967 findet in der Stadt alljährlich von September bis Anfang Dezember die *Stagione Lirica* statt, die zu Ehren von Giovanni Battista Pergolesi, einem der berühmtesten Söhne der Stadt, ins Leben gerufen wurde. Pergolesi, bedeutender Opernkomponist des 18. Jh., wurde 1710 in Jesi geboren und starb im Alter von nur 26 Jahren bei Neapel. Er gilt als Wegbereiter der *Opera buffa*.

Il Leone –
das Wahrzeichen von Jesi

## Geschichte

Jesi ist eine der ältesten Ansiedlungen des Gebietes und geht vermutlich auf umbrische oder picenische Ursprünge zurück. 247 v. Chr. wurde das antike *Aesis* zur wirtschaftlich bedeutenden römischen Kolonie, auf der heutigen Piazza Federico II befand sich das römische Forum. Im 6. und 7. Jh. war Jesi byzantinisch, dann kamen die Goten und Langobarden und machten alles dem Erdboden gleich. Lange nach dem Wiederaufbau wurde Jesi im 12. Jh. freie Stadt.

In den Auseinandersetzungen zwischen Guelfen und Ghibellinen spielte Jesi eine wichtige Rolle, zu jener Zeit im 14. Jh. entstand auch die noch gut erhaltene Stadtmauer mit mächtigen Bastionen. Noch im gleichen Jahrhundert geriet die Stadt in den Herrschaftsbereich der Malatesta, ging dann an die Sforza und ab 1517 an die Montefeltro aus Urbino. 1586 wurde Jesi dann vom Kirchenstaat übernommen, der hier – bis auf ein kurzes napoleonisches Zwischenspiel – bis zur Einigung Italiens das Sagen hatte.

### Die öffentliche Geburt

Eigentlich war Konstanze zu alt zum Kinderkriegen – unwahrscheinlich, dass die Gattin von Heinrich VI. (Sohn des berühmten Friedrich Barbarossa) mit 42 Jahren ihrem Mann noch einen Stammhalter würde schenken können. Die Echtheit ihrer Schwangerschaft (und somit die Legitimität des Nachfolgers) jedenfalls wurde angezweifelt, Konstanze sah sich in Bringschuld und ließ für die Geburt kurzerhand ein Zelt auf der heutigen Piazza Federico II aufstellen. Am 26. Dezember 1194 gebar sie in aller Öffentlichkeit ihren ersten und einzigen Sohn, keinen Geringeren als Friedrich II. von Hohenstaufen, später König von Sizilien und ab 1220 Kaiser des Römischen Reiches.

Friedrich II., der immer wieder mit der Kirche im Zwist lag und von Papst Gregor IX. gleich zweimal mit dem Kirchenbann geächtet wurde, ging auch als politischer Reformer und Feingeist in die Geschichte ein. In seinem süditalienischen „Modellstaat" (Sizilien und Apulien) sorgte er für die Schaffung effektiver Verwaltungsstrukturen, sodass eine fast modern anmutender Beamtenstaat entstand. Dokumentiert ist ein umfangreicher Schriftwechsel mit arabischen Gelehrten, darüber hinaus verfasste Friedrich eine Abhandlung über die Falkenjagd und Gedichte in sizilianischem Dialekt. Unter seiner Herrschaft entstanden in Apulien zahlreiche Burgen und Kastelle, von denen das *Castel del Monte* sicherlich das berühmteste ist. Friedrich II. starb am 13. Dezember 1250 in Fiorento (Apulien).

## Basis-Infos

**Information** Ufficio Turismo im Zentrum an der Piazza della Repubblica. Freundlich und hilfsbereit, umfangreiches Infomaterial, Juni–September tägl. 10–18 Uhr geöffnet, sonst Di–Sa 10–13 und 15–18 Uhr, So 10–13 Uhr, Mo geschlossen. Piazza della Repubblica 9, 60035 Jesi (AN), ℘ 0731-538420, ℘ 0731-538512, turismo@comune.jesi.an.it, www.tursimojesi.it oder www.comune. jesi.an.it.

**Verbindungen** Jesi liegt an der Strecke Ancona – Fabriano – Rom, fast jede Stunde **Züge** nach Ancona und Fabriano, 5x tägl. auch nach Rom. Der Bahnhof liegt ca. 600 m vom Zentrum entfernt.

**Busse** fahren an der Porta Valle (großer Platz an der Stadtmauer) ab, mind. stündliche Verbindungen nach Ancona, Tickets in umliegenden Tabaccherie oder Kiosken (Edicole). Von der Porta Valle über die Via Lucagnolo und die Costa Lombarda hinauf ins Zentrum.

**Einkaufen** In Jesi hat man beste Gelegenheit, sich mit *Verdicchio dei Castelli di Jesi* einzudecken (→ „Enoteche", S. 210).

**Erste Hilfe** Ambulanz ℘ 0731-5544.

**Parken** Kostenloser Parkplatz z. B. an der Porta Valle am Rand des Centro storico.

**Polizei** Via Montello 3 (im Zentrum), ℘ 113; Carabinieri, Corso Matteotti 46, ℘ 112.

**Post** Via Mura Occidentali (an der Stadtmauer).

**Veranstaltungen** Stagione Lirica, alljährlich Ende September bis Dezember finden die Opernfestspiele von Jesi im traditionsreichen Teatro Pergolesi statt. Tickets im Theater, die Biglietteria ist Mi–Sa 9.30–12.30 und 17–19.30 Uhr geöffnet, ℘ 0731-206888, ℘ 0731-224105, biglietteria@fpsjesi.com, www.fondazionepergolesispontini.com.

Am 22. September (und an den folgenden Tagen) feiert man in Jesi das **Patronatsfest** zu Ehren von *S. Settimio* mit großem Markt und zahlreichen Veranstaltungen im Zentrum.

Jesi – die Piazza Federico II

## Übernachten/Essen & Trinken/Enoteche

→ Karte S. 210/211

**Übernachten** ★★★★ Hotel Federico II **1**, ca. 3 km außerhalb an der Straße nach Ancona gelegen, beschildert. Ganzjährig geöffnet. Moderner, professionell geleiteter Hotelkomplex mit 260 Betten, Pool, Garten, Sauna, Hallenbad, Restaurant, Bar. Schicke Zimmer mit dunklem Teppich, Bad, Air- conditon und TV. Die Preise variieren stark nach Kategorie und Zeitpunkt der Buchung, am Wochenende wird es oft günstiger. EZ um 110 €, DZ um 150 €, Frühstücksbuffet inkl. Via Ancona 100, 60035 Jesi (AN), ℘ 0731-211079, ℘ 0731-57221, info@hotelfederico2.it, www.hotelfederico2.it.

*** Mariani 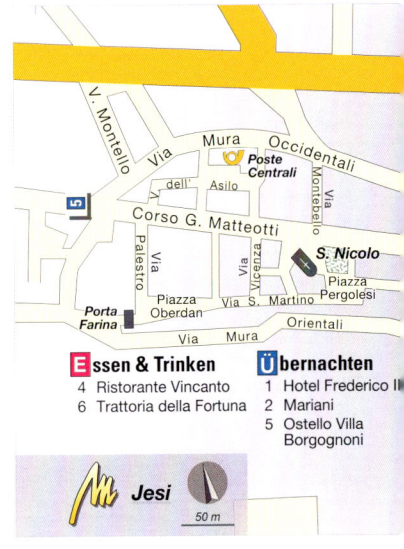, zentralstes Hotel der Stadt, nahe der Piazza della Repubblica, nur ein paar Treppen hinauf ins Centro storico. 33 recht komfortable Zimmer mit Bad und Aircondition. Ganzjährig geöffnet. EZ 58–68 €, DZ 75 €, Dreibett-Zimmer 90 €, Vierbett-Zimmer 100 €, Frühstück jeweils inkl. Via Orfanotrofio 10, 60035 Jesi (AN), ☎ 0731-207286, ℡ 0731-200011, direzione@hotelmariani.com, www.hotelmariani.com.

Ostello Villa Borgognoni , sehr schöne Villa mit Garten etwas nordöstlich der Altstadt (relativ zentrumsnah, beschildert, auch mit dem Stadtbus zu erreichen). Jugendherbergsausweis ist erforderlich, eine „Tessera“, die zur Übernachtung berechtigt, kann hier auch erworben werden. Ganzjährig geöffnet. Übernachtung 18 € pro Pers. im Schlafsaal, 22 € im EZ und 20 € pro Pers. im DZ, Frühstück 2 € extra, Bettwäsche ist im Preis inbegriffen. Via Crivelli 1, 60035 Jesi (AN), ☎ 0731-214264, ℡ 0731-226621, info@ostellojesi.it, www.ostellojesi.it.

**Übernachten außerhalb ›› Lesertipp:**
Poggio Antico, „eine schöne Unterkunft mit einigen gut ausgestatteten Ferienwohnungen abseits vom Touristentrubel.“ Mit Pool. *Anfahrt*: Über Chiaravalle nach Monte San Vito. Dort in der Fraz. Santa Lucia vor einem kleinen Platz mit einer Kirche rechts ab in die Via Molvano. Appartements für 2–4 Pers. 149–182 €, Babybett 15 €/Tag, Hund 10 €/Tag. Il Poggio Antico, Via Malviano b/4, 60037 Monte San Vito (AN), ☎ 071-740072, ℡ 071-7489699, info@poggio-antico.com, www.poggio-antico.com. ‹‹

**Essen & Trinken/Enoteche**   Ristorante Vincanto , kleines Lokal ums Eck von der Piazza Federico II, gemütlich-rustikales Ambiente, ambitionierte, verfeinerte Regionalküche zu leicht gehobenen Preisen. Mittags und abends geöffnet, Mo geschlossen. Via Federico Conti 2, ☎ 0731-53028.

Trattoria della Fortuna , eher einfach, gleich bei der Piazza della Repubblica. Freundlicher Service, schöner Wintergarten und Terrasse, günstig, lecker z. B. die Ravioli al Tartufo und das Vitello con Rucola e Parmigiano. Primi um 10 €, Secondi ab 13 €, Menü 20 €. Abends auch Pizza. Mittags und abends geöffnet, So geschlossen. Arco del Soccorso 1, ☎ 0731-59903.

Enoteca della Regione Marche , im Palazzo Balleani nahe der Piazza Federico II untergebracht mit mehreren Räumen im Gewölbekeller. In der Enothek kann man nicht nur die hervorragenden Weine Jesis (und der ganzen Region) probieren und kaufen, sondern auch kulinarische Spezialitäten wie Käse, Wurst und Schinken (werden auch zur Degustation gereicht). Riesige Auswahl an Weinen. Di–So 17–22 Uhr geöffnet. Via Federico Conti 5, ☎ 0731-213386.

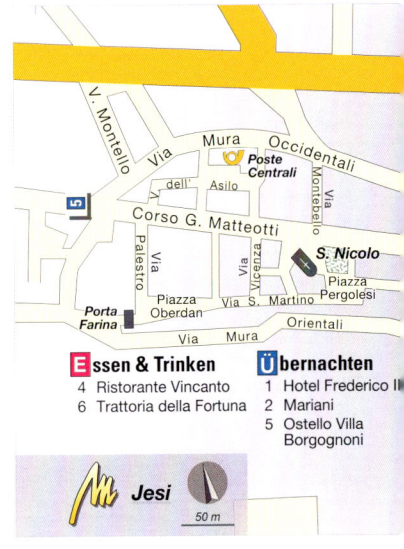

**E**ssen & Trinken
4  Ristorante Vincanto
6  Trattoria della Fortuna

**Ü**bernachten
1  Hotel Frederico II
2  Mariani
5  Ostello Villa Borgognoni

## Sehenswertes

Einen Rundgang durch die Altstadt beginnt man am besten an der geschichtsträchtigen Piazza Federico II: Der **Duomo** stammt ursprünglich aus dem 13. Jh., wurde aber im neoklassizistischen Stil umgestaltet. Der Brunnen mit Obelisk auf der Piazza mit den wasserspeienden Löwinnen stammt aus dem Jahr 1845. Im ehemaligen Konvent *(Complesso San Floriano)* befindet sich das **Museo Archeologico**: hauptsächlich Funde aus Jesi und Umgebung von prähistorischer bis in die spätrömische Zeit, eine gesonderte Abteilung ist der picenischen Siedlungsgeschichte gewidmet (zuletzt wegen Umbau geschlossen).

Nur wenige Schritte von der Piazza Federico II entfernt stößt man an der Piazza Colocci auf den **Palazzo della Signoria** (auch *Palazzo dei Priori*), eines der bedeutendsten Bauwerke der Stadt, das in den Jahren 1486–1498 unter der Leitung des Montefeltro-Architekten Francesco di Giorgio Martini entstand; von ihm soll auch die Darstellung des sich aufrichtenden Löwen über dem Eingangsportal stammen, einst Symbol für Macht und Stärke, heute eine Art Wahrzeichen der Stadt. In dem repräsentativen Palazzo ist die umfassende städtische Bibliothek untergebracht.

Über die Via Pergolesi gelangt man zur Piazza dell'Indipendenza und zu zwei Palazzi aus dem 16. Jh., dem *Palazzo Comunale* und dem *Palazzo Ricci*, dazwischen der Arco del Magistrato. Durch ihn geht es auf die südwestlich anschließende Piazza della Repubblica – das eindrucksvolle **Teatro Pergolesi** (1798) an der Kopfseite des Platzes lässt man links liegen – und dann in die Via XV Settembre zum **Palazzo Pianetti** gleich auf der linken Seite. Er stammt aus dem frühen 18. Jh. und beeindruckt allein schon durch seine Fassade mit ihren über 100 Fenstern. Drinnen geht es im Überfluss weiter, im ersten Stock beeindrucken pompöse Rokoko-Stuckarbeiten, besonders die mit bunten Malereien ausgestaltete „Galleria". Ent-

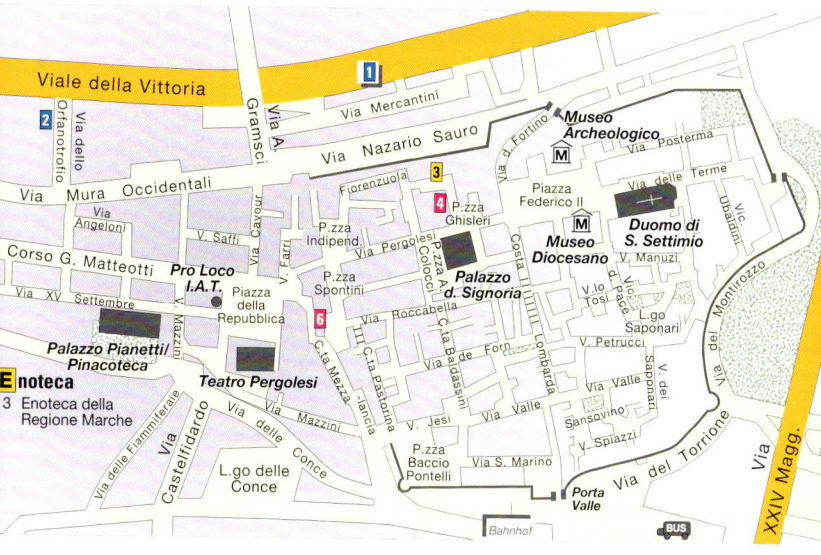

standen ist der Palazzo nach Plänen von Gasparo Pianetti, der auch für Kaiser Karl VI. als Baumeister tätig war. Heute ist im Palazzo, zu dem auch ein kleiner Garten gehört, die Gemäldegalerie der Stadt untergebracht. Ein Besuch der *Pinacoteca* im ersten Stock lohnt hauptsächlich wegen der Werke von Lorenzo Lotto (→ S. 217). Darüber hinaus ist in der Pinakothek im zweiten Stock eine eigene Abteilung zeitgenössischer Kunst gewidmet.

Die **Pinacoteca** ist Mitte Juni bis Mitte September Di–So 10–19 Uhr, Di–So 10–13 und 16–19 Uhr geöffnet, Mo geschlossen. Eintritt 6 €, Kinder/Jugendliche unter 14 J. frei. Palazzo Pianetti, Via XV Settembre 10, ☎ 0731-538342.

Die Aussicht bei Camerino

# Die Provinz Macerata

Die zweitgrößte Provinz der Marken bestätigt im Kleinen, was für (fast) die ganze Region gilt: Die Küste sollte nicht unbedingt das Ziel sein. Im wenig besuchten „Hinterland" liegen die schönsten Orte, und je weiter westlich man kommt, umso beschaulicher wird es.

Von der flachen und zersiedelten Küste gelangt man in den breiten Tälern der Flüsse Potenza oder Chienti schnell ins Landesinnere mit seinen sehenswerten Städtchen **Tolentino**, **San Severino Marche** und **Cingoli**, dem „Balkon der Marken" mit tollem Weitblick. Ganz im Westen der Region bieten sich das hoch auf einem Hügel thronende Studentenstädtchen **Camerino** oder aber das beschauliche **Matélica** als ideale Standorte für Erkundungsfahrten in die Umgebung an.

Die Hauptstadt **Macerata** ist auch die größte Stadt der Provinz, eine Universitätsstadt, die in ganz Italien für ihre Opernfestspiele bekannt ist. Fast ein Muss für jeden Besucher ist das verschlafene **Recanati** nahe der Küste, die Geburtsstadt des italienischen Dichters Giacomo Leopardi, dem man hier ein würdiges Denkmal gesetzt hat. Entdecken lassen sich zudem kleine Orte wie **Montelupone** über dem Tal des Potenza.

Trutzige Burgen und uralte romanische Kirchen finden sich in der Provinz im Überfluss, zum Teil unspektakulär am Wegesrand, andere wiederum imposant auf mächtigen Hügeln thronend. Historisch stand das Gebiet der heutigen Provinz Macerata immer besonders stark unter dem Einfluss des Kirchenstaates, und noch heute finden sich in vielen Kirchen und auch im kleinsten Provinzmuseum oft hochkarätige Werke bedeutender Künstler. So kann man sich z. B. in der Pinakothek von Recanati gleich mehrere Meisterwerke von Lorenzo Lotto anschauen.

## Die Provinz Macerata

Ganz im Südwesten der Provinz liegen die bis zu 2500 m hoch aufragenden **Monti Sibillini** mit hervorragenden Wandermöglichkeiten. In einer eindrucksvollen Rundfahrt, die zum Teil auch durch die angrenzende Provinz Ascoli Piceno und sogar bis nach Umbrien führt, geht es durch eine alpin anmutende Bergwelt mit beschaulichen Dörfern und intakter Natur (→ S. 244).

# Recanati

ca. 22.000 Einwohner

Das Provinzstädtchen ist italienweit als Geburtsort des großen Dichters Giacomo Leopardi bekannt. Recanati liegt auf einer Bergkuppe in luftigen 300 m Höhe zwischen den Flüssen Musone und Potenza.

Wer nach Recanati kommt, dem werden sofort die kleinstädtische Enge und eine gewisse Verschlafenheit auffallen. Die urbane Geschäftigkeit, die man in den anderen Städtchen der Region vorfindet, fehlt hier, Recanati ist recht still. Dennoch hat der Ort zwei italienische Ausnahmekünstler hervorgebracht: den Dichter Leopardi (→ S. 216), dem man wirklich an fast jeder Ecke der Stadt begegnet, und Beniamino Gigli, den berühmten italienischen Tenor (1890–1957), der im Dom der Stadt als Chorknabe den Grundstein für seine grandiose Karriere legte.

Trotz der relativ großen Ausdehnung der Stadt kann man alle Sehenswürdigkeiten bequem zu Fuß erreichen, und auch der Verkehr hält sich in der Altstadt erfreulicherweise in Grenzen. Neben dem Besuch der beiden Hauptsehenswürdigkeiten, dem *Palazzo Leopardi* (Geburtshaus des Dichters) und dem Museum *Villa Colloredo Mels* (mit Werken des Renaissancekünstlers Lorenzo Lotto) und angeschlossenem kleinem Park, lohnt der Gang zur schönen Piazza Leopardi mit dem ghibellinischen Uhrturm im Ortszentrum, wo man sich zu Caffè und/oder Gelato niederlassen kann. Überwacht wird das Ganze dann vom großen Dichter der Stadt höchstpersönlich, der alles andere als glücklich auf seinem Sockel mitten auf der Piazza thront.

Die Provinz Macerata
Karte → S. 218/219

## Geschichte

Das Gebiet zwischen den Flüssen Musone und Potenza war vermutlich schon in vorrömischer Zeit besiedelt. Der Ort selbst entstand im 12. Jh. und erlebte sehr bald einen großen Aufschwung: Bereits im Jahr 1240 war Recanati Bischofssitz und erhielt das Stadtrecht, außerdem baute man einen Hafen (das heutige *Porto Recanati*), wodurch eine rege Handelstätigkeit in Gang kam – in Recanati wurden wichtige regionale Messen abgehalten. Der Kirchenstaat gewährte der Stadt Steuerfreiheit, man kam zu immer mehr Wohlstand, eine Entwicklung, die erst mit dem Aufstieg Anconas zur Handelsmacht mit großem Hafen gebremst wurde. Einen Einfluss auf die städtebaulichen Tätigkeiten der Stadt hatte auch das nur wenige Kilometer nördlich gelegene Loreto mit seinen zahlreichen Baumeistern, die auch in Recanati eine Wirkungsstätte fanden. Im 19. Jh. wurde die großzügige Piazza Leopardi im Zentrum angelegt, ansonsten finden sich nur wenige bauliche Veränderungen im mittelalterlichen Stadtbild.

### Basis-Infos

**Information** Pro Loco im Palazzo Comunale (Rathaus) an der Piazza Leopardi im Zentrum. Im Sommer tägl. 9–13 und 16–20 Uhr geöffnet, in den Wintermonaten eingeschränkt. Piazza Leopardi 33, 62019 Recanati (MC), info@recanatiturismo.it, www.recanatiturismo.it.

Darüber hinaus gibt es noch das I.A.T.-Büro in der Via Leopardi 1 (führt zur Casa Leopardi), im Sommer ebenfalls tägl. geöffnet. ☎/✆ 071-981471.

**Verbindungen** Busse ca. stündlich via Loreto, Castelfidardo und Osimo Stazione nach Ancona, außerdem mehrmals tägl. nach Macerata und nach Porto Recanati. Abfahrt an der Ringstraße (Viale Filippo Corridoni) bei der Via Porta Cerasa, nur wenige Schritte von der Piazza Leopardi entfernt.

Nächster **Bahnhof** in Porto Recanati oder Loreto Stazione.

**Erste Hilfe** ☎ 071-7572008.

**Parken** Schwierig, Parkplätze gibt es im Zentrum wenige, und auch an der Ringstraße um Recanati ist Parken fast überall verboten, falls nicht, dann aber doch zumindest gebührenpflichtig. Wohnmobilstellplatz in der Via Campo Boario (relativ nah zu Porta S. Domenico und Zentrum), beschildert.

**Polizei** ☎ 071-7592229; Carabinieri ☎ 071-757426.

**Post** Corso Persiani.

**Veranstaltungen** Immer am ersten Samstag und Sonntag eines Monats findet auf der Piazza Leopardi im Zentrum die Fiera Antiqua, ein großer Antiquitätenmarkt, statt.

### Übernachten/Essen & Trinken

**Übernachten** **** Gallery Hotel Recanati, noch recht neues Hotel in einem umfassend renovierten, alten Palazzo gleich bei der Cattedrale San Flaviano und der Villa Coloredo Mels. Mit Café und Ristorante, Terrasse nach hinten hinaus mit Blick auf die Altstadt. 68 komfortable, ganz modern ausgestattete Zimmer und 15 Suiten. EZ 75–139 €, DZ 89–139 €, die Preise variieren nach Zimmertyp. Frühstück inkl., WI-FI kostenlos, Parkplatz vorhanden. Ganzjährig geöffnet. Via Falleroni 85, 62019 Recanati (MC), ☎ 071-981914, ✆ 071-7574216, www.ghr.it.

*** La Ginestra, im Centro storico, nur wenige Schritte von der Piazza Leopardi entfernt. Von außen nicht allzu hübsch, aber renoviert und mit kleinem Garten sowie Bar/Ristorante (Di geschlossen), alle Zimmer mit Bad, TV und Aircondition. Freundlicher und hilfsbereiter Service, ganzjährig geöffnet. EZ 55 € (im August keine EZ), DZ 80 €, Dreibett-Zimmer 110 €, Vierbett-Zimmer 130 €, immer inkl. Frühstück. Via Calcagni 2, 62019 Recanati (MC), ☎ 071-980355, ✆ 071-980594, info@hotelginestra.it, www.hotelginestra.it.

Blick auf Recanati

**Essen & Trinken** Ristorante Borgo Antico, eines der wenigen Restaurants im Zentrum, in einem Seitengässchen der Via Falleroni (Straße zum Dom) gelegen, beschildert. Stilvoll-elegant und gemütlich im Gewölbe, geboten wird französische und italienische Küche zu leicht gehobenen Preisen, es gibt aber auch Pasta für um die 10 €. Freundlicher und aufmerksamer Service. Zur Saison tägl. abends geöffnet, in der Nebensaison So geschlossen. Vicolo dell'Achilla 2, ✆ 071-7574286, www.ristoranteilborgoantico.it.

## Sehenswertes

**Casa Leopardi:** Das Geburtshaus des Dichters – ein eindrucksvoller Barockpalazzo aus dem 18. Jh. – wird noch immer von Mitgliedern der Familie Leopardi bewohnt, entsprechend sind nur einige Teile im Rahmen einer Führung (in italienischer Sprache) zu besichtigen.

Die Ausstellung (Mostra) im Erdgeschoss dokumentiert die Lebensstationen Leopardis, dazu Erinnerungsstücke, diverse Dokumente und Texte des Dichters: über Eltern, Geschwister, die Natur, die Liebe etc.

Die *Bibliothek* der Familie Leopardi im ersten Stock des Gebäudes ist während des ca. 25-minütigen Rundgangs mit Führung zu sehen. Auf vier Räume sind hier ungefähr 25.000 Bücher und Schriften verteilt, darunter auch die Werke des Dichters selbst. Obwohl die Führungen ausschließlich auf Italienisch angeboten werden, ist es sehr lohnend, sich hier anzuschließen: Allein das Ambiente in der *Biblioteca* ist beeindruckend und erlaubt eine genaue Vorstellung von Leopardis Jugendjahren, als er den größten Teil seiner Zeit hier verbrachte. In der Kirche gegenüber dem Palazzo wurde Leopardi übrigens getauft.

**Lage** Der Palazzo Leopardi liegt an der Piazzuola Sabato del Villaggio, von der Piazza Leopardi der Via Cavour und Via Calcagni folgen und dann rechts ab in die Via Roma, beschildert.

**Öffnungszeiten/Eintritt** Im Sommer tägl. 9–18 Uhr, im Winter tägl. 9.30–12.30 und 14.30–17.30 Uhr, Einlass bis 30 Min. vor Schließung. Eintritt: Mostra 4 €, erm. (unter 15 J. sowie Rentner über 65 J.) 2 €, Biblioteca 5 € (erm. 2 €). Empfehlenswert ist das Kombiticket für beides zum Preis von 7 € (erm. 3 €). Kinder unter 6 J. frei. Die Tickets werden im Souvenirshop schräg gegenüber dem Palazzo verkauft, hier erfährt man auch die Zeiten für die Führungen. Via Leopardi 14, ✆ 071-7573380, www.giacomoleopardi.it.

Die Provinz Macerata
Karte → S. 218/219

## Der traurige Poet

Das Unglück steht ihm förmlich ins Gesicht geschrieben. Das Denkmal von Giacomo Leopardi an der zentralen, nach ihm benannten Piazza bestätigt, was jedes italienische Schulkind weiß: Der größte Sohn der Stadt, einer der berühmtesten Dichter des Landes, war ein pessimistischer, durch und durch unglücklicher und am Leben verzweifelnder Mensch.

Geboren wurde Giacomo am 29. Juni 1798 als ältester Sohn des Grafen Monaldo Leopardi und dessen Gattin Adelaide, die der recanatischen Familie der Marchesi Antici entstammte. Der Vater, ein gelehrter, aber sehr konservativer Denker, und

die praktischer veranlagte Mutter ließen ihren insgesamt drei Kindern eine klassische Schulbildung durch einen Hauslehrer zukommen, auf dessen Dienste Giacomo jedoch bereits im Alter von 13 Jahren verzichten konnte, schließlich hatte er bereits zwei Jahre zuvor Horaz übersetzt. In den folgenden Jahren eignete sich der lebenslang kränkliche und schwache junge Mann vier Fremdsprachen an, darunter auch Altgriechisch; außerdem studierte er sich auf eigene Faust durch die rund 20.000 Bände umfassende Bibliothek des Vaters. In dieser Zeit entstanden Übersetzungen, philologische Abhandlungen, Briefe an hebräische Gelehrte und erste Gedichte, die ab 1819 veröffentlicht wurden. Sein berühmtes Gedicht „L'Infinito" datiert aus demselben Jahr, Leopardi war damals 21 Jahre alt. 1822 verließ er zum ersten Mal die Enge seiner Heimatstadt und ging – damals übrigens schon als bekannter und geachteter Gelehrter –

für einige Monate zu seinem Onkel nach Rom. Es folgten mehr oder minder kurze Aufenthalte in Mailand, Bologna, Florenz und Pisa, die trostlosen Winter verbrachte er jedoch zumeist in Recanati. Ausgestattet mit einer kleinen Rente, die Freunde und Bewunderer für ihn ausgesetzt hatten, siedelte Leopardi 1830 nach Florenz um, wo er in Antonio Ranieri einen Freund fand, mit dem er 1833 nach Neapel zog. Am 14. Juni 1837 starb der Dichter bei Neapel an einem Asthmaanfall.

„Unheilbaren Weltschmerz" attestiert das Kindler-Literaturlexikon dem dichterischen Werk Leopardis, zu dem neben seinem wohl berühmtesten Gedicht „L'Infinito" („Das Unendliche") auch die „Canti" („Gesänge"), eine 41 Einzelwerke umfassende Gedichtsammlung (1817–1836) sowie die „Operette Morali" *(Kleine moralische Werke)* aus der Zeit um 1824 zählen. Leopardis Lyrik gilt gemeinhin als schwer zu übersetzen, was sicherlich ein Grund für seinen relativ geringen Bekanntheitsgrad außerhalb Italiens ist. Der Stellenwert des Dichters in der italienischen Literatur wird beim Besuch des Geburtshauses allerdings mehr als deutlich: Schulklassenweise pilgert man hierher, ein Ausflug nach Recanati gehört zum Pflichtprogramm des Italienischunterrichts.

**Museo Villa Colloredo Mels – Pinacoteca Civica**: Ein Besuch in dem vorbildlich aufgebauten Museum lohnt hauptsächlich wegen der Werke des Renaissancekünstlers Lorenzo Lotto. Zu sehen sind hier u. a. der „Polittico di San Domenico" (1506–1508), ein riesiges Polyptychon (Flügelaltar), und die „Annunciazione" („Verkündigung") aus der Zeit um 1528: Das als eines Meisterwerke Lottos geltende Gemälde zeigt die Ankunft des Erzengels Gabriel auf der Erde, bei der sogar die Katze vor Schreck zur Seite springt. Eben diese Katze hat sich das Museum zum Logo gemacht.

**Lorenzo Lotto** (ca. 1480–1556) wurde in Venedig geboren und kam während seiner künstlerischen Laufbahn immer wieder in die Marken, wo einige seiner Werke auch in kleineren Provinzmuseen zu besichtigen sind. Erst im 20. Jh. hat man die Bedeutung seines Gesamtwerkes für die Renaissance entdeckt. Beeinflusst war Lotto von Giovanni Bellini und Albrecht Dürer, aber auch von Raffael. Lorenzo Lotto gilt als einer der einfallsreichsten, eigenwilligsten Maler und als großartiger Porträtkünstler seiner Zeit. Nach knapp zweijährigem Aufenthalt im dortigen Kloster starb Lotto 1556 verarmt in Loreto.

Neben den Werken Lottos in der Pinakothek (Sala 6 und 7) bietet das Museum außerdem im Erdgeschoss eine Abteilung mit zeitgenössischer Kunst und im ersten Obergeschoss (man beachte das prachtvolle Treppenhaus) eine *Sezione archeologica*, u. a. mit Funden aus prähistorischer Zeit und der Zeit der Picener, der „Bolla Aurea" mit goldenem Siegel von Friedrich II. aus dem Jahre 1229: Dieses Schriftstück erlaubte es der Stadt Recanati, einen Hafen – das spätere Porto Recanati – zu bauen. Zu sehen gibt es darüber hinaus alte Münzen und Schriften, Altarbilder und Fresken (15. Jh.), Gemälde von Pomarancio (eigentlich Cristoforo Roncalli, 1552–1626) und aus der sog. „Scuola marchigiana". Seit 2012 befindet sich in einer weiteren Abteilung eine Keramikausstellung, ein Bereich des Erdgeschosses ist außerdem wechselnden Ausstellungen vorbehalten.

Nach dem umfänglichen Kunstgenuss empfehlen wir einen Spaziergang im angeschlossenen **Parco Villa Coloredo Mels**: ein hübscher, kleiner Park, schattig und mit vielen Bänken, Kinderspielgeräte, Hunde erlaubt. Zugang durch den Innenhof der Villa (Mai–September tägl. 7–24 Uhr geöffnet, ansonsten 7–19 Uhr).

**Lage**  Die Villa Colloredo Mels liegt am nordwestlichen Rand der Altstadt, von der Piazza Leopardi den Corso Persiani (Hauptstraße) hinunter und links ab auf die Via Falleroni. Das Museum befindet sich neben dem Dom. Hier auch Parkplätze (gebührenpflichtig).

**Öffnungszeiten/Eintritt**  Di–So 10–13 und 16–19 Uhr, im Juli/August bis 21 Uhr, in den Wintermonaten nachmittags 15–18 Uhr, Mo geschlossen. Eintritt 4 €, erm. 2,50 €, ein Audioguide (auch in deutscher Sprache) ist im Preis inbegriffen. Via Gregorio XII, ☎ 071-7570410, www.villacoloredomels.it.

**Cattedrale San Flaviano/Museo Diocesano**: Neben der Villa Colloredo Mels erhebt sich der im 18. Jh. grundlegend erneuerte Dom, der in Teilen in das Gebäude des Bischofssitzes aus dem 17. Jh. integriert wurde, sehenswert ist die sehr schöne, bemalte Holzdecke. Der alte Kirchenbau aus dem 14. Jh. nebenan beherbergt – ebenfalls nach einigen Umbauten – heute das Diözesanmuseum mit allerlei Gemälden aus dem 15.–17. Jh. sowie sakralen Gegenständen.

Die Cattedrale ist ganztägig geöffnet, das Museo ist nur nach Voranmeldung beim benachbarten Museo Civico Villa Coloredo Mels unter ☎ 071-7570420 zu besichtigen (Minimum drei Personen).

Die Provinz Macerata  Karte → S. 218/219

**Chiesa di San Domenico**: Die ursprünglich romanische Kirche an der Piazza Leopardi wurde in der Renaissance umgebaut und erhielt im Jahr 1481 ihr eindrucksvolles Portal. Freunde Lorenzo Lottos werden im Inneren ein weiteres Meisterwerk des Künstlers finden: Das Fresko „San Vincenzo Ferrer in Gloria" aus dem Jahr 1513 (zweiter Altar auf der linken Seite).
Tägl. geöffnet, über Mittag 13.30–16 Uhr geschlossen.

**Museo Gigli**: Auch dem zweiten berühmten Sohn der Stadt hat man in Recanati ein Museum gewidmet. Beniamino Gigli wurde am 20. März 1890 in einem Palazzo ganz in der Nähe der Cattedrale San Flaviano geboren, seiner Heimat blieb der berühmte Tenor immer verbunden. Gigli brachte es auf 41 Jahre Bühnenkarriere, darunter ein jahrelanges Engagement an der New Yorker Met, und ein Repertoire von über 40 Opern, darüber hinaus drehte er mehr als ein Dutzend Filme. Gigli starb 1957 in Rom, sein Grab befindet sich heute in einer äußerst prachtvollen kleinen Pyramide am Rand des Friedhofes von Recanati.
Im Museum (untergebracht im Teatro Persiani am Piazzale Beniamino Gigli im Zentrum unweit der Piazza Leopardi) sind u. a. zahlreiche Bühnenkostüme des Künstlers sowie Dokumente zur Geschichte der Oper im 20. Jh. zu sehen.
Di–So 10–13 und 16–19 Uhr, im Winter 15–18 Uhr, Mo geschlossen. Eintritt 3 €, erm. 2 € (Studenten und Rentner über 65 J.), Kinder unter 6 J. frei. ✆ 071-7570410.

# Die Küste von Porto Recanati bis Civitanova Marche

Der Küstenabschnitt der Provinz Macerata ist nicht nur der kürzeste aller vier Provinzen, sondern auch der am wenigsten attraktive. Eine verbaute Gegend mit breiten Stränden, aber ohne besondere Reize.

Dabei besitzt **Porto Recanati**, das nördlichste Städtchen, dank relativer Überschaubarkeit vielleicht noch die meiste Anziehungskraft. Das Manko von **Porto Potenza Picena** sind die Küstenstraße und die Bahngleise mitten durch den Ort und in **Civitanova Marche** sorgt besonders viel Innenstadtverkehr nicht unbedingt für Beschaulichkeit. Entspannung verschafft allerdings ein Ausflug in die beiden kleinen alten Orte **Potenza Picena** und **Civitanova Alta**, beide nur wenige Kilometer von der Küste entfernt.

**Porto Recanati**: Der Badeort mit ca. 12.000 Einwohnern ist keine wirkliche Augenweide. Auffälligstes Gebäude ist das *Castello* mit Uhrturm (15. Jh.) am Nordende der Uferpromenade, hier befindet sich auch die *Pinacoteca Comunale*. An der Piazza Brancondi ist in einem Pavillon die Touristeninformation Pro Loco untergebracht (nur im Sommer tägl. 9.30–12.30 und 16.30–20 Uhr, ✆ 071-7591872, ✆ 071-9799151), südlich davon verläuft die erfreulicherweise völlig autofreie Uferpromenade mit einer recht malerischen Häuserfront. Am Strand bieten morgens einige Fischer ihren bescheidenen Fang an, weiter südlich folgen zahllose Strandbäder. Zwischen der Haupteinkaufsstraße Corso Matteotti und dem Meer liegt ein ruhiges und älteres Wohnviertel. Der Strand von Porto Recanati besteht größtenteils aus groben Kieseln, Betonbarrieren bieten Schutz vor großen Wellen. Südlich von Porto Recanati gibt es einige Campingplätze.

Schon im 2. Jh. v. Chr. breitete sich hier an der Mündung des Flusses Potenza eine römische Siedlung aus. Porto Recanati entstand im 13. Jh. und war während seiner Blütezeit der Handelshafen von Recanati. Heute lebt die Stadt hauptsächlich vom

Sonnenblumenmeer bei Recanati

Tourismus und der Fischerei. Es bestehen gute Busverbindungen nach Recanati und Macerata, außerdem hervorragende Bahnverbindungen entlang der Küste, der Bahnhof liegt im Zentrum.

**Übernachten** In Porto Recanati und Umgebung gibt es zehn Campingplätze, die meisten davon liegen am Meer.

**La Medusa Camping**, nördlich von Porto Recanati in Richtung Marcelli gelegen, den mächtigen Monte Conero noch vor Augen. Mit Pool, Bar, Ristorante und Mini-Market, einigermaßen schattig und ordentlich parzelliert, nur über die Straße zum Strand, eine gepflegte Anlage, in der auch Bungalows und „Case mobili" vermietet werden. Pro Pers. 11–13 €, Kinder bis 6 J. 4–5 €, Stellplatz 13–21 €, Bungalows nur wochenweise: für 3–4 Pers. 670–1160 €, für 6 Pers. 870–1200 €. Ca. 20. April bis Mitte September geöffnet. Lungomare Scarfiotti, 62017 Porto Recanati (MC), ℰ 071-7500725, ℰ 071-7500801, www.campinglamedusa.it.

**\*\*\* Camping Pineta**, recht überschaubar und ein wenig südlich des Ortes an einer Sackgasse gelegen, die Umgebung ist allerdings alles andere als schön. Großer Pluspunkt: direkt am Strand gelegen, relativ ruhig, Pinien spenden Schatten. Es gibt auch einen freien Sandstrand (ohne Strandbäder) mit einigen Bars. Südlich von Porto Recanati, folgen Sie der Straße, die in südliche Richtung am Meer verläuft (beschildert). Geöffnet Mitte/Ende April bis Ende September, pro Pers. 8,50–10,50 €, Kinder bis 4 J. frei, Stellplatz 12,50–15,50 €, Bungalow für 2–4 Pers. 469–700 € pro Woche, für 5 Pers. 560–875 €. Via della Repubblica 3, 62017 Porto Recanati (MC), ℰ/ℰ 071-9799237, info@ pinetacamping.it, www.pinetacamping.it.

**Essen & Trinken** An der Küstenstraße von Marcelli bis Porto Recanati gibt es zahlreiche Strandrestaurants. Wer etwas Ruhe sucht, sollte sich auf den Weg ins ca. 12 km südwestlich gelegene Potenza Picena machen. Der Ort selbst bietet zwar keine besondere Sehenswürdigkeit, dafür kann man hier in der **Osteria del Vicolo** ganz hervorragende und recht günstige regionale Küche genießen. Sehr freundlicher und bemühter Service, Menü um 25 €, gute Weine. Mittags und abends geöffnet, Do geschlossen, für Wochenendabende sollte man unter ℰ 0733-672340 reservieren. Eckhaus am Piazzale Leopardi (der Platz bei der Kirche) in der Via Battista 1.

Die Provinz Macerata    Karte → S. 218/219

**Civitanova Marche/Civitanova Alta:** Etwa 41.000 Einwohner zählt Civitanova Marche, die zweitgrößte Stadt der Provinz, gegen die selbst das wenig beschauliche Porto Recanati noch das reinste Idyll ist. Der Ort ist nicht zuletzt auch von einer kleinen Schuhindustrie geprägt, darüber hinaus lebt Civitanova Marche von der Fischerei und vom Tourismus. Ein Pluspunkt ist der recht schöne Sandstrand, der sich nördlich und südlich des wenig ansehnlichen Hafens erstreckt, auch die beiden Uferpromenaden mit unzähligen Strandbädern, Bars, Spielhöllen etc. wirken noch recht einladend, ziemlich verdreckt dagegen die freien Strandabschnitte an den Ortsrändern. Im modernen Zentrum von Civitanova Marche herrscht Verkehrschaos, wir raten zum großräumigen Umfahren. Die Touristeninformation befindet sich an der riesigen Piazza XX Settembre (im Rathaus, Mo–Sa 8.30–14 Uhr geöffnet).

Wer der Hektik unten am Meer entfliehen will, kann beispielsweise das 4 km landeinwärts auf einem Hügel gelegene *Civitanova Alta* ansteuern. Die z. T. noch erhaltenen Stadtmauern stammen aus dem 15. Jh., und ein Spaziergang durch die engen Gassen und über die zentrale, abschüssige Piazza della Libertà (hier gebührenpflichtiger Parkplatz) hat durchaus seine Reize, das Leben spielt sich hier oben etwas verlangsamt ab.

**Essen & Trinken** Ristorante Galileo, vielfach empfohlenes Lokal an der Küstenstraße unweit des Kreisels, der den nördlichen vom südlichen Lungomare von Civitanova Marche trennt, Ristorante direkt am Meer bzw. Strand. Recht neu und schick, gepflegtes Ambiente und nicht ganz günstig: Antipasti um 15 €, Primi 10 €, Secondi um 23 €, der Schwerpunkt liegt hier natürlich auf Fisch. Mittags und abends geöffnet, Di geschlossen, in den Wintermonaten eingeschränkte Öffnungszeiten. Via IV Novembre, ☏ 0733-817656.

# Im unteren Chienti-Tal Richtung Macerata

Wer es eilig hat, gelangt auf der vierspurigen SS 77 durch das Chienti-Tal in etwas mehr als einer halben Stunde von Civitanova Marche zur Provinzhauptstadt Macerata. Man kann sich aber auch etwas Zeit lassen: Auf der Strecke liegen nicht nur zwei romanische Kirchen von besonderem kunsthistorischen Wert, sondern auch einige malerische Hügelstädtchen, die unbedingt einen Abstecher lohnen.

**Santa Maria a Piè di Chienti:** Die Kirche bei Montecosaro Stazione nördlich des Flusses Chienti liegt nahe der Durchgangsstraße SS 485 und ist kaum zu übersehen (auch ausgeschildert). Wahrscheinlich wurde mit dem Bau bereits im 10. Jh., vielleicht sogar schon im 9. Jh. begonnen, fertiggestellt war die Kirche Anfang bis Mitte des 12. Jh. Das Besondere an diesem Gotteshaus ist die Aufteilung des schlichten und recht düsteren Inneren: Die beeindruckende Kirche hat zwei Stockwerke und auch zwei Apsiden, im oberen Stockwerk finden sich einige wertvolle Fresken aus dem 14. Jh. Während das untere Stockwerk normalen Gläubigen offen stand, war der obere Teil mit Galerie ausschließlich für die Mönche reserviert.
Tägl. 8–12 und 14–20 Uhr.

**Monte San Giusto:** Nach Monte San Giusto (ca. 7 km südlich der SS 77, ausgeschildert) kommt man hauptsächlich aus einem Grund: In der *Chiesa Santa Maria in Telusiano* mitten im Centro Storico kann man sich die berühmte „Kreuzigung" von Lorenzo Lotto aus dem Jahr 1531 anschauen. Das Gemälde gilt als eines der Meisterwerke des Künstlers.

**San Claudio al Chienti:** Die zweite bedeutende romanische Kirche im Chienti-Tal, vermutlich zwischen dem 5. und 7. Jh. erbaut und somit eine der ältesten Kirchen

Santa Maria a Piè di Chienti: Die Laien mussten unten sitzen

der Marken überhaupt. Als Bausubstanz dienten Reste der römischen Stadt *Pausulae*. Der heute zu besichtigende Bau stammt wahrscheinlich, wie *Santa Maria a Piè di Chienti* auch, aus dem 12. Jh. Auffällig ist die fast quadratische Form mit drei Apsiden und den beiden symmetrisch angeordneten Rundtürmen, höchst ungewöhnlich das Portal: Man steht vor zwei separaten Eingängen genau übereinander, eine Außentreppe rechts vom Hauptportal führt hinauf in den ersten Stock, daneben befindet sich das Wohnhaus des Kirchenverwalters. Im Inneren (der unteren Kirche) sieht man zwei Fresken aus dem Jahr 1468.

**Anfahrt/Öffnungszeiten** Auf der SS 485 von der Küste kommend kurz vor dem Ort San Claudio rechts ab (beschildert), Zufahrt über eine schnurgerade Zypressenallee. Großer Parkplatz, Bar und Hotel. Die Kirche ist ganztägig geöffnet.

**Übernachten** *** Hotel San Claudio, gleich neben der gleichnamigen Kirche. In altem Gemäuer mit Terrasse und Garten, Bar. 22 Zimmer mit Bad und TV, WI-FI kostenlos, Parkplatz. EZ 57–65 €, DZ 80–95 €, Dreibett-Zimmer 96–110 €, inkl. Frühstück. Fraz. San Claudio, 62014 Corridonia (MC), ☎ 0733-288144, ✆ 0733-287159, info@hotelsanclaudio.it, www.hotelsanclaudio.it.

Die Provinz Macerata
Karte → S. 218/219

# Macerata

ca. 43.000 Einwohner

Die Provinzhauptstadt mit lang gezogener Peripherie liegt auf einem Hügel zwischen dem Tal des Potenza im Norden und dem Chienti-Tal im Süden. Die Silhouette macht durchaus Eindruck. Macerata ist in der Region (und darüber hinaus) vor allem für das sommerliche Opernfestival bekannt.

Die Universitätsstadt verfügt über ein kompaktes und lebhaftes Centro Storico, das von einer fast durchgehenden Stadtmauer mit einigen bestens erhaltenen Stadttoren umgeben ist. Viele eindrucksvolle Palazzi (besonders auf dem Corso Matteotti), ruhige Straßen und teilweise steile Treppen laden zum Erkundungsgang rund um die zentrale Piazza della Libertà ein. Das Zentrum von Macerata mit seinen oftmals engen Gassen ist in vielen Bereichen angenehm autofrei, der Verkehr tobt außerhalb der Stadtmauern. Dort, im großen Neustadtviertel, befindet sich auch der kleine Stadtpark *Giardini Diaz* (Busbahnhof), der von der höher gelegenen Altstadt komfortabel mit dem städtischen Aufzug zu erreichen ist.

Macerata ist ein überaus sympathisches und relativ junges Städtchen. Von provinzieller Verschlafenheit wie z. B. im nördlich gelegenen Recanati ist hier kaum etwas zu spüren. Die Universität macht sich bemerkbar – es gibt viele auf jugendliche Kundschaft ausgerichtete Geschäfte und ein gutes Angebot für die Abendunterhaltung, z. B. wenn italienische Pop-Bands an Sommerwochenenden auf der Piazza Mazzini Konzerte geben. Unumstrittener kultureller Höhepunkt sind allerdings die hiesigen Opernfestspiele.

## Macerata Opera

Die „Stagione Lirica" im *Sferisterio*, dem wohl außergewöhnlichsten Bauwerk der Stadt, findet seit über 40 Jahren immer etwa vom 15. Juli bis 15. August statt. Gegeben werden meist Klassiker in Sachen Oper, im Jahr 2013 u. a. „Nabucco" von Giuseppe Verdi. Insgesamt kann das *Sferisterio* am unteren (südöstlichen) Rand der Altstadt zwar etwa 3000 sitzende Opernfreunde aufnehmen (darüber hinaus gibt es auch noch Stehplätze), aber dennoch: Wer eine Aufführung besuchen will, sollte sich frühzeitig um Eintrittskarten bemühen.

Informationen/Tickets: Die **Biglietteria** des Sferisterio befindet sich vor dem Eingang an der Piazza Mazzini 10, Mo–Sa 10.30–12.30 und 17–19.30 Uhr, Anfang Juni bis Mitte August 9.30–13 und 16.30–20 Uhr, zur Zeit der Festspiele bis 21 Uhr, ☏ 0733-230735. Reservierungen können nur schriftlich per Fax (☏ 0733-261570) oder E-Mail (boxoffice@sferisterio.it) entgegengenommen werden (Kreditkartenzahlung). Preise: Sitzplätze 20–120 €, Premiere bis 150 €, „Balconata" (Stehplätze ohne Reservierung) 15 €. Weitere Informationen unter www.sferisterio.it.

## Geschichte

Eine erste Siedlung entstand hier auf dem Hügel vermutlich Anfang des 5. Jh. Mitte des 12. Jh. wurde Macerata freie Stadt und im Jahr 1320 zum Bischofssitz ernannt. Bald jedoch übernahmen die Sforza hier die Macht. 1445 ging Macerata dann an den Kirchenstaat, unter dessen Herrschaft die Stadt bis zum Anschluss an das Königreich Italien auch blieb.

Gerade in der Zeit zwischen dem 16. und dem 19. Jh. brachte es die Stadt zu einigem Wohlstand, der u. a. durch die zahlreichen Palazzi im Zentrum dokumentiert wird – hier sind heute vor allem Einrichtungen der Universität untergebracht. Auf eine gewisse Bedeutung als Handelszentrum im 16. Jh. deutet die *Loggia dei Mercanti* an der Piazza della Libertà hin. Die sehr gut erhaltenen Stadtmauern stammen überwiegend aus dem 15. Jh.

## Basis-Infos

**Information** I.A.T. im Palazzo della Provincia am Corso della Repubblica im Altstadtzentrum, freundlich und hilfsbereit, Sie werden bestens mit Informationsmaterial und Stadtplan ausgestattet. Mo–Sa 9–13 und 15–18 Uhr, So 9–13 Uhr, im Winter Sa nur 9–13 Uhr, So geschlossen. Corso della Repubblica 32, 62100 Macerata, ☏ 0733-234807, ☏ 0733-266631, iat.macerata@regione. marche.it, www.comune.macerata.it.

Macerata – die zentrale Piazza della Libertà

**Info-Point** im Torbogen der Porta Picena am unteren Ende der Piazza Mazzini. Hier werden auch die Tickets für Führungen im Sferisterio und auf die Torre Civica verkauft. Mo 9–16 Uhr, Di–So 9–13 und 16–20 Uhr geöffnet. Piazza Mazzini 12, ✆ 0733-271709, ✉ 0733-261748.

**Verbindungen**    Der **Bahnhof** liegt ca. 600 m südlich vom Centro Storico (von der Porta Umberto I den Viale Don Bosco hinunter) an der Piazza XXV Aprile. 10x tägl. Verbindungen nach Fabriano (via Tolentino, San Severino Marche, Matélica) und ebenfalls ca. 10x zur Küste nach Civitanova Marche. Von dort gute Verbindungen nach Ancona und nach San Benedetto del Tronto (dort nach Ascoli Piceno umsteigen).

Große **Busstation** bei den Giardini Diaz (Aufzug zur Altstadt), mit Bar, Toiletten, Biglietteria, ein großer Fahrplan hängt aus. Sehr gute Verbindungen: 3x tägl. Ancona, 7x Amandola, 12x Belforte del Chienti, 10x Camerino, 10x Cingoli, 6x Civitanova (Alta), 12x Fermo, 8x Jesi, 14x Loreto, 2x Matelica, 12x Monte San Giusto, 6x Muccia, 10x Osimo, 20x Porto Civitanova (Civitanova Marche), 12x Porto Recanati, 2x Porto San Giorgio, 2x Porto Sant'Elpidio, 14x Recanati, 6x Rom, 6x San Ginesio, 8x San Severino Marche, 10x Sant'Elpidio a Mare, 12x Sarnano, 14x Tolentino, 8x Treia, 10x Urbisaglia (über Abbazia Fiastra), 9x Visso. Piazza Pizzarello, Biglietteria ✆ 0733-261594. **Stadtbusse** fahren vom Zentrum zum Bahnhof.

**Taxis** an der Piazza della Libertà im Zentrum, am Bahnhof und beim Park Giardini Diaz. ✆ 0733-240353 oder 340-7107815.

**Einkaufen** Shoppingmeile in Macerata ist der Corso Matteotti mit den umliegenden Gassen. Hier viele Bekleidungsgeschäfte, aber auch Feinkost, Wein etc.

**Erste Hilfe**  **Krankenhaus** nur wenige hundert Meter südöstlich vom Zentrum, von der Porta Mercato den Corso Cairoli hinunter, Via S. Lucia, ✆ 0733-2571.

**Parken** An den Giardini Diaz gibt es mehrere Parkhäuser, ein Stück weiter auch einen Parkplatz; von hier geht es im Aufzug hoch in die Altstadt, man kommt ein Stück vom Palazzo Ricci entfernt an. Ein weiteres Parkhaus findet man unweit des Sferisterio. Wer in Macerata übernachtet, bekommt zumeist vom Hotel einen Parkplatz bzw. einen Parkberechtigungsschein zur Verfügung gestellt, aber Achtung: die Gassen sind ziemlich schmal. Die Hotels sind in der Regel schon ab der Stadtmauer bestens ausgeschildert.

**Polizei** Carabinieri, Via XX Settembre 2 (Nähe Palazzo Ricci), ✆ 0733-4061.

**Post** Via Gramsci (bei der Piazza Oberdan).

Die Provinz Macerata
Karte → S. 218/219

## Übernachten/Essen & Trinken

**Übernachten** Alle Hotels in Macerata sind ganzjährig geöffnet, ein Zimmer zu bekommen kann zur Zeit der Opernfestspiele allerdings zum Problem werden (immer ca. 15.7.–15.8.), für diesen Zeitraum sollte man frühzeitig buchen.

**\*\*\*\* Hotel Claudiani 4**, wahrscheinlich das beste Haus der Stadt, gediegen und recht nobel, mitten im Zentrum in einer Seitenstraße des Corso Matteotti. 40 Zimmer, alle mit Bad, TV, Aircondition, besonders schön die ganz oben mit eigener kleiner Dachterrasse. Es gibt eine Bar und eine hoteleigene Garage (9–14 €/Tag). Ganzjährig geöffnet. EZ 70–99 €, DZ 105–137 €, Frühstück inbegriffen. Via Ulissi 8, 62100 Macerata, ✆ 0733-261400, 📠 0733-261380, info@hotelclaudiani.it, www.hotelclaudiani.it.

**\*\* Hotel Arena 7**, sehr zentrale Lage direkt an den wuchtigen Mauern des Sferisterio, 27 Zimmer mit Bad, TV, Kühlschrank, teils nicht mehr ganz neu (im Anbau), manche auch nicht besonders groß. Der Service ist überaus freundlich und zuvorkommend. EZ 45–65 €, DZ 65–100 €, Frühstück inbegriffen. Vicolo Sferisterio 16, 62100 Macerata,

**Übernachten**
3  Da Rosa
4  Claudiani
5  Arcadia
6  Asilo Ricci
7  Arena

**Essen & Trinken**
1  Trattoria Da Rosa
2  Da Secondo
8  Osteria dei Fiori

✆ 0733-230931, ✉ 0733-236059, info@alberg oarena.com, www.albergoarena.com.

**\*\*\* Hotel Arcadia** , nahe Sferisterio, zu Zeiten des Opernfestivals ist es schwierig, ein Zimmer zu bekommen, da hier oft die Gastensembles absteigen. Teilweise recht schicke Zimmer mit Bad und TV, die meisten auch mit Aircondition, einige der Zimmer sind auch mit Küchenecke ausgestattet (Aufpreis). EZ 75 €, DZ 110 €, jeweils inkl. Frühstück. Via Padre Matteo Ricci 134, 62100 Macerata, ✆ 0733-235961, ✉ 0733-235962, info@harcadia.it, www.harcadia.it.

**\*\*\* Albergo da Rosa** , am nördlichen Rand der Altstadt in der ruhigen Via Armaroli, mit empfehlenswerter Trattoria gegen-

über (→ unten). Zimmer mit Bad, EZ 50 €, DZ 60–70 €, Frühstück inkl. Via Armaroli 94, 62100 Macerata, ✆/✉ 0733-232670, www. albergodarosa.com.

**Ostello Asilo Ricci** , nahe dem Sferisterio, einfachste und günstigste Übernachtungsmöglichkeit in Macerata, insgesamt 100 Betten, sehr freundlicher Padrone. Ganzjährig geöffnet. EZ 25 €, DZ 40 €, Dreibett-Zimmer 57 €, Frühstück ist jeweils im Preis inbegriffen, Mittag- bzw. Abendessen nach Vorbestellung. Via dell'Asilo 36, 62100 Macerata, ✆ 0733-270020, ✉ 0733-266070, www.ostelloasiloricci.jimdo.com.

**Essen & Trinken** Zu den Opernfestspielen im Juli und August kann man in den meisten Restaurants auch nach den Aufführungen noch essen – Reservierung obligatorisch!

**Ristorante Da Secondo** , genau das Richtige, wenn man sich in Macerata etwas Besonderes gönnen will. Stilvolles, gemütliches Ambiente, bunte Holzdecke, davor eine Terrasse. Ausgefallene Gerichte, viel Fisch, allerdings nicht gerade günstig: Menü ab ca. 35–40 €. Mittags und abends geöffnet, Mo geschlossen. Via Peschiera Vecchia 28 (von der Piazza della Libertà die Via Don Minzoni hinunter), ✆ 0733-260912 (für Sommerwochenenden ist eine Reservierung äußerst ratsam).

**Osteria dei Fiori** , in einer ruhigen Gasse parallel oberhalb zur Piazza Mazzini. Beliebte und vielfach empfohlene Osteria mit bekannt guter Küche, die mit „piatti della tradizione maceratese" wirbt. Sehr kleines, eher einfaches Lokal, nett hergerichtet, hübsche Wandgemälde, günstig: Menüs zu 20 und 27 € (darunter auch ein vegetarisches). Mittags und abends geöffnet, So geschlossen. Via Lauro Rossi 61, ✆ 0733-260142, www.osteriadeifiori.it.

**Trattoria Da Rosa** , rustikale Eleganz in eher einfachem Ambiente, jedoch wird auch hier sehr gute regionale Küche serviert. Dieses Lokal ist sicher der richtige Ort, um die typischen handgemachten *Vincisgrassi* (Nudelauflauf) zu probieren. Je nach Saison sind auch Trüffel und Fisch im Angebot. Mittleres Preisniveau, für das Gebotene angemessen, das Mittagsmenü gibt es schon für 16 €. Freundlich. Mittags und abends geöffnet, So geschlossen, für abends ist – zumindest im Sommer – eine Reservierung ratsam. Via Amaroli 17, ✆ 0733-260124.

Die Provinz Macerata Karte → S. 218/19

*Macerata*

100 m

## Sehenswertes

**Piazza della Libertà**: Unbestritten das Zentrum der Stadt, zu dem man immer wieder zurückfindet: Gehen Sie einfach bergauf, die Piazza befindet sich quasi am höchsten Punkt Maceratas. Neben dem *Palazzo dei Priori* aus der ersten Hälfte des 17. Jh. mit Fassade aus dem frühen 19. Jh., der heute die Präfektur beherbergt, schließt die *Loggia dei Mercanti* mit zweistöckigen Arkaden aus dem frühen 16. Jh. an. Links der Piazza befindet sich mit dem *Palazzo Comunale* eines der ältesten Gebäude der Stadt (1286).

Überquert man die Piazza della Libertà, sieht man gegenüber dem Palazzo dei Priori das *Teatro Lauro Rossi* aus dem Jahr 1774. Das Innere des hübschen Provinztheaters mit viel Stuck, Ornamentik und Logen strahlt Eleganz aus. Immer vormittags bei den Proben kann man auf Nachfrage auch mal einen Blick hinein werfen (oder nach Anmeldung unter ✆ 0733-230735). Nebenan befindet sich der *Uhrturm (Torre Civica)* aus dem 16. Jh., von dem man einen grandiosen Blick über die Stadt, das Umland und bis hin zu den Monti Sibillini hat.

Der Turm ist nur nach vorheriger Anmeldung beim **Infopoint Macerata** (Öffnungszeiten → oben) an der Piazza Mazzini 12 zu besichtigen, ✆ 0733-271709, Eintritt 2 € pro Pers.

**Museen im Palazzo Buonaccorsi**: Geht man von der Piazza della Libertà die Via Don Minzoni hinunter, erreicht man kurz vor der Piazza Strambi (hier der Duomo) auf der linken Seite den barocken Palazzo Buonaccorsi (Anfang 18. Jh.) mit skulpturengeschmücktem Innenhof. Im Palazzo befinden sich im Souterrain das **Museo della Carrozza** (Kutschenmuseum) und im Piano Nobile die beeindruckenden Freskengemälde der **Sala dell'Eneide** aus dem Jahr 1710, u. a. mit Darstellungen aus der griechischen Mythologie. Das Kutschenmuseum selbst bietet dem Besucher einen interessanten Einblick in die verschiedensten Kutschentypen (und Zubehör) im Laufe der Jahrhunderte. Darüber hinaus sind im Piano Nobile weitere Räumlichkeiten für Sonderausstellungen reserviert.

Di–So 10–18 Uhr, Mo geschl. Eintritt 5 €, erm. 3 €, mit Bookshop. Sa/So um 11 und 17 Uhr finden Führungen statt (2 €).Via Don Minzoni 24, ✆ 0733-256361, www.maceratamusei.it.

**Chiesa Madonna della Misericordia**: Ein Stück weiter die Via Don Minzoni hinunter erreicht man die Piazza Strambi, an der sich auch der Dom befindet. Links davon sieht man mit der *Chiesa Madonna della Misercordia* eine der interessantesten Kirchen der Stadt: Sehenswert im Inneren sind u. a. die „Immacolata" (Unbefleckte) von Sebastiano Conca sowie einige weitere Werke des Künstlers, darüber hinaus ein sehr schönes Deckenfresko. In der Sakristei befindet sich eine kleine Ausstellung mit sakralen Gegenständen und päpstlichen Gewändern. Ursprünglich ging der Bau aus einer Kapelle aus der Mitte des 15. Jh. hervor, die in den Jahren 1736–1741 durch Luigi Vanvitelli erweitert und grundlegend umgebaut wurde.

Tägl. geöffnet, über Mittag 12.30–15.30 Uhr geschlossen.

**Duomo (Cattedrale)**: Der Dom an der Piazza Strambi datiert ursprünglich ebenfalls aus dem 15. Jh., der benachbarte Campanile ist noch im Original erhalten. Der Dom selbst wurde Ende des 18. Jh. durch Cosimo Morelli grundlegend umgestaltet und erweitert, wobei die Fassade bis heute unvollendet blieb.

Tägl. geöffnet, über Mittag 12.30–15.30 Uhr geschlossen.

**Sferisterio**: Der Name dieser lang gestreckten und halb ovalen Arena rührt von ihrem ursprünglichen Verwendungszweck her: *Sphaeristerium* bedeutet so viel wie „Ballspielsaal". Tatsächlich wurde das Sferisterio in den Jahren 1819–1829 als

Arena für den „Pallone a Bracciale" gebaut, ein traditionelles Ballspiel der Gegend. Die Gelder für den neoklassizistischen Bau (90 x 36 m) mit hervorragender Akustik stammten damals übrigens von den reichen Bürgern der Stadt selbst. Die halbrunde Seite des Baus ist im Inneren mit dorischen Säulen unterteilt, auf zwei Stockwerken befinden sich hier insgesamt 104 Logen.

In den Sommermonaten finden tägl. um 10.30, 12, 16.30 und 17.30 Uhr geführte Besichtigungen statt. Eintritt 2 €, Tickets im Info-Point an der Piazza Mazzini 12 (Öffnungszeiten → oben), ℰ 0733-271709.

**Piazza Vittorio Veneto**: An dieser Piazza am unteren Ende des Corso della Repubblica befindet sich der *Palazzo Ricci* mit einer Gemäldesammlung italienischer Künstler vor allem des frühen 20. Jh. sowie zeitgenössischer Kunst.

Der Palazzo Ricci ist nur nach vorheriger Anmeldung zu besichtigen, Eintritt frei, Führungen auf Anfrage. Via Domenico Ricci 1, ℰ 0733-261484 oder 0733-261487, ℰ 0733-247492, www.palazzoricci.it.

# Nordwestliche Umgebung von Macerata

## Treia                                    ca. 10.000 Einwohner

Der Ort liegt auf 342 m Höhe und etwa 4 km oberhalb der SS 361 (Straße nach San Severino Marche) und rund 17 km westlich von Macerata. Mit fast 10.000 Einwohnern ist Treia einer der größeren Orte in der Umgebung Maceratas. Von der zentralen Piazza della Repubblica mit „Balcone" bietet sich ein herrlicher Weitblick auf die Umgebung, zu den Monti Sibillini im Südwesten und manchmal auch bis zum Meer. Gegenüber am gleichen Platz befindet sich mit dem *Palazzo Municipale* aus dem frühen 17. Jh. eines der eindrucksvollsten Gebäude im mittelalterlichen Stadtkern. Heute ist hier ein kleines archäologisches Museum untergebracht (nur auf Anfrage geöffnet, wenden Sie sich an die I.A.T.). Gut erhalten ist auch die mächtige mittelalterliche Stadtmauer.

Schöne Landschaft in der Provinz

Die Provinz Macerata
Karte → S. 218/219

Der Ort geht auf eine picenische Stadt zurück, die sich im Jahr 291 v. Chr. mit den Römern gegen die Gallier verbündete. Später erhob Rom ihn zum Munizipium namens *Trea*. Wer im August in der Gegend ist, sollte sich das Pallone-Fest am ersten Augustsonntag nicht entgehen lassen. *Pallone col Bracciale* ist ein traditionelles Ballspiel, für das man an der Stadtmauer eigens eine Arena errichtet hat.

**Informationen** I.A.T. im Palazzo Comunale an der Piazza della Repubblica 3, im Sommer tägl. 10–13 und 16–19 Uhr, ✆ 0733-215919, ✉ 0733-217357, prolocotreia.iat@ treia.sinp.it, www.prolocotreia.it.

**Verbindungen** Etwa 8x tägl. **Busse** nach Macerata.

### Abbazia di Rambona

Ein frühromanisches Kleinod findet sich zwischen hohen Bäumen versteckt im Tal des Potenza in der Nähe von Rambona (erreichbar über den Ort Pollenza, ab dort beschildert): die Abbazia di Rambona, entstanden ab dem 9. Jh. in der Nähe einer Quelle, deren quadratischer Speicherraum aus römischer Zeit noch heute erhalten ist. Die Abtei selbst hat von außen ihre eindrucksvolle Form mit den drei Apsiden weitgehend bewahrt, wurde im Inneren allerdings im Laufe der Jahrhunderte vielfach umgestaltet. Im Kirchenschiff sind mehrere Fresken aus dem 13.–16. Jh. zu bewundern, Höhepunkt ist zweifellos die Krypta aus dem 12. Jh. mit einer Vielzahl von Säulen sowie filigran und teils farbig gestalteten Kapitellen aus Marmor und Sandstein. Die Fresken der zentralen Apsis stammen hier aus dem 15./16. Jh.

Die Kirche ist nur unregelmäßig geöffnet. An der Kirchentür hängt die Mobilnummer des Küsters Don Giuseppe, der, sofern er Zeit hat, gerne vorbeikommt und öffnet. Infos auch in Pollenza beim *Ufficio Cultura*, ✆ 0733-548716, oder der *Associazione Pro Rambona*, ✆ 0733-843030.

# Cingoli
ca. 10.700 Einwohner

Eindeutig die beste Aussicht der ganzen Gegend, die in nordöstliche Richtung über endlose Hügel bis hin zum Monte Conero reicht – mehr Marken auf einen Blick geht fast nicht.

Das schöne Panorama hat Cingoli seiner exponierten Lage auf 631 m Höhe zu verdanken, der Ort trägt auch den Beinamen „Balkon der Marken". Den besten Blick von Cingoli auf die weite Landschaft hat man von der Nordseite des Centro Storico bei der *Chiesa San Francesco*.

Ein Bummel durch die Altstadt führt bergauf über den Corso Garibaldi mit zahlreichen eleganten Palazzi aus dem 16.–18. Jh., darunter auch der *Palazzo Castiglioni*, in dem der spätere Papst Pius VIII. im Jahr 1761 unter dem Namen Francesco Saverio Castiglioni das Licht der Welt erblickte. An der zentralen Piazza Vittorio Emanuele II am höchsten Punkt des Ortes – hier befand sich einst das römische

Forum – stößt man dann auf den *Palazzo Municipale* aus dem 12. Jh. (im 16. Jh. umgebaut) mit Uhrturm aus dem späten 15. Jh. Hier ist das *Museo Archeologico Statale* untergebracht (Mo–Mi 8.30–13.30 Uhr, Do–So 15–19 Uhr, Eintritt frei). Gegenüber davon befindet sich die *Cattedrale Santa Maria Assunta* aus dem 17. Jh., deren letzter Umbau aus der Mitte des 20. Jh. datiert.

Am romantischsten gibt sich das recht verschlafene historische Zentrum in der *Via del Podestà* (zweigt beim Rathaus ab): Hier findet sich noch viel mittelalterliche Bausubstanz und wenig Verkehr.

Das römische *Cingulum* wurde im 3. Jh. v. Chr. gegründet und später von den Goten zerstört. Im Mittelalter geriet Cingoli in den Herrschaftsbereich des nordöstlich gelegenen Osimo, war zwischenzeitlich freie Stadt und ging dann an den Kirchenstaat. Ihre größte Blütezeit erlebte die Stadt ab dem 16. bis ins 18. Jh.

**Information**  I.A.T. an der Porta Pia, Mo–Sa 9–13 Uhr, Di/Do auch 16–20 Uhr. Via Luigi Ferri 17, 62011 Cingoli (MC), ℰ/℡ 0733-602444, atcproloco@interfree.it, www.prolococingoli.it.

**Verbindungen**  Ca. 10x tägl. **Busse** nach Macerata, mehrmals tägl. auch nach Jesi und San Severino Marche.

**Erlebnisbad**  Etwa 8 km östlich von Cingoli liegt an der Straße Richtung Filottrano das **Centro Vacanze Verdeazzurro**, genau das Richtige für einen entspannten Tag mit Kindern. Neben spektakulären Rutschen gibt es ein Wellenbad, ein Sportbecken (25 m), Wassergymnastik und jede Menge Animationsangebote, außerdem Bar und

Ristorante. Im Juli/Aug. 12–15 € Eintritt, für Kinder unter 120 cm 10–12 €, ab 14 Uhr wird es etwas günstiger. Die Schwimmbecken sind 9–19 Uhr geöffnet (Mittagspause 13–14 Uhr), die Rutschen zwischen 12 und 15 Uhr geschlossen. Angeschlossen ist ein Bungalow-Villaggio mit eigenem Pool, für 2–3 Pers. 95–117 €/Tag, 4–6 Pers. 118–183 €. Geöffnet hat das Centro von Anfang Juni bis ca. 10. September. Loc. San Faustino 6, 62011 Cingoli (MC), ℰ 0733-615262, ℡ 0733-615309, info@verdeazzurro.it, www.verdeazzurro.it.

**Übernachten**  Hotel **Miramonti**, ruhiges, nicht mehr ganz neues Haus etwa 1,5 km außerhalb vom Zentrum gelegen, in der Nähe des Sportplatzes, mit Ristorante. Achtung: Zuletzt wegen Renovierung geschlos-

Die Provinz Macerata
Karte → S. 218/219

Bei Cingoli

sen! Via Cerquatti 31, 62011 Cingoli (MC), ☏ 0733-604106, 📠 0733-602239, www.hotel miramonticingoli.it.

Außerdem mehrere **B&Bs** im Stadtzentrum, am besten bei der I.A.T. nachfragen.

**Cafés** Törtchen und kleine Snacks gibt es in der **Caffeteria del Duomo** an der Piazza Vittorio Emanuele II. Auch Tische und Stühle auf der Piazza.

**Pinacoteca Comunale „Donatello Stefanucci":** Die städtische Pinakothek in der Via Mazzini 10 bewahrt einen weiteren Schatz von Lorenzo Lotto auf, den man hier in der Provinz eigentlich kaum vermuten würde: die „Madonna del Rosario" („Madonna mit dem Rosenkranz") aus dem Jahr 1539, die als ein weiteres Meisterstück des Künstlers gilt. Zu finden ist die Galerie parallel zur Piazza Vittorio Emanuele II, hinter der Caffeteria del Duomo.

Zuletzt Mi und Fr 16–19 Uhr, Sa/So 10–13 und 16–19 Uhr, ☏ 0733-602877.

# Nordöstliche Umgebung von Macerata

## Montelupone

ca. 3700 Einwohner

14 km östlich von Macerata liegt malerisch auf einem Hügel das Städtchen Montelupone, ausgezeichnet mit der „Bandiera Arancione" und dem Prädikat der „borghi più belli d'Italia". Das kompakte mittelalterliche Stadtbild des Centro Storico steht in deutlichem Gegensatz zum zersiedelten und von Industriebauten durchzogenen neuen Ortsteil unterhalb des Hügels. Die Bezeichnung „Montelupone" (von „mons lupia", später „montis luponis") stammt vermutlich vom Namen einer römischen Familie. Ausgrabungen aus dem Jahr 1926 belegen, dass wohl schon in picenischer Zeit Menschen in der Gegend siedelten. Die älteste urkundliche Erwähnung des heutigen Montelupone datiert um das Jahr 1150, die heute sichtbaren Befestigungen, Tore und Palazzi wurden zu weiten Teilen von den Malatesta aus Rimini zu Beginn des 15. Jh. erbaut. Im 16. Jh. wurde Montelupone in die neu gegründete Diözese von Loreto eingegliedert.

Ein Rundgang durch das Zentrum führt an zahlreichen, teilweise noch zu restaurierenden Palazzi vorbei, allerdings ist deutlich erkennbar, dass in den letzten Jahren bereits viel Geld investiert wurde. Hervorzuheben sind der *Palazzo Comunale* (14.–18. Jh.) an der Piazza del Comune, die drei gut erhaltenen mittelalterlichen Stadttore, der *Palazzetto del Podestà* mit der *Torre Civica* (beide aus dem 14. Jh.) und

### Abbazia di San Firmano

Wenige Kilometer nördlich von Montelupone liegt inmitten des Weilers *San Firmano* die gleichnamige Abtei aus dem 9./10. Jh. Von außen in ihrer Schlichtheit unspektakulär, ist sie mit ihrem geradlinigen dreischiffigen Inneren mit den hohen schlanken Säulen, dem blank geschmirgelten Steinboden und der weiten, steilen Treppe, die zum erhöhten Altarraum mit einem Fresko aus dem 13. Jh. führt, sicherlich ein Höhepunkt der romanischen Kirchenkunst in den Marken. Unter dem Altarraum befindet sich eine gemauerte Krypta mit einer Vielzahl an Säulen, Rundbögen und einfachen Kapitellen.

Unregelmäßig geöffnet. Im Zweifelsfall kann man in der verschlafenen Bar auf der anderen Seite der kleinen Piazza nachfragen.

das Theater *„Nicolà degli Angeli"* aus dem 19. Jh. Außerdem gibt es ein Museum, das den ländlichen Alltag früherer Jahrhunderte präsentiert, sowie eine Sammlung hunderter historischer Fotoapparate.

**Information** Das Ufficio del Turista befindet sich unter den Arkaden der Palazzetta del Podestà und ist im Sommer tägl. 9.30–13 und 15–19.30 Uhr geöffnet, ☎ 0733-226015, info@comune.montelupone.mc.it. Hier erfahren Sie auch die aktuellen Öffnungszeiten der Museen; eine Führung durch das Theater kann vermittelt werden.

**Feste** Am vorletzten Wochenende im August findet in Montelupone der farbenprächtige *Apimarche* statt, ein dreitägiges Spektakel mit historischen Umzügen, Musik, Theateraufführungen und dem Verkauf landwirtschaftlicher Produkte der Gegend. Auskünfte erteilt das Touristenbüro.

# Südliche Umgebung von Macerata

## Abbadia di Fiastra

Das Naturschutzgebiet *Riserva Naturale Abbadia di Fiastra* (ca. 1800 ha Gesamtfläche) liegt etwa 11 km südlich von Macerata und erstreckt sich beidseits der SS 78 (Straße nach Sarnano). Mit ca. 100 ha Wald, dem Fluss Fiastra, Radwegen und Picknickplätzen sowie dem äußerst sehenswerten Kloster *Abbadia Chiaravalle di Fiastra* ist das Areal ein beliebtes Ausflugsziel. In einem Nebengebäude des Klosters sind auch ein Besuchszentrum des Naturparks sowie ein Museum über ländliche Traditionen untergebracht (www.abbadiafiastra.net).

Die *Abbadia Chiaravalle di Fiastra* (an der SS 78, beschildert) wurde 1142 von Zisterziensermönchen gegründet, als Baumaterial dienten u. a. die Überreste des römischen *Urbs Salvia* wenige Kilometer südlich (→ unten). Das Kloster stieg schnell zu einem wichtigen religiösen Zentrum Mittelitaliens auf, hier lebten an die 200 Mönche. Nach fast 300 Jahren ungestörter Vormachtstellung wurde die Abtei 1422 zerstört, es folgte ein rapider Abstieg, bis Ende des 16. Jh. die Jesuiten hier einzogen. Später erklärte die Familie Bandini aus Camerino die Abtei zu ihrer Residenz,

Die Provinz Macerata Karte → S. 218/219

Zisterzienserkloster Abbadia di Fiastra bei Macerata

heute wird das Kloster wieder von Mönchen bewohnt. Die sorgfältig restaurierte Klosterkirche gilt als Paradebeispiel der Zisterzienser-Architektur: ein schlichter Bau mit Rosette über dem Eingangsportal, im Inneren beeindrucken Fresken aus dem 14. und 15. Jh. Außer der Kirche können auch Teile des angeschlossenen Klosters besichtigt werden. Durch den eindrucksvollen *Kreuzgang* gelangt man ins *Refektorium*, der Öffentlichkeit zugänglich ist außerdem die *Sala Capitolo* gleich beim Eingang.

**Verbindungen**   Die Abbadia di Fiastra ist ca. 10x tägl. mit dem Bus ab Macerata zu erreichen.

**Öffnungszeiten/Eintritt**   Vom 1.6. bis 30.9. tägl. 10–13 und 15–19 Uhr, von Oktober bis einschließlich Mai nur Sa/So 10–13 und 15–18 Uhr. Die Besichtigung der Klosterkirche und des Kreuzgangs ist umsonst, ansonsten 5 € Eintritt, ermäßigt 3 €, darin sind neben der Besichtigung von Sala del Capitolo und Refettorio auch die wechselnden Ausstellungen und die archäologische Sammlung enthalten. Audioguide in Englisch 2 €. Kombiticket mit dem Ausgrabungsgelände Urbs Salvia und der Rocca 9,50 €, ermäßigt 8 €, Kinder unter 14 J. gratis. Bookshop angeschlossen. Abbadia di Fias-

tra, 62029 Tolentino (MC), ✆ 0733-202122 oder 0733-202942, 📠 0733-202942, www.abbadia fiastra.net oder www.meridianasrl.it.

**Übernachten**   *** Hotel La Foresteria, neues Albergo in den alten Gemäuern des Klosters in einem Seitentrakt, ruhige Lage, mit Ristorante und Bar. Nur 24 komfortable Zimmer mit Bad, TV, Aircondition. Am Wochenende sind die Tarife etwas günstiger. EZ 65 €, DZ 80 €, Dreibett-Zimmer um 100 €, Frühstück inkl. Contrada Abbadia di Fiastra 11, 62029 Tolentino (MC), ✆ 0733-201125, 📠 0733-201482.

**Essen & Trinken**   Da Rosa, Ristorante und Bar beim Kloster, nicht teuer, Mo–Mi nur mittags, Fr–So mittags und abends, Do geschlossen. ✆ 0733-203552.

# Urbisaglia/Urbs Salvia                      ca. 2700 Einwohner

**Das Städtchen Urbisaglia thront kompakt auf einer Anhöhe, das Ortsbild wird von der mächtigen Rocca bestimmt. Für marchigianische Verhältnisse spektakulär sind vor allem die römischen Ausgrabungen.**

Das Ausgrabungsgelände *Parco Archeologico di Urbs Salvia* erstreckt sich zwischen Urbisaglia und dem unterhalb gelegenen Ortsteil Convento auf einem 310 m hohen Hügel. Zu sehen sind gut erhaltene Überreste einer 2 km langen antiken Stadtmauer, eines Amphitheaters aus dem späten 1. Jh. n. Chr. (übrigens das besterhaltene der Marken, in dem alljährlich im Juli ein Theaterfestival stattfindet), eines Aquädukts, eines unterirdischen Wasserreservoirs/Zisternen (sehr lohnend!) und darüber hinaus am Hügel die eines Theaters und zweier Tempel, in denen noch einige Mosaikfragmente aus der Zeit von 27 bis 54 n. Chr. zu erkennen sind. Urbs Salvia gilt als interessantestes Ausgrabungsgebiet der an antikem Vermächtnis eher armen Region Marken. Die antike Siedlung war wohl schon in vorrömischer Zeit bewohnt und entwickelte sich ab 60 n. Chr. aufgrund ihrer Lage am Kreuzungspunkt zweier wichtiger Straßen zu einer bedeutenden römischen Stadt. Anfang des 5. Jh. wurde Urbs Salvia vom Westgoten Alarich zerstört. Wer sich für römische Ruinen interessiert, sollte unbedingt einen Abstecher hierher unternehmen. In dem beschaulichen mittelalterlichen Dorf selbst lohnt neben der mächtigen Rocca aus dem 16. Jh., deren Turm aus man einen fantastischen Blick auf die umliegende Hügellandschaft genießt, auch das archäologische Museum im Zentrum (hier sind einige interessante Stücke des Ausgrabungsgeländes zu sehen) einen Besuch.

Wem der Ort irgendwie bekannt vorkommt: Georg Gänswein, Privatsekretär und engster Vertrauter des im Februar 2013 emeritierten Papstes Benedikt XVI., wurde noch im Dezember 2012 von diesem zum Erzbischof von Urbisaglia berufen.

**Information** Das **Ufficio Turistico/Pro Loco** befindet sich außerhalb der Stadtmauern von Urbisaglia, hier kann man auch die Tickets für das Ausgrabungsgelände erwerben. Freundliche und hilfsbereite Mitarbeiter. Vom 15.6. bis 15.9. tägl. 10–13 und 15–19 Uhr geöffnet, ansonsten nur Sa/So 10–13 und 15–18 Uhr (bzw. 14.30–16.30 Uhr). Via Sacrario 9, 62010 Urbisaglia (MC), ✆/📠 0733-506566, info@meridianasrl.it, www.urbisaglia.com, www.urbisaglia.sinp.net.

**Öffnungszeiten/Eintritt** Die Öffnungszeiten des archäologischen Museums, der Ausgrabungen und der Rocca sind die gleichen: 15.6.–15.9. tägl. 10–13 und 15–19 Uhr, 16.9.–1.11. sowie 1.3.–14.6. Sa/So 10–13 und 15–18 Uhr, 2.11.–28.2. Sa/So 10–13 und 14.30–16.30 Uhr. Das Kombiticket für Rocca, Zisternen und Ausgrabungen kostet 7 €, erm. 5 € und ist sein Geld wert (Kombiticket mit Abbadia di Fiastra: 9 €, erm. 7,50 €). Für die Kombi-Tour sollten Sie 2–3

Stunden rechnen, da man von Sehenswürdigkeit zu Sehenswürdigkeit jeweils einen kleinen Fußmarsch bewältigen muss. Da es wenig Schatten gibt, empfiehlt es sich, im Sommer möglichst früh oder abends zu kommen. Kostenlose Führungen werden immer sonntags um 11 und 14.30 Uhr angeboten, Ausgangspunkt ist das Ufficio Turistico in der Via Sacrario 9.

Wenn Sie Glück haben, treffen Sie an der Ausgrabungsstätte den polyglotten Gianluca, der neben Italienisch auch Englisch, Deutsch und Spanisch spricht und eine leidenschaftliche Führung bietet. Fragen Sie ihn nach der Kirche der *Madonna della Maestà* – wenn er Zeit hat, fährt er mit Ihnen hin und sperrt auf. Die in der Regel verschlossene Kirche liegt 1 km in Richtung Fiastra direkt an der Straße und beherbergt eindrucksvolle mittelalterliche Fresken aus dem 15. Jh.

# Von Macerata Richtung Monti Sibillini

Der Weg führt entweder durch das Chienti-Tal über **Castello di Rancia**, **Tolentino**, **Belforte del Chienti** und vorbei an **Caldarola** nach **Camerino** oder durch das Potenza-Tal über **San Severino Marche**, wobei erstere Route trotz stark befahrener und meist vierspuriger Straße (SS 77) eindrucksvoller ist.

## Castello della Rancia

Das mächtige Castello in der Ebene neben der viel befahrenen SS 77 wurde im 12. Jh. als Außenbastion der Mönche aus der *Abbadia Chiaravalle di Fiastra* gebaut und 1357 von den Fürsten Varano aus Camerino übernommen. Historisch Bedeutsames spielte sich hier an den ersten Maitagen des Jahres 1815 ab, als der von Napleon auf dem Königsthron von Neapel installierte Joachim Murat bei der sog. *Schlacht von Tolentino* von den Österreichern geschlagen wurde.

Ein Rundgang durch das wehrhafte Castello führt zunächst in den Innenhof, in dem noch heute die Schneegrube (als Kühlschrank) und Reste der mittelalterlichen Säulen zu sehen sind. Im ehemaligen Stall ist ein Teil des archäologischen Museum von Tolentino zu sehen – Funde aus prähistorischer Zeit bis ins Mittelalter, darunter hauptsächlich auch Zeugnisse der regionalen picenischen und römischen Besiedlung.

Vor allem lohnt der „Mastio", der höchste Turm des Castellos (25 m), einen genaueren Blick: In diesem Wehrturm konnte sich der Burgherr in Sicherheit bringen, die Gegend ausspähen lassen, Angriffe abwehren lassen und Gefangene einkerkern lassen – die militärische Schaltzentrale des Castello.

April–September Di–So 9–13 und 15–19 Uhr, im Winter nachmittags 15.30–18.30 Uhr. Eintritt 4 €, ermäßigt (unter 18 und über 65 J.) 2,50 €, unter 10 J. frei. Führungen 5 €/Pers. ✆ 0733-973349 bzw. 348-0883989 (für Führungen), www.tolentinoturismo.it.

Die Provinz Macerata
Karte → S. 218/219

# Tolentino

ca. 21.000 Einwohner

**Wer von Süden kommt, erreicht das mittelalterliche Zentrum über den Ponte di Diavolo aus dem 13. Jh. Der „Teufelsbrücke" hält Tolentino seinen Wunder vollbringenden Stadttheiligen San Nicolà entgegen – und auch sonst ist die Stadt am Chienti an kuriosen Sehenswürdigkeiten nicht arm.**

Da wäre zum Beispiel der Uhrturm an der zentralen Piazza della Libertà, der gleich mehrere Instanzen zum Messen der Zeit heranzieht, oder aber das *Internationale Karikaturenmuseum*. Passenderweise findet alle zwei Jahre in Tolentino – und im Castello della Rancia – die *Biennale Internazionale dell'Umorismo nell'Arte* statt, bei der Künstler aus aller Welt zum Wettstreit um den Humor in der Kunst antreten (das nächste Mal Juli bis Oktober 2013, dann wieder 2015). Hauptsehenswürdigkeit des Wallfahrtsortes Tolentino ist aber die riesige *Basilica San Nicolà* mit den Reliquien des Heiligen.

Das Schwemmland des Chienti in der Gegend um Tolentino war bereits von den Picenern besiedelt. Ab 1275 lebte hier nachweislich der schon zu Lebzeiten verehrte heilige Nikolaus (San Nicolà), der 1305 in Tolentino starb. Später rückte die Stadt nur noch zweimal in den Fokus der Geschichte: 1797 wurde im *Palazzo della Pace* (in der gleichnamigen Via) der „Frieden von Tolentino" zwischen Napoleon Bonaparte und Papst Pius VI. besiegelt, welcher den Kirchenstaat entscheidend schwächte; 1815 fand im nahe gelegnen *Castello della Rancia* die „Battaglia di Tolentino" statt. (→ „Castello della Rancia", S. 235). Jedes Jahr am 2. und 3. Mai wird die Schlacht im Rahmen eines Volksfestes nachgespielt.

**Information** I.A.T. im Palazzo Sangallo an der großen Piazza im Zentrum, Di–Sa 10–13 und 16–19 Uhr, So 10–13 Uhr, Mo geschlossen. Piazza della Libertà, 62010 Tolentino (MC), ✆ 0733-972937, info@tolentinoturismo.it, www.tolentinoturismo.it.

**Verbindungen** Der Bahnhof von Tolentino befindet sich ca. 1 km nördlich der Altstadt, folgen Sie dem Viale Matteotti (Verlängerung der Via della Pace) stadtauswärts. Tolentino liegt an der Strecke Civitanova Marche – Fabriano, ca. 8x tägl. **Züge** nach Civitanova (über Macerata), ebenfalls ca. 8x nach Fabriano (via San Severino Marche, Castelraimondo und Matélica).

**Busse** fahren an der Piazza della Libertà ab, ein Fahrplan hängt aus, Tickets in der Tabaccheria am Platz. 1x tägl. nach Sarnano, 2x San Ginesio, 10x Camerino, 2x Visso (Umsteigen in Maddalena), 9x Recanati, 10x Macerata und Civitanova Marche, 8x Loreto.

**Übernachten** **** Hotel 77, nicht sehr schönes, aber recht komfortables (und renoviertes) Haus, ein Stück außerhalb auf dem viel befahrenen Viale Buozzi (Straße Richtung San Severino, beschildert), mit Restaurant. Das DZ mit Bad, TV und Frühstück kostet ca. 120 €, das EZ ca. 85 €. Viale Buozzi 90, 62029 Tolentino (MC), ✆/℡ 0733-967400.

** Albergo Milano, im Zentrum nahe der Piazza della Libertà, recht einfach, ebenfalls renoviert und mit Ristorante. Hier kostet das EZ mit Bad und TV 40 €, das DZ 65 €, Frühstück extra. Via Roma 13, 62029 Tolentino (MC), ✆/℡ 0733-973014, www.hotel milanotolentino.it.

**Essen & Trinken** Für einen kurzen Stopp eignet sich die traditionsreiche Bar an der Piazza della Libertà, im Zentrum auch einige wenige, unspektakuläre Lokale.

## Sehenswertes

**Basilica San Nicolà**: Die Kirche aus dem 13. Jh. (im 14. Jh. umgebaut) liegt nur wenige Schritte von der Piazza della Libertà entfernt. Sofort ins Auge sticht das reich ausgeschmückte gotische Portal, berühmt ist die Basilika allerdings für den prächtigen Freskenzyklus mit Szenen aus dem Leben von San Nicolà in der *Cappella Grande* („Cappellone") bzw. *Cappella San Nicolà* auf der rechten Seite. Die Fresken stammen aus dem 14. Jh. und werden gemeinhin der „Rimineser Schule" zugeordnet, der Urheber des Kunstwerks ist allerdings unbekannt – man nennt ihn deshalb schlicht den „Meister von Tolentino". In der Krypta sind die Reliquien des Stadtheiligen zu sehen, der u. a. auch wegen seiner wundersamen Kräfte zu großer Popularität gelangte. Zur Kirche gehört auch ein sehr sehenswerter Kreuzgang aus dem 13./14. Jh. (Zugang über die Kapelle San Nicolà).

Tägl. geöffnet, über Mittag 12.30–15.30 Uhr geschlossen. Ab Piazza della Libertà ausgeschildert (nur wenige Schritte entfernt).

**Museo Internazionale dell'Umorismo nell'Arte – MIUMOR:** Das Museum im ersten Obergeschoss des *Palazzo Sangallo* an der Piazza della Libertà hat sich hauptsächlich der Kunst italienischer Karikaturisten verschrieben, unter den ca. 5000 Exponaten sind jedoch auch Werke einiger ausländischer Künstler

Uhrturm in Tolentino

zu finden. Teilweise sehr gelungen, allerdings (er)kennt man viele der Karikierten als normaler Italienbesucher gar nicht. Dennoch: angenehm leichte Kost nach schwerer Kirchenkunst.

Di–So 9–13 und 15–19 Uhr, in den Wintermonaten (Oktober–März) 10–13 und 15.30–18.30 Uhr, Mo geschlossen. Eintritt 3 €, erm. 1,50 €, zu Sonderausstellungen teurer. Piazza della Libertà, ☎ 0733-969797.

# San Severino Marche

ca. 13.000 Einwohner

Das Herz der Stadt schlägt an der riesigen, ellipsenförmigen Piazza del Popolo mit Geschäften unter den stilvollen Arkaden. Der malerische alte Ortskern Castello liegt dagegen still und verlassen auf dem Hügel Monte Nero.

Das Leben von San Severino spielt sich fast ausschließlich im unteren Ortsteil *Borgo* ab, der zwar bereits im 13. Jh. entstand, im Vergleich zum *Castello* jedoch geradezu noch jung ist. Umgeben ist der Borgo von einer modernen Peripherie am Fluss Potenza.

Beim Spaziergang durch San Severino sollte man auch den oberen Ortsteil Castello mit einbeziehen. Hier wurde in den letzten Jahren viel restauriert, alles ist recht ruhig und stellenweise geradezu idyllisch. Sehenswert ist hier oben neben dem alles überragenden *Torre Comunale* (13./14. Jh.) der *Duomo Vecchio* aus der Mitte des 10. Jh., der bereits im Jahr 1061 erstmals umgebaut wurde, das Innere hat man zuletzt Mitte des 18. Jh. grundlegend umgestaltet.

Die Provinz Macerata
Karte → S. 218/219

Die bedeutenderen Sehenswürdigkeiten von San Severino liegen im unteren Ortsteil, darunter der *Duomo Nuovo* (oder *Duomo San Agostino)* aus dem 13. Jh., der nicht ganz so alt ist wie sein Gegenstück auf dem Berg. Im Inneren finden sich hier einige sehenswerte Sakralgemälde aus dem 16.–17. Jh. In der *Chiesa San Lorenzo in Doliolo* (Zugang über die Via della Galetta) bei der gleichnamigen Porta sind die wohl kostbarsten Kirchenschätze der Stadt zu besichtigen: In der Krypta stößt man auf Fresken der aus San Severino stammenden Brüder Lorenzo und Jacopo Salimbeni.

## Geschichte

Die Gegend am Fluss Potenza war von den Picenern und später von den Römern besiedelt. Hier, an der wichtigen Verbindungsstraße Via Flaminia, befand sich die römische Stadt *Septempeda,* die im 6. Jh. n. Chr. allerdings von den Goten dem Erdboden gleich gemacht wurde. Man siedelte daraufhin zunächst auf dem Monte Nero, ab dem 13. Jh. aber verstärkt unterhalb davon im Borgo. An der heutigen Piazza del Popolo entstand ein reges Handelszentrum. Es regierten die Smeducci, dann für kurze Zeit die Sforza, bis die Stadt an den Kirchenstaat fiel. Anfang des 19. Jh. wurde das prachtvolle *Teatro Feronia* an der Piazza del Popolo gebaut, das als besonders gelungenes Beispiel des Neoklassizismus gilt – für ein Provinztheater außerordentlich beeindruckend (aber leider meistens geschlossen, Besichtigungen nur nach Anmeldung, fragen Sie bei der I.A.T.).

**Information**  Pro Loco/I.A.T. mit netten Mitarbeitern und nützlichem Kartenmaterial, z. B. zu verschiedenen historischen Stadtrundgängen, Di–So 9–12.30 und 16–19.30 Uhr, im Winter nur nachmittags 15–18 Uhr. Mo geschlossen. Piazza del Popolo 43, 62027 San Severino Marche (MC), ☏/✆ 0733-638414, info@prolocossm.sinp.net, www.prolocossm.sinp.net.

**Verbindungen**  Züge ca. 8x tägl. nach Civitanova Marche (über Tolentino und Macerata), ebenfalls ca. 8x nach Fabriano (via Castelraimondo und Matélica). Der Bahnhof liegt noch relativ zentral (knapp 500 m von der Piazza del Popolo entfernt).

**Busse** 7x tägl. nach Camerino und Macerata, Abfahrt an der Piazza Stazione (Bahnhof). **Stadtbusse** hinauf nach Castello fahren ca. alle 2 Stunden vom Bahnhof und vom Viale Biglioli ab (gegenüber der Tankstelle), Fahrplan hängt aus.

**Feste**  Palio dei Castelli, das mittelalterliche Fest mit Wettstreit der Stadtteile findet alljährlich in den ersten zehn Tagen im Juni statt, mit großem Fest am 8. Juni.

**Übernachten** *** Hotel Due Torri, schöner alter Natursteinbau mit vorzüglichem Ristorante (→ unten), liegt im idyllischen alten Ortsteil Castello (gleich am Eingang von Castello bei Torre und Duomo Vecchio). Ruhige Lage, nur 15 eher schlichte Zimmer,

alle mit Bad und TV. EZ 45 €, DZ 65–70 €, Dreibett-Zimmer 80 €, Frühstück inkl. Ganzjährig geöffnet. Via San Francesco 21, 62027 San Severino Marche (MC), ☏ 0733-645419, ✆ 0733-979980, info@duetorri.it, www.due torri.it.

**Übernachten außerhalb** *** Locanda Salimbeni, gut 4 km außerhalb von San Severino Marche an der SS 361 Richtung Castelraimondo, schöne Lage vor steiler Felswand, lediglich die Straße am Fluss entlang stört ein wenig. Mit Garten und sehr gepflegtem Pool, Ristorante (nur abends geöffnet, So auch mittags, Mo geschlossen). Zimmer überwiegend mit dunklem, altem Mobiliar und teilweise mit Himmelbetten ausgestattet. EZ 45–52 €, DZ 70 €, Frühstück inbegriffen, Halbpension ist möglich und empfehlenswert. Loc. Valle dei Grilli SS 361, 62027 San Severino Marche (MC), ☏ 0733-634047, ✆ 0733-633901, info@locanda salimbeni.it, www.locandasalimbeni.it.

**Essen & Trinken**  Due Torri, Restaurant des obigen Hotels, gute regionale und vielfältige Küche, freundlicher Service, dazu hauptsächlich Weine aus den Marken (lassen Sie sich beraten). Für das Gebotene nicht teuer, ein Menü kommt auf ca. 25–30 €, mittags gibt es ein günstiges kleines Menü um 10 €. Mittags und abends geöffnet, Mo geschlossen.

## Sehenswertes

**Pinacoteca „P. Tacchi Venturi"**: Die Pinakothek befindet sich im *Palazzo Manuzzini* in der Via Salimbeni 39 (von der Piazza del Popolo Richtung Porta Lorenzo). Zu sehen sind Werke der Salimbeni-Brüder, darüber hinaus aber auch eine „Madonna della Pace" des umbrischen Künstlers Pinturicchio.

Di–Sa 10–13 und 15–19 Uhr, Mo geschlossen, im Winter nur nach vorheriger Anmeldung. Eintritt 3 €, Kombiticket mit Museo Archeologico 4 €. ℡ 0733-638095.

**Museo Archeologico „Giuseppe Moretti"**: Das Museum im oberen Ortsteil Castello (neben dem Duomo Vecchio) zeigt Funde aus der Gegend von prähistorischer bis in die römische Zeit. Letztere stammen vor allem aus dem nahe gelegenen *Septempeda*.

Di–So 10–13 und 16–19 Uhr, Mo geschlossen, in der Nebensaison nur Sa/So geöffnet. Eintritt 3 €, unter 16 und über 65 J. frei, Kombiticket Museo und Pinacoteca 4 €. ℡ 0733-633919.

# Matélica

ca. 10.500 Einwohner

**Ein beschauliches, nettes Landstädtchen mit Flair, ungefähr auf halber Strecke zwischen Fabriano und Camerino gelegen.**

Matélica liegt auf einer kleinen Anhöhe in der Anbauregion des *Verdicchio di Matélica*, eines frischen Weißweins. Unterhalb des Ortes fließt der Braccano mit dem hier noch schmalen Esino zusammen, und im Zentrum an der salonhaften Piazza Mattei mit schönem Brunnen lässt es sich trotz Verkehr gut aushalten. Ein ruhiger, wenig spektakulärer Ort ohne „große" Sehenswürdigkeiten, aber sehr typisch für die Region.

Dabei ist die zentrale Piazza an sich durchaus sehenswert. Der *Palazzo Pretorio* samt Torre stammt aus dem Jahr 1270, die elegante *Loggia degli Ottoni* wurde im frühen 16. Jh. angefügt. Bewegt man sich von der Piazza Mattei in südliche Richtung, kommt man bei einem Spaziergang an mehreren Kirchen vorbei, von denen die *Chiesa San Francesco* (in der gleichnamigen Straße), die ursprünglich aus dem 13. Jh. stammt, sicherlich am sehenswertesten ist (im Inneren einige kunstvolle Altargemälde aus dem 16. und 17. Jh.).

Hauptsehenswürdigkeit des Ortes ist jedoch das *Museo Piersanti* (Via Umberto I, nur wenige Schritte von der Piazza Mattei): In der Kunstsammlung des Monsignore Filippo Piersanti aus dem 17. Jh. befinden sich einige herausragende Werke (u. a. von Antonio da Fabriano und Vittore Crivelli), in der Regel handelt es sich natürlich um Heiligendarstellungen, aber auch Stillleben, Landschaftsdarstellungen, eine nachgebaute Küche des 17. Jh. usw.

April–September Di–So 10–12 und 15.30–18 Uhr, Mo geschlossen, im Winter nur Sa/So 10–12 und 15–17 Uhr. Eintritt 4 €, erm. 2 €. Via Umberto I 11, ℡ 0737-84445.

Neueren Forschungen zufolge war Matélica schon von den Picenern besiedelt. Dies belegen reiche Funde in der Gegend. Insbesondere wurden Waffen (Helme und Schwerter), Schmuck und Tonkeramiken gefunden, einige der Funde werden in einem kleinen *Museo Archeologico* im barocken *Palazzo Finaguerra* in der Via San Francesco ausgestellt.

Juli–September tägl. 10.30–13 und 16.30–19 Uhr, Di geschlossen, ansonsten Mo–Fr 16.30–18.30 Uhr, Di geschlossen, Sa/So 10.30–12.30 und 15.30–17.30 Uhr, Eintritt 3 €, erm. 2 €. ℡ 0737-787244.

Die Provinz Macerata  Karte → S. 218/219

Später war Matélica eine römische Stadt, dann Munizipium und wurde im 5. Jh. von den Langobarden geplündert. Im 12. Jh. stieg der Ort zur freien Stadt auf. Die mächtige Guelfenfamilie Ottoni übernahm im 15. Jh. die Macht und legte mit einer Gerberei und Wollmanufaktur den Grundstein für die Entwicklung Matélicas zu einem kleinen Industriestandort, der bis heute fortbesteht.

**Information**   Ufficio Turistico/Pro Loco im Palazzo Municipale an der Piazza Mattei 3, in der Hochsaison Mo–Sa 10–12 und 17–19 Uhr, So geschlossen, in der Nebensaison eingeschränkt, ✆ 0737-85671, www.comune.matelica.mc.it.

**Parken**   Auf der zentralen Piazza Mattei mit Parkschein. Achtung, es wird fleißig kontrolliert!

**Verbindungen**   Matélica liegt an der Strecke Civitanova Marche – Fabriano, ca. 8x tägl. **Züge** nach Fabriano und über Castelraimondo, San Severino, Tolentino und Macerata an der Küste. Der Bahnhof befindet sich ein Stück östlich vom Centro.

**Busse** 8x tägl. nach Camerino (z. T. muss man in Castelraimondo umsteigen), 2x nach Fabriano. Abfahrt an der Piazza.

**Übernachten**   *** Hotel Fioriti, zurzeit das einzige Hotel im Zentrum von Matélica (das La Loggia an der Piazza Mattei ist wegen Renovierung schon länger geschlossen), an der Piazza Garibaldi in der Altstadt. Etwas düster, mit Ristorante, DZ mit Frühstück 70 €. Piazza Garibaldi 12, 62024 Matélica (MC), ✆ 0737-85350, www.hotelfioriti.it.

**Essen & Trinken**   Pizzeria-Ristorante Al Teatro, wenige Schritte von der Piazza Mattei entfernt, zunächst auf den Corso Vittorio Emanuele II und dann sofort rechts ab in die Via Umberto I, das Lokal befindet sich hier gleich auf der rechten Seite. Rustikales Ambiente im Gewölbe, günstige Pizza, Secondi etwas teurer (10–18 €), es werden auch große Salate („Insalatone") für 7,50 € angeboten. Mittags und abends geöffnet, Mi geschlossen. Via Umberto I 7, ✆ 0737-786099.

# Camerino

ca. 7000 Einwohner

**Der Ort im Westen der Marken ist das Sprungbrett zu den Monti Sibillini. Majestätisch thront das Universitätsstädtchen mit eindrucksvoller Silhouette auf einem Hügel auf 667 m Höhe.**

Wer die endlosen Kurven hier hinauf geschafft hat, findet sich unversehens auf der zentralen Piazza Cavour mit regem (studentischem) Leben wieder, insgesamt zählt man in Camerino (und umliegenden Außenstellen der Uni) an die 10.000 Studenten – hauptsächlich Naturwissenschaften, Architektur und Jura. Camerino ist übrigens schon seit dem 14. Jh. Universitätssitz. An der Piazza Cavour befinden sich auch einige der wichtigsten Gebäude der Stadt: rechter Hand der *Dom* (davor die Statue von Papst Sixtus V.) und nebenan der *Palazzo Arcivescovile* (Erzbischöflicher Palast), links der *Palazzo Ducale*, heute Sitz der Universität. Ein Blick in den Innenhof ist erlaubt, es bietet sich ein schönes Panorama auf die Berge und Hügel im Umkreis. Hinter der Piazza geht Camerino dann zum gemütlichen Teil über: enge und teilweise dunkle Gassen, kaum Verkehr, beschauliche Plätze, das überaus elegante *Teatro Marchetti* aus dem Jahr 1856 und ganz am Westrand der Altstadt die *Rocca Borgesca* (Anfang 16. Jh. unter Cesare Borgia gebaut) mit Park, Kinderspielplatz und wunderschöner Aussicht auf die Monti Sibillini.

Seine Blütezeit erlebte Camerino, als die Da Varano an der Macht waren (14. bis Anfang 16. Jh.) und sich hier mit der „Schule von Camerino" eine der stilbildenden Richtungen in der mittelitalienischen Malerei des 15. Jh. etablierte. Mit Renaissanceblüte und schönen Künsten war es 1512 aber erst einmal vorbei, als Cesare Borgia im Handstreich die Macht übernahm, was kein Mitglied der Familie Da Varano überlebte. Ein schweres Erdbeben zerstörte im Jahr 1799 einige der wichtigsten repräsentativen Bauwerke der Stadt.

## Basis-Infos

**Information** I.A.T. am Corso Vittorio Emanuele II gleich bei der Piazza Cavour. Nett und hilfsbereit, umfassendes Info-Material zu Camerino und Umgebung, hier bekommt man auch einen Stadtplan. Di/Mi und Sa/So 9.30–12.30 und 16.30–19.30 Uhr geöffnet, Do nur 9.30–12.30 Uhr, Fr nur 16.30–19.30 Uhr, Mo geschlossen. Im Winter eingeschränkt. Corso Vittorio Emanuele II 21, 62032 Camerino (MC), ✆/🖷 0737-632534, proloco@camerino.sinp.net, www.proloco.camerino.sinp.net.

**Verbindungen** Haltestelle an der Piazza Cavour, ca. halbstündlich fahren **Busse** nach Castelraimondo, darüber hinaus 2x tägl. Ancona, 2x Bolognola, 3x Fiastra, 3x Fabriano, 7x Macerata (z. T. umsteigen in Maddalena), 8x Matélica (z. T. umsteigen in Castelraimondo), 7x San Severino (z. T. umsteigen in Maddalena), 6x Tolentino, 5x Visso. Die Abfahrtszeiten hängen an der Piazza aus, Bus- und Zugtickets werden im Reisebüro *Camars Viaggi* an der Piazza Cavour (neben der Post) verkauft, Mo–Fr 9–13 und 15.30–19 Uhr, Sa 9–12.30 Uhr, So geschlossen,

✆ 0737-636349. Der Stadtbus von Camerino fährt ca. stündlich zum Ospedale.

Der nächste Bahnhof befindet sich in Castelraimondo (10 km nördlich), ab hier je ca. 8x tägl. **Züge** nach Fabriano und Macerata.

**Banken** Mit Bancomat an der Piazza Cavour.

**Erste Hilfe** Das **Krankenhaus** liegt außerhalb Richtung Schnellstraße nach Tolentino, dann geradeaus (links geht es nach Tolentino ab), ✆ 0737-63911.

**Feste** Corsa alla Spada, großes mittelalterliches Stadtfest mit Stadtlauf in den beiden Wochen um den 18. Mai.

**Parken** Das Centro storico ab der Piazza Cavour ist „Zona a Traffico limitato", d. h. nur mit Sondergenehmigung zu befahren. Wer ein Hotel in der Altstadt hat, kann durchfahren, ansonsten gibt es Parkplätze z. B. unterhalb der Rocca. Mit Parkschein kann man auch auf der Piazza Cavour parken.

**Polizei** Carabinieri/Polizei im Zentrum in der Via Bongiovanni 15, ✆ 0737-632568.

**Post** An der Piazza Cavour.

## Übernachten/Essen & Trinken

→ Karte S. 242/243

**Übernachten** *** Hotel I Duchi **2**, ordentliches Hotel und freundlicher Service, mit Bar (zum Frühstücken) und Ristorante/ Enoteca im Erdgeschoss. Gemütlich sind die Zimmer im zweiten Stock mit Dachschräge, alle mit Bad, TV und Minibar. Parkplätze vorhanden. Mitten im Centro storico (Richtung Rocca). Das EZ kostet 49 €, DZ 74 €, Dreibett-Zimmer 93 €, Vierbett-Zimmer

100 €, Frühstück jeweils inkl. Via Varino Favorino 72, 62032 Camerino (MC), ✆ 0737-630440, 🖷 0737-630455, www.hoteliduchi.com.

**Übernachten außerhalb** *** Albergo **Ristorante Del Cacciatore 1**, 7 km südlich von Camerino im Zentrum des kleinen Ortes Múccia (kaum zu übersehen). Einladendes Traditionshotel mit bekanntem Ristorante (→ unten), freundliche Signora. Kom-

Die Provinz Macerata    Karte → S. 218/219

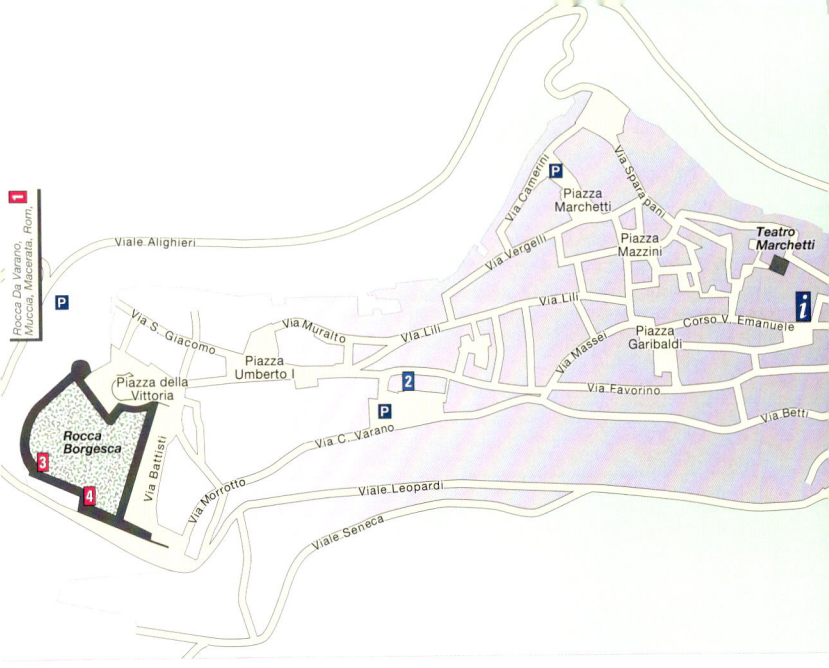

fortable und dazu noch günstige Zimmer mit Bad und TV. Das EZ kostet 40 €, das DZ 60 €, das Dreibett-Zimmer 75 €, Frühstück inbegriffen. Via Spinabello 13, 62034 Múccia (MC), ☎ 0737-646121, 📠 0737-647002, www.delcacciatore.it.

**Essen & Trinken** Ristorante Rocca del Borgia **3**, hier speist man im schönen Ambiente des alten Gemäuers der Rocca. Leicht gehobenes Preisniveau, mittags und abends geöffnet, Mo geschlossen. Piazzale Marconi 1, ☎ 0737-636769, 📠 0737-630338, www.roccadelborgia.com.

Cafeteria/Pizzeria La Rocca **4**, uriger Gewölbekeller auf der anderen Seite des Rocca-Parks, mit Terrasse. Ganztägig geöffnet.

**Essen & Trinken außerhalb** Ristorante Del Cacciatore **1**, 7 km südlich von Camerino im Zentrum des kleinen Ortes Múccia. Traditionsrestaurant, gemütlicher Speisesaal mit Kamin. Wild und Pilze (auch Trüffel) sind saisonal in verschiedenen Variationen auf der Speisekarte vertreten, freundlicher Service, mittleres Preisniveau. Mittags und abends geöffnet, kein Ruhetag. Adresse → gleichnamiges Albergo.

## Sehenswertes

**Cattedrale (Duomo):** Der alte Dom an der Piazza Cavour wurde beim Erdbeben von 1799 völlig zerstört, zu sehen ist heute ein „Neubau" aus den Jahren 1802–1832. Sehenswert im Inneren ist die Krypta (wurde vom Erdbeben verschont) mit dem prächtigen Grab des heiligen Ansovinus aus dem 14. Jh., außerdem eine hölzerne Madonna aus dem 15. Jh.

Ganztägig 7–19 Uhr geöffnet.

**Convento di San Domenico (Museo e Pinacoteca Civici):** Der ehemalige Klosterkomplex an der Piazza Costanti am nordöstlichen Rand der Altstadt (ein gutes Stück unterhalb der Piazza Cavour) wurde bereits im 13. Jh. von Dominikanermönchen gebaut, 1811 zogen Mönche des Augustinerordens hier ein. Mittlerweile sind in dem Gebäude das städtische Museum und die Pinacoteca untergebracht. Zu sehen sind u. a. Funde aus den Ausgrabungsstätten der Umgebung, darunter auch ein

Die Provinz Macerata
Karte → S. 218/19

**E**ssen & Trinken

1 Ristorante Del
   Cacciatore
3 Ristorante Rocca del
   Borgia
4 Caffeteria/Pizzeria La
   Rocca

**Ü**bernachten

1 Albergo Del Cacciatore
2 I Duchi

Camerino

römisches Mosaik aus Camerino. Die Pinakothek beherbergt einige wertvolle Gemälde aus dem 15. Jh., darunter auch Werke von Girolamo di Giovanni, der neben Arcangelo di Cola und Giovanni Boccati zu den wichtigsten Vertretern der märkischen Malerei im 15. Jh. zählt.

Di–So 10–13 und 16–19 Uhr (im Winter 15–18 Uhr), Mo geschlossen. Eintritt 3,10 €, erm. 2,10 €. ☎ 0737-402309.

**Basilica di San Venanzio**: Die riesige Kirche am unteren Ende der Via Antinori (unterhalb der Piazza Costanti) fiel dem Erdbeben von 1799 zum Opfer und wurde Ende des 19. Jh. neu aufgebaut. Besonders eindrucksvoll sind das noch erhaltene prachtvolle gotische Portal aus der Zeit um 1480 und die mächtige Kuppel des neuen Baus. Das Gotteshaus beherbergt auch ein kleines Museum, das aber nur Sa/So zu besichtigen ist (10–12.30 und 17–19 Uhr). Die Basilica selbst ist ganztägig geöffnet.

## Sehenswertes in der Umgebung

**Rocca Da Varano**: Die trutzige Festung der alten Herrscherfamilie Da Varano liegt hoch über dem Tal mit der verkehrsreichen SS 77, zur Westseite fällt der 449 m hohe Berg steil ab. Die Burg entstand bereits im 13. Jh. und wurde im 14. Jh. ausgebaut. Leider ist die Ruine nur zu Ausstellungen und Aufführungen im Sommer für die Öffentlichkeit zugänglich. Netter Ort für ein Picknick auf dem kleinen Hügel gegenüber.

Die Burg liegt ca. 6 km von Camerino entfernt an der Straße Richtung Tolentino. Kurz vor Sfercia geht es links hinauf, das letzte Stück muss man zu Fuß gehen. Im August tägl. 10.30–12.30 und 16–19 Uhr, im Juli und September Sa 16–19.30 Uhr, So 10.30–12.30 und 16–19.30 Uhr, im Oktober So 16–19.30 Uhr geöffnet, ansonsten geschlossen. Eintritt frei.

Fast endlose Weite am Piano Grande in den Monti Sibillini

# Rundfahrt in den Monti Sibillini

Eine Tour durch die imposante Bergwelt des Apennin ganz im Südwesten der Region zählt zu den besonderen Highlights einer Reise in die Marken. Die Felsformationen und mächtigen Buckel der „Monti Azzurri", wie sie auch genannt werden, sind bis zu 2500 m hoch. Dazwischen hinterlassen brettflache Hochebenen und tiefe Schluchten bleibende Eindrücke.

Höchster Berg der Monti Sibillini ist der **Monte Vettore** (2476 m) im Südosten der Bergregion; der Norden und Nordwesten sind als Skigebiete in ganz Mittelitalien bekannt. Bewegt man sich von hier in Richtung Süden, stößt man bei Castellúccio auf die vielleicht eindrucksvollste Naturschönheit der Sibillini: die riesigen Ebenen des **Piano Grande** und des **Piano Perduto**, die in der letzten Eiszeit noch einen riesigen See bildeten, der später austrocknete. Besondere Eindrücke bietet auch die Wanderung zum sagenumwobenen **Lago di Pilato** auf 1945 m Höhe.

Die hier beschriebene Rundfahrt führt quasi gegen den Uhrzeigersinn von **Visso** über **Castellúccio** (schon auf umbrischem Gebiet) zur **Forca di Presta**, dem südlichsten und mit 1543 m auch höchsten Punkt der Panoramastraße. Ab hier geht es dann an der schattigen Ostseite des Monte Vettore und des Monte Sibilla (2175 m) entlang – den spektakulärsten Abschnitt der Fahrt hat man hier schon hinter sich –, bevor es in die schon wieder recht tief gelegenen Orte **Amandola** und **Sarnano** geht. Als Ausgangspunkt eignen sich **Camerino** (→ S. 240) oder **Visso** (→ S. 245), wer die Rundfahrt aus der anderen Richtung starten will, findet z. B. in **Amandola** (→ S. 255) eine Übernachtungsmöglichkeit.

## Rundfahrt in den Monti Sibillini

**Straßenverhältnisse**  Die Straße durch die Sibillinische Bergwelt ist durchgehend asphaltiert und bestens befahrbar, führt aber an höchster Stelle über einen Pass von 1543 m Höhe. Sie sollten damit rechnen, dass hier ab Ende Oktober Schnee liegen kann und die Straße unpassierbar wird. Das Gleiche gilt für die Zeit vor Mitte April.

**Öffentliche Verkehrsmittel**  Schwierig, eigentlich sogar unmöglich. Zwar gibt es einen Bus von Sarnano/Amandola bis Montemónaco und von Camerino nach Visso, jedoch keine Möglichkeit, mit dem Bus von Visso nach Montemónaco (oder umgekehrt) zu gelangen.

**Tanken**  Man braucht für die Sibillini-Rundfahrt keine ganze Tankfüllung. Tankstellen findet man in Visso oder Montefortino.

**Übernachten**  Für die Rundfahrt sollte man zwei Tage einplanen, dazu bieten sich diverse Übernachtungsmöglichkeiten auf fast allen Abschnitten der Strecke an. **Achtung**: Besonders im Hochsommer ist die frische Luft in den Bergen bei Übernachtungsgästen beliebt, für diesen Zeitraum sollten Sie daher unbedingt reservieren. Zum Problem könnte es bei einigen Unterkünften werden, dass in der Hauptsaison manchmal nur wochenweise und/oder mit obligatorischer Halbpension vermietet wird.

**Essen & Trinken**  Deftige Wurst, Käse und Schinken kommen in der herben Bergregion auf den Tisch, zu Saisonzeiten gibt's auch Wild. Eine Spezialität sind auch Forellen. In Castellúccio sind Linsen (*Lenticchie*) die Spezialität.

# Visso

ca. 1200 Einwohner

Gut 30 km südlich von Camerino liegt Visso zwischen hoch aufragenden und dicht bewaldeten Bergen – ein ausgesprochen gemütlicher Ort.

Zentrum des von zwei Türmen überragten Ortes auf 600 m Höhe ist die schöne Piazza Capuzi mit Geschäften, Bars, Trattoria und Pizzeria, die praktisch in die Piazza Martiri Vissani übergeht. Hier befindet sich auch die *Collegiata Santa Maria* (12. Jh., aber mehrfach umgebaut), deren romanisches Portal von zwei eindrucksvollen Löwen bewacht wird. Im Inneren fällt ein großes Fresko aus dem 14. Jh. auf (dargestellt ist der heilige Christophorus), außerdem ein romanisches Taufbecken in der Taufkapelle.

Wer sich eingehender für sakrale Kunst interessiert, sollte auch das Museum in der *Chiesa Sant'Agostino* (14. Jh.) besuchen: Zu sehen sind zahlreiche Fresken, Holzskulpturen und Gemälde aus dem 12.–14. Jh. (unregelmäßige Öffnungszeiten, fragen Sie beim Info-Pavillon in der Via Paolo da Visso am Ortsrand nach).

## Parco Nazionale dei Monti Sibillini

Der rund 70.000 ha Fläche und an die 20 Zweitausender umfassende Nationalpark wurde 1993 gegründet. In den 18 Gemeinden des Parco leben ca. 18.000 Menschen (mit rückläufiger Tendenz), das Gebiet ist eine der bevölkerungsärmsten Gegenden in ganz Europa und wird zum Teil als Acker- und Weideland genutzt.

Neben einer reichen Flora mit zahlreichen seltenen Blumen wie Türkenbund, Edelweiß, verschiedenen Orchideenarten und natürlich viel Wald (überwiegend Buchen) kann sich auch die Fauna des Parks in den Augen kritischer Naturschützer sehen lassen: Heimisch sind Wölfe, Wildkatzen und Stachelschweine, vor einigen Jahrzehnten wurden auch Rehe wieder angesiedelt (Bären gibt es allerdings nicht mehr). Dazu gesellen sich Raubvögel wie Steinadler, Habicht und Wanderfalke. Auf dem Gebiet des Nationalparks finden sich auch zahlreiche endemische Arten, deren kuriosestes Exemplar sicherlich der *Chirocephalus Marchesonii* ist: ein kleines Krustentier, das im Lago di Pilato auf fast 2000 m Höhe gerne immer wieder mal auftaucht und nur hier in diesem See vorkommt.

Die Nationalparkverwaltung hat in 14 der Gemeinden des Gebietes Informationsstellen eingerichtet, Hauptsitz ist Visso (→ unten). Diese sog. **Case del Parco** sind allerdings meist nur in den Monaten Juli und August regelmäßig geöffnet (tägl. 9.30–12.30 und 16–19 Uhr), für generelle Informationen kann man sich auch unter ℡ 0737-972711 an die Zentrale der Parkverwaltung in Visso wenden; es werden auch ganztägige **Exkursionen** angeboten. Bei den Case del Parco erhalten Sie neben umfangreichen Infomaterialien und Broschüren auch Auskünfte zum *Grande Anello dei Sibillini* (G.A.S.), dem „Großen Rundweg durch die Sibillinischen Berge", der in neun Tagesetappen zu bewältigen ist (nur für Geübte, Übernachtung in Berghütten). Seit einigen Jahren gibt es eine ähnliche fünftägige Rundfahrt für Mountainbiker (es sind auch einzelne Tagesetappen wie auch 14 verschiedene Einzeltouren unterschiedlicher Schwierigkeitsgrade möglich). Die Rundfahrt wird allerdings erst im Laufe der kommenden Jahre vollständig ausgeschildert sein. Zu beiden Rundtouren gibt es englischsprachige Reiseführer zu kaufen. Weitere Infos unter www.sibillini.net oder www.montisibillini.it.

Dank seiner strategisch günstigen Grenzlage (hier verlief die Handelsstraße zwischen Camerino und dem umbrischen Foligno) hatte das Städtchen am Fluss Nera immer eine gewisse wirtschaftliche Bedeutung und brachte es trotz Randlage zu etwas Wohlstand, wovon die repräsentativen Gebäude aus dem 15. und 16. Jh. an der Piazza noch heute zeugen.

**Information** Visso ist der Hauptsitz der Nationalparkverwaltung der Monti Sibillini, die **Casa del Parco** befindet sich unweit der zentralen Piazza jenseits des Flüsschens Ussita. Piazza del Forno 1, 62039 Visso (MC), ℡ 0737-972711, 🖷 0737-972707, parco@sibillini.net, www.sibillini.net. Hauptsächlich Verwaltung, Informationen erhält

**Rundfahrt durch die Monti Sibillini**

4 km

man in dem **Holzpavillon** in der Via Paolo da Visso etwas außerhalb des Centro storico (Straße Richtung Macerata/Rom), im Juli/Aug. tägl. 9.30–12.30 und 16–19 Uhr geöffnet, ansonsten nur Sa/So 9.30–12.30 und 16–19 Uhr. Es werden auch Exkursionen angeboten, außerdem auch Wanderbücher und -karten verkauft.

**Pro Loco** an der Piazza Capuzi 56, nur im Sommer tägl. 10–12 und 17–19 Uhr geöffnet. ℘ 0737-972052, www.prolocovisso.it.

**Verbindungen** Gute **Busverbindungen**, 6x tägl. nach Camerino, 7x Tolentino (z. T. umsteigen in Maddalena oder Camerino),

7x Caldarola, 6x Castelsantángelo sul Nera, 7x Ussita. Des Weiteren bestehen Verbindungen nach Foligno und Perugia in Umbrien sowie nach Rom, nach Ancona zumeist mit Umsteigen in Maddalena bei Camerino. Haltestelle am Largo Corridoni, Fahrplan hängt aus, Tickets bei der Api-Tankstelle am Largo (Zentrum).

**Markt** Freitagvormittag im Zentrum an der Piazza Capuzi.

**Wandern** Ein Teilstück des großen Rundwanderweges durch die Monti Sibillini (G.A.S.) führt von Visso auf gut markierter, schöner Strecke hinauf zum *Santuario della*

*Madonna di Macereto* auf einem Plateau in 998 m Höhe. Die Kirche wurde 1528–1538 im Renaissancestil Bramantes gebaut. Geöffnet ist das Santuario Mai–September Mo/Mi 15–19 Uhr, Do/Fr 10–12 und 16–18 Uhr, Sa/So 10–13 und 15.30–18.30 Uhr, Di geschlossen.

**Übernachten**   *** Hotel Ristorante Elena, das einzige Hotel im Zentrum. Relativ zentrale Lage nahe dem Largo Corridoni, mit Ristorante (Menüs für 15–18 €). Eher einfache Zimmer mit TV und Kühlschrank. EZ 70 €, DZ 90 €, Frühstück inkl., EZ mit Halbpension 90 €, DZ 150 €. Ganzjährig geöffnet. Via Rosi 14/20, 62039 Visso (MC), ✆ 0737-9277, 📠 0737-973178, info@hotelristorantelena.com, www.hotelristorantelena.com.

**Essen & Trinken**   An der Piazza Capuzi gibt es eine **Trattoria**, eine **Pizzeria** und eine **Bar/Pasticceria**, an der Piazza Martiri Vissani eine **Enoteca**. Essen kann man auch in der traditionsreichen **Trattoria Da Richetta** an der Piazza Garibaldi 7 (der Platz vor der Porta Santa Maria, am unteren Ende der Piazza Capuzi durch den Torbogen und gleich auf der linken Seite): schmackhafte und bodenständige Küche, deftige Spezialitäten der Gegend, je nach Saison stehen auch Trüffel auf dem Programm. Typische ländliche Trattoria, eher einfaches Ambiente, günstig und gut, mittags und abends geöffnet, Mi geschlossen, ✆ 0737-9339.

# Gualdo

Ein ausgesprochen idyllischer 900-Seelen-Ort am Hang, den man über viele Serpentinen erreicht. Leider ist die schöne Kirche meist verschlossen. Viele Häuser wurden auch in Ferienresidenzen umgewandelt, entsprechend leer ist es und an dem einen oder anderen – oft sorgfältigst restaurierten – Gebäude hängt ein "Vendesi"-Schild, die Krise lässt grüßen. Von Gualdo erreicht man – stetig und oft in Serpentinen bergauf – bald den *Passo di Gualdo* (oder *Forca di Gualdo)* auf 1496 m Höhe, von dem sich unvermittelt ein ganz herrliches Panorama auf die Ebene des *Piano Perduto*, die umliegenden Berge und Castellúccio eröffnet: einfach grandios. Links ab geht es hier zu den Skipisten am *Monte della Prata* (1800 m).

**Übernachten**   Camping Monte Prata, idyllischer Wald- und Wiesencamping, absolute Ruhe, bisweilen hört man Kuhglocken bimmeln. Mit Bar, Mini-Markt und Tennisplatz. Nur im Sommer vom 15. Juni bis 15. September geöffnet, was bei einer Höhenlage von über 1200 m durchaus verständlich ist. Von Gualdo kommend, nach einer Kehre links ab, beschildert, die letzten 700 m auf Schotter. Pro Pers. 9 €, Kinder 2–9 J. 6 €, Stellplatz 12,50 €, Stellplatz kleines Zelt 9 €. Auch Camper Stop: 18–22 €/Nacht. Loc. Schianceto, 62030 Castelsantángelo sul

Nera (MC), ✆ 0737-970062 oder 333-2951860, im Winter ✆ 0733-556278, sostare@camping monteprata.it, www.campingmonteprata.it.

**Essen & Trinken**   Ristorante/Pizzeria dell'Erborista, das einzige Restaurant in Gualdo (im oberen Ortsteil), aber sicher keine schlechte Wahl. Gute Grillgerichte und die berühmten Linsen, relativ günstig, Menü um 25 €. Mittags und abends geöffnet, Do geschlossen, in der Nebensaison nur eingeschränkt geöffnet. Via San Martino 55/57, ✆ 0737-98134.

# Castellúccio

Der Ort auf 1452 m Höhe liegt bereits auf dem Gebiet Umbriens. Etwa 150 Einwohner zählt das Dorf, im Winter sind es keine 20. Nördlich von Castellúccio erstreckt sich die Ebene des *Piano Perduto*, die im Vergleich zu der des südlich anschließenden *Piano Grande* fast schon klein wirkt. Nördlich des Piano Perduto wird im Winter am *Monte della Prata* (1800 m) Ski gefahren, Langläufer finden auch auf den beiden Hochebenen ihre Loipen. Das Dorf Castellúccio (gehört zur Comune Norcia) macht hauptsächlich durch seine exponierte Lage über den brettflachen Ebenen Eindruck, ist man erst mal vor Ort, stellt sich eventuell ein wenig Enttäuschung ein: eine Hand voll graue Häuser, eine mobile Snackbar, mehrere Verkaufsstände mit den berühmten Linsen *(Lenticchie)* von Castellúccio und Dinkel (*Farro*), ein paar Unterkünfte im Zentrum, viele Tagestouristen, das war's. Dennoch: Die Aussicht von hier oben ist grandios. Castellúccio ist übrigens auch ein Zentrum der Paraglider, die bei günstiger Thermik zu Dutzenden über dem Piano Grande kreisen. Ende Mai/Anfang Juni gibt es, abhängig von der Zeit der Frühjahrsblüte, ein „Blumenfest", bei dem der Ort aus allen Nähten platzt.

**Information** Pro Loco/Casa del Parco, oben im Ort in der Hauptgasse, nur im Juli/August tägl. 9.30–12.30 und 15.30–18.30 Uhr geöffnet, im Frühjahr/Herbst nur Sa/So, im Winter geschlossen. ℰ 345-2179891.

**Übernachten/Essen** Locanda dè Senari, ein gepflegter Agriturismo im Zentrum Richtung oberer Ortsteil, mit kleiner Terrasse zum Piano Grande hin, einladendes Ristorante, angenehme Zimmer, EZ 35–45 €, DZ 70–90 €, Halbpension (empfehlenswert!) 55–60 € pro Pers. und Nacht. Anfang Mai bis Ende Oktober geöffnet, in den Wintermonaten nur am Wochenende (nach Anmeldung). Via della Bufera, 06046 Castellúccio di Norcia (PG), ℰ/℻ 0743-821205, info@agriturismosenari.it, www.agriturismosenari.it.

**Taverna Castelluccio**, oben im Dorf, von hier reicht der Blick weit nach Norden auf das Piano Perduto. Nettes Ristorante mit Terrasse, alles noch relativ neu, das gilt auch für die acht angenehm eingerichteten Zimmer mit TV und Bad. Ristorante nicht teuer, auch Pizzeria, Degustationsmenü um 35 €, u. a. mit Linseneintopf, Rigatoni mit frischem Ricottakäse und Fleischwurst in Linsen – deftige, aber gut zubereitete Küche! Mittags und abends geöffnet. EZ mit Frühstück 45 €, DZ 64 €, Dreibett-Zimmer 83 €, mit Halbpension: EZ 63 €, DZ 100 €, Dreibett-Zimmer 135 €. April bis Oktober geöffnet. Via Dietro la Torre 8, 06046 Castellúccio di Norcia (PG), ℰ 0743-821158 oder 0743-821100, info@tavernacastelluccio.it, www.tavernacastelluccio.it.

**Agriturismo Il Guerrin Meschino**, benannt nach dem tapferen Ritter aus den Monti Sibillini. Am Ortsrand gelegen, herrlicher Blick, mit Terrasse, im gemütlichen Ristorante gibt es köstliche hausgemachte Pasta zu günstigen Preisen (auch Touristenmenüs zu 15 und 18 €), netter Service. Das Restaurant ist mittags und abends ge-

Castellúccio – Impressionen

öffnet (außerhalb der Saison Di geschlossen). Es gibt auch einen Mountainbike- und Langlaufskiverleih (je ca. 15 €/Tag), außerdem einen kleinen Laden, in dem Käse, Linsen usw. verkauft werden. Ganzjährig geöffnet. Nur sechs ziemlich schlichte Zimmer (zwei davon mit eigenem Bad), man sollte für den Hochsommer möglichst einige Wochen vorher buchen (Mindestaufenthalt im August eine Woche). Pro Pers. 30 € mit Frühstück, mit Halbpension 40–45 €, Vollpension 50–55 €. Via Monte Veletta 22, 06046 Castellúccio di Norcia (PG), ✆/🖂 0743-821125, guerrinmeschino@virgilio.it, www.guerrinmeschino.it.

** **Albergo Ristorante Sibilla**, schon älteres Albergo an der Durchgangsstraße, alle Zimmer mit Bad. Mit Bar und Ristorante (mittags und abends geöffnet, in der Nebensaison Di/Mi geschlossen), hier in der Bar werden Wanderkarten verkauft. EZ 50 €, DZ 70 €, Dreibett-Zimmer 85 €, Vierbett-Zimmer 90 €, inkl. Frühstück. April bis Oktober geöffnet.

Via Pianogrande, 06046 Castellúccio di Norcia (PG), ✆/🖂 0743-821113, info@sibillacastelluccio.com, www.sibillacastelluccio.com.

**Einkaufen/Essen**  Degusteria Lu Soccio, oben im Dorf in der Hauptgasse, nett hergerichtet, sympathischer Service, neben der typischen deftigen Bergküche (mit Linsen, Polenta, Lamm etc.) werden hier auch *Prodotti tipici* verkauft. Auch Bar. Via Libia 7, ✆ 0743-821193.

**Drachenfliegen/Paragliding**  Prodelta bietet auch Kurse im Paragliding (auch mit Motor) und Drachenfliegen an. Tandemflug zum Ausprobieren 75 €, Flug mit Ausrüstungsverleih, Hinbringen und Abholen 25 €, der fünftägige Anfängerkurs mit Abschlussflug 520 €. Juni–September tägl. 9–12.30 und 15.30–19 Uhr geöffnet. Von der Piazza an der Durchgangsstraße weist ein großes Schild den Weg. Via delle Frate 3, 06046 Castellúccio di Norcia (PG), ✆ 0743-821516 oder 339-5635456, info@prodelta.it, www.prodelta.it.

# Mountainbike-Tour: Rundfahrt auf dem Piano Grande

**Auf dieser 25 km langen Tour muss man rund 400 Höhenmeter bewältigen und etwa 2:30 Stunden einplanen. Eindrücke und Ausblicke sind überwältigend, allerdings ist die Strecke überwiegend baumlos und im Sommer nur in den frühen Morgenstunden oder gegen Abend zu empfehlen. Beste Jahreszeit ist zweifelsohne Ende Mai/Anfang Juni, wenn die Hochebene in voller Blüte steht.**

**Anfahrt**: Start und Ziel sind im Ortszentrum von Castellúccio.

**Kurzbeschreibung**: Nicht ausgeschildert. Die erste Hälfte der Strecke verläuft auf asphaltierten Straßen, ab dem Passo Norcia geht es teils steil bergab über holprige Feldwege, später auf Pfaden durch das flache Hochland des Piano Grande und das letzte Stück zurück zum Ausgangspunkt wieder auf der Straße. Genug zum Trinken mitnehmen. Bei schönem Wetter eine mittelschwere Tour, bei Nebel wegen möglicher Orientierungsprobleme in der zweiten Hälfte nicht empfehlenswert.

**Karte**: *Parco Nazionale dei Monti Sibillini – Carta dei Sentieri*, Maßstab 1:25.000. Herausgegeben vom Club Alpino Italiano (C.A.I.), in Buch- und Zeitungsläden vor Ort erhältlich.

**Wegbeschreibung**: Von **Castellúccio** geht es zunächst steil bergab hinunter zum **Piano Grande**. Unten an der **Straßenkreuzung Castellúccio-Ascoli** rechts halten Richtung Passo Norcia und zügig durch die weite Hochebene. Es folgt ein längerer Anstieg bis zum **Passo Norcia**. Oben geht es links ab in eine kleine Straße. Nach 200 m dann nach rechts in einen holprigen **Feldweg** (wenn man auf der genannten Straße zu weit fährt und einen Parkplatz erreicht, weiß man, dass man den Feldweg verpasst hat). Zunächst durch ein Waldstück und auf schlechtem Weg teils recht steil bergab ins **Valle Dogana**. Teilweise verliert sich der Weg in undeutlichen Fahrspuren, ist aber mangels Alternative nicht zu verfehlen. Linker Hand passiert man einen **Betonturm**. Immer der Fahrspur folgend, wird man im Sommer sicherlich einer der zahlreichen Schafherden begegnen, die hier weiden. In einem weiten Linksbogen den Fahrspuren folgend, gelangt man zurück auf den **Piano Grande**. Den ersten Weg links nehmen, dann gleich wieder links und den Spuren folgend immer am **rechten Rand** der Hochebene entlang. Der Weg führt geradewegs durch die Ebene und endet an der **Straßenkreuzung Castellúccio-Ascoli**. Von dort aus das letzte Stück als schweißtreibenden Schlussanstieg hinauf nach **Castellúccio**.

## Weiterfahrt von Castellúccio

Von Castellúccio führt die Straße hinunter ins Piano Grande, das sich im Frühsommer in eine knallbunte quadratkilometergroße Blumenwiese verwandelt; weite Teile sind mit Linsenfeldern überzogen. Dazwischen weiden immer wieder Pferde oder Schafe, das Piano Grande bietet ein wirklich außergewöhnliches Bild von Mittelitalien. Auf der Strecke nach Forca di Presta bald nach Castellúccio mal nach rechts schauen: Da liegt Italien (als Baumgruppe, man muss zweimal hinsehen).

Ab Juni gibt es inmitten der Hochebene zwei einfache Stellplätze für Wohnmobile, man kann sie nicht verfehlen.

Auf der Ebene geht es nun links ab Richtung Arquata del Tronto und Ascoli Piceno. Am Westhang des Monte Vettore (2476 m) entlang führt die Straße aus der Ebene heraus und zur Engstelle *Forca di Presta* auf 1543 m Höhe (Blick auf Arquata del Tronto), hier rechts ab, nach etwa 300 m und kaum zu übersehen liegt das gleichnamige *Rifugio delle Alpini* auf knapp 1600 m, mit gemütlicher Gaststube, Terrasse und Übernachtungsmöglichkeit (geöffnet 15.6.–15.9., Übernachtung mit Halbpension 38 € pro Pers., ✆ 0736-809278 oder 347-0875331, www.rifugiomontisibillini.it).

Schon bald nach der Forca di Presta erscheint wieder das gewohnte Bild der mittelitalienischen Gebirgswelt: felsige Berge und ein weiter Blick ins Tal ganz unten, dann durch lichten Wald. Kurz darauf bietet sich an der Abzweigung rechts ab ein Abstecher ins 6 km südlich gelegene **Arquata del Tronto** an (→ S. 287). Geradeaus

In den Sibillinischen Bergen schmollt eine Zauberin

Rundfahrt in den Monti Sibillini  Karte → S. 247

weiter führt die Straße am Osthang des Monte Vettore entlang durch lichten Nadelwald nach **Montegallo**, hier gibt es einen Campingplatz.

**Camping Vettore**, am Eingang des Ortsteils Balzo auf der linken Seite oberhalb der Siedlung gelegen (beschildert). Moderne Campinganlage im kleinen Stil, Feriendorf-Ambiente, Bar/Ristorante und Pool (gehört zur Gemeinde und kostet daher Eintritt), es werden auch einige Holzbungalows vermietet. Mountainbikeverleih. Geöffnet 1. Juni bis Ende Dezember, die Bungalows ganzjährig. Pro Pers. 8 €, Kinder bis 6 J. frei, Stellplatz 8–12 €, Hund 2 €, Bungalows 50–95 €/Tag bzw. 300–500 €/Woche (2–4 Pers.). Strada San Nicola 15, 63040 Montegallo (AP), ☎/📠 0736-807007, campingvettore@gmail.com, www.campingvettore.it.

Von Montegallo führt die Straße zunächst hinunter ins Tal des Fluvione, dann noch einmal über einen Pass und ins Tal des Aso, bis es schließlich in vielen Serpentinen hinauf nach Montemónaco geht, das man schon von ferne auf dem Bergkamm liegen sieht.

## Montemónaco
ca. 650 Einwohner

Herrliche Lage mit wunderschönem Blick auf den Monte Sibilla (2175 m) und ins Tal – ein hübsches, kleines Bergdorf auf fast 1000 m Höhe mit einigen Lebensmittelgeschäften, der obligatorischen Bar, Pro Loco, Casa del Parco, Bäcker, Metzger, Apotheke, Tankstelle, Bancomat und zwei Hotels im Zentrum. Der Ort eignet sich gut als Ausgangspunkt für Wanderungen in den Monti Sibillini. Allerdings: Das touristische Angebot ist begrenzt, vor allem für den Hochsommer sollte man sich zumindest ein paar Tage vorher um eine Unterkunft bemühen.

Beim Spaziergang durch Montemónaco gelangt man schnell zum höchsten Punkt des Ortes mit dem kleinen *Parco Comunale* und den zwei Kirchen (15. Jh.). Auf dem Weg passiert man die beiden kleinen Museen des Ortes: das der Kirchenkunst gewidmete *Museo d'Arte Sacra* in der Villa Curi (hier auch das Municipio und die Touristen-Information, Letztere aber nur im Sommer) und ein Stück weiter das

Saftige Felder am Rand der Sibillinischen Berge

## Es spukt am See

Der Lago di Pilato (benannt nach Pontius Pilatus, dessen Leiche hier angeblich versenkt wurde) war im Laufe der Jahrhunderte als mystischer und unheimlicher Ort bekannt. Im 12. Jh. ging man davon aus, dass der Teufel hier wohnte und den Sterblichen Rede und Antwort stand, entsprechend viele Okkultisten pilgerten hier hinauf. Den Kirchenobersten wurde es allerdings bald zu viel des schwarzen Zaubers, man baute eine Mauer und verbot dem Volk unter Androhung der Todesstrafe, sich dem See zu nähern.

Nicht weit vom Lago di Pilato soll auch Sybilla, die Priesterin des griechischen Gottes Apollon, in einer Höhle am gleichnamigen Berg gelebt haben. In der Rittersage „Guerrin Meschino" (1410) steigt der gleichnamige Held in die Höhle der mysteriösen Sybilla hinab, der Legende nach ein goldener Palast des Lasters, in dem die Tugendhaftigkeit des Cavaliere Meschino hart auf die Probe gestellt wurde, den er aber unbeschadet wieder verlassen konnte. In Anlehnung an die Legende wurde der gesamte Gebirgszug nach der Priesterin Sybilla benannt – die *Monti Sibillini*.

*Museo della Grotta della Sibilla* (nur im Sommer geöffnet, gleiche Öffnungszeiten wie die Casa del Parco → unten). Auch hier in Montemónaco stehen viele der schön renovierten (Ferien-)Häuser mittlerweile zum Verkauf.

**Information**  Casa del Parco, in der Via Roma im Zentrum, vom 1. Juli bis 31. August tägl. 9.30–12.30 und 16–19 Uhr, ansonsten nur Sa/So 9.30–12.30 und 15.30–18.30 Uhr, im Sept./Okt. nur So 9.30–12.30 Uhr, außerdem zu Pfingsten und zum Kastanienfest im Herbst geöffnet, ☎ 0736-856462.

**Pro Loco**, eine einfache Hütte im Zentrum, nur Juli/August 10.30–12.30 und 16.30–18.30 Uhr geöffnet, ☎ 0736-856411.

**Verbindungen**  Bus 1x tägl. nach Ascoli Piceno sowie 1x tägl. über Montefortino nach Amandola, an Sonntagen keine Busse.

**Übernachten**   ** Hotel Monti Azzurri, an der Hauptstraße, erste Wahl in Montemónaco, renoviertes und gepflegtes Hotel. Ansprechende Zimmer mit Bad, TV und z. T. auch mit Balkon (herrlicher Blick). Bar und Restaurant mit freundlichem Speisesaal, in dem ein Touristenmenü für nur 15 € serviert wird (kalte Platte 10 €). Ristorante und Bar, mittags und abends geöffnet, Do geschlossen. Im August Vollpension obligatorisch für ca. 60–70 € pro Pers., sonst DZ 70–80 € inkl. Frühstück. Via Roma 18, 63048 Montemónaco (AP), ☎ 0736-856127, 🖷 0736-855270, info@hotelmontiazzurri.com,    www.hotel montiazzurri.com.

**Übernachten außerhalb**   ** Albergo Il Guerrin Meschino, von Montemónaco

Richtung Montegallo, dann rechts ab Richtung Foce und nach ca. 1,5 km (im Ortsteil Rocca) auf der rechten Seite. Kleines Albergo mit Restaurant und Terrasse. DZ mit Frühstück 60–70 €, mit Halbpension 90–110 €. Im August oft ausgebucht (Wanderer), man sollte frühzeitig reservieren. Fraz. Rocca, 63048 Montemónaco (AP), ☎ 0736-856218 oder ☎ 0736-856356, info@guerrin meschino.com, www.guerrinmeschino.com.

* **Taverna della Montagna**, in Foce (5 km ab der Abzweigung, ausgeschildert). Oft von Wandergruppen belegt, daher ist im Sommer auch hier eine Reservierung ratsam. Mit Terrasse, Bar und günstigem Restaurant. Mehr Rifugio als Hotel. Juni bis September geöffnet, in den Wintermonaten nur nach vorheriger Anmeldung. EZ 35 €, DZ 55 €, Dreibett-Zimmer 70 €, Vierbett-Zimmer 85 €, Fünfbett-Zimmer 105 €, alle Zimmer mit Bad. Frühstück an der Bar (extra), Halbpension 50 € pro Pers., Vollpension 58 €. Zum Mittagessen für alle geöffnet, abends nur Hausgäste (es sei denn, man meldet sich vorher an). 63048 Foce di Montemónaco    (AP),   ☎ 0736-856327, www.tavernadellamontagna.net.

**Essen & Trinken**  In Montemónaco gibt es nur das Hotelrestaurant (Monti Azzurri, → oben): bodenständige und günstige Küche.

Rundfahrt in den Monti Sibillini   Karte → S. 247

**Wandertipp** Von Foce zum sagenumwobenen Lago di Pilato – man muss hier allerdings knapp 1000 schweißtreibende Höhenmeter hinter sich bringen (ca. 3 Stunden Aufstieg), im Sommer eine beliebte und viel begangene Strecke. In Foce auf dem breiten Schotterweg weiter Richtung Talschluss, dann auf steileren und schmaleren Pfaden, nichts für Flachlandtiroler. Wanderschuhe und Getränke nicht vergessen, auf keinen Fall bei Regen/Nebel gehen! Wanderkarte: Parco Nazionale dei Monti Sibillini – Carta dei Sentieri, Maßstab 1:25.000. Herausgegeben vom Club Alpino Italiano (C.A.I.), in Buch- und Zeitungsläden vor Ort erhältlich.

## Montefortino

ca. 1200 Einwohner

Auf der Strecke von Montemónaco nach Montefortino geht es auf kurviger Straße stetig bergab. Das sehenswerte Dorf auf 575 m Höhe mit Stadtmauer, Stadttor und engen mittelalterlichen Gässchen lädt unbedingt zu einem Erkundungsgang ein, man stößt hier sogar auf eine kleine *Pinakothek* (im Juli/Aug. tägl. 10–13 und 16–19 Uhr geöffnet, im Frühjahr/Herbst nur So 10.30–12.20 und 16–18 Uhr, im Winter geschlossen). Am höchsten Punkt des Ortes thront die *Chiesa San Francesco*, drum herum gibt es Tische und Bänke für ein Picknick. 7 km entfernt liegt in einem idyllischen Tal die Wallfahrtskirche *Santuario Madonna dell'Ambro* (→ unten).

**Informationen** Casa del Parco, im Juli/August tägl. 10–13 und 16–19 Uhr, im Frühling/Herbst nur So 10.30–12.30 und 16–18 Uhr. Via Santa Lucia 8, ℘ 0736-859491 oder 0736-859101, www.montefortino.com.

**Verbindungen** Busse, nur wochentags 1x tägl. über Montemónaco nach Ascoli Piceno sowie 1x tägl. nach Amandola.

**Santuario Madonna dell'Ambro:** Eine erste Wallfahrtskirche im beschaulichen Tal des Ambro wurde nach einer Marienerscheinung im Jahr 1073 gebaut, heute befindet sich hier eine reich ausgeschmückte Barockkirche aus dem 17. Jh. Nebenan ein kleiner Laden mit Pilgersouvenirs. Am Parkplatz und am Fluss mehrere Kioske.

**Öffnungszeiten Kirche** Ostern bis Oktober Mo–Sa 6.30–12 und 15–19 Uhr, So 6.30–13 und 15–19.30 Uhr, Oktober bis Ostern Mo–Sa 9–12 und 15–17 Uhr, So 8.30–13 und 15–18 Uhr. 2x tägl. Messe, sonntags 5x. ℘ 0736-859115.

**Wandern** Ab der Kirche starten verschiedene Wanderwege (teilweise markiert): einmal ins schmale Tal des oberen Ambro oder aber die große Rundwanderung auf der Höhe oberhalb des Tals (Kartenmaterial im Souvenirshop der Kirche).

**Wandertipp:** Eine eindrucksvolle, im Sommer sehr beliebte und viel begangene Strecke in die **Gola dell'Infernaccio** führt in etwa zwei Stunden (hin und zurück ca. vier Stunden) durch das Quelltal des Flusses Tenna zu dessen Ursprung. Der Weg ist markiert und kaum zu verfehlen, sollte nach stärkerem Regen (besonders im Frühjahr) wegen Steinschlaggefahr aber auf keinen Fall begangen werden!

**Anfahrt:** Von Montefortino zunächst Richtung Madonna dell'Ambro, kurz darauf links ab nach Rubbiano/Gola dell'Infernaccio (bestens ausgeschildert). Nach ca. 5 km (weiterhin beschildert) wird aus der Straße ein gut befahrbarer Schotterweg, durch Rubbiano und weiter dem Schotterweg folgen. Nach gut 2 km gelangt man zu einem Parkplatz, an dem der Wanderweg beginnt.

**Karte:** *Parco Nazionale dei Monti Sibillini – Carta dei Sentieri*, Maßstab 1:25.000. Herausgegeben vom Club Alpino Italiano (C.A.I.), in Buch- und Zeitungsläden vor Ort erhältlich.

Weiter Blick bei Amandola

# Amandola

*ca. 3700 Einwohner*

**Ein recht lebendiger Ort an der Ostseite der Berge auf nur noch 550 m Höhe. Amandola eignet sich als Standort für Ausflüge in die Monti Sibillini.**

Das Leben spielt sich an der Piazza Risorgimento mit der barocken *Porta San Giacomo* ab. Unter den Arkaden am Platz befindet sich eine Bar, von der sich hervorragend das Ortsgeschehen beobachten lässt. Im oberen Teil von Amandola ist es dagegen sehr ruhig, ein Spaziergang führt vorbei am *Kloster San Francesco* zur ruhigen Piazza Umberto I mit kleinem Park, Uhrturm (14. Jh.) und dem *Teatro Comunale*. Sehenswert ist auch die *Klosterkirche San Francesco* (ursprünglich 12. Jh., im 17. Jh. umgebaut) mit ihrem Freskenzyklus aus dem 15. Jh., die aber leider nur unregelmäßig geöffnet ist (fragen Sie hierzu bei der Touristen-Info nach, → unten). Kirchenfreunde kommen aber auch in der *Chiesa Sant'Agostino* (14. Jh.) unterhalb der Piazza Risorgimento auf ihre Kosten: Hier findet sich u. a. ein Polyptychon von Carlo und Vittore Crivelli aus dem 15. Jh. (Führungen zu den Crivellis 5 € pro Pers., Näheres bei der Touristen-Info, → unten).

Amandola geht auf eine Gründung des 14. Jh. zurück und erlangte in den folgenden zwei Jahrhunderten vor allem auf dem Gebiet der Wollverarbeitung größere wirtschaftliche Bedeutung.

**Information** Touristeninformation in einer Holzhütte gleich außerhalb der Porta San Giacomo am Piazzale Garibaldi. Im Sommer tägl. 10–13 und 16–19 Uhr geöffnet, im Frühjahr/Herbst nur Sa/So, im Winter geschlossen. ℘ 0736-848706.

**Casa del Parco**, von der Piazza Risorgimento die Via Indipendenza hinauf, dann im Kloster San Francesco auf der rechten Seite. Juli und August tägl. 9.30–12.30 und 16–19 Uhr, sonst nur am Wochenende 9.30–12.30 und 15.30–18.30 Uhr. Largo Leopardi 4, ℘ 0736-848598 oder 0736-847294.

**Verbindungen** Busse ab Piazza Risorgimento, 5x Ascoli Piceno (über Montefortino, Montemónaco, Montegallo, Arquata del Tronto), 7x Sarnano. Tickets in der Bar Risorgimento oder im Bus.

**Übernachten** Bed & Breakfast Il Palazzo, oberhalb der Piazza in der Via Indipendenza gelegen, in einem alten Palazzo, nicht mehr ganz neu, freundliche und hilfsbereite Leitung. Es gibt auch einen Mountainbike-Verleih. EZ 50 €, DZ 85 €, Dreibett-Zimmer 105 €, Vierbett-Zimmer 125 €, Frühstück inkl. Via Indipendenza 59–61, 63021

Rundfahrt in den Monti Sibillini · Karte → S. 247

Fresko in der Abbazia di
Ss. Vitale e Ruffino

Amandola (AP), ☎ 0736-847082, mobil: 333-3310878, info@palazzopecci.com, www.palazzopecci.com.

**Essen & Trinken**   In Amandola eher schwierig, neben besagter Bar an der Piazza gibt es noch zwei Pizzerien und einen Pub sowie ein schlichtes Ristorante beim Stadion – keine kulinarischen Highlights, sondern pure Bodenständigkeit.

## Umgebung von Amandola

Recht reizvoll ist ein Ausflug ins nordöstlich unterhalb von Amandola verlaufende Tal des Tenna. Auf der rechten Seite der Straße befindet sich die sehenswerte romanische **Abbazia di Ss. Vitale e Ruffino**, in deren Innerem Fresken aus dem 13.–15. Jh. sowie eine noch ältere Krypta (Lichtschalter am Eingang auf der rechten Seite) zu sehen sind. Hier ruhen auch die Gebeine des heiligen Ruffinus. Das angeschlossene Konvent ist nicht zu besichtigen.

8 km von Amandola auf der Straße Richtung Fermo auf der rechten Seite. Tagsüber geöffnet. Am grün schimmernden **Lago di Ruffino** (auf der anderen Seite der Straße, beschildert) gibt es mehrere Ausflugslokale, auch Fahrrad- und Bootsverleih (nur im Sommer).

## Sarnano

ca. 3400 Einwohner

In dem hübschen Kurstädtchen auf 539 m Höhe ist vom Gebirgsflair der Monti Sibillini nicht mehr allzu viel zu spüren, dabei sind es von hier nur 15 km auf schmalem Sträßchen hinauf zum Skigebiet *Sassotetto* (bis 1625 m) mit einem Sessel- und mehreren Schleppliften (und weiter durch die Bergwelt über Bolognola zum Lago di Fiastra). Im modernen Stadtteil von Sarnano befinden sich die Thermalquellen des Ortes, die Linderung bei Knochen- und Leberleiden verschaffen sollen. Im alten Borgo scheint dagegen die Zeit stehen geblieben zu sein. Gleich beim Betreten durch das alte Stadttor Porta di Brunforte (15. Jh.) stößt man auf das ehemalige Convento San Francesco, heute der Palazzo Comunale, in dem die drei kleinen Museen des Ortes untergebracht sind. Die interessantesten Bauwerke der Stadt befinden sich am höchsten Punkt des Ortes, der Piazza Alta: der Palazzo Podestà, die Torre Civica, der Palazzo dei Priori und die Chiesa Santa Maria Assunta (13. Jh.) mit eindrucksvollem gotischem Portal, in deren Innenraum zahlreiche Fresken meist aus dem 14. Jh. zu bewundern sind.

**Information**   I.A.T. beschildert, nur wenige Schritte oberhalb der Piazza della Libertà am Rand des Centro storico. Viele Prospekte. Im Sommer Mo–Sa 9–13 Uhr, Di/Do auch 15–18 Uhr, So geschlossen. Hier hängt auch ein Busfahrplan aus. Largo Enrico Ricciardi 1, 62028 Sarnano (MC), ☎ 0733-657144, ℡ 0733-657343, iat.sarnano@regione.marche.it.

**Verbindungen**  Busse fahren am oberen Ende der Piazza della Libertà ab, Tickets im Bus. 2x tägl. Amandola, 3x Macerata, 3x Visso.

**Übernachten**  Die meisten Hotels des Ortes sind auf Kurgäste ausgerichtet.

\*\*\* **Hotel Eden**, gut 1 km oberhalb von Sarnano, von innen schöner und komfortabler, als es von außen wirkt, netter Blick auf die Altstadt von Sarnano und die Berge, sehr ruhige Lage, mit Ristorante und Pool. Renovierte Zimmer mit Bad, TV und Balkon. Angeschlossen ist das *Spa Novidra* mit großem Angebot – Kosmetik, Massagen, türkisches Bad, Hydromassage, Inhalation etc. Vom Zentrum beschildert, mühsamer Fußweg hier den steilen Berg hinauf. EZ 40–50 €, DZ 70–90 €, jeweils mit Frühstück, mit Halbpension kostet das EZ 55–65 €, das DZ 100–120 €. Via Alcide Gasperi 26, 62028 Sarnano (MC), ✆ 0733-657123, ✉ 0733-657197, info@hoteledensarnano.it, www.hoteleden sarnano.it.

**Essen & Trinken**  Ristorante Il Vicolo, gegenüber dem Palazzo Comunale unten am Stadttor geht es ein paar Treppen hinauf, dann gleich auf der rechten Seite. Mit Garten, innen gemütliches Gewölbe, regionale Küche zu angemessenen Preisen, probieren Sie eines der Wildschweingerichte. Mittags und abends geöffnet (außerhalb der Hochsaison Di geschlossen). Via Brunforte 191/A, ✆ 0733-657616.

**Kuren**  Bei der Terme di Sarnano nahe der zentralen Piazza, diverse Anwendungen und Therapien, auch Kosmetik, Massagen etc. Mo–Sa 8–12 und 16–19 Uhr geöffnet, So geschlossen. Viale S. Baglioni 14, ✆ 0733-657274, ✉ 0733-658290, info@terme disarnano.it, www.termedisarnano.it.

**Wandertipp**  In die Gola del Fiastrone: eine weitere Schluchtenwanderung auf der Ostseite der Monti Sibillini, ähnlich eindrucksvoll wie der Weg durch die Gola dell'Infernaccio (→ S. 254). Beschilderung zur Gola del Fiastrone/Grotta dei Frati, steiler Ab- und Aufstieg (Wanderschuhe anzie-

Die Silhouette von Sarnano

hen), z. T. im Flussbett, auch als Rundweg möglich, insgesamt ca. 4 Stunden. Keinesfalls nach längeren Regenfällen gehen, Steinschlaggefahr! Anfahrt: Von Sarnano zunächst Richtung Macerata auf der SS 78, dann links ab Richtung Caldarola und wieder links nach Monastero/Fiastra. Ab Sarnano ca. 15 km. Am Ortseingang von Monastero rechts hinunter zum Friedhof mit Parkplatz. Karte: Parco Nazionale dei Monti Sibillini – Carta dei Sentieri, Maßstab 1:25.000. Herausgegeben vom Club Alpino Italiano (C.A.I.), in Buch- und Zeitungsläden vor Ort erhältlich.

Rundfahrt in den Monti Sibillini    Karte → S. 247

# Lago di Fiastra

Von Monastero führt eine panoramareiche schmale Asphaltstraße (10 km) oberhalb der Schlucht zum Lago di Fiastra, einem schön gelegenen und sehr sauberen Stausee auf 640 m Höhe, der zum erfrischenden Bad geradezu einlädt (man erreicht den See auch über den südlich von Camerino gelegenen Ort Polverina).

Drum herum Hügel und Berge, trotz etwas Tourismus ist es im Ort *Fiastra* relativ ruhig – ideal für Erholungssuchende und Naturliebhaber. Spezialität der Gegend ist Forelle aus dem Lago.

**Information** Tourist-Information, in Fiastra an der Hauptstraße, nur im Sommer (Juli bis ca. 10. September) tägl. 9.30–12.30 und 15.30–18.30 Uhr geöffnet.

**Übernachten/Essen** Verdefiastra, schöner Campingplatz und Bungalows in San Lorenzo al Lago (ca. 1 km östlich von Fiastra). Direkt am See gelegen, Badestrand, Tretboot- und Kanuverleih, mit Bar und Ristorante/Pizzeria **Locanda delle Fate**. Camping pro Pers. 7 €, Kinder bis 10 J. 5 €, Stellplatz 10–12 €, Camper-Stellplatz über Nacht 8 €, Bungalow für 2–4 Pers. 65–100 €.

Kostenloses WI-FI am Platz. Ostern bis Anfang September geöffnet. Via Lungo Lago 7, 62035 San Lorenzo al Lago – Fiastra (MC), ☎ 0737-527025 oder 334-2305960, info@verdefiastra.it, www.verdefiastra.it.

Am anderen Ufer des Sees (ca. 3 km von der Hauptstraße, beschildert) liegt sehr einsam und direkt am Wasser der **Camping Belvedere**: nur für Zelte, steiniger Einstieg. 1.5.–30.9. geöffnet, pro Pers. 7–8 €, Zelt 6–7 €. Loc. Belvedere Ruffella/Fiegni, 62035 Fiastra (MC), ☎ 0737-527013 oder 338-2534203, www.campingnaturalisticofiastra.it.

# San Ginesio

ca. 3700 Einwohner

Ab Sarnano geht es auf der SS 78 durch die Ebene am Fluss Fiastrella entlang in nördliche Richtung nach Macerata. Zuvor sollte man unbedingt noch einen Abstecher nach San Ginesio machen: ein wirklich schöner, überschaubarer mittelalterlicher Ort, der sich mit der „Bandiera Arancione" und dem Wappen der „schönsten Dörfer Italiens" („I borghi più belli d'Italia") schmücken darf.

Dank der exponierten Lage auf 690 m Höhe eröffnet sich hier ein wirklich außerordentlich schönes Panorama auf die Sibillinischen Berge – nicht ganz zu Unrecht nennt sich San Ginesio selbstbewusst „Balkon der Sibillini". Der Blick muss aber nicht zwingend in die Ferne schweifen, auch in dem kompakten mittelalterlichen Städtchen mit gut erhaltener Stadtmauer gibt es durchaus Sehenswertes: Insgesamt elf Kirchen und Klöster sowie vier Stadttore warten auf Entdeckung, z. B. die *Porta Picena*, auch *Porta Nuova* genannt, aus dem 14. Jh., gleich daneben befindet sich das Pilgerhospital *Ospedale San Paolo* aus dem Jahr 1295 mit robust-eleganter Loggia. An der Piazza Gentili im Zentrum kann man außerdem die eindrucksvolle gotische *Collegiata* aus dem 11. Jh. mit Fassade und eindrucksvollem Portal aus dem frühen 15. Jh. kaum übersehen, und natürlich gibt es auch hier eine *Pinacoteca* mit durchaus beachtenswerter Gemäldesammlung.

Die Pinacoteca ist im Sommer Di–So 10–13 und 15–19 Uhr geöffnet, Mo geschlossen. Eintritt 2,50 €, erm. 1,50 €. Im Palazzo del Municipio, Via Capocastello 35, ☎ 0733-656022.

**Information** Ufficio Turistico, geöffnet Di–So 9.30–12.30 Uhr, Via Capocastello 35, ☎/🖷 0733-7652056, info@sanginesio.com, www.sanginesio.sinp.net.

**Verbindungen** Mehrmals tägl. **Busse** nach Macerata und Tolentino.

**Übernachten/Essen & Trinken**
››› Mein Tipp: *** Albergo **Centrale**, neu renoviertes, sehr empfehlenswertes Hotel mit Ristorante an der zentralen Piazza Gentili. Nur zwölf Zimmer, schick und komfortabel, angenehme Einrichtung, alle mit

Bad und TV. EZ 68 €, DZ 88–108 €, Mini-Suite für 3 Pers. 130 €, Suite für 4–5 Pers. 200 €, jeweils inkl. Frühstück, Halbpension kostet zusätzlich 19 € pro Pers. und Tag. Im stilvoll-gemütlichen Ristorante des Hotels probierten wir u. a. ein hervorragendes Antipasto vegetariano (9 €) und leckere Tagliatelle al ragú (7 €). Sehr freundlicher Service. Mittags und abends geöffnet, Mo Ruhetag. Ganzjährig geöffnet. Piazza A. Gentili 10/12, 62026 San Ginesio (MC), ☎/🖷 0733-653135, info@albergocentralesanginesio.com, www.albergocentralesanginesio.com. ‹‹‹

Am Lago di Fiastra

Am Strand von Grottammare

# Die Provinzen Fermo und Ascoli Piceno

Weite Strände und mit Ascoli Piceno eine der schönsten Städte der Marken, dazwischen Hügelorte, von denen der Blick manchmal sogar bis zum Gran Sasso in den Abruzzen reicht. Die beiden südlichsten Provinzen der Region sind Ziel der Bade- und Kulturtouristen gleichermaßen.

**Fermo** und **Ascoli Piceno**, die beiden Provinzhauptstädte der südlichen Marken, sind auch deren kulturelle Zentren; zu Unrecht sind sie außerhalb Italiens kaum bekannt. Fermo lockt mit seinem schönen und kompakten mittelalterlichen Zentrum, Ascoli Piceno mit einem der schönsten und beschaulichsten Plätze ganz Mittelitaliens. Im Hinterland warten zahllose kleine Orte – meist exponiert auf einer Hügelspitze gelegen – auf Entdeckung.

Der Küstenstreifen zwischen **Porto Sant'Elpidio** und **San Benedetto del Tronto** im Süden an der Grenze zu den Abruzzen ist weniger weitläufig als in den nördlichen Abschnitten der Adria. Hinter den Sandstränden dringt die Hügellandschaft bis weit zur Küste vor, nicht wenige Orte besitzen neben einem modernen Teil am Meer auch noch ein kleines Altstadtzentrum am Hang – wie z. B. **Sant'Elpidio a Mare**, das ein gutes Stück landeinwärts auf einem Hügel thront, aber auch **Cupra Marittima** und **Grottammare**, Letzteres vielleicht das lohnendste Ziel für Badegäste im Süden der Marken. Wer mehr Action sucht, ist in **Porto San Giorgio** und vor allem in **San Benedetto del Tronto**, dem größten und bekanntesten Badeort der Region mit schöner Palmenpromenade, genau richtig.

Im Hinterland von San Benedetto liegt das malerische Hügelstädtchen **Offida** mit schöner Kirche (→ S. 278), ein etwas längerer Ausflug führt in den **Parco Nazionale dei Monti Sibillini** (→ S. 244) mit zahlreichen schönen Orten und landschaftlichen Höhepunkten.

# Küste und Hinterland von Porto Sant'Elpidio bis Porto San Giorgio

**Porto Sant'Elpidio**: Ein nicht allzu breiter Kiesstrand, ein alter Wehrturm aus der Zeit der Piratenüberfälle im 16. Jh. und Schuhfabriken – ansonsten gibt es über Porto Sant'Elpidio (ca. 26.000 Einwohner) kaum Nennenswertes zu berichten, außer vielleicht der Bohrplattform vor der Küste. Der Ort ist ein beliebtes Ziel für Camper.

**Verbindungen** Der **Regionalzug** nach Ancona hält mind. stündlich auch in Porto Sant' Elpidio. **Busse** nach Sant'Elpidio a Mare.

**Übernachten** Camping La Risacca, Villaggio Turistico, ca. 2 km nördlich und schön im Grünen gelegen, mit Kiesstrand. Komfortabler Campingplatz mit Bar, Ristorante, Mini-Market, Pool mit Rutsche, Schwimmerbecken, Tennisplatz, Boccia, Basketball-, Fußball- und Volleyballfeld, Trampolin, Tischtennis, Bogenschießen, Wassersportangebot am Strand. Viel Programm, Mini-Club, Fahrradverleih (7 €/Tag). Ende April bis 10. September geöffnet. Camping pro Pers. 7–9 €, Stellplatz 15–20 €, Appartement für 4 Pers. 658–882 €/Woche, Casa Mobile/Bungalow für 4 Pers. 378– 756 €/Woche (nur wochenweise Vermietung). Centro Vacanze La Risacca, Lungomare Europa 100, 63821 Porto Sant'Elpidio (FM), ☎ 0734-991423, ✆ 0734-997276, info@ larisacca.it, www.larisacca.it.

Le Mimose, am südlichen Ortsrand, vielleicht sogar ein wenig besseres Niveau als La Risacca, direkt am Strand, mehrere Schwimmbecken, Ristorante/Pizzeria, Kinderspielplatz, Animation, auch hier Bungalows. Ganzjährig geöffnet! Camping pro Pers. 6–9 €, Kinder 2–6 J. 3–5 €, Stellplatz 12,50–22 €, Hund 5 €. Bungalow für 2 Pers. 58–72 €, für 4 Pers. 84–133 €. Via Faleria 15, 63821 Porto Sant'Elpidio (FM), ☎ 0734-993379 oder 0734-900604, ✆ 0734-992958, www. villaggiolemimose.it.

## Sant'Elpidio a Mare

ca. 17.000 Einwohner

Wesentlich sehenswerter und historisch interessanter als der Ableger am Meer ist der 10 km landeinwärts auf rund 250 m Höhe gelegene Ort mit seinem netten

Die Provinzen Fermo und Ascoli Piceno    Karte → S. 264/265

mittelalterlichen Centro storico. Durch die *Porta Marina* (das „Tor zum Meer") gelangt man zur zentralen Piazza Matteotti, an der die wichtigsten Bauwerke des Ortes zu sehen sind: der wuchtige *Turm der Cavalieri Gerosolimitani* aus dem 14. Jh., daneben die reich ausgeschmückte *Chiesa Maria della Misericordia* (Ende 16. Jh.) und schließlich die *Kollegiatskirche* (ursprünglich 14. Jh.), die Mitte des 17. Jh. ausgebaut wurde. In ihrem Innerem befindet sich ein römischer Sarkophag aus dem 3. Jh., dessen gut erhaltenes Relief eine Löwenjagd zeigt. Das *Caffè del Corso* an der Piazza Gramsci lädt zu Kuchen und Törtchen ein. Hier sitzt man romantisch unter alten Arkaden in gemütlichen Sofas, ein idealer Platz zum Abhängen. Alljährlich im Juni findet ein überregional bekanntes *Jazzfestival* statt.

**Information**   Ufficio Turistico auf dem Corso Baccio 32, im Sommer tägl. 9–13 und 16–20 Uhr, Mi nur nachmittags, in der Nebensaison nur Fr 10–12 und 16–19 Uhr und Sa/So 16–19 Uhr. ✆ 0734-810008.

**Verbindung**   Es fahren regelmäßig **Busse** nach Porto Sant'Elpidio.

**Shopping**   Tod's Factory Outlet, Fabrikverkauf der Nobelmarken Tod's, Hogan, Fay und Diego Della Valle, an der Straße von der Küste kommend noch vor Sant'Elpidio. Mo 15–19 Uhr, Di–Sa 10–19 Uhr, So geschlossen. Via Filippo della Valle 1, ✆ 0734-871671.

# Porto San Giorgio

ca. 16.500 Einwohner

Ein typischer Adria-Badeort mit breitem Sandstrand und lang gestreckter, erfreulicherweise autofreier Uferpromenade, an der – wie auch in der Fußgängerzone nahe der Piazza Mentana – im Hochsommer in Massen flaniert wird. Zwischen mäßig attraktiven Zweckbauten tauchen immer wieder Palmen und Pinien sowie gepflegte Häuser der vorletzten Jahrhundertwende und prächtige Villen im Art-nouveau-Stil auf. Etwas südlich des Zentrums liegt der große Yachthafen. Wer im Juli in der Gegend ist, sollte sich die *Sagra del Pesce* nicht entgehen lassen: Gebrutzelt wird der Fisch in einer riesigen Pfanne, vor der die Köche wie Liliputaner wirken (genaue Termine bei der I.A.T.).

Der ursprünglich bescheidene Fischerort gelangte als Hafen des 7 km westlich gelegenen Fermo zu Bedeutung. Zum Schutz gegen Piraten ließ man im 13. Jh. die sehenswerte *Rocca Tiepolo* erbauen (nur im Sommer, tägl. 17–20 Uhr).

**Information** I.A.T. nahe dem Bahnhof, Mo–Sa 9–13 und 17–20 Uhr, So 9–13 Uhr, außerhalb der Hochsaison kürzer. Via Oberdan 5, 63822 Porto San Giorgio (FM), ☎ 0734-684868, ✆ 0734-678461, iat.portosangiorgio@provincia.fm.it, www.provincia.fermo.it.

**Verbindungen** Gute Zugverbindungen an der Küste entlang: mindestens stündlich mit dem Regionalzug nach Ancona und nicht ganz so oft nach San Benedetto del Tronto (teilweise mit Halt in Cupra Marittima und Grottammare). Bahnhof in Zentrum.

**Busse** ca. halbstündlich ins 7 km landeinwärts gelegene Fermo, außerdem ca. stündlich mit dem Küstenbus in südliche Richtung über Cupra Marittima und Grottammare nach San Benedetto del Tronto bzw. in nördliche Richtung über Porto Sant'Elpidio nach Civitanova Marche. Haltestelle beim Bahnhof.

**Übernachten** \*\*\*\* Best Western David Palace Hotel, am südlichen Ortsrand beim Yachthafen, komfortabel, mit Pool, WI-FI, Parkplatz, Ristorante. Freundlicher Service, alle Zimmer mit Bad, TV, Aircondition, in den oberen Stockwerken schöner Blick. Ganzjährig geöffnet. EZ 95–105 €, DZ 125–145 €, Dreibett-Zimmer 175 €, Vierbett-Zimmer 208 €, inkl. Frühstück. Lungomare Gramsci Sud 503, 63017 Porto San Giorgio (FM), ☎ 0734-676848, ✆ 0734-676468, info@hoteldavidpalace.it, www.hoteldavidpalace.it.

\*\*\* Hotel Rosa Meublé, eher einfaches, aber sympathisches Albergo etwa auf der Mitte der Uferpromenade, erkennbar an der rosa Fassade. Nur über die Straße zum Strand. Alle Zimmer mit Bad, TV und Balkon. Ganzjährig geöffnet. EZ 60–70 €, DZ 110–120 €, inkl. Frühstück. WI-FI. Lungomare Gramsci 177, 63017 Porto San Giorgio

(FM), ☎/✆ 0734-678485, info@rosameuble.it, www.rosameuble.it.

**Villaggio/Camping La Capannina**, am südlichen Ortsrand beim Porto Turistico, zwischen Bahngleisen und Strand gelegen. Üblicher Standard eines Villaggio Turistico: Pool, Restaurant, Market, diverse Sportmöglichkeiten und Bungalows. Geöffnet Ende Mai bis ca. 10. September. Pro Stellplatz bis max. 4 Pers. 48–55 €, in der Nebensaison nur die Hälfte, Bungalow für 2 Pers. 50–60 €, für 4 Pers. ab 70 €. Via San Martino 3, 63822 Porto San Giorgio (FM), ☎ 0734-677003, ✆ 0734-678644, info@villaggiolacapannina.it, www.villaggiolacapannina.it.

**Wohnmobilstellplatz** Neben dem Villaggio/Camping La Capannina.

**Essen & Trinken** Damiani & Rossi, modernes Ambiente, direkt am Strand von Porto San Giorgio, schön und geschmackvoll hergerichtet, nett sitzt man auf der Holzterrasse mit Blick aufs Meer. Guter Service, bekannt für hervorragende Fischküche, die jedoch nicht ganz billig ist: Antipasti 14–22 €, Primi 15–18 €, Secondi 18–20 €, das Dolce kommt auf 8 €. Gute Weinauswahl. Mittags und abends geöffnet, in der Nebensaison Mo/Di geschlossen. Von der zentralen Piazza Mentana ein Stück südlich am Lungomare. Lungomare Gramsci, ☎ 0734-678593, damianierossi@libero.it, www.damianierossi.com.

Figaro Café, ziemlich in der Mitte der Uferpromenade, schickes Ristorante (teuer) mit cooler Lounge, ganz in Weiß, direkt am Strand, es gibt auch Sushi. Tagsüber Restaurant und Café, abends Music- und vielmehr noch Cocktailbar. Mo geschlossen. Lungomare Gramsci, ☎ 0734-677708, www.figarocafe.it.

# Fermo

ca. 38.000 Einwohner

Auf vierspuriger Schnellstraße gelangt man in Windeseile von der Küste hier hinauf. Die wenig ansprechende Peripherie sollte man großzügig übersehen. Dagegen lohnt das weitläufige Centro storico: Mittelalter und Renaissance pur, dazu eine besonders schöne Piazza.

Am höchsten Punkt der Stadt thront auf 321 m der Dom, umgeben von einer großen Piazza nebst Aussichtsterrasse, von der man einen weiten Blick auf die Landschaft und zum Meer hin genießt. Das urbane Leben spielt sich aber unterhalb (Treppen hinunter vom Domplatz) an der wunderschönen Piazza del Popolo ab: ein malerischer Platz mit Arkadengängen, in deren Cafés es sich hervorragend aushalten

Die Provinzen Fermo und Ascoli Piceno Karte → S. 264/265

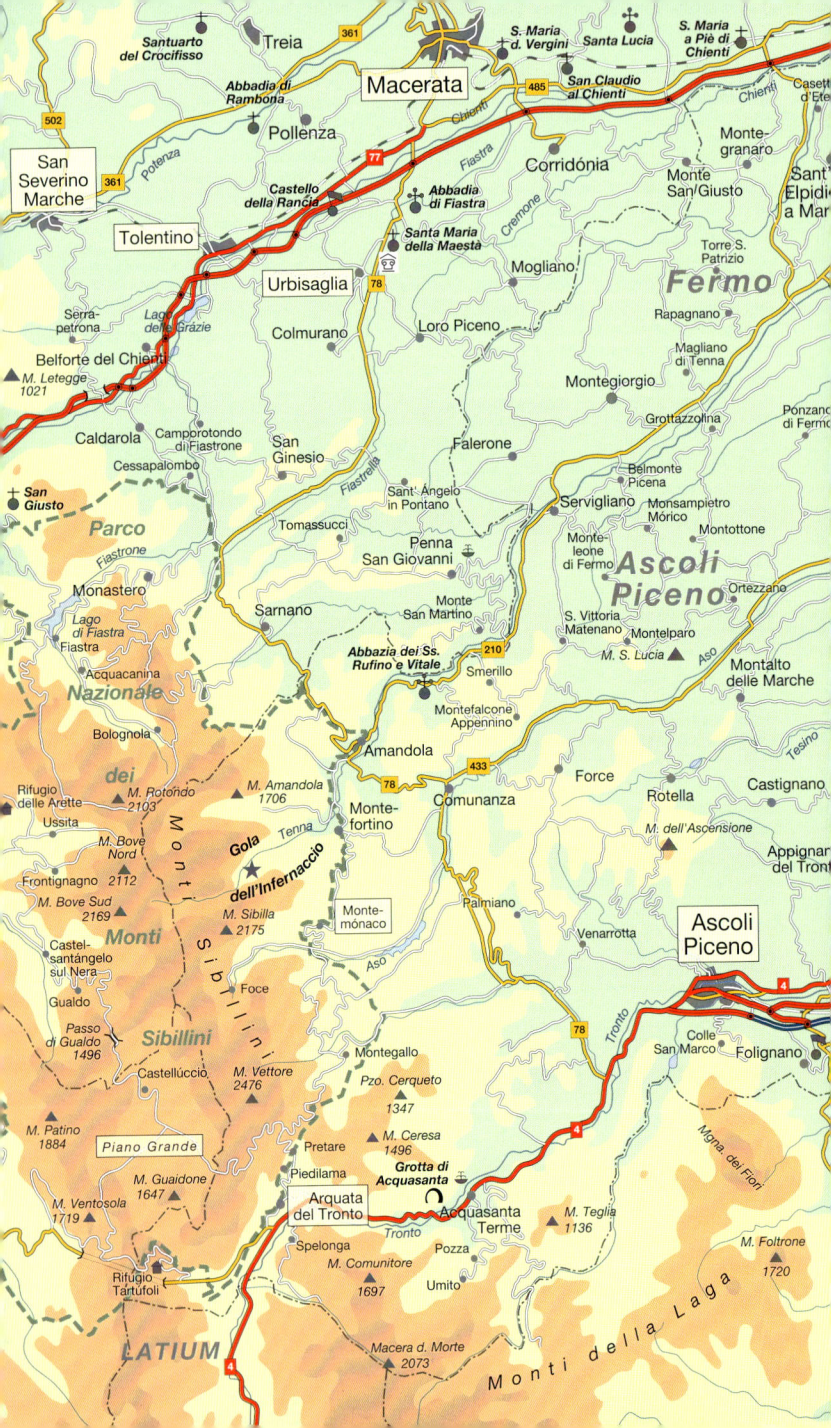

Fermo und
Ascoli Piceno

4 km

Freundlich grüßt der Papst seine Gäste

lässt. Neben der eleganten *Loggia di San Rocco* (1528) fallen am unteren Ende der Piazza del Popolo vor allem zwei Gebäude ins Auge: der *Palazzo degli Studi* (16./17. Jh.), Sitz der alten Universität von Fermo, und der *Palazzo dei Priori* (1590) mit der Statue von Papst Sixtus V., der aus dem wenige Kilometer südlich gelegenen Ort Grottammare stammte und von 1571 bis 1577 Bischof von Fermo war, bevor er 1585 den Stuhl Petri bestieg.

Einen Rundgang durch die Altstadt beginnt man am besten am unteren Ende der Piazza del Popolo. Von dort geht es dann über den Corso Cefalonia (vorbei am eindrucksvollen *Palazzo Azzolino)* und den anschließenden Corso Cavour (gleich an dessen Anfang die *Torre Mateucci* aus dem 13. Jh.) mit seinen herrschaftlichen Patrizierhäusern zur *Chiesa Sant'Agostino*. Die Kirche stammt ursprünglich aus dem 13. Jh., wurde aber mehrfach umgebaut, zuletzt Mitte des 18. Jh. Im Inneren sind noch zahlreiche Fresken aus dem 13.–15. Jh. erhalten. Die vermutlich älteste Kirche Fermos, *San Zenone* (1171), befindet sich am Largo Fogliani ein Stück oberhalb.

Verlässt man die Piazza del Popolo am anderen Ende, gelangt man über die Via Mazzini und vorbei am eleganten *Teatro L'Aquila* aus dem Jahr 1790 hinauf zum Piazzale del Girfalco mit der *Cattedrale* (→ "Sehenswertes"). Unbedingt einen Besuch wert sind auch die römischen Zisternen nur wenige Schritte von der Piazza del Popolo entfernt (ebenfalls unter „Sehenswertes"). Wer am 15. August in der Gegend ist, sollte sich auf jeden Fall auch den *Palio dell'Assunta* (traditionelles Pferderennen mit großem Mittelalterfest) anschauen!

## Geschichte

Der Hügel von Fermo war schon in prähistorischer Zeit besiedelt, dann ließen sich hier die Sabiner nieder. *Firmum Picenum* hieß der Ort unter den Römern, die ihn 264 v. Chr. zur Kolonie machten und nach diversen Unstimmigkeiten (Fermo schlug sich auf die Seite der Mörder von Julius Caesar) gut 200 Jahre später zum Militärlager degradierten. 408 n. Chr. fiel Alarich hier ein, später kamen die Byzantiner und dann die Langobarden.

Anfang des 11. Jh. erklärte man Fermo zum Regierungssitz der „Marca Fermana", deren Herrschaftsbereich bis nach Pescara (Abruzzen) reichte. Die Stadt erlebte einen Aufschwung zum geistigen und kulturellen Zentrum der Gegend, aber auch zur Handelsstadt, was nicht zuletzt durch die Errichtung des 7 km westlich gelegenen Hafens (heute Porto San Giorgio, → S. 262) begünstigt wurde. Während der Machtkämpfe zwischen Guelfen und Ghibellinen nahm Friedrich Barbarossa im Jahr 1167 den Ort ein, ab 1199 war Fermo freie Stadt. Wie in vielen anderen Städten der Region nahm im 16. Jh. (1538) der Kirchenstaat das Heft in die Hand, woran sich bis zum Anschluss an das Königreich Italien 1861 nichts änderte.

**Information/Eintrittskarten** I.A.T. am unteren Ende der Piazza del Popolo im Palazzo dei Priori. Im Sommer Di–Fr 9–13 und 15–19 Uhr, Sa/So 9–13 und 15.30–19 Uhr, Mo geschlossen, im Winter Di–So 10–13 und 15.30–18 Uhr, Sa/So bis 19 Uhr, Mo geschlossen. Piazza del Popolo, 63900 Fermo, ☎ 0734-227940, 📠 0734-215120, iat.fermo@ provincia.fm.it, www.comune.fermo.it.

Nebenan befindet sich die **Biglietteria**, bei der man die Eintrittskarten für sämtliche Museen der Stadt kaufen muss, ☎ 0734-217140 (gleiche Öffnungszeiten wie die I.A.T.).

**Verbindung** Von 6 bis 23.30 Uhr halbstündlich **Busse** nach Porto San Giorgio, 6x nach Porto Sant'Elpidio, 1x nach Torre di Palme, außerdem 8x tägl. nach Macerata, 6x nach Amandola (Monti Sibillini) und 2x tägl. über Cupra Marittima, Grottammare und San Benedetto del Tronto nach Ascoli Piceno, der Bus fährt weiter nach Rom. Die Busse fahren von der Piazza außerhalb des Torbogens zur Piazza del Popolo ab, Tickets bei Tabacchi/Edicola.

**Einkaufen** In der Hochsaison (Juli/August) findet immer donnerstags bis spätabends der **Mercatino Antiquariato** (Antiquitätenmarkt) von Fermo statt. Piazza del Popolo.

**Parken** Am besten am Piazzale Girfalco am höchsten Punkt der Stadt (gebührenpflichtig, der Beschilderung folgen), von hier führt ein Weg hinunter zur Piazza del Popolo.

**Übernachten** \*\*\* **Astoria**, nur wenige Schritte von der Piazza del Popolo, solide Mittelklasse, wenn auch äußerlich keine Augenweide, mit Parkplatz, Dachterrasse. 53 renovierte Zimmer mit Bad, TV und Aircondition. Angeschlossen ist ein Hotelrestaurant. EZ 60–70 €, DZ 90–100 €, Frühstück inkl., Halbpension 65–75 € pro Pers. Viale Vittorio Veneto 8, 63023 Fermo, ☎ 0734-228601, 📠 0734-228602, info@hotelastoria fermo.it, www.hotelastoriafermo.it.

**Essen & Trinken** L'Enoteca – Bar a Vino, ein schönes und einladendes Lokal am oberen Ende der Piazza del Popolo, Ecke Via Mazzini, auch für den kleineren Hunger geeignet, es gibt aber auch ein komplettes *Menü del giorno* und den einen oder anderen guten Tropfen aus den Marken. Auch Aperitivo. Mittags und abends geöffnet, Mo geschlossen und am Di mittags. Piazza del Popolo 39, ☎ 348-9035257.

Leckere *Pizza al taglio* gibt es bei der **Antica Pizzeria** beim Palazzo dei Priori, sehr günstig, ganztägig geöffnet, Mo geschlossen.

**Gran Caffè Belli**, Traditionscafé, das es hier schon seit 1884 gibt, nur wenige Schritte von der zentralen Piazza del Popolo. Günstiger Mittagstisch, im Sommer mit Terrasse (schöner Blick). Corso Cefalonia 61.

**Chalet Girfalco**, schlichte Bar am Piazzale Girfalco schräg gegenüber vom Dom. Es gibt Panini und wagenradgroße Focacce mit Rosmarin und Sesam, man sitzt im Schatten. Ideal zum Entspannen nach dem Stadtrundgang.

**Gelateria La Veneta**, am unteren Ende der Piazza del Popolo, sehr gutes Eis und Bio-Caffè. Im Sommer ganztägig geöffnet.

# Sehenswertes

**Cattedrale (Piazzale del Girfalco):** Selbst wer sich nur mäßig für Kirchen interessiert, sollte zu dem großen Platz hinaufkommen: Die Aussicht von der Terrasse ist wirklich fantastisch. Auf dem Platz befand sich früher die Festung der Stadt aus dem 13. Jh., die Mitte des 15. Jh. zerstört wurde. Der Dom datiert aus dem Jahr 1277 und wurde – bis auf die noch original erhaltene Fassade – im 18. Jh.

Karte → S. 264/265

Die Provinzen Fermo und Ascoli Piceno

fast komplett umgebaut. An der romanisch-gotischen Fassade fällt besonders das sorgfältig gearbeitete Portal (darüber die Bronzefigur der *Santa Maria Assunta* aus dem Jahr 1758) und die Rosette auf, im Innenraum aus dem 18. Jh. findet sich aber auch Bedeutendes aus früherer Zeit: u. a. eine byzantinische Ikone, ein frühchristliches Bodenmosaik (unter Glas vor dem Altar) und in der reich ausgestatteten Krypta ein frühchristlicher Sarkophag.

Di–Fr 10–13 und 15.30–18 Uhr, Sa 9.30–12.30 und 15.30–18 Uhr, So 10–13 und 15.30–19 Uhr, Mo geschlossen, im Sommer abends länger. Das angeschlossene Diözesanmuseum (links vom Dom) ist nur Sa/So 10–13 und 15.30–18 Uhr, So bis 19 Uhr geöffnet. Eintritt 3 €, ermäßigt 2 €, Führung 2 € pro Pers. (Anmeldungen unter ☎ 0734-229005).

**Römische Zisternen (Piscine Romane):** Zu sehen sind an die 30 bestens erhaltene und miteinander verbundene Kammern in römischer Ziegelbauweise, in denen Regen- und Quellwasser aufgefangen wurde. Entstanden ist das Wasserreservoir mit Reinigungsanlage in den Jahren 60–40 v. Chr. Die Zisternen sind nur im Rahmen einer 30-minütigen Führung zu besichtigen, ziehen Sie sich etwas Warmes an, hier unten ist es kalt und feucht.

Di–So um 10.30, 11.30, 12.30, 16 und 17 Uhr Führungen, Sa/So zusätzlich um 18 Uhr, im Juli/August auch abends bis 23 Uhr, Mo geschlossen. Eintritt 3 €, ermäßigt 2 €. Treffpunkt ist die Biglietteria im Erdgeschoss des Palazzo dei Priori an der Piazza del Popolo, ☎ 0734-217140.

Fermo – im Palazzo dei Priori

**Musei di Palazzo dei Priori**: Im ersten Stock des *Palazzo dei Priori* (aus dem Jahr 1590) sind die Repräsentationssäle der Comune mit der *Sala dei Ritratti* (Porträts von Kardinälen und anderen Persönlichkeiten der Gegend), der besonders prachtvollen *Sala dell'Aquila* (mit kunstvoller Trompe-l'œil-Deckenausmalung) sowie dier *Sala dei Stemmi* (Wappen) untergebracht. Daneben befindet sich hier auch eine Archäologie-Abteilung mit Funden aus Fermo und Umgebung – Schmuck, Waffen, Gefäße etc. sind zu sehen.

Im zweiten Stock gelangt man zur **Pinacoteca**, in der überwiegend Kirchenkunst zu sehen ist, aber auch die *Sala Mappamondo* mit einem riesigen Globus (Durchmesser 1,85 m) aus dem Jahr 1713, in diesem Saal befindet sich die ehemalige öffentliche Bibliothek von Fermo mit unzähligen alten Büchern.

Neben Werken italienischer und regionaler Meister des 14. bis 16. Jh. (u. a. Andrea da Bologna, Jacobello del Fiore, Vincenzo Pagani) findet sich in der Pinacoteca auch ein echter Rubens: „L'Adorazione dei Pastori" aus dem Jahr 1608, außerdem eine „Crocifissione" von Vittore Crivelli.

Im Juli/Aug. tägl. 10–13 und 16–20 Uhr, um Ferragosto auch 21–24 Uhr, im Frühjahr/Herbst Di–Fr 10–13 und 15.30–18 Uhr, Sa/So 10–13 und 15.30–19 Uhr, Mo geschlossen, im Winter eingeschränkt. Eintritt 3 €, ermäßigt 2 €. Piazza del Popolo 1, ℰ 0734-217140.

**Teatro dell'Aquila**: ein imposantes Theater aus dem 18. Jh., das nach Plänen des Architekten Cosimo Morelli aus Imola um 1780 erbaut wurde und sich an der Via Mazzini 6 auf dem Weg vom Zentrum in Richtung Cattedrale befindet. Es verfügt über 870 Plätze und kann, neben dem Besuch einer regulären Aufführung, auch besichtigt werden (ab 8 Pers.).

Infos zu Besichtigungen und Tickets bei der I.A.T., ℰ 0734-217140, Eintritt 3 €, ermäßigt 2 €.

## Umgebung von Fermo

Ein lohnenswerter Abstecher von Fermo führt nach **Montegiorgio** nördlich des Tenna-Tales (ca. 22 km westlich von Fermo) mit gut erhaltenem mittelalterlichem Ortskern. Auf schöner Strecke in südlicher Richtung gelangt man nach etwa 12 km ins verschlafene **Monterubbiano**: auch hier viel Mittelalter auf einem 463 m hohen Hügel, Fremde fallen noch auf.

Portal der Cattedrale von Fermo

# Küste und Hinterland von Torre di Palme bis San Benedetto del Tronto

Zurück an der Küste ist **Torre di Palme** das nächste lohnende Ziel. Der schöne kleine Ort mit gut erhaltenem Centro storico liegt etwa 100 m hoch über dem Meer und bietet vom Piazzale Belvedere – wie der Name schon sagt – wirklich herrliche Ausblicke. Im Zentrum gibt es Bar/Caffè und Keramikladen, außerdem ein Ristorante und eine Pizzeria. Ein netter Spaziergang (ca. 1 Stunde) führt von *Torre di Palme* durch den *Bosco del Cugnolo* (rot-weiß markierter Rundweg).

## Cupra Marittima                    ca. 5500 Einwohner

Der Ort an der **Riviera delle Palme**, wie der Küstenabschnitt hier heißt, besteht aus einem modernen Teil am Meer mit einem guten Dutzend Hotels sowie einigen Campingplätzen und einem malerischen historischen Zentrum oben am Hügel (*Cupra Alta*). Cupra war der Name einer picenischen Göttin, die man hier in einem Tempel auf dem Berg verehrte. Ein Ausflug die steilen Gassen hinauf in den mittel-

Die Provinzen Fermo und Ascoli Piceno    Karte → S. 264/265

alterlichen Ortsteil lohnt wegen einiger gut erhaltener Bauwerke (meist 15. Jh.) und wegen des *Museo Archeologico del Territorio* im Palazzo Cipoletti mit zahlreichen Funden aus der Umgebung (nur im Sommer ab spätnachmittags geöffnet, Via Castello 5, ✆ 0735-778561). Im modernen Cupra Marittima befindet sich am nördlichen Ortsausgang das *Museo Malacologico* mit über einer halben Million Muscheln aus aller Welt. Der Ort ist seit vielen Jahren Träger der Bandiera Blu für besondere Sauberkeit seiner Strände und der Umweltverträglichkeit der touristischen Infrastruktur. Dennoch: Der schönere Badeort ist das benachbarte Grottammare.

Das **Museo Malacologico Piceno** ist im Juli und August tägl. 16–22.30 Uhr, im Juni tägl. 16–20.30 Uhr, in der Nebensaison Di, Do, Sa und So 15.30–19 Uhr, im Winter Do, Sa und So 15–18.30 Uhr geöffnet. Eintritt 7,50 €, ermäßigt 6 €, unter 6 J. frei. Via Adriatica Nord 240, ✆ 0735-777550, www.malacologia.org.

**Information**   Pro Loco an der Piazza della Libertà im Zentrum (an der Hauptdurchgangsstraße SS 16), im Sommer tägl. 10–13 und 17–20 Uhr, im Juli und August auch 21–23 Uhr. Piazza della Libertà 11, 63012 Cupra Marittima (AP), ✆/✉ 0735-779193, www.cupramarittima.org.

**Verbindungen**   Der **Regionalzug** auf dem Weg nach Ancona bzw. San Benedetto del Tronto (dort umsteigen nach Ascoli Piceno) hält etwa stündlich auch in Cupra Marittima. In nördliche Richtung auch Stopps in Porto San Giorgio und Richtung Süden in Grottammare. Bahnhof am südlichen Ortsausgang.

**Busse** ca. stündlich ab Zentrum nach Porto San Giorgio und die Küste hoch bis Civitanova Marche), ebenfalls etwa stündlich in südliche Richtung nach Grottammare und San Benedetto del Tronto.

**Übernachten**   Neben den rund 15 Hotels gibt es mehrere Campingplätze, alle mehr oder minder nördlich vom Ort. Empfehlenswert sind:

\*\*\* **Terrazzo sul Mare**, sehr kleiner Platz etwas oberhalb des Zentrums und ca. 500 m vom Meer, in schöner Terrassenlage, mit Bar und Pool. Geöffnet 1. Mai bis 30. September. *Anfahrt*: Auf der SS 16 am nördlichen Ortsausgang eine kleine Straße links den Berg hinauf (beschildert). Pro Pers. 6–9 €, Kinder 4–5 €, Stellplatz 11–14 €, es werden auch Bungalows vermietet (nur wochenweise, für 2–5 Pers. 390–870 €). Via

Adriatica Nord, 63012 Cupra Marittima (AP), ✆ 0735-777859, ✉ 0735-777191, www.campingterrazzosulmare.it.

\*\*\* **Villaggio Verde Cupra**, ca. 1 km landeinwärts, ebenfalls in Panoramalage und mit Pool. Ende März bis Ende September geöffnet. Mit Hotel und Ristorante. Camping pro Pers. 10–15 €, Kinder 3–10 J. 6–8 €, Stellplatz 13–16,50 €, Appartements/Bungalows für 3–5 Pers. 83–155 €, DZ im Hotel 70–132,50 € mit Frühstück, Halbpension kostet zusätzlich 18 € pro Pers. und Tag. Via Lazio 2/6, 63064 Cupra Marittima (AP), ✆ 0735-777411, ✉ 0735-777666, info@verdecupra.it, www.villaggioverdecupra.it.

\*\*\* **Camping Calypso**, bestens organisierte Anlage nördlich von Cupra Marittima, nur wenige Meter (über die Straße und durch die Bahnunterführung) zum Strand, mit Pool, Ristorante, Mini-Market und diversem Sportangebot, Animation, Abendveranstaltungen etc. Anfang April bis ca. 10.10. geöffnet. Camping pro Pers. 7,50–14 €, Kinder 3–6 J. 5,50–9 €, Stellplatz 11–19,50 €, großer Stellplatz 16–25 €. Bungalow für 4 Pers. 100–140 €, für 5–6 Pers. 120–165 €, Vollpension 33 € pro Pers. Via Boccabianca 7, 63064 Cupra Marittima (AP), ✆ 0735-778686, ✉ 0735-778106, www.campingcalypso.it.

**Essen & Trinken**   Am Lungomare mehrere gute Restaurants direkt am Strand, am schönsten ist die Aussicht jedoch in den Restaurants in Cupra Alta.

## Grottammare     ca. 16.000 Einwohner

„La Perla dell'Adriatico", wie sich Grottammare selbst nennt, ist ein ansprechender Badeort mit Palmenpromenade und viel Grün, einem hübschen, kleinen Centro storico mit Fußgängerzone zum Meer, vielen schönen Villen am Lungomare und einem gepflegten Sandstrand. Dementsprechend herrscht an der breiten Uferpromenade mit zahlreichen Hotels und den angrenzenden Strandbädern ziemlich viel Trubel.

Wer dem entfliehen möchte, sollte unbedingt in den mittelalterlichen Ortsteil (Grottammare Alta bzw. Monte Castello) auf der Anhöhe hinter dem modernen Zentrum hinauffahren und hier in idyllischer Atmosphäre am besten auch gleich zu Abend essen – sehr beschaulich. Wer oben außerhalb geparkt hat und sich in das autofreie Centro storico aufmacht, stößt sogleich auf die malerische, kleine *Piazza Peretti:* An der Wand des alten Teatro dell'Arancio thront die große Statue von Papst Sixtus V., der hier am 13. Dezember 1521 als Felice Peretti geboren wurde und von 1585 bis zu seinem Tod im Jahr 1590 den Heiligen Stuhl innehatte.

**Information** Ufficio Informazioni im Zentrum, Piazza Fazzini, im Sommer Mo–Sa 8.30–13 Uhr und Mi–Fr 15–18 Uhr, ✆ 0735-739240, ✆/🖷 0735-631087, turismo@comune. grottammare.ap.it, www.visitgrottammare.it.

**Verbindungen** Der **Regionalzug** auf dem Weg nach Ancona bzw. Giulianova/Pescara (Abruzzen) hält fast stündlich auch in Grottammare. Von hier in nördliche Richtung über Cupra Marittima nach Porto San Giorgio; in südliche Richtung nach San Benedetto del Tronto (dort umsteigen nach Ascoli Piceno).

**Busse** ca. stündlich an der Küste entlang nach Cupra Marittima und Porto San Giorgio (bis Civitanova Marche), ebenfalls etwa stündlich in südliche Richtung nach San Benedetto del Tronto, außerdem 8x tägl. nach Ripatransone.

**Taxi** an der Piazza San Pio im Zentrum, ✆ 0735-631312 oder 339-5704957.

**Übernachten** Grottammare hat an die 30 Hotels (ein bis vier Sterne) zu bieten, sodass jeder das Passende für Geschmack und Geldbeutel findet. Eine kleine Auswahl:

**B & B La Torretta sul Borgo**, im alten Ortsteil Grottammare Alta, ein wenig oberhalb des Ristorante Borgo Antico. Nur fünf Zimmer in historischem Gemäuer, sorgfältig renoviert und nett hergerichtet, dazu günstig: EZ 65–75 €, DZ 75–85 €, jeweils inkl. Frühstück, WI-FI kostenlos. Kleine Hunde erlaubt. Ganzjährig geöffnet. Via Camilla Peretti 2, 63013 Grottammare (AP), ✆ 0735-736864 oder 347-4259446, 🖷 0735-322023, info@latorrettasulborgo.it, www.latorrettasulborgo.it.

Grottammare – Impressionen

**** **Parco dei Principi**, gehobenes Hotel am Meer, modernes Gebäude (nicht von der Fassade abschrecken lassen) mit Pool und Liegewiese, gepflegter Strandabschnitt, Tennisplatz, Fahrradverleih. 54 komfortable Zimmer, alle mit Bad, Balkon (Meerblick), Aircondition und Sat-TV. Ein Stück südlich vom Zentrum gelegen (gleich hinter der Flussbrücke), nur über die Straße zum eigenen Strandabschnitt. Sehr freundlicher Service. Ganzjährig geöffnet. DZ mit obligatorischer Vollpension (gilt für den Monat August mit mindestens drei Tagen Aufenthalt) 190–240 €, EZ 115–140 €, in der Nebensaison deutlich günstiger. Lungomare De Gasperi 90, 63066 Grottammare (AP), ✆ 0735-735066, ✆ 0735-735080, htlparcodeiprincipi@tiscalinet.it, www.hotelparcodeiprincipi.it.

*** **Ambassador**, am Kreisel am Lungomare nicht zu übersehen, sehr zentrale Lage, nur über die Straße zum Strand. Frisch renoviertes Hotel, Vorgarten mit Hollywoodschaukeln, im Sommer wird auch Halbpension angeboten. Gepflegte, renovierte Zimmer, viele mit großem Balkon zum Meer. April bis Ende September geöffnet. DZ 120–150 €, EZ die Hälfte, jeweils inkl. Frühstück. EZ/DZ mit Halbpension 66–86 € pro Pers. Lungomare della Repubblica 86, 63066 Grottammare (AP), ✆ 0735-631010 oder 349-8111613, info@ambassadorgrottammare.it, www.hotelambassadorgrottammare.it.

** **Velia**, günstige Übernachtungsmöglichkeit in Grottammare, schon etwas älterer, fünfstöckiger Bau am Meer mit schattigem Garten und Terrasse, sehr freundliche Leitung, sympathisch altmodisch. Ganzjährig geöffnet. Zimmer mit Bad und Balkon, DZ mit Frühstück 100 €, mit Halbpension 124–154 €. Lungomare De Gasperi 20, 63013 Grottammare (AP), ✆ 0735-633541, ✆ 0735-633542, velia@grottammare.it, www.hotelvelia.it.

**Camping   Don Diego**, am Meer, etwa 2 km südlich vom Zentrum, nur über die Straße zum Strand. Pro Pers. 11–15 €, Kinder 3–10 J. 7–9 €, Stellplatz 16–19,50 €, auch Bungalows (für 3–4 Pers. 1120–1260 €/ Woche), Anfang Mai bis Mitte September geöffnet. Lungomare De Gasperi 128, 63013 Grottammare (AP), ✆ 0735-581285, ✆ 0735-583166, www.campingdondiego.it.

**Essen & Trinken**   Zwei überaus empfehlenswerte Restaurants im alten Ortsteil Grottammare Alta:

**Osteria dell'Arancio**, an der Piazza Peretti gelegen, hervorragende Küche in urigem Ambiente, auch Terrasse, nicht ganz billig: Degustationsmenü um 35 €, à la carte um 40 €. Nur abends geöffnet, Mi geschlossen. Piazza Peretti 1, ✆ 0735-631059.

**Locanda Borgo Antico**, wenige Schritte von der Osteria dell'Arancio entfernt. Von der Terrasse wunderschöner Meerblick, ähnlich empfehlenswert wie die Osteria dell' Arancio und etwas günstiger. Ebenfalls nur abends geöffnet (und Sonntagmittag), Di geschlossen, im Sommer tägl. geöffnet. Via Santa Lucia 1, ✆ 0735-634357.

Im modernen Grottammare am Strand empfehlen wir:

**Ristorante Kursaal**, ein ansprechendes, kleines Restaurant an der gleichnamigen hübschen Piazza, an der die autofreie Promenade beginnt. Mit Terrasse. Gute Meeresküche zu angemessenen Preisen, das Menü kommt auf ca. 30 €. Mittags und abends geöffnet, Mo geschlossen. Piazza Kursaal 4, ✆ 0735-736641.

**Pizzeria Riva del Sole**, fast immer voll ist dieses Lokal am Lungomare, die meisten Gäste kommen aus Grottammare und Umgebung. Sehr leckere Pizza, aber auch Pasta, Salate und Bruschette sollte man nicht verschmähen. Netter Service. Im Sommer mittags und abends geöffnet (dann gibt es auch mittags Pizza), im Winter nur abends geöffnet. Di Ruhetag. Viale della Repubblica 24, ✆ 0735-631414.

## Umgebung von Grottammare

**Ripatransone**: Der 4400-Einwohner-Ort mit seinem schönen mittelalterlichen Stadtbild liegt rund 13 km landeinwärts von Grottammare auf fast 500 m Höhe – von hier hat man einen herrlichen Panoramablick bis zum Meer und auf der anderen Seite zu den Bergen im Süden und Westen. Empfehlenswert ist es, um die Abendzeit hier zu sein und den spektakulären Sonnenuntergang zu genießen. Um Ripatransone wird der Rosso Piceno angebaut, ein vorzüglicher Rotwein.

Im Mittelalter war Ripatransone ein bedeutender Ort, Anfang des 13. Jh. sogar eine der ersten freien Städte des Landes. 1571 wurde die Stadt Bischofssitz und die Kathe-

Freundliche Bar in Ripatransone

drale gebaut. Zu den ältesten Gebäuden des Ortes zählt der *Palazzo del Podestà* (Anfang 14. Jh.) an der Piazza XX Settembre; heute ist in dem mehrfach umgebauten Palazzo das Stadttheater untergebracht. Im Zentrum (gleich bei der Piazza XX Settembre, ausgeschildert) findet sich auch die „schmalste Gasse Italiens" mit einer garantierten Breite von nur 43 cm, ein nachhaltiges Vergnügen für abenteuerlustige Kinder (und schlanke Erwachsene)! In den Eckgebäuden der Piazza befinden sich außerdem ein kleines *Museo Archeologico* sowie die *Pinacoteca Comunale*.

Museo Archeologico und Pinacoteca Comunale sind Di–So 9.30–12.30 und 16.30–19.30 Uhr geöffnet, Mo geschlossen. 15.6.–30.8. tägl. 16–20 Uhr. Eintritt je 2 €, erm. 1 €.

**Information** I.A.T. an der zentralen Piazza, tägl. 9.30–12.30 und 16–19.30 Uhr. Piazza XX Settembre, 63065 Ripatransone (AP), ✆ 0735-99329, www.comune.ripatransone.ap.it.

**Verbindungen** 4x tägl. **Busse** von und nach Grottammare.

**Essen & Trinken** Direkt neben dem Teatro befindet sich eine nette **Bar** mit hübscher Terrasse. Unter Laubbäumen genießt man hier bei einem Aperitivo den Blick über die weite Landschaft und, je nach Wetter und Jahreszeit, die untergehende Sonne.

**Klettergarten** Quercus Park, der Klettergarten liegt in dem hübschen Eichenwald *Selva dei Frati* unterhalb des historischen Zentrums von Ripatransone (beschildert). Nur im Sommer geöffnet, Erwachsene 18 €, Kinder je nach Größe 7–12 €. Infos und Anmeldung unter ✆ 0735-97004.

**Wohnmobilstellplatz** Neben dem Klettergarten, mit schönem Blick, ca. 5 €/Nacht.

# San Benedetto del Tronto

ca. 48.000 Einwohner

**Der größte und bekannteste Badeort der Marken besitzt auch einen bedeutenden Fischereihafen mit Werften und Fisch verarbeitender Industrie.**

Die endlose Uferpromenade mit parallel verlaufendem Fahrradweg ist von unzähligen Palmen gesäumt, außerdem wachsen hier Oleander und Pinien, dahinter finden sich einige Parkanlagen und Villen aus der Zeit des noblen Seebades an der Wende zum 20. Jh. Das Meer lockt mit einem feinsandigen und breiten Strand, der sich etwa 8 km weit nach Norden und Süden erstreckt und nur vom Hafen im Zentrum unterbrochen wird. Der südliche Strandabschnitt (hier auch die meisten Hotels) ist dem nördlichen vorzuziehen. Das ältere Zentrum von San Benedetto liegt einige hundert Meter landeinwärts hinter dem Corso Mazzini. Hier befindet

Die Provinzen Fermo und Ascoli Piceno  Karte → S. 264/265

sich die *Torre dei Gualtieri* aus dem 14. Jh., eines der ältesten erhaltenen Bauwerke der Stadt, die bereits in römischer Zeit ein wichtiger Handelsplatz und Hafen war. Die zentrale Piazza Matteotti mündet in die Fußgängerzone Viale Moretti mit einigen interessanten modernen Skulpturen und zahlreichen Geschäften (zumeist die üblichen italienischen Ketten). Unter den Bahngleisen hindurch geht es dann in einer Palmenallee direkt zum Leuchtturm beim Hafen. Zwischen Bahndamm und Hafen lädt ein palmengesäumtes und quasi autofreies Areal tagsüber zu Sport aller Art (u. a. Tennis-, Basketball- und sonstige Plätze) ein, abends öffnen die Verkaufsbuden des „Mercatino" – diverse Souvenirs und kollektives Flanieren.

**Information** I.A.T., unweit von Fischmarkt und Museo delle Anfore, Mo–Fr 9–13 und 17–19 Uhr geöffnet, Di/Do 16–18 Uhr, Sa/So 10.30–12.30 und 17–19 Uhr, im Juli/Aug. auch 21–23 Uhr. Viale C. Colombo 5, 63039 San Benedetto del Tronto (AP), ✆ 0735-781179,

✆ 0735-573211, iat.sbenedetto@provincia.ap.it, www.comunesbt.it.

**Parken** Ausreichend Parkplätze gibt es an der Uferpromenade (um 5 € pro Tag).

**Verbindungen** Etwa stündl. **Züge** die Küste hoch nach Ancona (Regional- und Lo-

**San Benedetto del Tronto**

50 m

kalzüge halten in fast jedem Ort auf der Strecke) sowie etwa stündl. nach Ascoli Piceno (ca. 40 Min., dem Bus vorzuziehen!). Bahnhof im Zentrum zwischen Corso Mazzini und Hafen.

**Busse,** hervorragende Verbindungen, 6–22 Uhr ca. halbstündlich nach Ascoli Piceno, außerdem etwa stündl. die Küste hinauf über Grottammare, Cupra Marittima, Torre di Palme, Porto San Giorgio und Porto Sant' Elpidio bis nach Civitanova Marche, mind. 10x tägl. nach Acquaviva Picena, 8x nach Ripatransone und 7x tägl. nach Offida. Busbahnhof vor dem Bahnhof.

**Übernachten** Die Auswahl ist gigantisch: über 100 Hotels im Ein- bis Vier-Sterne-Be-

reich (die meisten drei Sterne), aber nur ein Campingplatz. Im Juli und August ist man in fast allen Häusern zumindest zur Halbpension verpflichtet.

**\*\*\* Hotel Progresso 2**, relativ im Zentrum des südlichen Strandabschnitts gelegen, schöne, alte Villa im Jugendstil an der breiten Uferstraße, zuvorkommender Service. Zimmer mit Bad und TV, Parkplatz. Ende März bis Ende Oktober geöffnet. Das EZ kostet 60–110 €, das DZ 85–180 € (jeweils mit Frühstück), im Juli/Aug. ist Halbpension vorgesehen: DZ 164–194 €, EZ ca. 85–110 €. Lungomare Trieste 40, 63039 San Benedetto del Tronto (AP), ☎ 0735-83815, 📠 0735-83980, info @hotelprogresso.it, www.hotelprogresso.it.

San Benedetto del Tronto ...

**** Villa Corallo , ansprechendes, schneeweißes Gebäude am südlichen Abschnitt der Uferpromenade, gepflegte Zimmer mit gutem Komfort (Bad, TV, Aircondition, z. T. auch mit Balkon zum Meer), freundlicher Service. Nur über die Straße zum Strand. Das Frühstück wird auf der Dachterrasse mit Traumblick serviert, zum Hotel gehört auch das gehobene Ristorante Il Pescatore ein Stück weiter oben am Lungomare (mittags und abends geöffnet). Ganzjährig geöffnet. EZ 104–130 €, DZ 160–210 €, jeweils inkl. obligatorischer Vollpension (die hier auch Getränke beinhaltet), Halbpension nur 2 € günstiger. Lungomare Europa 50, 63039 San Benedetto del Tronto (AP), ☏ 0735-81822, 🖷 0735-780831, info@hotelvillacorallo.com, www.hotelvillacorallo.com.

Camping Seaside, einziger Platz am Ort, klein, schlicht und relativ ruhig, viele Palmen, nur ca. 100 m vom Meer, Poolbenutzung inkl., Parkplatz vorhanden. Anfang Juni bis Ende September geöffnet. Pro Pers. 7–10 €, Stellplatz 12–18 €, auch Appartements/Bungalows. Via dei Mille 127, 63039 San Benedetto del Tronto (AP), ☏ 0735-659505, 🖷 0735-652965, info@seaside.it, www.seaside.it.

**Essen & Trinken** Messer Chichibio , schon fast am südlichen Ende des Lungomare, mit Terrasse, sehr schickes Ristorante mit ausgezeichnetem Ruf, erst 2012 vom Fischmarkt hierher gezogen. Es wird Fisch in feinsten Kreationen serviert, mittags relativ günstig (*Menu pranzo* für 20 €), abends dann teurer mit Menüs zu 40 und 55 €, à la carte Antipasti 12–22 €, Primi 12–14 €, Secondi 18–35 €. Mittags und abends geöffnet, Mo geschlossen. Viale Rinascimento 143, Reservierung im Sommer unerlässlich unter ☏ 0735-584001, www.messerchichibio.it.

Da Federico , nobel an der Uferpromenade, aber etwas zentraler als das Messer Chichibio. Elegantes Ristorante mit Terrasse, Palmengärtchen und angeschlossenem Nobelstrandbad. Menü ca. 45 €. Mittags und abends geöffnet, im Sommer kein Ruhetag. Viale Trieste 11, ☏ 0735-83786, www.dafederico.com.

Trattoria del Molo Sud , hervorragende Fischgerichte am Hafen (eben am Molo Sud), von den Bewohnern San Benedettos wird dieses Lokal geliebt. Guter weißer Hauswein, mit Terrasse (gleich am Hafen), falls im Angebot, sollte man die typische Fischsuppe *brodetto* probieren. Mittags und abends geöffnet (für abends v. a. am Wochenende reservieren), Mo geschlossen. Viale delle Tamerici 15, ☏ 0735-587325.

Osteria Pane e Vino , hier, in einer versteckten Seitengasse der Piazza Matteotti, sollte man jeden Gedanken an eine Diät sofort verwerfen und sich stattdessen vom jungen und freundlichen Padrone der Osteria beraten lassen, eine Speisekarte gibt es nämlich nicht. Allein die Antipasti-Auswahl für ca. 10 € pro Pers. wächst sich zur vollen Mahlzeit aus, unter der sich der Tisch biegt – einfach köstlich. Primi fallen mit 5–6 € ziemlich günstig aus, das Arrosto misto kommt auf 9 €. Sehr guter Hauswein, flotter Service, nettes Ambiente. Mittags und abends geöffnet, Di ganztägig und am So mittags geschlossen. Via Laberinto 28, ✆ 0735-591050.

**Cafés** Zum Aperitivo trifft man sich im traditionsreichen **Gran Caffè Sciarra** in der Fußgängerzone (Viale Moretti), dazu werden mächtige Snacks gereicht. Auch Gelateria. Viale Secondo Moretti 31, ✆ 0735-587312.

## Sehenswertes

**Museo delle Anfore**: im ersten Stock des Gebäudes am Eingang zum Fischmarkt. In vier Räumen erfahren Sie Wissenswertes über die Amphoren und das Transportsystem sowie die Handelswege der Antike. Sehr interessant aufgemacht mit guten Schautafeln. Erläuterungen leider nur auf Italienisch.
Im Sommer Mo–Sa 9–12 und 16–19 Uhr, ansonsten nur Fr–So 10–13 und 15.30–18.30 Uhr. Eintritt frei. Viale C. Colombo 94, ✆ 0735-592177.

**Fischmarkt**: Der Fischmarkt am Hafen öffnet seine Pforten in der Regel um 4 Uhr früh zum Verkauf der fangfrischen Ware – für Frühaufsteher oder Spätinsbettgeher sicherlich ein Erlebnis der besonderen Art (nicht im August und teilweise im September während der Fischfangsperre).

**Museo Ittico „Augusto Capriotti"**: In einem versteckten kleinen Museum auf dem Gelände des Fischmarktes werden über 6000 Exemplare von Fischen und Meeresfossilien, Schalentieren, Reptilien etc. ausgestellt. Beim Museo delle Anfore in den Hof der fischverarbeitenden Betriebe hinein, hinten links dann die Treppe hoch (spärlich beschildert).
15. Juni bis 15. September Di–So 18–24 Uhr, Mo geschlossen, im Rest des Jahres nur Fr–So 10–13 und 15.30–18.30 Uhr geöffnet. Eintritt 2 €. Banchina di Riva Malfizia 19, ✆ 0735-588850.

... in der Fußgängerzone

# Umgebung von San Benedetto del Tronto

**Riserva Sentina**: Südlich von San Benedetto liegt am Meer das 2004 gegründete kleine Naturschutzgebiet „Riserva Sentina" (www.riservasentina.it) am Mündungsgebiet des Tronto. Vor allem im Frühjahr ist es ein Refugium für viele Zug- und Wasservogelarten.

**Acquaviva Picena**: Das ruhige und beschauliche Mittelalterdorf (ca. 4000 Einwohner) auf über 350 m Höhe liegt rund 8 km westlich von San Benedetto. Dominiert wird der Ort von seiner mächtigen Rocca aus dem 14./15. Jh., von der sich ein herrlicher Weitblick bietet. Busse verkehren mehrmals tägl. von San Benedetto del Tronto nach Acquaviva Picena und weiter nach Offida.

## Offida
ca. 5300 Einwohner

Das reizvolle Städtchen liegt nördlich des Tronto-Tals auf einem Hügel und ist in der Region vor allem für seine filigranen Spitzenklöppeleien bekannt. Den flinken Klöpplerinnen hat man am Piazzale delle Merlettaie am Ortsrand sogar ein Denkmal gewidmet. In den Gassen des Centro storico sieht man dann tatsächlich noch immer die – meist schon etwas älteren – Spitzenklöpplerinnen bei der Arbeit in ihren Hauseingängen sitzen. Darüber hinaus bietet Offida auch ein besonders schönes Stadtbild in Backsteinarchitektur mit zahlreichen historischen Bauwerken sowie ein interessantes archäologisches Museum mit angeschlossenem Volkskunde- und Klöppelmuseum.

Mittelpunkt des Centro storico ist die Piazza del Popolo, an der der repräsentative *Palazzo Comunale* (15. Jh.) mit eleganter Loggia zu bewundern ist (im Innenhof das *Teatro Serpente Aureo* aus dem frühen 19. Jh.). Unweit davon, in der Via Roma 17, befindet sich das bereits erwähnte *Museo Archeologico „Guglielmo Allevi"*, in dem eine umfangreiche und sehenswerte Sammlung prähistorischer, picenischer und römischer Funde aus der Umgebung präsentiert wird.

Das **Museo Archeologico Guglielmo Allevi** ist von Juni bis September tägl. 10–12.30 und 15.30–19.30 Uhr geöffnet, ansonsten nur Sa/So 10–12.30 und 15–19 Uhr. Eintritt 3,50 €, ✆ 0736-888609. Das **Teatro Serpente Aureo** nur im Sommer tägl. 10–12.30 und 15.30–19.30 Uhr, Eintritt 2 €.

Weiter auf der Via Roma stößt man schließlich auf die außerhalb des Ortes gelegene *Chiesa di Santa Maria della Rocca* auf einem steilen Felsabbruch, die man schon bei der Anfahrt aus südlicher Richtung gesehen hat. Die Kirche im romanisch-gotischen Stil mit einer sehenswerten Krypta wurde im 11. Jh. gebaut, im 14. Jh. mehrfach verändert.

Die **Kirche** ist von Juni bis September tägl. 10–12.30 und 15.30–19.30 Uhr geöffnet, sonst nur Sa/So 10–12.30 und 15–19 Uhr bzw. nach Voranmeldung unter ✆ 0736-888609, Eintritt 2,50 €.

Das **Kombiticket** für Museum, Teatro und Chiesa kostet 6 €, ermäßigt 3 €, Kinder unter 12 J. sind frei.

**Information**   Ufficio Informazioni, Corso Serpente Aureo 66, im Sommer 10–12.30 und 15.30–19.30 Uhr geöffnet, sonst nur Sa/So 10–12.30 und 15–19 Uhr, ✆ 0736-88871, info@turismoffida.it, www.turismoffida.it.

**Verbindungen**   4x tägl. **Busse** via Acquaviva Picena nach San Benedetto del Tronto, außerdem 7x tägl. nach Ascoli Piceno. Abfahrt am Piazzale delle Merlettaie.

Abendstimmung in Ascoli Piceno

# Ascoli Piceno

ca. 51.000 Einwohner

**Die Stadt des Travertin und einer der schönsten Plätze Mittelitaliens. Die triste Peripherie rundum sollte man großzügig ignorieren und sich ohne Umwege in die malerische Altstadt von Ascoli begeben.**

Das Centro storico der Provinzhauptstadt liegt auf einem Plateau zwischen den beiden Flüssen Tronto und Castellano, die östlich der Altstadt zusammenfließen. Der helle Travertinstein dominiert das Zentrum mit seinen vielen hochkarätigen Sehenswürdigkeiten, von denen die *Piazza del Popolo* zweifelsohne herausragend ist: einer der schönsten und harmonischsten Plätze in Italien. Hier spielt sich – vor allem am Abend – ein großer Teil des urbanen Lebens von Ascoli ab, ein echtes Wohnzimmer. Hauptachse der Altstadt ist – wie schon in römischer Zeit – der von Geschäften gesäumte Corso Mazzini.

Doch sollte man bei aller Begeisterung für die Piazza die anderen Sehenswürdigkeiten Ascolis nicht außer Acht lassen: die Cattedrale und ihre Piazza, die vielen meist romanischen Kirchen, einige römische Überreste und drei Museen.

Wer sich auf einen Streifzug durch die Altstadt macht, findet im nördlichen Teil zwei sehr sehenswerte mittelalterliche Straßen: die *Via Solestà* und die *Via Soderini.* Überhaupt wechseln sich im Zentrum die geradlinigen Straßen der alten Römerstadt mit mittelalterlichen Gässchen und noch einigen erhaltenen Geschlechtertürmen ab, dazwischen finden sich aber auch bauliche Zeugnisse der Renaissance und des Barock. Sehenswert sind auch die vielen alten Brücken vom Centro storico aus über die Flüsse Castellano und Tronto.

## Geschichte

Die Besiedlungsgeschichte Ascoli Picenos reicht wahrscheinlich bis ins 2. Jt. v. Chr. zurück. Man vermutet, dass sich damals die Pelasger hier niederließen, ab dem 10. oder 9. Jh. v. Chr. wurde der Ort von den Picenern bewohnt, daher auch der Beiname *Piceno*. Die Stadt wurde 286 v. Chr. von den Römern eingenommen und war fortan unter dem Namen *Asculum* bekannt. Im Jahr 91. v. Chr. kam es zum Aufstand gegen die römischen Herrscher, bei dem die Magistrate der Römer ermordet wurden. Die Rebellion wurde von Rom zwar blutig niedergeschlagen, dennoch erhielt Asculum den Ruf einer wehrhaften Stadt, die zu Zeiten Julius Caesars zu einem der wichtigsten Handelsplätze Mittelitaliens aufstieg. Zum wirtschaftlichen Wohlstand trug die günstige Lage an der römischen Handelsstraße *Via Salaria* nicht unerheblich bei.

Die Goten machten auf ihren Eroberungsfeldzügen zwar noch einen großen Bogen um das bekanntermaßen unbeugsame Ascoli Piceno, die Vereinnahmung fand aber mit einiger Verzögerung dennoch statt, nämlich im 6. Jh. durch die Langobarden, die hier für etwa zwei Jahrhunderte die Macht übernahmen. Im Jahr 774 fiel Ascoli erstmals in die Hände des Kirchenstaates. In der Folgezeit wurde die Stadt erneut zum wichtigen Handelsplatz, ab 1200 war Ascoli freie Stadtrepublik. Kaum ein halbes Jahrhundert später wurde der Ort zwar von Friedrich II. eingenommen, dem weiteren wirtschaftlichen Aufstieg stand er aber nicht im Wege, zumal die Autonomierechte kaum eingeschränkt wurden.

Die folgenden Jahrhunderte des Wohlstands prägten das noch heute gut erhaltene historische Stadtbild Ascolis mit seinen vielen Bauwerken aus Romanik und Renaissance ganz entscheidend mit. Zu ihren Glanzzeiten thronten an die 200 Geschlechtertürme wohlhabender Familien über der Stadt, von denen allerdings nur noch wenige erhalten sind. Im 14. und 15. Jh. wechselten sich hier die Malatesta, die Tibaldeschi und die Sforza in der Herrschaft über Ascoli Piceno ab, im 16. Jh. begehrte man erfolglos gegen die mächtige Kirche auf, die bald darauf das Sagen über die Stadt hatte. 1860 wurde Ascoli Piceno an das Königreich Italien angeschlossen.

## Basis-Infos    → Karte S. 282/283

**Information**  I.A.T im Palazzo Comunale an der Piazza Arringo. Stadtpläne und Prospektmaterial zu Ascoli, außerdem Infomaterial zur gesamten Region. Mo–Fr 9–18.30 Uhr, Sa 9–13 und 15–18.30 Uhr, So 10–19 Uhr geöffnet. Auch **Fahrradverleih**: 4 Std. kosten 2 €, der ganze Tag 4 €. Piazza Arringo 7, 63100 Ascoli Piceno, ✆ 0736-298204 oder 0736-298334, ✆ 0736-298204, turismo@comune.ascolipiceno.it, www.comune.ascolipiceno.it.

**Verbindungen**  Züge etwa stündl. nach San Benedetto del Tronto, einige fahren weiter bis Ancona. Vom Bahnhof ins Zentrum ca. 800 m über den Ponte Maggiore (oder Stadtbus 2 und 3).

**Busse** von 6 bis 23.30 Uhr etwa halbstündlich nach San Benedetto del Tronto (sonntags nur stündlich), ca. 15x tägl. nach Acquasanta Terme, 10x nach Arquata del Tronto, 5x nach Offida, 3x nach Fermo (via San Benedetto del Tronto, Grottammare und Cupra Marittima), des Weiteren bestehen mehrmals täglich Busverbindungen nach Rom (Fahrtdauer 3 Stunden). Abfahrt am Viale Gasperi (hinter dem Dom) und/oder vom Bahnhof.

**Taxis** am Bahnhof (✆ 0736-42444) oder im Zentrum in der Via XX Settembre (✆ 0736-259084).

**Einkaufen**  Die Enoteca Migliori **⑩** ist eine der besten Adressen, wenn es um Feinkost geht. Hier gibt es die berühmten *olive all'ascolana* (→ unten) in allen möglichen Variationen. Außerdem Wein, Salami, Schinken, Käse etc. Auch empfehlenswerter Mittagstisch, einige Plätze auf der Piazza. Tägl. (außer Mo) 9–21 Uhr, So 9–14 Uhr. Piazza Arringo 2.

In der **Libreria Rinascita** an der Piazza Roma 7 (von der Piazza Arringo nur wenige in die Via XX Settembre) gibt es eine große Auswahl an Wanderkarten und -literatur.

Der tägliche Lebensmittelmarkt von Ascoli Piceno findet im Chiostro San Francesco hinter der gleichnamigen Kirche an der Piazza del Popolo statt (nur vormittags).

**Erste Hilfe**  Ospedale Mazzoni, außerhalb des Zentrums, ✆ 0736-3581.

**Feste**  La Giostra della Quintana, die Reiterwettspiele von Ascoli Piceno finden seit 1955 alljährlich am ersten Sonntag im August statt. Die halbe Stadt wirft sich aus

Auf der Piazza

diesem Anlass in mittelalterliche Kluft, der Wettkampf selbst findet nach den strengen Regeln des Jahres 1377 statt. Dabei treten die sechs Stadtviertel zum Lanzenstechen gegeneinander an, eingestochen wird auf eine schwarze Puppe, den „Moro", der als Symbol für die an der hiesigen Küste einfallenden Sarazenen des 9. Jh. steht. Begleitet wird das populärste Fest in Ascoli von viel Rummel bis spät in die Nacht. Unbedingt sehenswert.

Am Faschingswochenende findet der berühmte **Carnevale** von Ascoli an der Piazza del Popolo statt.

**Parken**  Gebührenpflichtige Parkplätze im Zentrum u. a. an der Piazza Roma und an der Piazza della Viola, je ca. 1 €/Std. Parkhaus hinter der Cattedrale (Torricella Park, 0,90 €/Std., 9 €/Tag).

**Polizei**  In der Via San Pietro in Castello 1 (bei der Piazza Basso in der Altstadt), ✆ 0736-244674.

Die Provinzen Fermo und Ascoli Piceno    Karte → S. 264/265

## Übernachten/Essen & Trinken

**Übernachten**   Einige empfehlenswerte Hotels im Centro storico, nicht ganz so schön (aber günstiger) logiert man in der Neustadt, ca. 15 Minuten (zu Fuß) von der Altstadt entfernt. Eine Jugendherberge befindet sich am Nordrand des Centro storico nahe dem Ponte Solesta.

**»» Mein Tipp:** **** Hotel Palazzo Guiderocchi **7**, im Herzen der Altstadt und nur wenige Schritte von der Piazza del Popolo entfernt. Hotel in einem traditionsreichen Stadtpalast, die relativ großen Zimmer sind mit Stilmöbeln eingerichtet, alle mit Bad, TV und Internet-Zugang. Empfehlenswert auch das Ristorante Rua dei Notari im Haus (→ unten). Ganzjährig geöffnet. EZ/DZ mit Frühstück 99–149 €. Hunde erlaubt. Via Cesare Battisti 3, 63100 Ascoli Piceno, ℘ 0736-259710, ℘ 0736-243441, info@palazzoguiderocchi.com, www.palazzoguiderocchi.com. **«**

**** Hotel-Residenza 100 Torri **3**, ungemein stillvolle Unterkunft in den engen Gassen von Ascoli Piceno (unweit der Piazza del Popolo), sehr freundlicher Service. Zimmer gibt es auch in der Dependance nebenan (hier sind auch Hunde erlaubt). Kein Restaurant, es gibt aber selbstverständlich ein morgendliches Frühstücksbuffett. Parkplätze. Ganzjährig geöffnet. DZ im Hotel ab 100 €, Via Costanzo Mazzoni 4/6, 63100 ascoli Piceno, ℘ 0736-255123, ℘ 0736-251646, www.centotorri.com

*** Albergo Piceno **8**, noch recht neues, elegant eingerichtetes Hotel in einer ruhi-

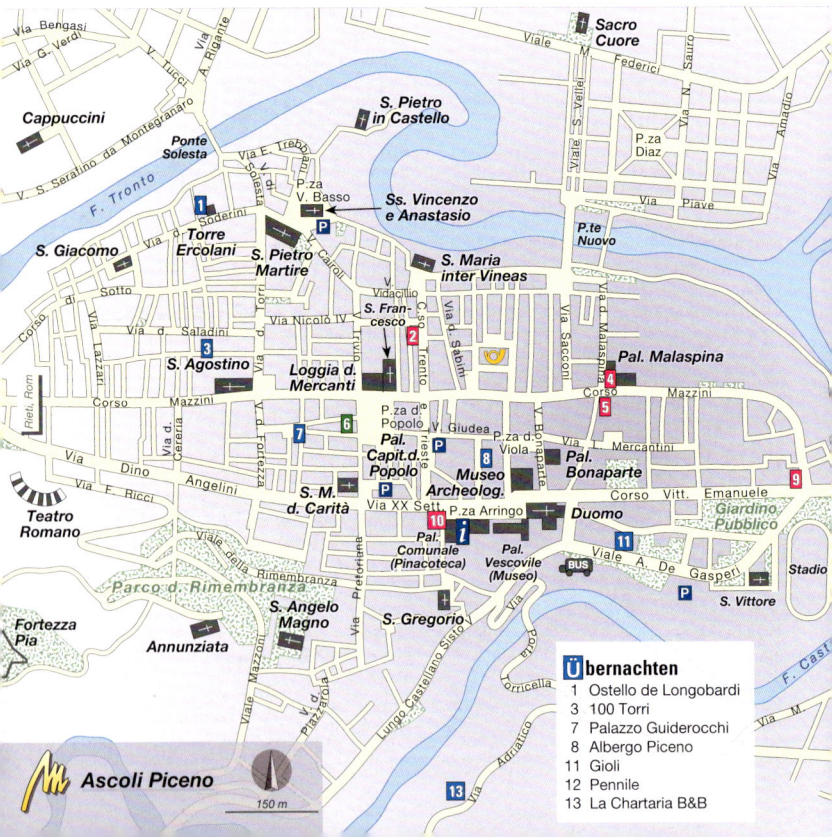

Ascoli Piceno

150 m

gen Gasse gleich bei der Piazza Arringo. 20 Zimmer mit Bad, TV, Internet-Zugang. EZ 70–80 €, DZ 90–119 €, Dreibett-Zimmer 120–135 €, Vierbett-Zimmer ca. 140 €, Frühstück inkl. Via Minucia 10, 63100 Ascoli Piceno, ☏ 0736-253017, ✉ 0736-251803, info@albergopiceno.it, www.albergopiceno.it.

**\*\*\*\* Gioli **, modernes Haus, nur wenige Gehminuten vom Zentrum, recht komfortabel, mit Parkplatz und Garten. Zimmer mit Bad, TV und Aircondition. EZ 59–63 €, DZ 99 €, Dreibett-Zimmer 119 €, Frühstück inkl. Viale De Gasperi 14, 63100 Ascoli Piceno, ☏ 0736-255550, ✉ 0736-252145, info@hotelgioli.it, www.hotelgioli.it.

**\*\*\* Pennile**, in der Neustadt, vom Bahnhof den Viale Marconi nehmen (Richtung Colle San Marco), nach ca. 500 m links in die Via Napoli und gleich rechts in die Via Spalvieri. EZ 50–60 €, DZ 78 €, Dreibett-Zimmer 90 €, Frühstück inkl., kostenloses WI-

Fl. Via G. Spalvieri, 63100 Ascoli Piceno, ☏ 0736-41645, ✉ 0736-342755, info@hotelpennile.it, www.hotelpennile.it.

**Ostello de Longobardi**, die Jugendherberge ist im Palazzetto Longobardo, dem höchsten Mittelalterturm des Centro storico, untergebracht. An der Brücke über den Tronto gelegen (Ponte Solesta). Schlichte Zimmer, Übernachtung 15 € pro Pers., es gibt auch DZ. Ganzjährig geöffnet. Via dei Soderini 26, 63100 Ascoli Piceno, ☏ 0736-259191 oder 0736-261862, mobil ☏ 333-3807683, longobardoascoli@libero.it, www.ostelloascoli.it.

**La Chartaria B & B**, Frühstückspension etwas außerhalb vom Zentrum. Die freundliche Hauswirtin Paola vermietet insgesamt neun Zimmer sowie ein Appartement für bis zu 4 Pers. Die Räume sind mit Dusche/Bad funktional und einfach eingerichtet. Es gibt Olivenöl aus eigener Produktion und zur Begrüßung einen Likör nach Mamas Hausrezept. Paola spricht Deutsch und steht gerne mit Rat und Tat zur Seite. Das Haus liegt zwischen der Ausfahrt der Superstrada und der Altstadt nahe dem Tronto. Man kann die Stadt gut zu Fuß erreichen. Ausreichend Parkplätze vorhanden. EZ 40–50 €, DZ 70 €, Frühstück inkl. Via Adriatico 4, 63100 Ascoli Piceno, ☏ 338-3791461, 329-3603877, ✉ 0736-253477, info@chartaria.it, www.chartaria.it.

**Essen & Trinken**     Etliche gute Restaurants im Zentrum. Spezialität von Ascoli sind die besonders dicken *olive all'ascolana*, paniert und frittiert, die Füllung besteht aus Hackfleisch, Eiern, Parmesan und Trüffeln. Sie können durchaus ein Hauptgericht ersetzen.

Zum Essen passt hervorragend ein *Rosso Piceno*, schließlich befinden Sie sich in einer Weingegend.

**≫ Mein Tipp:** Gallo d'Oro **9**, sehr beliebtes Restaurant am Corso Vittorio Emanuele, sehr freundlicher Service, Kellner der alten Schule, gediegenes Ambiente. Leckere Antipasti für 8–9 €, z. B. das gemischte Antipasto „Gallo d'Oro", danach probierten wir Risotto mit Kürbis, Schweinebraten mit Kartoffelbrei, Salat sowie einige hervorragende Weine aus der Gegend um Ascoli (vertrauen Sie den Empfehlungen des Padrone). Mittags und abends geöffnet, Mo geschlossen. Corso Vittorio Emanuele 54, ☏ 0736-253520. ≪

**E**ssen & Trinken
  2  La Locandiera
  4  Le Scuderie
  5  Ristorante del Corso
  7  La Rua dei Notari
  9  Gallo d'Oro
 10  Enoteca Migliore
 14  C'era una Volta

**C**afés
  6  Antico Caffè Meletti

**Ristorante del Corso** ⑤, *die* Adresse für Fisch in Ascoli, sehr beliebt und nur wenige Minuten von der Piazza del Popolo. Mittags oft Geschäftsleute. Mittleres bis leicht gehobenes Preisniveau (Menü um 30–40 €), eher schlichtes Ambiente. Mittags und abends geöffnet, Sonntagabend und Mo geschlossen. Corso Mazzini 277, ℘ 0736-256760.

Gleich gegenüber vom Ristorante del Corso befindet sich im mächtigen Palazzo Malaspina das **Ristorante Le Scuderie** ④, edles Ambiente, mit Garten, unverfälschte ascolanische Küche, Menü um 35 €. Mittags und abends geöffnet, Sonntagabend und Mo geschlossen. Corso Mazzini 226, ℘ 0736-263535.

**La Rua dei Notari** ⑦, Hotelrestaurant im Erdgeschoss des Palazzo Guiderocchi, angenehm helles Ambiente in altem Gemäuer, gar nicht mal so teuer. Mittags und abends geöffnet. Via C. Battisti 3, ℘ 0736-244011.

**La Locandiera** ②, nette, kleine Trattoria nahe der Piazza del Popolo. Tägl. wechselnde Gerichte, je nachdem, was der Markt gerade anzubieten hat. Nette Atmosphäre zum Wohlfühlen, günstiger Hauswein, manchmal auch Fisch, erfreuliche Preise – wir zahlten für Wasser, Hauswein (0,75 l), 2x Antipasti, Primo und Secondo für 2 Pers. gerade mal 35 €. Do und Fr gibt es auch Fischmenüs. Mittags und abends geöffnet, Sonntagabend und Mo geschlossen. Corso Trento e Trieste, ℘ 0736-262509.

**Cafés**   **Antico Caffè Meletti** ⑥, unangefochtene Nr. 1 der Stadt – ein Jugendstilcafé wie aus dem Bilderbuch, noch dazu in perfekter Lage an der Piazza del Popolo. Das Café aus dem Jahr 1905 befindet sich im erlesenen Kreis der 150 „Locali storici" Italiens. Günstiger und sehr guter Mittagstisch, aber auch der ideale Ort für einen Aperitivo (z. B. der hauseigene „Anisetta") mit Blick auf das Treiben an der Piazza. Ganztägig und bis etwa Mitternacht geöffnet, im Sommer auch länger.

Auch die anderen Cafés an der Piazza del Popolo bieten günstigen Mittagstisch – Salate, Pasta, Panini usw.

**Essen & Trinken außerhalb**   C'era una Volta ⑭, eine der besten und beliebtesten Trattorien im Umkreis von Ascoli, vielfach ausgezeichnet. Die Küche ist traditionellbodenständig, auf den Tisch kommen lokale Spezialitäten, der Service ist überaus freundlich, die Preise für das Gebotene günstig – um 25 € für das Menü. Man sollte reservieren und im Sommer einen Platz auf der verglasten Terrasse wählen, um beim Essen die Aussicht auf Ascoli genießen zu können. Mittags und abends geöffnet, Mi geschlossen. An der Straße zum Colle San Marco in Piagge auf der rechten Seite gelegen, Via Piagge 336, ℘ 0736-261780.

Antico Caffè Meletti – eine Institution in Ascoli Piceno

## Sehenswertes

**Piazza del Popolo**: Die wunderschöne und autofreie Piazza liegt mitten im ver-kehrsberuhigten Teil der Altstadt. Ein beeindruckend eleganter Platz mit glatt ge-wetztem Travertinboden und niedrigen Arkadengängen, der bereits im 13. Jh. ent-stand – heute der Salon Ascoli Picenos, in dem sich vor allem abends die halbe Stadt trifft. Herausragendes Gebäude ist der *Palazzo dei Capitani del Popolo* an der westlichen Längsseite, das Rathaus der Gemeinde in den Jahren 1400–1546 (hier finden wechselnde Ausstellungen statt), tagsüber ist ein Blick in den Innenhof mit seinen dreistöckigen Arkaden möglich. An der gleichen Seite befindet sich das *An-tico Caffè Meletti*, das traditionsreiche Jugendstilcafé der Stadt. Die *Loggia dei Mer-canti* (neben der Chiesa San Francesco) entstand in der Renaissance.

An der nördlichen (unteren) kurzen Seite wird die Piazza von der im Inneren weit-gehend schmucklosen *Chiesa San Francesco* begrenzt, mit deren Bau zwar im 13. Jh. begonnen wurde, die aber erst wesentlich später fertiggestellt war. Einzig die aufwändig gearbeiteten Portale heben sich von der schlichten Fassade der Franziskanerkirche mit ihren gewölbten Apsiden ab, über dem Portal zur Piazza thront Papst Julius II. An der Rückseite der *Chiesa San Francesco* stößt man auf den schönen Kreuzgang *Chiostro Maggiore* (1565–1623), in dessen Hof vormittags der Obst- und Gemüsemarkt der Stadt abgehalten wird, daneben sind in der *Sala dell'Amatrice* Fresken von Cola dell'Amatrice (ca. 1489–ca. 1550) zu sehen.

Die Kirche ist ganztägig geöffnet, allerdings mittags 12–15.30 Uhr geschlossen. Sollte die Sala dell'Amatrice geschlossen sein: Kein Problem, die Fresken sind durch die Glastüren gut einsehbar.

**Piazza Arringo mit Cattedrale Sant'Emidio und Museen**: Der zweite überaus sehenswerte Platz der Stadt, ebenfalls autofrei. An der Piazza Arringo – hier befand sich zu Römerzeiten übrigens das Forum – ist heute der barocke *Palazzo Comu-nale* (17./18. Jh.) zu sehen, das Rathaus, in dem auch die sehenswerte städtische *Pinacoteca* untergebracht ist: In teilweise sehr prachtvollen Sälen sind hier Arbei-ten u. a. von Cola dell'Amatrice (ein Triptychon gleich am Anfang des Rundgangs in der riesigen *Sala della Vittoria*), zwei Altarbilder von Carlo Crivelli, aber auch Werke vieler anderer Künstler der Marken und Mittelitaliens, prachtvolle Kirchen-gewänder (das kostbarste ist der *Piviale* aus dem Jahr 1265), weitere Altarbilder, edle Möbel, Skulpturen usw. Ein sehenswertes Museum, allein schon was die Aus-stattung der Räume angeht, dazu Kunst im Überfluss.

Die **Pinacoteca** ist von 16.3.–30.9. Di–So 10–19 Uhr geöffnet, im Juli/August abends auch länger, von 1.10.–15.3. Di–Fr 10–17 Uhr, Sa/So 10–19 Uhr, Mo geschlossen. Eintritt 6 €, ermä-ßigt 4 €, Audioguide in Englisch 3 €, mehrmals tägl. finden auch Führungen in italienischer Sprache statt. ✆ 0736-298213, www.ascolimusei.it.

Das *Diözesanmuseum* ist gleich nebenan im *Palazzo Vescovile*, einem Gebäude-komplex aus dem 15.–18. Jh., zu finden (in den Torbogen neben dem Dom hinein, dann auf der linken Seite, Treppen hinauf). Gezeigt wird sakrale Kunst des 14.–17. Jh. aus den Kirchen Ascolis und Umgebung, darunter auch einige Fresken und Skulpturen. Die Highlights sind im letzten Raum versteckt: große Altarbilder von Cola dell'Amatrice und Pietro Alemanno und eine recht kleine „Madonna con il bambino" von Carlo Crivelli aus dem Jahr 1470.

Di–So 10–13 Uhr geöffnet, Mo geschlossen. Eintritt 2,50 €. ✆ 0736-252883.

Wer die Museumstour vervollständigen will: An der gleichen Piazza beherbergt der *Palazzo Panichi* (17. Jh.) das *Archäologische Museum* mit Funden aus Ascoli und Umgebung von picenischer bis in die römische Zeit. Sehenswert ist das riesige Mo-

Die Provinzen Fermo und Ascoli Piceno   Karte → S. 264/265

Nachts auf der zentralen Piazza del Popolo

saik aus dem Palazzo di Giustizia (Mitte des 20. Jh. ausgegraben): von einer Seite betrachtet, ist das Gesicht eines jungen Mannes zu sehen, von der anderen Seite das eines Greises.

Di–So 8.30–19.30 Uhr geöffnet, Mo geschlossen. Eintritt 2 €, erm. 1 €, unter 18 und über 65 J. frei.

Die *Cattedrale Sant'Emidio* an der östlichen Stirnseite der Piazza Arringo wurde im 15. Jh. auf den Fundamenten eines älteren Kirchenbaus errichtet, die Fassade stammt aus dem 16. Jh. Gewidmet ist der Dom dem Märtyrer und Ortspatron Emidius, dessen Gebeine sich in der Krypta befinden. Im rechten Seitenschiff (in der Cappella del Sacramento) stößt man auf ein besonders wertvolles Polyptychon (1473) von Carlo Crivelli, das als eines seiner Hauptwerke gilt. Der Venezianer Crivelli (um 1430 bis etwa 1500) wirkte ab ca. 1460 in den Marken und war berühmt für seine meisterhaften Altarbilder. Links des Domes befindet sich das unten viereckige, oben sechseckige *Battistero* (12. Jh.) aus Travertinstein.

Die Cattedrale ist tägl. 7–12 und 15.30–19.45 Uhr geöffnet, das Baptisterium ist nicht zugänglich.

**Nördlich der Piazza del Popolo**: Bei einem Spaziergang in Richtung des Flusses Tronto (z. B. von der Piazza del Popolo über die Via Trivio) stößt man an der Piazza Basso auf die *Chiesa Ss. Vincenzo e Anastasio* aus dem 11. Jh. (im 13. Jh. ausgebaut) mit einer Fassade ganz und gar aus quadratischen Blöcken, die früher angeblich mit Fresken ausgeschmückt waren. Die Krypta der Kirche ist wesentlich älter, man vermutet, dass sie aus dem 6. Jh. stammt. *Ss. Vincenzo* ist eine der ältesten Kirchen der Stadt. Schräg gegenüber liegt die *Chiesa San Pietro Martire* aus dem 14. Jh. (beide leider nicht immer zu besichtigen, fragen Sie bei der Tourist-Info nach; in der Hauptsaison gibt es das Programm der „Chiese Aperte", dann sind zu bestimmten Zeiten viele der ansonsten geschlossenen romanischen Kirchen geöffnet).

Wendet man sich von der Piazza Basso nach rechts, gelangt man nach wenigen Minuten zur romanischen *Chiesa Santa Maria inter Vineas* (13. Jh.) mit zahlreichen Fresken aus dem 13. und 14. Jh. (leider nicht zugänglich). Lohnenswerter ist es jedoch, sich von der Piazza Basso links zu halten: Hier beeindrucken die hohe *Torre*

*Ercolani* (11. Jh.), einer der besterhaltenen Patriziertürme der Stadt, und der *Palazzo Longobardo*, in dem heute die Jugendherberge untergebracht ist. Biegt man in die mittelalterliche Via Solesta ein, sind es nur wenige Schritte zum *Ponte Solesta*, einer römischen Brücke über das tiefe Tal des Tronto.

## Colle San Marco

Der 12 km südlich gelegene Hügel auf fast 700 m Höhe ist ein beliebtes Naherholungsziel der Ascolani. Schöner Blick, Spazierwege und Sportmöglichkeiten.

# Von Ascoli Piceno nach Arquata del Tronto

Der wohl schönste Abschnitt auf der SS 4 (Straße Richtung Rom) im Tronto-Tal führt von Acquasanta Terme nach Arquata del Tronto: Es geht zwischen stellenweise eindrucksvoll steil aufragenden Felswänden hindurch, unterhalb der Straße plätschert der Fluss. Die ganze Gegend ist dicht bewaldet.

**Acquasanta Terme:** Es riecht nicht gut im 3000-Einwohner-Ort mit der viel befahrenen Durchgangsstraße SS 4. Die Gerüche der heißen Schwefelquellen unten im Tal dringen in den Kurort hinauf, etwas weniger geruchsintensiv geht es im kleinen, unspektakulären Centro storico oberhalb zu. Das heilsame Wasser von Acquasanta (= „heiliges Wasser") war schon den Römern bekannt. Eine schmale Straße führt in Serpentinen hinunter zu der übel riechenden Quelle. Das Kurbad hier unten ist schon ziemlich in die Jahre gekommen, von schickem Spa keine Spur. Von der Kuranlage ein Stück weiter gibt es eine noch Quelle, die frei zugänglich ist.

**Verbindungen** Etwa stündlich **Busse** nach Ascoli Piceno.

**Übernachten** *** **Hotel Terme**, im Zentrum an der Durchgangsstraße, mit Ristorante. Freundliche Signora, schlichte, rustikale Zimmer mit Bad, TV und Aircondition (erspart das Lüften an diesem Ort). EZ 40–50 €, DZ 60–85 €, Frühstück inkl. Piazza Terme 20, 63041 Acquasanta Terme (AP), ✆ 0736-801263, info@albergoterme.it, www.albergoterme.it.

**Arquata del Tronto:** Ganz am Südwestrand der Region (am „Dreiländereck" Umbrien-Latium-Marken) liegt der malerische, von der eindrucksvollen *Rocca* überragte 1300-Einwohner-Ort am Fuß der Monti Sibillini. Die Übernachtungsmöglichkeiten sind allerdings bescheiden, und für gutes Essen muss man ebenfalls einige Kilometer fahren. Von Arquata del Tronto führt eine steile Straße hinauf in die Monti Sibillini (→ S. 244). Die unterhalb verlaufende SS 4 ist sehr gut ausgebaut und führt auf schnellstem Weg nach Norcia in Umbrien.

**Information** Pro Loco/Ufficio Turistico am Eingang vom historischen Zentrum in einem kleinen Häuschen, kaum zu übersehen. Unregelmäßig geöffnet, aber sehr hilfsbereit. ✆ 0736-809247.

**Centro di due Parchi** etwas unterhalb vom Zentrum, beschildert. Infozentrum für die Nationalparks Monti Sibillini und Gran Sasso e Monti della Laga. Es werden Touren organisiert und Exkursionen angeboten. Im Sommer tägl. 9–12 Uhr geöffnet, ansonsten vorher anrufen. ✆ 0736-803915, ✆ 0736-809921, www.centrodueparchi.it.

Hier befindet sich auch die **Casa del Parco** des Nationalparks Monti Sibillini: Juni bis Ende Sept. tägl. 9.30–12.30 und 16–19 Uhr, ansonsten nur am Wochenende. ✆ 0736-803915, ✆ 0736-819758, www.sibillini.net.

**Verbindungen** 10x tägl. Busse via Acquasanta Terme nach Ascoli.

**Übernachten** *** **Albergo Regina Giovanna**, an der Straße Richtung Acquasanta unterhalb des alten Arquata gelegen. Mit freundlichem Service und einladendem Ristorante. EZ 45–50 €, DZ 70 €, mit Bad und TV, Frühstück inkl., ab zwei Nächten wird es günstiger. Via Salaria Vecchia 5, Borgo di Arquata del Tronto, 63043 Arquata del Tronto (AP), ✆ 0736-809148, ✆ 0736-809844, www.albergoreginagiovanna.it.

Die Provinzen Fermo und Ascoli Piceno Karte → S. 264/265

# Etwas Italienisch

## Aussprache    (Hier nur die Abweichungen von der deutschen Aussprache)

**c:** vor e und i immer „*tsch*" wie in *rutschen*, z. B. *centro* (Zentrum) = „*tschentro*". Sonst wie „*k*", z. B. *cannelloni* = „*kannelloni*".

**cc:** gleiche Ausspracheregeln wie beim einfachen **c**, nur betonter: *faccio* (ich mache) = „*fatscho*"; *boccone* (Imbiss) = „*bokkone*".

**ch:** wie „*k*", *chiuso* (geschlossen) = „*kiuso*".

**cch:** immer wie ein hartes „*k*", *spicchio* (Scheibe) = „*spikkio*".

**g:** vor e und i „*dsch*" wie in *Django*, vor a, o , u als „*g*" wie in *gehen*; wenn es trotz eines nachfolgenden dunklen Vokals als „*dsch*" gesprochen werden soll, wird ein i eingefügt, das nicht mitgesprochen wird, z. B. in *Giacomo* = „*Dschakomo*".

**gh:** immer als „*g*" gesprochen.

**gi:** wie in *giorno* (Tag) = „*dschorno*", immer weich gesprochen.

**gl:** wird zu einem Laut, der wie „*lj*" klingt, z. B. in *moglie* (Ehefrau) = „*mollje*".

**gn:** ein Laut, der hinten in der Kehle produziert wird, z. B. in *bagno* (Bad) = „*bannjo*".

**h:** wird am Wortanfang nicht mitgesprochen, z. B. *hanno* (sie haben) = „*anno*". Sonst nur als Hilfszeichen verwendet, um c und g vor den Konsonanten i und e hart auszusprechen.

**qu:** im Gegensatz zum Deutschen ist das u mitzusprechen, z. B. *acqua* (Wasser) = „*akua*" oder *quando* (wann) = „*kuando*".

**r:** wird kräftig gerollt!

**rr:** wird noch kräftiger gerollt!

**sp** und **st:** gut norddeutsch zu sprechen, z. B. *specchio* (Spiegel) = „*s-pekkio*" (nicht *schpekkio*), *stella* (Stern) = „*s-tella*" (nicht „*schtella*").

**v:** wie „*w*".

**z:** wie „*ts*" oder „*ds*".

## Elementares

| | | | |
|---|---|---|---|
| Frau … | *Signora* | Macht nichts | *Non fa niente* |
| Herr … | *Signor(e)* | Bitte! (*gern geschehen*) | *Prego!* |
| Guten Tag | *Buon giorno* | Bitte | *Per favore...* |
| Guten Abend | *Buona sera* | (als Einleitung zu einer Frage oder Bestellung) | |
| (ab nachmittags!) | | Sprechen Sie Englisch/Deutsch? | *Parla inglese/ tedescso?* |
| Gute Nacht | *Buona notte* | | |
| Auf Wiedersehen | *Arrivederci* | Ich spreche kein Italienisch | *Non parlo italiano* |
| Hallo/Tschüss | *Ciao* | | |
| Wie geht es Ihnen? | *Come sta?* | Ich verstehe nichts | *Non capisco niente* |
| Wie geht es dir? | *Come stai?* | Könnten Sie langsamer sprechen? | *Puo parlare un po` più lentamente?* |
| Danke, gut. | *Molto bene, grazie* | | |
| Danke! | *Grazie* | Ich suche nach... | *Cerco...* |
| Entschuldigen Sie | *(Mi) scusi* | Okay, geht in Ordnung | *va bene* |
| Entschuldige | *Scusami/Scusa* | | |
| Entschuldigung, können Sie mir sagen...? | *Scusi, sa dirmi...?* | Ich möchte | *Vorrei* |
| | | Warte/Warten Sie! | *Aspetta/Aspetti!* |
| ja | *si* | groß/klein | *grande/piccolo* |
| | | Geld | *i soldi* |
| nein | *no* | Ich brauche … | *Ho bisogno …* |
| Tut mir leid | *Mi dispiace* | Ich muss … | *Devo …* |

| in Ordnung | d'accordo | Toilette | bagno |
| Ist es möglich, dass ... | È possibile ... | verboten | vietato |
| | | Wie heißt das? | Come si dice? |
| mit/ohne | con/senza | bezahlen | pagare |
| offen/geschlossen | aperto/chiuso | | |

# Fragen

| Gibt es/Haben Sie...? | C'è ...? | Wo? Wo ist? | Dove?/ Dov'è? |
| Was kostet das? | Quanto costa? | Wie?/Wie bitte? | Come? |
| Gibt es (mehrere) | Ci sono? | Wieviel? | Quanto? |
| Wann? | Quando? | Warum? | Perché? |

# Smalltalk/Orientierung

| Ich heiße ... | Mi chiamo ... | ... die Bushaltestelle | ...la fermata |
| Wie heißt du? | Come ti chiami? | ... der Bahnhof | ...la stazione |
| Wie alt bist du? | Quanti anni hai? | Stadtplan | la pianta della città |
| Das ist aber schön hier | Meraviglioso!/Che bello!/Bellissimo! | rechts | a destra |
| | | links | a sinistra |
| Von woher kommst du? | Di dove sei tu? | immer geradeaus | sempre diritto |
| Ich bin aus München/Hamburg | Sono di Monaco, Baviera/di Amburgo | Können Sie mir den Weg nach ... zeigen? | Sa indicarmi la direzione per..? |
| | | Ist es weit? | È lontano? |
| Bis später | A più tardi! | Nein, es ist nah | No, è vicino |
| Wo ist bitte...? | Per favore, dov'è..? | | |

# Bus/Zug

| Fahrkarte | un biglietto | ... der letzte? | ...l'ultimo? |
| Stadtbus | il bus | Abfahrt | partenza |
| Überlandbus | il pullman | Ankunft | arrivo |
| Zug | il treno | Gleis | binario |
| hin und zurück | andata e ritorno | Verspätung | ritardo |
| Ein Ticket von X nach Y | un biglietto da X a Y | aussteigen | scendere |
| | | Ausgang | uscita |
| Wann fährt der nächste? | Quando parte il prossimo? | Eingang | entrata |

# Auto/Motorrad

| Auto | macchina | Reifen | le gomme |
| Motorrad | la moto | Kupplung | la frizione |
| Tankstelle | distributore | Lichtmaschine | la dinamo |
| Volltanken | il pieno, per favore | Zündung | l'accensione |
| Bleifrei | benzina senza piombo | Vergaser | il carburatore |
| Diesel | gasolio | Mechaniker | il meccanico |
| Panne | guasto | Werkstatt | l'officina |
| Unfall | un incidente | funktioniert nicht | non funziona |
| Bremsen | i freni | | |

# Bank/Post/Telefon

| | | | |
|---|---|---|---|
| Wo ist eine Bank? | *Dove c'è una banca* | Brief | *lettera* |
| Postamt | *posta/ufficio postale* | Briefkasten | *la buca* |
| Geldwechsel | *cambio* | | *(delle lettere)* |
| Ich möchte Reise-<br>schecks einlösen | *Vorrei cambiare dei<br>traveller cheques* | Briefmarken<br>Wo ist das Telefon? | *i francobolli<br>Dov'è il telefono?* |
| Postkarte | *cartolina* | | |

# Hotel/Camping

| | | | |
|---|---|---|---|
| Haben Sie ein Einzel/<br>Doppelzimmer? | *C'è una camera<br>singola/doppia?* | Halbpension<br>Frühstück | *mezza pensione<br>prima colazione* |
| Können Sie mir ein<br>Zimmer zeigen? | *Può mostrarmi<br>una camera?* | Hochsaison<br>Nebensaison | *alta stagione<br>bassa stagione* |
| Ich nehme es/wir<br>nehmen es | *La prendo/la<br>prendiamo* | Zelt<br>kleines Zelt | *tenda<br>canadese* |
| Haben Sie nichts<br>Billigeres? | *Non ha niente che<br>costa di meno?* | Schatten | *ombra* |
| | | Schlafsack | *sacco a pelo* |
| mit Dusche/Bad | *con doccia/ bagno* | warme Duschen | *docce calde* |
| ein ruhiges Zimmer | *una camera tranquilla* | Gibt es warmes | *C'è l'acqua* |
| Wir haben reserviert | *Abbiamo prenotato* | Wasser? | *calda?* |
| Schlüssel | *la chiave* | | |
| Vollpension | *pensione completa* | | |

# Zahlen

| | | | |
|---|---|---|---|
| der erste | *il primo* | halb | *mezzo* |
| zweite | *il secondo* | ein Viertel | *un quarto di* |
| dritte | *il terzo* | ein Paar | *un paio di* |
| einmal | *una volta* | einige | *alcuni* |
| zweimal | *due volte* | | |

| | | | | | |
|---|---|---|---|---|---|
| 0 | *zero* | 12 | *dodici* | 40 | *quaranta* |
| 1 | *uno* | 13 | *tredici* | 50 | *cinquanta* |
| 2 | *due* | 14 | *quattordici* | 60 | *sessanta* |
| 3 | *tre* | 15 | *quindici* | 70 | *settanta* |
| 4 | *quattro* | 16 | *sedici* | 80 | *ottanta* |
| 5 | *cinque* | 17 | *diciassette* | 90 | *novanta* |
| 6 | *sei* | 18 | *diciotto* | 100 | *cento* |
| 7 | *sette* | 19 | *diciannove* | 101 | *centuno* |
| 8 | *otto* | 20 | *venti* | 102 | *centodue* |
| 9 | *nove* | 21 | *ventuno* | 200 | *duecento* |
| 10 | *dieci* | 22 | *ventidue* | 1.000 | *mille* |
| 11 | *undici* | 30 | *trenta* | 2.000 | *duemila* |

# Uhrzeit

| | | | |
|---|---|---|---|
| Wie spät ist es? | *Che ore sono?* | viertel nach | *... e un quarto* |
| mittags | *mezzogiorno* | viertel vor | *... meno un quarto* |
| | (für 12 Uhr gebräuchlich) | halbe Stunde | *mezz'ora* |
| Mitternacht | *mezzanotte* | | |

# Gestern, heute, morgen

| | | | |
|---|---|---|---|
| heute | *oggi* | später | *più tardi* |
| morgen | *domani* | jetzt | *adesso* |
| übermorgen | *dopodomani* | der Morgen | *La mattina* |
| gestern | *ieri* | der Nachmittag | *il pomeriggio* |
| vorgestern | *l'altro ieri* | der Abend | *la sera* |
| sofort | *subito* | die Nacht | *la notte* |

# Wochentage

| | | | |
|---|---|---|---|
| Tag | *giorno* | Donnerstag | *giovedì* |
| Woche | *settimana* | Freitag | *venerdì* |
| Montag | *lunedì* | Samstag | *sabato* |
| Dienstag | *martedì* | Sonntag | *domenica* |
| Mittwoch | *mercoledì* | | |

# Monate

| | | | |
|---|---|---|---|
| Monat | *mese* | Juli | *luglio* |
| Januar | *gennaio* | August | *agosto* |
| Februar | *febbraio* | September | *settembre* |
| März | *marzo* | Oktober | *ottobre* |
| April | *aprile* | November | *novembre* |
| Mai | *maggio* | Dezember | *dicembre* |
| Juni | *giugno* | | |

# Jahreszeiten

| | | | |
|---|---|---|---|
| Jahr | *anno* | Sommer | *estate* |
| halbes Jahr | *mezz'anno* | Herbst | *autunno* |
| Frühling | *primavera* | Winter | *inverno* |

## Maße & Gewichte

| | | | |
|---|---|---|---|
| ein Liter | *un litro* | 100 Gramm | *un etto* |
| ein halber Liter | *mezzo litro* | 200 Gramm | *due etti* |
| ein Viertelliter | *un quarto di un litro* | Kilo | *un chilo, due chili* |
| ein Gramm | *un grammo* | | |

## Arzt/Krankenhaus

| | | | |
|---|---|---|---|
| Ich brauche einen Arzt | *Ho bisogno di un medico* | Fieber | *febbre* |
| | | Durchfall | *diarrea* |
| Hilfe! | *Aiuto!* | Erkältung | *raffreddore* |
| Erste Hilfe | *pronto soccorso* | Halsschmerzen | *mal di gola* |
| Krankenhaus | *ospedale* | Magenschmerzen | *mal di stomaco* |
| Schmerzen | *dolori* | Zahnweh | *mal di denti* |
| Ich bin krank | *Sono malato* | Zahnarzt | *dentista* |
| Biss/Stich | *puntura* | verstaucht | *slogato* |

## Drogerie/Apotheke

| | | | |
|---|---|---|---|
| Seife | *sapone* | Zahnpasta | *pasta dentifricia* |
| Tampons | *tamponi, o.b.* | Schmerztabletten | *qualcosa contro il dolore* |
| Binden | *assorbenti* | Kopfschmerzen | *mal di testa* |
| Waschmittel | *detersivo* | Abführmittel | *lassativo* |
| Shampoo | *shampoo* | Sonnenmilch | *Crema solare* |
| Toilettenpapier | *carta igienica* | Pflaster | *cerotto* |

## Einkaufen

| | | | |
|---|---|---|---|
| Haben Sie ... | *Ha ...?* | dieses da, dort | *questo là* |
| Ich hätte gern ... | *Vorrei ...* | Was kostet das? | *Quanto costa questo?* |
| etwas davon | *un poco di questo* | | |
| dieses hier | *questo qua* | | |

## Geschäfte

| | | | |
|---|---|---|---|
| Apotheke | *farmacia* | Reinigung (chemische) | *lavanderia/ lavasecco* |
| Bäckerei | *panetteria* | Reisebüro | *agenzia viaggi* |
| Buchhandlung | *libreria* | Touristen-information | *informazioni turistiche* |
| Fischhandlung | *pescheria* | | |
| Laden, Geschäft | *negozio* | Schreibwarenladen | *cartoleria* |
| Metzgerei | *macelleria* | Supermarkt | *alimentari, supermercato* |

# Essen & Trinken

| | | | |
|---|---|---|---|
| Haben Sie einen Tisch für x Personen? | *C'è un tavolo per x persone?* | Es war sehr gut | *Era buonissimo* |
| Ich möchte zahlen | *Il conto, per favore* | Trinkgeld | *mancia* |
| Gabel | *forchetta* | Extra-Preis für Gedeck, Service und Brot | *coperto/ pane e servizio* |
| Messer | *coltello* | Vorspeise | *antipasto* |
| Löffel | *cucchiaio* | erster Gang | *primo piatto* |
| Aschenbecher | *portacenere* | zweiter Gang | *secondo piatto* |
| Mittagessen | *pranzo* | Beilagen | *contorni* |
| Abendessen | *cena* | Nachspeise (Süßes) | *dessert* |
| Eine Quittung, bitte | *Vorrei la ricevuta, per favore* | Käse | *formaggio* |

# Getränke

| | | | |
|---|---|---|---|
| Wasser | *acqua* | (einen) Kaffee | *un caffè* |
| Mineralwasser | *acqua minerale* | (das bedeutet Espresso) | |
| mit Kohlensäure | *con gas (frizzante)* | (einen) Cappuccino | *un cappuccino* |
| ohne Kohlensäure | *senza gas* | (mit aufgeschäumter Milch, niemals mit Sahne!) | |
| Wein | *vino* | (einen) Kaffee mit wenig Milch | *un latte macchiato* |
| weiß | *bianco* | | |
| rosé | *rosato* | (einen) Eiskaffee | *un caffè freddo* |
| rot | *rosso* | (einen) Tee | *un tè* |
| Bier | *birra* | mit Zitrone | *con limone* |
| hell/dunkel | *chiara/scura* | Cola | *coca* |
| Saft | *succo di ...* | Milkshake | *frappè* |
| Milch | *latte* | (ein) Glas | *un bicchiere di ...* |
| heiß | *caldo* | (eine) Flasche | *una bottiglia* |
| kalt | *freddo* | | |

# Alimentari/Diversi – Lebensmittel, Verschiedenes

| | | | |
|---|---|---|---|
| *aceto* | Essig | *olio* | Öl |
| *brodo* | Brühe | *olive* | Oliven |
| *burro* | Butter | *pane* | Brot |
| *marmellata* | Marmelade | *panino* | Brötchen |
| *minestra/zuppa* | Suppe | *l'uovo/le uova* | Ei/Eier |
| *minestrone* | Gemüsesuppe | *zucchero* | Zucker |

# Erbe – Gewürze

| | | | |
|---|---|---|---|
| *aglio* | Knoblauch | *prezzemolo* | Petersilie |
| *alloro* | Lorbeer | *sale* | Salz |
| *capperi* | Kapern | *salvia* | Salbei |
| *pepe* | Pfeffer | *senape* | Senf |
| *peperoni* | Paprika | *timo* | Thymian |

# Preparazione – Zubereitung

| | | | |
|---|---|---|---|
| *affumicato* | geräuchert | *cotto* | gekocht |
| *ai ferri* | gegrillt | *duro* | hart/zäh |
| *al forno* | überbacken | *fresco* | frisch |
| *con panna* | mit Sahne | *fritto* | frittiert |
| *alla pizzaiola* | Tomaten/Knobl. | *grasso* | fett |
| *allo spiedo* | am Spieß | *in umido* | im Saft geschmort |
| *al pomodoro* | mit Tomatensauce | *lesso* | gekocht/gedünstet |
| *arrosto* | gebraten/geröstet | *morbido* | weich |
| *bollito* | gekocht/gedünstet | *piccante* | scharf |
| *alla casalinga* | hausgemacht | *tenero* | zart |

# Contorni – Beilagen

| | | | |
|---|---|---|---|
| *asparago* | Spargel | *finocchio* | Fenchel |
| *broccoletti* | wilder Blumenkohl | *insalata* | allg. Salat |
| *carciofo* | Artischocke | *lattuga* | Kopfsalat |
| *carote* | Karotten | *lenticchie* | Linsen |
| *cavolfiore* | Blumenkohl | *melanzane* | Auberginen |
| *cavolo* | Kohl | *patate* | Kartoffeln |
| *cetriolo* | Gurke | *piselli* | Erbsen |
| *cicoria* | Chicoree | *polenta* | Maisbrei |
| *cipolla* | Zwiebel | *pomodori* | Tomaten |
| *fagiolini* | grüne Bohnen | *riso* | Reis |
| *fagioli* | Bohnen | *spinaci* | Spinat |
| *funghi* | Pilze | *zucchini* | Zucchini |

# Pasta – Nudeln

| | | | |
|---|---|---|---|
| *cannelloni* | gefüllte Teigrollen | *penne* | Röhrennudeln |
| *farfalle* | Schleifchen | *tagliatelle* | Bandnudeln |
| *fettuccine* | Bandnudeln | *tortellini* | gefüllte Teigtaschen |
| *fiselli* | kleine Nudeln | *tortelloni* | große Tortellini |
| *lasagne* | Schicht-Nudeln | *vermicelli* | Fadennudeln |
| *maccheroni* | Makkaroni | *gnocchi* | (Kartoffel-) Klößchen |

# Pesce e frutti di mare – Fisch & Meeresgetier

| | | | |
|---|---|---|---|
| *aragosta* | Languste | *polpo* | Krake |
| *aringhe* | Heringe | *razza* | Rochen |
| *baccalà* | Stockfisch | *salmone* | Lachs |
| *calamari* | Tintenfische | *sardine* | Sardinen |
| *cozze* | Miesmuscheln | *seppia/totano* | großer Tintenfisch |
| *gamberi* | Garnelen | *sgombro* | Makrele |
| *merluzzo* | Schellfisch | *sogliola* | Seezunge |
| *muggine* | Meeräsche | *tonno* | Thunfisch |
| *nasello* | Seehecht | *triglia* | Barbe |
| *orata* | Goldbrasse | *trota* | Forelle |
| *pesce spada* | Schwertfisch | *vongole* | Muscheln |

# Carne – Fleisch

| | | | |
|---|---|---|---|
| *agnello* | Lamm | *lingua* | Zunge |
| *anatra* | Ente | *lombatina* | Lendenstück |
| *bistecca* | Beafsteak | *maiale* | Schwein |
| *capretto* | Zicklein | *maialetto* | Ferkel |
| *cinghiale* | Wildschwein | *manzo* | Rind |
| *coniglio* | Kaninchen | *pollo* | Huhn |
| *fagiano* | Fasan | *polpette* | Fleischklöße |
| *fegato* | Leber | *trippa* | Kutteln |
| *lepre* | Hase | *vitello* | Kalb |

# Frutta – Obst

| | | | |
|---|---|---|---|
| *albicocca* | Aprikose | *lamponi* | Himbeeren |
| *ananas* | Ananas | *limone* | Zitrone |
| *arancia* | Orange | *mandarino* | Mandarine |
| *banana* | Banane | *mela* | Apfel |
| *ciliegia* | Kirsche | *melone* | Honigmelone |
| *cocomero* | Wassermelone | *pera* | Birne |
| *dattero* | Dattel | *pesca* | Pfirsich |
| *fichi* | Feigen | *pompelmo* | Grapefruit |
| *fragole* | Erdbeeren | *uva* | Weintrauben |

Abruzzen • Ägypten • Algarve • Allgäu • Allgäuer Alpen • Altmühltal & Fränk. Seenland • Amsterdam • Andalusien • Andalusien • Apulien • Athen & Attika • Australien – der Osten • Azoren • Bali & Lombok • Baltische Länder • Bamberg • Barcelona • Bayerischer Wald • Bayerischer Wald • Berlin • Berlin & Umgebung • Bodensee • Bretagne • Brüssel • Budapest • Bulgarien – Schwarzmeerküste • Chalkidiki • Chiemgau • Cilento • Cornwall & Devon • Dresden • Dublin • Comer See • Costa Brava • Costa de la Luz • Côte d'Azur • Cuba • Dolomiten – Südtirol Ost • Dominikanische Republik • Ecuador • Eifel • Elba • Elsass • Elsass • England • Fehmarn • Franken • Fränkische Schweiz • Fränkische Schweiz • Friaul-Julisch Venetien • Gardasee • Gardasee • Genferseeregion • Golf von Neapel • Gomera • Gomera • Gran Canaria • Graubünden • Griechenland • Griechische Inseln • Hamburg • Harz • Haute-Provence • Havanna • Ibiza • Irland • Island • Istanbul • Istrien • Italien • Italienische Adriaküste • Kalabrien & Basilikata • Kanada – Atlantische Provinzen • Kanada – der Westen • Karpathos • Kärnten • Katalonien • Kefalonia & Ithaka • Köln • Kopenhagen • Korfu • Korsika • Korsika Fernwanderwege • Korsika • Kos • Krakau • Kreta • Kreta • Kroatische Inseln & Küstenstädte • Kykladen • Lago Maggiore • La Palma • La Palma • Languedoc-Roussillon • Lanzarote • Lesbos • Ligurien – Italienische Riviera, Genua, Cinque Terre • Ligurien & Cinque Terre • Liparische Inseln • Lissabon & Umgebung • Lissabon • London • Lübeck • Madeira • Madeira • Madrid • Mainfranken • Mainz • Mallorca • Mallorca • Malta, Gozo, Comino • Marken • Mecklenburgische Seenplatte • Mecklenburg-Vorpommern • Menorca • Midi-Pyrénées • Mittel- und Süddalmatien • Mittelitalien • Montenegro • Moskau • München • Münchner Ausflugsberge • Naxos • Neuseeland • New York • Niederlande • Niltal • Norddalmatien • Norderney • Nord- u. Mittelgriechenland • Nordkroatien – Zagreb & Kvarner Bucht • Nördliche Sporaden – Skiathos, Skopelos, Alonnisos, Skyros • Nordportugal • Nordspanien • Normandie • Norwegen • Nürnberg, Fürth, Erlangen • Oberbayerische Seen • Oberitalien • Oberitalienische Seen • Odenwald • Ostfriesland & Ostfriesische Inseln • Ostseeküste – Mecklenburg-Vorpommern • Ostseeküste – von Lübeck bis Kiel • Östliche Allgäuer Alpen • Paris • Peloponnes • Pfalz • Pfälzer Wald • Piemont & Aostatal • Piemont • Polnische Ostseeküste • Portugal • Prag • Provence & Côte d'Azur • Provence • Rhodos • Rom & Latium • Rom • Rügen, Stralsund, Hiddensee • Rumänien • Rund um Meran • Sächsische Schweiz • Salzburg & Salzkammergut • Samos • Santorini • Sardinien • Sardinien • Schleswig-Holstein – Nordseeküste • Schottland • Schwarzwald Mitte/Nord • Schwarzwald Süd • Schwäbische Alb • Shanghai • Sinai & Rotes Meer • Sizilien • Sizilien • Slowakei • Slowenien • Spanien • Span. Jakobsweg • St. Petersburg • Südböhmen • Südengland • Südfrankreich • Südmarokko • Südnorwegen • Südschwarzwald • Südschweden • Südtirol • Südtoscana • Südwestfrankreich • Sylt • Teneriffa • Teneriffa • Thassos & Samothraki • Toscana • Toscana • Tschechien • Tunesien • Türkei • Türkei – Lykische Küste • Türkei – Mittelmeerküste • Türkei – Südägäis • Türkische Riviera – Kappadokien • Umbrien • Usedom • Venedig • Venetien • Wachau, Wald- u. Weinviertel • Westböhmen & Bäderdreieck • Wales • Warschau • Westliche Allgäuer Alpen und Kleinwalsertal • Westungarn, Budapest, Pécs, Plattensee • Wien • Zakynthos • Zentrale Allgäuer Alpen • Zypern

Reisehandbuch    MM-City    MM-Wandern

# Register

## Fotonachweis

Sabine Becht: Coverfoto oben, sowie S. 3, 10/11, 12/13, 13, 16/17, 21, 22 (1x), 26, 27, 36, 41, 42, 46, 48 (1x) 50, 52, 54, 64, 70, 71, 76, 77, 85, 87, 89, 91, 95, 103, 105, 108, 113, 115, 119, 123, 125, 135, 136, 137, 138, 143, 145, 150/151, 157, 159, 160, 165, 166, 171, 172, 175, 176, 177, 185, 187, 191, 195, 204, 207, 208, 209, 223, 225, 233, 240, 244, 245, 251, 252, 255, 260/261, 268, 269, 271 (2x), 276, 277, 279, 281, 284 | Florian Fritz: S. 12, 20, 22 (1x), 25, 39, 45, 48 (3x) 55, 59, 61, 62, 68/69, 127, 128, 153, 221, 229, 230, 231, 249 (2x), 273 | Sven Talaron: Coverfoto unten, sowie S. 10, 11, 14/15, 22 (2x), 262, 271 (2x), 280, 286, 24, 29, 31, 32, 34, 44, 60, 63, 74, 78/79, 94, 98, 106, 109, 110, 111, 120, 130, 133, 167, 168, 173, 180, 181, 188, 190, 192 (4x) 199, 202, 206, 212/213, 215, 216, 237, 249 (2x), 256, 257, 259 | Klaus Vogt: S. 56, 179, 266 |

ISBN 978-3-89953-808-3

© Copyright Michael Müller Verlag GmbH, Erlangen 2013. Alle Rechte vorbehalten. Alle Angaben ohne Gewähr. Druck: Stürtz, Würzburg.